本丛书为云南大学
"双一流"建设民族学一流学科建设项目成果

编委会

主　　任：林文勋

副主任：何　明　关　凯　赵春盛　李志农　李晓斌

委　　员（按姓氏笔划为序）：

　　　　马居里　马翀炜　马雪峰　马腾岳　王文光

　　　　王越平　牛　阁　龙晓燕　朱　敏　朱凌飞

　　　　庄孔韶　李永祥　李伟华　李丽双　何　俊

　　　　张　亮　张　赟　张海超　张锦鹏　陈庆德

　　　　陈学礼　周建新　郑　宇　赵海娟　高志英

　　　　谢夏珩

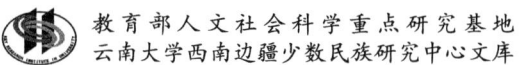

教育部人文社会科学重点研究基地
云南大学西南边疆少数民族研究中心文库

新民族志实验丛书·第二辑
主编 何明

独龙心语

贡山县独龙江乡迪政当村独龙族村民日志
（2015—2019年）

高志英　王焕瑜　和肖文 编著
李林高　陈永华　陈建荣　李志忠　龙睿超 记录
和肖文　杨晓龙　张方亮 整理

学苑出版社

图书在版编目（CIP）数据

独龙心语：贡山县独龙江乡迪政当村独龙族村民日志 / 高志英，王焕瑜编著；李林高等记录 . -- 北京：学苑出版社，2019.12
 ISBN 978-7-5077-5893-1

Ⅰ . ①独… Ⅱ . ①高… ②王… ③李… Ⅲ . ①独龙族—村落—概况—贡山独龙族怒族自治县 Ⅳ . ① K927.45

中国版本图书馆 CIP 数据核字 (2019) 第 291810 号

责任编辑：	战葆红
出版发行：	学苑出版社
社　　址：	北京市丰台区南方庄 2 号院 1 号楼
邮政编码：	100079
网　　址：	www.book001.com
电子信箱：	xueyuanpress@163.com
联系电话：	010-67601101（营销部）　　010-67603091（总编室）
印 刷 厂：	河北赛文印刷有限公司
开本尺寸：	710×1000　1/16
字　　数：	256 千字
印　　张：	28.5
版　　次：	2019 年 12 月第 1 版
印　　次：	2019 年 12 月第 1 次印刷
定　　价：	98.00 元

总序

"他者的倾诉":还话语权予文化持有者
——"村民日志"的民族志实验意义解读

何 明

  5年前,我们在云南大学"211工程""十五"民族学重点学科建设方案中提出了设置"云南少数民族村寨跟踪调查与小康社会建设示范基地"项目。这是一项综合性的项目,既涉及民族学/文化人类学的理论研究,也涉及运用应用人类学"互动作业"方法及其他学科的方法以促进少数民族农村的社会主义小康社会建设和新农村建设等应用性研究,以及引进智力、项目、资金等发展实践运作问题;此外,还涉及人才培养、教学改革、民族学/文化人类学基础设施建设等内容。其中,在民族学/文化人类学理论研究中的一项具有探索性意义的工作便是:10个调查基地在当地各聘请若干名"村民日志"记录员,对本村每天发生的事情进行观察与记录,从中国少数民族农村的社会文化实际出发,把国际文化人类学界近20年来争论不休、模式各异的民族志书写问题在中国少数民族农村进行实验,让研究对象即文化持有者成为民族志的作者,运用"主位"(emic)方法,从"本文化"内部视角对自己民族和村寨的社会文化进行叙述与评论,以求在当代国际文化人类学的学术平台上进行中国民族志和文化人类学的"本土化"创新,促进具有时代特征和中国特色的文化人类学建设。

一、民族志:文化人类学知识生产的结晶和学术创新的核心

民族志(ethnography)和田野工作(fieldwork),是现代文化人类学具有区别性意义的重要特征。在文化人类学领域,这两项工作一般被视为古典人类学与现代人类学的分野。前者被称为"摇椅上的人类学"或"书斋里的人类学"——学者们不从事系统的田野工作,其学术成果也不是通过民族志的方式表达,学术研究和理论建构的资料来源大都是旅行家、传教士、殖民者、船员等曾目睹过异文化的人士所撰写的文字资料和历史档案文献,人类学家们不进行系统的田野调查,不撰写系统的民族志。从19世纪末起,文化人类学开始从古典向现代转型,其标志便是英国动物学家兼人类学家哈登(Alfred Cort Haddon)在1898—1899年两次率领剑桥大学的考察队赴托雷斯海峡进行田野调查并完成了6卷本的调查报告。其后在功能主义人类学的代表性人物马林诺夫斯基(B.K.Malinowski)和拉德克利夫-布朗(Alfred Reginald Radcliffe-Brown)的倡导与实践下,田野工作和民族志成为现代人类学所必不可少的两项核心性工作,并成为现代人类学的基本学术范式。其主要创新之处在于,"它将先前主要由业余学者或其他人员在非西方社会中进行的资料搜集活动以及由从事学术理论研究的专业人类学者在摇椅上进行的理论建构和分析活动结合成一个整体化的学术与职业实践"[①]。在现代学科体系中,田野调查和民族志通常被视为文化人类学区别于其他学科的学术方法特质,尽管社会学、考古学等学科也进行田野调查,但终究没有像文化人类学那样把田野调查和民族志当作不可或缺的学术实践,

---

① [美]乔治·E.马尔库斯、米开尔·M.J.费彻尔:《作为文化批评的人类学》,王铭铭、蓝达居译,北京:生活·读书·新知三联书店1998年版,第39页。

也未能像文化人类学那样建构如此系统的田野调查范式和完成如此之多的民族志经典文本。

田野工作与民族志之间具有非常紧密的信赖关系和错综复杂的内在联系。从工作程序的表层上看，田野工作在前，民族志在后，民族志是对田野工作的调查过程和内容的记述，由此便形成了田野工作和民族志之间是因果关系，没有田野工作也就没有民族志的普遍认识。但事情远不是如此简单。若从认识论层面探究民族志作者的学术行动逻辑，那么就会发现，人类学家的意识绝不是一块由调查对象的文化任意书写的"白板"，民族志与其所书写的文化之间更不是简单的反映与被反映之类的线性关系。事实上，人类学家在进入田野之前早已形成了特定的学术范式或称"理论预设"。已故著名人类学家费孝通先生在总结自己对花蓝瑶和江村的两次调查时深刻地指出："在实地调查时没有理论作导线，所得的材料是零星的，没有意义的。我虽然在这一堆材料中，片断地缀成一书，但全书并没有一贯的理论，不能把所有的事实全部组成在一个主题之下，这是件无可讳言的缺点。"[①] 事实上，人类学家选择何处做调查点、调查什么、怎么调查、如何解释等，均受其学术目标和理论范式的限定与影响。他或她是带着业已形成的术语、概念、范式进入田野，并按这些因素所框定的思维和视角进行体验、观察研究对象，或有意识地或无意识地对研究对象进行有选择性地关注与调查。也就是说，人类学家开始田野工作之前已经有了一个民族志写作的基本性的框架，这一框架或多或少、或强或弱地影响与左右着田野工作及其重点和方法。田野工作与民族志的关系是相互渗透、互为因果的。

民族志是文化人类学学术实践的核心产品。作为学者，人类学家的社会角色是知识生产者，其基本职责是对鲜为人知的异文化体系和人们所熟知的本文化体系进行描述、阐释与反思并将其公诸于学界和社会，

---

① 费孝通、张之毅：《云南三村》，天津：天津人民出版社1990年版，第12页。

也就是说，民族志是文化人类学知识生产的产品和结晶。田野工作因具有明显的私人性而无法直接诉诸公众，也无法让社会所共享，因而，从这一意义上看，田野工作是手段，民族志才是目的。纯思性的分析作品或称为"写文化之后"的工作，尽管也是文化人类学的重要组成部分，但其所分析的对象大都离不开民族志，或进一步分析民族志所叙述的文化，或以民族志为对象评论田野工作的方法，或探讨民族志撰写问题，从而使民族志成为文化人类学的理论研究的基础文本和主要对象。

民族志的创新是文化人类学学术创新的基础和关键。学术创新的一般进程大体是：发端于理论和方法的反思，运用于学术的研究过程，体现于学术研究的成果。文化人类学的理论方法反思的结果最终要通过田野工作的试验并体现于民族志的撰写，即"文化书写"的学术实践之中，而且不断创新的理论和方法只有转化为民族志撰写的实践，文化人类学才完成了学术范式的转换与创新，也才在实质意义上实现了学科的进步与发展。

费孝通先生的《江村经济》和林耀华先生的《金翼》是中国人类学在20世纪40年代学术创新最具标志性的成果，并有力地促进了中国人类学的进步与发展。这两部民族志受到当时国际人类学界最权威的人类学家的高度重视与全力推荐，被国内外许多高校列为人类学专业的必读书，至今仍然被人类学界公认为民族志的经典著作。之所以如此，主要在于它们具有前沿性和创新性等特征，是在国际人类学界较早进行"本文化"研究时的代表性成果。当时在国际人类学界盛行以"异文化"为研究对象的条件下，费先生和林先生大胆地把"本文化"作为研究对象，并分别将自己的家乡作为田野调查点，而且在一定程度上探索并实践了近30年之后由美国人类学家哈里斯（Marvin Harris）概括出的"主位"的研究方法。可以说，这两本民族志为国际人类学界关于研究对象由"异文化"向"本文化"回归，关于民族志书写的"主位"（emic）和"客位"（etic）区分的理论方法创新做出了有益的探索和重要的贡献。

《江村经济》和《金翼》两部经典民族志的成功案例，充分说明：民族志是文化人类学学术研究最核心的成果，民族志的创新在文化人类学学科创新中具有决定性的意义。

二、"更彻底地让研究对象发出自己的声音"：以当代国际人类学界"文化书写"问题为平台的实验

不同的时代有不同的学术创新平台。我们与西方人类学家同处于21世纪，共同享有人类智慧所创造的物质和精神产品，共同分享着当代思潮和知识体系等学术资源所搭建的学术交流、对话与创新平台。作为中国当代人类学工作者，我们只有关注与融入当代学术思潮，掌握与运用当前国际学术界的话语模式解读与回答中国社会文化问题，才能够登上当代学术舞台进行中国学术的"展演"，才能建构具有时代特征、中国特色的学术体系，也才能为当代社会文化背景下的知识生产贡献中国文化的智慧。

20世纪后半叶以来，当代思潮对被现代科学和学术奉为"圭臬"的"真实""客观""实证"等原则提出质疑与挑战，"主体""意义""语言"等问题受到各学科的普遍关注并成为讨论的焦点，出现了人文和社会科学各个学科的语言学转向态势。胡塞尔（Edmend Husserl）现象学哲学将人们的注意力从独立于人的意志之外的"客体"世界引向"意义"世界，结构主义理论认为这一"意义"世界与语言体系具有同构性而不是独立于语言体系之外，福柯（Michel Foucault）和德里达（Jacques Derrida）的解构主义则提出语言体系本身是不稳定的，语言在表意状物时具有"局限性"并形成意义的"延宕"，由此便引发了"叙述危机"或"表征危机"等的认识论危机和人文社会科学学科的"语言学的转向"。①

---

① 盛宁：《人文困惑与反思——西方后现代主义思潮批判》，北京：生活·读书·新知三联书店1997年版，第39—57页。

其将语言学理论模式作为认知范式,对已有理论和认识重新进行审视,颠覆总体性和同一性,强调多元化、相对主义和差异性,"它是怀疑论的、开放的、相对主义的和多元论的,赞美分裂而不是协调,破碎而不是整体,异质而不是单一。它把自我看作是多面的、流动的、临时的和没有任何实质性整一的"①。

在当代哲学思想、社会思潮和学术背景的影响下,文化人类学开始对20世纪初以来形成的学科范式和知识体系进行反思,具有浓厚的科学主义、实证主义倾向的功能主义等学术思想和以田野工作、民族志撰写为核心的学术范式被放到了"学术反思天平"上重新估量,形成了一股强劲的反思与解构的学术思潮。反思人类学对以功能主义为理论基础的传统民族志提出批评和挑战,认为其具有明显的局限性和不可靠性。其中最核心的问题是"在实证主义社会科学的霸权支配下,民族志的核心实践曾被掩饰和伪装"②,文化书写者遮蔽了所书写的文化和文化持有者的声音。传统民族志并非如其书写者所标榜的那样,是"异文化"的"客观""真实"的叙述,而是西方人类学家从自己的意识形态和学术目的出发重新建构出来的文化,是"被某些支配性的框架所控制和表述"③的文本。自20世纪初以来,西方人类学的田野工作大都在西方的殖民地进行,人类学家的西方文化与非西方文化在殖民主义的时代背景下碰撞,殖民主义等西方意识形态不可避免地影响甚至控制着田野调查和民族志的撰写,有人直接指责马林诺夫斯基的人生和学术与西方向非西方的文化渗透有着非常密切的关联性。④同时,民族志往往为人类学家的学术目的服务,如从功能主义理论出发的田野调查和形成的民族志,"习

---

① [英]伊格尔顿:《后现代主义的幻象》,华明译,北京:商务印书馆2000年版,第2页。

② [美]乔治·E.马尔库斯、米开尔·M.J.费彻尔:《作为文化批评的人类学》,王铭铭、蓝达居译,北京:生活·读书·新知三联书店1998年版,第49页。

③ [美]爱德华·W.萨义德:《东方学》,王宇根译,北京:生活·读书·新知三联书店1999年版,第50页。

④ [美] Asad, Talal. *Anthropology and the Colonial Encounter*. London: Ithaca Press,1973.

俗只是拜物教化了的功利"[a]。与此相对应的是，这些民族志为了突出所谓的"客观性"和"真实性"，大都采取了似乎是"价值无涉"的第三人称的书写方式，但从更深层次上看，则是剥夺了文化持有者的话语权以及自我、情感、世界观等的表达，实际上是人类学家借其研究对象的"自白"而阐述其思想观点的"任意裁剪"。除此之外，民族志在书写上也存在着日益僵化和程式化的问题，"它们的描述形成固定的连续性程序（生态学、经济、亲属制度、政治组织和宗教信仰），对调查者角色不再重视，死板地将制度的概念切割为泛文化比较的类型学窠臼"[b]。

为了克服传统民族志的缺陷，摆脱人类学的困境，当代国际人类学进入了"一个人文学科的实验时代"。西方人类学家们进行了多种形式的探索与各种实验，冠以各种名称、形式各异的民族志纷纷涌现出来，诸如心理动力学民族志（psychodynamic ethnographies）、新现实主义民族志（realistic ethnographies）、现代主义民族志（modernist ethnographies）等等，有的倡导采用"主位"（emic）的方法，有的运用人类学家与研究对象之间对话"并置"（juxtaposition）的方式，有的干脆邀请研究对象参与民族志的写作。尽管名目繁多、意见不一，但"这一实验趋势的任务就在于：跨越现存民族志文体的局限，描绘出更全面、更丰富的异文化经验图景"[c]，"更注重对他们赋予研究对象以意义的过程的反思，并更彻底地让研究对象能发出自己的声音"[d]。

我们如何进行属于中国文化的新民族志实验？我们的民族志如何"跨越现存民族志文体的局限"？怎样才能"更彻底地让研究对象能发出

---

① M·萨林斯：《文化与实践理性》，赵丙祥译，上海：上海人民出版社2002年版，第4页。
② [美]乔治·E.马尔库斯、米开尔·M.J.费彻尔：《作为文化批评的人类学》，王铭铭、蓝达居译，北京：生活·读书·新知三联书店1998年版，第50页。
③ [美]乔治·E.马尔库斯、米开尔·M.J.费彻尔：《作为文化批评的人类学》，王铭铭、蓝达居译，北京：生活·读书·新知三联书店1998年版，第69页。
④ [美]约翰·R.霍克、玛丽·乔·尼兹：《文化：社会学的视野》，周晓虹、徐彬译，北京：商务印书馆2002年版，第402—403页。

自己的声音"？经过反复思考与学术实践，我们选择了"村民日志"这一书写路径，目的是探讨一种让文化持有者的主体性从主流文化的"话语霸权"束缚下突围出来而从其文化内部的"主位"视角自主地叙述自己的社会文化与表达"自我"的模式，以求"描绘出更全面、更丰富的异文化经验图景"。

首先，文化持有者真正成为文化书写的主人，他们所做的日志是严格意义上的"主位"观察与描述的结果。自马林诺夫斯基提出"钻进土著人的心里"的田野准则之后，人类学家们在"钻进"的问题上进行了不懈的努力。至20世纪60年代，康克林（H.C.Conklin）、弗莱特（Charles O.Frake）等人在其"新民族志"（new ethnography）中极力倡导"主位"观察与描述的方法。其后，格尔兹（Clifford Geetz）及其弟子克利福德（James Clifford）等人发起的实验民族志（experimental ethnography）则提出了把原本被排除在外的合作研究者、田野居民等与民族志相关的人物也纳入民族志作者并让其语言直接进入文本的书写方法，即所谓"多音位"（polyphonic）模式。目前，上述学术实践的真实度、有效性、干扰性等问题仍然未能得到令人信服的解决，其深层根源则是研究者的主体性与研究对象的主体性之间的矛盾无论如何都难以弥合。两千多年前中国思想家庄子提出的"濠上之辨"难题始终无法破解，才出"浅描"的泥潭又入"过度阐释"的沼泽，才让文化持有者发出了自己的"声音"，而学者所属的社会无法理解的"嘘声"即起，按照马林诺夫斯基的金科玉律"钻进土著人的心里"后便发现，原来"钻进土著人的心里"的是带着坚固的西方社会文化结构"前置"的人类学家。而"村民日志"的作者是生长于斯的"土著"，是村寨社会文化的参与者和行动者，以他们的眼睛和头脑观察本村每天的日常生活，以他们的思维和语言表达对本村发生的大大小小事件的评价与感受，这才是严格意义上的"主位"方法，才能真正"从内部提供有关异文化的解说"，因而对记录者来说，"村民日志"是对"本文化"的记录与反思。

其次,"村民日志"的记录者连续性地归属于他／她所叙述的社会,因而他／她的视域与其叙述对象所包括的视域是高度重叠与融合的。在"本文化"研究中,人类学家尽管属于"本文化",但因其境遇使他／她与"本文化"之间产生了或深或浅的"历史时间间距",从而降低了研究者视域与研究对象所包含的视阈之间的重叠度或融合度。费孝通先生对自己在家乡的田野调查体验的反思充分地证明了这一点,他说:"我是这个县里长大的人,说着当地口音,我的姐姐又多年在村子里教老家育蚕制丝,我和当地居民的关系应当说是不该有什么隔阂的了。但是实际上却并不是这样简单。当时中国社会里存在着利益矛盾的阶级,而那一段时期也正是阶段矛盾激烈的时期。我自己是这个社会结构里的一个成员,在我自己的观点上以及在和当地居民的社会关系上,也就产生事实上的局限性。这种局限性表现在我对于所要观察的事实和我所接触的人物的优先选择上。尽管事先曾注意要避免主观的偏执,事后检查这种局限性还是存在的。"①"村民日志"的记录者不仅在文化认同上归属于本村的社会文化,而且境遇使他／她在实践和时间上连续性地归属于本村的社会文化,不存在"历史时间间距"所形成的视阈间隔,其视阈与所叙述的社会文化包含视阈是天然契合的与高度重叠的,因而"视阈融合"度不仅要高于"外来者",而且高于属于本文化的学者。

再次,"村民日志"的叙述场域是自然而常态的,记录者的心态与通常田野工作的"报道人"大相径庭。"报道人"是人类学田野调查时不可或缺的角色,他们的"报道"场域与其日常生活具有明显的差异,属于非常态性的——面对陌生的"外来者",围绕着研究者的询问话题进行"搜肠刮肚"的作答甚至"编造故事"。为了解决这一问题,实验民族志的一种做法是将人类学家与报道人之间的谈话过程呈现出来。然而,所呈现的仍然是非常态场域下的谈话——人类学家因拥有民族志的最终书

---

① 费孝通:《迈向人民的人类学》,《费孝通选集》,北京:海峡文艺出版社1996年版,第312—313页。

写权而不可回避地产生一定程度的"话语霸权",从而对文化持有者的话语表达产生干扰或渗入。"村民日志"则规避了这一问题,记录者的叙说话题是自主性的,叙说场域是常态的——在自己家中并无"他者",做到了"想说就说""想说什么就说什么""想怎么说就怎么说"。

由此,文化持有者的关注视角、价值观念、情感模式等主体性在"村民日志"中得到了逼真而完整的表达。如果从汉语表达和学术话语的角度看,10个村寨的日志则给人以非常明显的"参差不齐"之感。但这种"参差不齐"却含有一般语用所没有的含义,不仅呈现出10个村寨文化的差异性,而且"彰显"出许多实验民族志所追求而难以企及的不同民族、不同村寨文化的"认知图式"的差异。日志所记述的内容大多是饮食、生产等琐碎而重复的生计活动,似乎是"无关宏旨""不得要领"的唠叨,但这却是记录者基于他／她的立场对村中所发生的事件按照他／她所认定的重要性进行过筛选排序而记录下来的,是记录者及其所属文化对社会活动的选择,这恰恰体现出其关注视角、价值取向的特殊性。日志的语言表达既无文学作品的生动形象,也无学术论著的严谨高深,大多"平淡无奇""枯燥乏味",且各本日志在描述的详略、反思的深浅甚至语言的顺滞等方面均有较大差异,但却体现出各民族、各村寨文化的感知能力、表达能力、反思能力的差异,即其"镜像"识别的独特性和差异性。因而,尽管"村民日志"有悖于一般正式出版的文本,甚至与已有的民族志文本也大相径庭,但其内含的"张力"和所表达的意义的"深刻性",远非一般民族志所能企及,也正是许多实验民族志所追求的目标。

当然,来自"异文化"的学者的影响并不是说排除无遗,但我们所做的仅仅是:第一,选择"他"或"她"记录,提出了举例式的记录内容引导;第二,根据"于研究对象无害"的社会研究伦理原则,对于日志中可能会危及所描述的对象和记录人的正常生活的少量内容做了删节。

三、用汉语叙述：基于中国少数民族与汉族的文化关系的本土化实验

近年来，中国文化人类学的"本土化"的呼声渐强，且有对汉人社会研究的一些探索，但对于少数民族社会的研究，大都止于"需要本土化"之类的"舆论动员"，少有"如何本土化"方面的"指点迷津"，更缺乏"以身试法"的"躬身实践"。尽管这是一个相当复杂的问题，在此不做专门的探讨，但可以从中国文化人类学 20 世纪 30—40 年代的学科发展史中获得如下初步的启示，这就是：中国文化人类学"本土化"学术实践的核心是民族志的"本土化"，而民族志实现"本土化"的基本前提是，选择适合中国社会文化实际的途径，将国际文化人类学前沿性理论方法用于中国社会文化的田野调查与民族志书写的实验，以参与到当前国际文化人类学前沿性问题的探讨，并在当前国际学术前沿的平台上进行理论和方法的创新。

前文述及的费孝通先生的《江村经济》和林耀华先生的《金翼》两本经典民族志，不仅是学术创新的典型案例，同时也是中国文化人类学"本土化"的成功典范。两位人类学家以当时被国际人类学界所公认的理论和方法为学科平台，以具有悠久历史文化传统的中国社会文化为研究对象，并从中国社会文化的实际出发，分别选择了在西方工业文化影响之下的农村生活变迁和家族制度这两个最具中国社会文化特色并在中国社会文化中占据重要地位的问题进行调查研究，从本土文化的眼光和中国文化的表达方式进行民族志书写。诚如马林诺夫斯基所说："我敢预言费孝通博士的《中国农民的生活》（即《江村经济》）一书将被认为是人类学实地调查研究和理论工作发展中的一个里程碑。此书有一些杰出的优点，每一点都标志着一个新的发展。此书让我们注意的并不是一个小小的微不足道的部落，而是世界上一个最伟大的国家。作者并不是一

个外来人,在异国的土地上猎奇而写作的;此书的内容包含着一个公民对自己的人民进行观察的结果。这是一个土生土长的人在本乡人民中间进行工作的成果。如果说人贵有自知之明的话,那么,一个民族研究自己民族的人类学当然是最艰巨的,同样,这也是一个实地调查工作者的最珍贵的成就。"①弗思对《金翼》也做出了类似的评论,他说:"作者(指林耀华——引者注)似乎是身临其境,不论是在药铺、在闺中、还是在土匪山老巢,他都能真实地告诉我们每个人物的言行举止,甚至能探寻他们的心灵深处,解释他们当时的动机和昔日的感情。……他写的是他的故乡,他从童年开始直至成年相识的人们。倘若他并不是一直与他们朝夕相处,至少他也是经常处于相同的环境。"②因而,尽管这两部民族志都先以英文版在国外出版,但无论是研究的对象和主题还是文化书写的视角和表达方式都是"本土化"的。

自《江村经济》和《金翼》问世以来,国际人类学发生了巨大的变化,当年被视为最先进、最科学的理论方法受到了反复的证实与证伪、肯定与否定的挑战,并从中发展、变异、衍生、创造出流派众多且取向相异的当代文化人类学理论和方法。中国人类学自20世纪80年代恢复发展以后,一批年轻人类学家尤其是曾留学欧美的人类学家进行了当代国际人类学的大量译介工作,这对于中国人类学的理论方法创新是非常必要的和不可或缺的。但这还是远远不够的,理论译介仅仅只是手段,目的是进行"本土化"创新,是将其作为背景、视野或工具对中国社会文化的事实和经验进行调查研究,撰写出具有时代特征、中国特色的民族志,解释与回答现代化进程中和全球化背景下的中国社会文化的理论和现实问题。因此,沿着费、林二位先生开辟的道路,站在当下国际人类学的

---

① [英]马林诺夫斯基:《江村经济·序》,费孝通:《江村经济》,北京:商务印书馆2001年版,第13页。
② [英]弗思:《金翼·英文版导言》,林耀华:《金翼》,北京:生活·读书·新知三联书店1989年版,第1—5页。

平台上，进行现时代的中国文化人类学理论方法创新，撰写出"本土化"的当代中国新民族志，这是时代赋予我们的职责和任务，也是当代学术背景下中国人类学学术创新的关键环节之一。

在当前国际人类学界关于民族志书写问题的研讨中，研究者与研究对象的关系是一个关键性的问题。因而，研究中国少数民族社会的民族志，要解决的一个首要问题是中国的人类学工作者即以汉文化为主导文化的研究者与研究对象即少数民族之间的关系有什么特征？以汉文化为前置文化结构的学者视角下的少数民族文化和西方人类学家视角下的非洲文化、印第安文化等，都可以称为"异文化"，但其"异"的程度和本质却是截然不同的。前者之"异"，是同一种文化之内的不同文化类型的差异或同一种文化类型之中不同文化分支的差异，即中华民族"一体格局"文化中的"多元"的差异；后者之"异"，是基本上没有实质性关联的两种文化之间的差异。费孝通先生提出的"中华民族的多元一体格局"命题，是理解与把握中华民族中各民族文化之间关系的关键词。一方面，中华民族的起源是多元的，各文化区、各民族以及各民族内部各支系之间的文化也是多元的，正是这种多样性、多元化的文化构成了色彩斑斓、博大精深的中华民族文化。另一方面，从新石器时期起，中华大地上的各文化区、各族群文化之间传播、接触、交流与融合的文化互动便开始了。从春秋战国时期起，各族之间的交流与融合进入频繁而密切的阶段。在汉族形成以后的两千年漫长历史中，其他族群融入汉族的所谓"汉化"和汉族融入少数民族的所谓"夷化"的"民族流动"从未停止过。在这种民族流动过程中，逐渐形成了一个凝聚多元文化的核心——汉族及其文化通过"一个点线结合，东密西疏的网络"[①]传播与融入各少数民族及其文化之中，从而构建起由区域性到全国性、由弱到强的多元一体格局。由此可见，在中国，以汉文化为基础的学者和作为研

---

① 费孝通：《中华民族的多元一体格局》，《费孝通选集》，北京：海峡文艺出版社1996年版，第350页。

究对象的少数民族之间的关系，是"一体"之内的"多元"的差异，两种文化之间存在着悠久、密切、深刻的内在联系，而且研究对象即少数民族文化中吸纳了汉文化的诸多因素，从而使中国人类学者与其研究对象之间保持着远非西方学者所能具备的亲密关系和沟通条件。

作为中国文化重要组成部分和中华民族交流沟通的最重要的工具，以汉文化为基础的汉语及其书写符号系统汉字早已为多数少数民族所接纳，除了大多数回族把汉语作为母语之外，许多少数民族还把汉字作为重要的甚至是唯一的书面记录与表达符号。随着近代以来民族—国家的形成、文化教育和现代传媒的推广，汉语在少数民族中程度不同地得到普及，绝大部分少数民族农村都有人能够使用汉语交流、运用汉字进行书面叙述表达。中国少数民族语言文化的这一特征，为村民们运用汉语记录成为可能，也使运用"村民日志"的模式描述中国少数民族社会文化的民族志实验具有了中国特色；同时，为了使之能够为更为广泛的群体所阅读，运用汉语记录也是一种别无他途的选择。

不可也不必隐讳的是，10本日志之间存在着文化书写和言语表达的明显差异。从表层上看，这一差异所呈现的是不同民族、不同村民运用汉语进行言说与表达的能力的差异，从而显示出不同民族、不同村民受汉文化影响程度的差异；从深层上看，在少数民族村民运用汉语记录的过程中，作为叙述的符号和传播中介，汉语及其特有的无意识结构和术语等被法国精神分析学家拉康（Jacques Lacan）称为交流对话的"第三参与者"因素，无疑参与到日志的文化叙述的建构之中了。但无论前者还是后者，其本身就具有学术研究的价值。美国语言学家、人类学家萨丕尔认为："言语这一人类活动，从一个社会集体到另一个社会集体，它的差别是无限度可说的，因为它纯然是一个集体的历史遗产，是长期相沿的社会习惯的产物。言语之有差别正如一切有创造性的事业都有差别，也许不是那么有意识的，但是正像不同民族之间，宗教、信仰、习俗、艺术都有差别一样。走路是一种机体的、本能性的功能（当然它不是一种本能);言语是一种非本能性的、获得的、'文化的'功能。"①因此,"村民日志"除了其所叙述的内容可以作为研究对象之外,文本本身亦可置于当代实验民族志研讨的学术背景下作为一种"社会事实"进行解读。

四、对话:多维交复话语张力的实验

"对话"是现代主义民族志的重要文本策略,"学者们认识到,在民族志里所要表述的经验,必须是发生于民族志作者与报道人之间的对话"②。为此,我们在"充分给予被研究者表达自己意见的空间"的同时,还采用了"充分对话"的文本策略。

《新民族志实验丛书》和《少数民族村落社会文化研究丛书》两套丛书的安排,是根据"充分对话"原则设计的。其中,既有同一文本内的"局内人"(insiders)与"局外人"(outsiders)之间的对话,又有不同文本的"局内人"与"局外人"的对话,而且在有的"村民日志"中还有"局内人"中不同性别、角色之间的对话。首先是"村民日志"同一文本中的"局内人"与"局外人"之间的对话,日志的主体部分是村民即"局内人"表达自己意见的空间,而"前言"及"村寨概况"则是研究者即"局外人"对研究对象基本概貌的解读。其次是两套丛书之间构成的对话,《新民族志实验丛书》的作者主要为村寨文化"局内人",而《少数民族村落社会文化研究丛书》的作者则是作为"局外人"的研究者,两者在同一时空内对同一对象做出的不同解读本身就是一种对话,这一对话事实上还具有留给读者进行分析的"张力"。最后是不同社会角色的"局内人"的对话,即在本课题设计时要求各个调查点选择2—3名性别、身份不同的记录者进行"村民日志"的记录工作,使同一本"村

---

① [美]爱德华·萨丕尔:《语言论》,陆卓元译,北京:商务印书馆2005年版,第4页。
② [美]乔治·E.马尔库斯、米开尔·M.J.费彻尔:《作为文化批评的人类学》,王铭铭、蓝达居译,北京:生活·读书·新知三联书店1998年版,第101页。

民日志"中出现同一村寨中不同社会角色之间的对话，但因有的记录者因患病、外出等各种复杂的原因未能坚持记录，从而使这一设计意图未能在全部"村民日志"中得到落实，出现有的日志由两位或两位以上记录者完成，有的日志则完全由一位记录者完成的情况。

正如美国人类学家马尔库斯和费彻尔所言："在这样一个时代，我们承担着一种风险，即，我们既可能拥有巨大的潜能，也可能因走进死胡同而无能为力。"[①]我们"新民族志实验"的命运究竟是前者还是后者，只有让时间告知。

2020年5月6日午夜
草于白沙河畔寓所

---

① ［美］乔治·E.马尔库斯、米开尔·M.J.费彻尔：《作为文化批评的人类学》，王铭铭、蓝达居译，北京：生活·读书·新知三联书店1998年版，第11页。

目 录

绪论 /1

李林高日志
2015 年 2 月 5 日—2017 年 3 月 31 日 /1

陈永华、陈建荣、李志忠、龙睿超日志
2017 年 5 月 1 日—2018 年 12 月 31 日 /297

李志忠、龙睿超日志
2019 年 1 月 1 日—9 月 30 日 /381

绪论

《独龙心语——贡山县独龙江乡迪政当村独龙族村民日志2015—2019》是首部由独龙族村民完成的日志，是2015年2月至2019年9月先后由李林高、陈永华、陈建荣、李志忠与龙睿超5位村民完成的日志汇总。他们皆是迪政当村民，都得益于共产党的民族教育政策，都接受过学校教育，汉语流利，有不同程度的汉文书写水平。但他们的人生经历、社会身份与兴趣爱好不同，因而能够从不同的视角比较全面地反映当下独龙族社会的概貌。

一、迪政当村独龙族调查基地基本情况

《独龙心语——贡山县独龙江乡迪政当村独龙族村民日志》的完成，是基于云南大学民族学与社会学学院、教育部中国西南边疆少数民族研究中心在云南省怒江傈僳族自治州贡山独龙族怒族自治县独龙江乡建立的"独龙族研究基地"。基地负责人高志英教授从1995年开始研究独龙族社会文化变迁，进入21世纪以后几乎年年进入独龙江进行田野调查，见证了独龙族社会的急剧变迁，也见证了这几位村民日志记录员的成长。

独龙族作为中国西南边疆人口较少民族，越来越受到党和政府的关注，扶贫政策一拨接一拨，使得独龙族社会发生前所未有的急剧变迁，村民的生产生活水平发生了很大的变化。对此，有不少学者关注并产生了一系列研究成果。如接受了大学教育的独龙族学者李金明、杨将领、罗荣芬等，又有中外学者如蔡家祺、杨毓骧、高志英、施蒂恩、郭建斌、周云水、张劲夫、侯惢、桑坤等三代学者，产生了一大批研究成果，为"独龙学"的发展奠定了较为扎实的基础。但是有关村民的思想、观念、行为及其表达，独龙族文化的持有者却是一群"失语者"。

面对急剧变迁的独龙族社会，如何能够将学者的考察与独龙族的感受从以往的学者"自说自话"变为学者与村民的合奏？显然，云南大学延续了十多年的建立少数民族研究基地，并聘请村民作为日志记录员方式，是一种很好的路径。

早在2015年基地挂牌之前，笔者与李林高联系，邀请他担任村民日志与影像志的记录员。他欣然答应，并在云南大学尚未发放电脑、照相机与摄像机时就立即开始记录。此乃李林高从心底里认定自己的"独龙族文化人"身份使然。从小以其叔叔李金明作为榜样，又在昆明李金明身边完成中专教育的李林高，受李金明的影响，耳濡目染，立志也做一个研究独龙族历史文化的"文化人"。所以，他一直并未热衷于考工谋生，而是期待能够进入文化部门从事自己喜欢的工作。但是，这个愿望一直到其结婚、生子都没能够实现。只有在帮助前来调查研究的外界学者、记者时，他对独龙族文化的酷爱情感才稍稍得以释放。由云南大学聘请其作为村民日志记录员，无异于是等待多年的期待终于变为现实。因此，在基地挂牌之前，在没有酬金发放的情况下，他就已经写了半年多的村民日志。到7月暑假，笔者带暑期班田野学校学员前来调查时，才授牌正式建立基地。这样，迪政当独龙族研究基地，也便成为云南大学14个少数民族村落研究基地之一，李林高也便成为14个基地的村民记录员之一，由此开启了学者与村民在描述、研究独龙族文化及其变迁中的重奏。

被聘为村民日志记录员，满足了李林高对自己的"独龙族文化人"身份建构的诉求，同时进而也使其更多更为细致地观察、思考当下的独龙族社会的人和事，其学者般兼诗人的敏感性在日志中体现得淋漓尽致，为我们留下了难得的"独龙心语"。遗憾的是，时隔2年之后，他却步那些日志中所写的独龙年轻自杀者后尘自杀了。之后笔者再邀请陈永华接替，原因是其从村支书岗位上刚下来，妻子也走上了自杀路，留下三个孩子，外出打工不现实，写村民日志之余拍摄影像好歹一个月有1400元的固定收入。另外，陈永华从初中毕业回乡到担任支部书记、结婚生子，十多年都是笔者跋山涉水调查独龙村寨的向导、翻译，他以一个村领导的身份记录独龙族社会变迁，也是一个有别于李林高的视角。但后来发现，一是家庭负担重，二是多年村领导身份，使其说的比写的好，就只好再找更合适的记录员。

陈永华以村领导的热心，推荐了其弟弟陈建荣。陈建荣跟李林高一样毕业于昆明一中专学校，不想回乡，就选择了去四川打工，做保险、小商品推销员，汉话和与人交往能力得到锻炼、提高。不幸被骗进传销组织两年，跟家人失去联系。就是因为当时迪政当还没有手机信号，家人也没有手机，传销组织找不到逼其发展下线的机会，他才能够借机脱逃辗转回家。当他黄皮寡瘦、蓬头垢面站在母亲面前时，母亲都认不出是自己的亲儿子了。为了让其安心在家，就张罗给其娶妻过日子。但是，他外省口音的普通话、干干净净的西装与皮鞋，总是不经意地显示其经历，表露出了其不是完全满足于父辈生产生活模式的心理。这样，他也很乐意担任了村民日志与影像记录员，特别是对摄像机爱不释手。但是到后来他对日复一日的日志记录工作也失去了耐心，就又推荐另一位高中生李志忠承担日志记录工作，他自己只负责影像拍摄。李志忠家住熊当小组，作为唯一一名九〇后记录员，他拿到高中文凭后选择暂时回到村中照顾身体不适的家人。从小喜欢画画和钓鱼的李志忠从中收获了耐心和内心的平静，从他目前所撰写的村民日志中可以看出他的认真和受汉文化熏陶的结果。他下一步的目标是入党，然后尽可能地为迪政当村做一些力所能及的事情。但因扶贫项目多，工作忙，常常不能按时写日志，不得已，再请独龙族大学生龙睿超完成了 2019 年的大部分村民日志。多数是由其父母口头叙事，由其笔录的方式完成的。

二、村民日志基本内容

作为独龙族第一本村长日志，以下内容与特点是值得关注的。

一是对一年四季轮回的传统与变迁中的生产生活亲历者的真实记录。日志显示自从实行退耕还林、兴边富民与整乡推进、整族扶持政策以来，独龙族传统的生计方式发生了很大的变化。虽然仍然是"见猎心喜"，并将肉食来源很大寄希望于射猎，但是收获不多。因山地耕地面积减少、外来农作物品种不适应等问题导致减产，村民就把提高经济收入的希望主要寄托在采挖各种野生名贵药材上。分季节上山寻找重楼、贝母、虫草、黄精果等，收入从七八千到几万元。但是，采挖地离村落越来越远，已经潜入缅甸境内，不但辛苦，而且危险，收入还受市场价格波动的影响。因此，采挖药材既是村民的主要经济收入，每年投入很多的时间、精力与资金，但是，村民越来越担忧还能够挖多少年。

二是对宗教仪式、节日习俗的详细记录。这本村民日志虽然有5个作者，但是李林高为大头。他从小读李金明的书，在家也多向村里唯一的巫师（"南木萨"）李自才请教，因而对民族历史文化颇有"问题意识"。举凡村里发生婚丧嫁娶都能够如实记录下来，并且补充更为详细的背景资料。可以说，他所撰写部分的宗教观念、仪式与风俗内容，是自李金明之后最为详尽、现场感最强的记录。特别是对于藏传佛教、基督教传入的记录，表明社会转型期的独龙族也有了多元的宗教诉求。

三是对国家扶贫政策实施情况的详细记录。日志作者们都写到了政府建盖的"独龙新村"住房、交通、通信等扶贫项目带来的实惠，还记录了政府发放核桃苗、花椒苗、重楼种子、独龙井、黄山羊、牦牛等扶贫项目，以及发放低保、医保等情况，完整地呈现出政府对于独龙江独龙族整乡推进整族扶持，泛及其生产生活的方方面面的情况。但是在村民看来，既有因地制宜的项目，也有不太切合实际的项目。

四是对家长里短、酗酒、自杀事件的详细记录。日志中不少写到家庭代际观念差异、父母吵架、邻居矛盾等问题，正符合了人类学记录日常呈现社会整体性的特点。特别是李林高对于家庭温情的描述，夫妻吵架，乃至意外怀孕、家人生病等琐碎事情给其带来的经济、心理困扰。

以及一次又一次描写自杀者的自杀与丧葬仪式，展示出集中搬迁居住以后独龙族的社会关系比以往复杂。

五是对外来文化对独龙族的影响，以及对村里村外与其他民族关系的记录。从经济、通婚、就业、读书、就医与宗教等方面呈现独龙族与外界的接触越来越多，外来文化影响越来越大。如何面对，这几位作者就有不同的选择。总的来看，村民日志所呈现的独龙族融入现代社会有很明显的被动性，因此社会转型的阵痛更加突出。对此，以往外界学者的感受与独龙族村民是不可比拟的。因此说，村民日志记录员所呈现给我们的，不仅仅是一本人类学性质的田野日志，更是一本在强大的外来文化面前的"失语者"的喃喃细语。

三、基地主要成果

迪政当村在独龙江五个村委会中，是学术研究最为高产之地。且不讲20世纪五六十年代民族大调查中就有该村落的调查资料，之后产生了"民族问题五套丛书"的有关独龙族丛书。其中，以《独龙族社会历史调查》（一）（二）与《独龙族简史》影响最大。20世纪80年代学科重建以来，参加费孝通六江流域民族调查课题的蔡家祺与杨毓骧都没有忽略对该村落的调查。特别是杨毓骧从该村落北上察瓦龙，重点调查独龙江北部地区独龙族的社会历史与经济文化。

独龙族的第一个大学生李金明也诞生于该村落，他从20世纪90年代从事独龙族历史文化研究所产生中的一系列成果，都是以迪政当为主要田野点。其中，《独龙族传统习俗》《高山峡谷独龙人家》就是主要以迪政当村民为研究对象。之后有法国学者施蒂恩在迪政当村完成了博士学位论文，还拍摄了一部卡雀哇节的纪录片。又有高志英撰写博士学位论文《独龙族社会文化与观念嬗变》，以及一系列独龙族研究成果，也是长期以迪政当村为主要田野点。不久，又有云南大学郭建斌、中山大学周云水分别从媒体人类学与政治人类学的角度完成了博士学位论文。此后，还有中山大学博士生张劲夫、云南大学硕士生桑坤、侯蕊等在此村落完成学位论文。目前，还有云南大学几名硕士生在此进行田野调查。最早撰写村民日志的李林高就是在其叔叔李金明影响下，在不断关注上述学者研究成果中，在积淀深厚的学术土壤里成长起来的。

四、基地村民日志的价值

本村民日志因为基地成立时间不久，中间又有李林高不幸去世，从字数而言，的确不算鸿篇巨制。但是因为是村民书写，而且是村民中既接受过学校教育、见过世面，又不得不回到村落沿袭父母一代生计方式的青年人撰写，因而其视角、其思想，甚至其稚嫩的书写，却具有独特的"村民"性，使其有了不同于学者的学术研究成果，也不同于政府调查报告的特殊价值。

第一，它是了解社会转型期独龙族生产生活急剧变迁的全面、细致的第一手资料。独龙族村民认为当下独龙族的社会转型无异于二次解放，泛及政治、经济、文化、教育、宗教诸多方面。

第二，它是了解社会转型时期独龙族村民心史变化的可信资料。独龙族在一般情况下是内敛、含蓄，甚至是害羞的，不善于夸夸其谈。但当一天劳动结束，一个人在灯下伏案写日志时，正好把其最真实的理想、希望、苦闷、困惑都淋漓尽致地表达出来了。

第三，它是了解国家力量对于边疆人口较少民族社会发展所起的举足轻重作用的真实记录。这本日志撰写时间正是国家对独龙族实施"整乡推进、整族扶持"的关键时期，也是独龙族率先宣布整族脱贫时期。日志中详尽记录了国家力量是如何以排山倒海之势改变了整个独龙族社会的方方面面，其资料很可贵。

第四，它是了解在面对国家力量与其他外界影响时，日志中也记录了独龙族民众，特别是独龙族精英人物如高德荣等如何智慧性地利用国家扶贫项目，因地制宜地在独龙江南北两地实施经济作物项目。这既能够增加独龙族民众经济收入的同时减少对国家的依赖，让村民仍然沿袭"靠山吃山"的生存技巧。

总之，本书是首次从村民的视角与村民的价值判断，为学界与政府进一步了解当下独龙族社会生产生活变迁及其动因以及存在问题提供的第一手资料。故为"独龙心语"，是独龙族学术史中的首部实验民族志。其学术价值与现实意义，非一般学术论著可以比拟。

高志英
2019年10月

李林高日志
2015年2月5日—2017年3月31日

2015年2月5日—28日

2015年2月5日　星期四　晴

今天乡党委通知，每一个村民小组的党支部组织活动交流会议。因为上次会议时，乡里的领导把每月5日定为小组党支部活动时间。

原本是要去提炼葛根粉，前段时间我媳妇和同村的妇女们结伴进山挖葛根，只找到一篮子。现在村里每家每户都采挖葛根，然后制作成淀粉。一来为自家准备副食，二来还可以卖点钱。一斤晒干的葛根粉值50元。像我的大堂哥李金光，每年都靠这个卖了好几千元。听说去年这个月份堂哥夫妇俩靠卖葛根粉赚了5000多元。这也是临近新年春节前，一份不少的收入。有些人因为没有熟人，也就卖不出去，只能留下来送给朋友。

因为要参加活动，我只能把提炼葛根粉的工作交给媳妇一个人去做。母亲告诉我，弟妹江旺会来帮我媳妇的忙。因为我和母亲、弟弟都是党员，都要去参加活动。

我们小组有10位党员，村里的党员几乎全是老一辈们。这一辈和我年龄相仿的年轻人，我是第一个入党的。也是我的母亲带我走上这条路的。她说："入了党，你的孩子将来读书、就业就会有一个不错的家庭背景，入党还会让你比其他人更有觉悟、行为标准。"于是，我跟着她，当了一名党员。

自从1月底的群众大会开始，就落实了乡政府关于每月5日举行各党小组活动的通知。无论是参加村里卫生和帮助劳动力缺少的困难群众，还是其他的植树造林活动。经讨论，下次的活动是为村里的寡妇木秀英、王文英家背柴火。木秀英今年40多岁，有4个孩子。二女儿15岁了，患有白内障，前些年被保送到昆明一家残疾人学校。大女儿在外面打工，她还要照顾两个没懂事的小孩。尽管如此，能干的木秀英，是村里每一年挖重楼最多的人之一。她的丈夫李杨在一年前猝死了，听说他以前当乡村医生时，经常用酒精兑水当酒喝。或许是因为这个酒精中毒至深，死前一段时间，他一直处于精神异常的状态下。

王文英的二儿子在村里当武干，和母亲生活在一起。有时他的母亲一个人忙着，在村里并无要事的武干也很少帮母亲干家务活，更别说下田劳作了。为此，村里很多人都把他说成是一个懒散的人。

冷木当党支部安排我们整理村委会卫生环境，与隔壁村党小组合作，把村委会堆积如小山的、劈好的木柴，堆码得很干净、整洁。据说这些柴火整整有4拖拉机。

大家忙了一阵子，有很高的热情。或许是第一次举办这样的活动，每个党员都不敢在别人面前怠慢。

中午12点13分，大家又清扫各个道路、水沟。每次村民会议上，都提到卫生，但还是没有奏效。一些村民仍然在村里的小河沟里丢各种垃圾，原来修得像自然沟壑一样美丽的水沟，因为有人不断地往里面扔垃圾，洁净的山泉水上漂浮着塑料袋、啤酒瓶、得瘟疫死的小鸡尸体——在潺潺的流水声中，垃圾散发的臭味弥漫在屋子的周围……

1点30分，拥堵不堪的水沟被我们大伙清理干净。我们小组的党支部书记是李自荣，他的父亲李自才既是巫师也是一名老党员，今天他也来参与卫生活动。

李自荣把我们小组10个党员召集到自己家里，说要开一个简短的会议。用乡里拨给党小组的经费（一年3000元）买了一件雪花罐装啤酒、一件来一桶方便面、2瓶10元的白酒和4瓶饮料。村里的党支部每年有50000元的活动经费，给小组党组织3000元。为此，很多基层的老党员对村委会财务状况一直有怀疑，因为从以往来看，村里并没有举行过什么活动。过去老一辈们在村里，每逢节日都会用村里的经费召集百姓组织各种娱乐活动。

2015年2月6日　星期五　晴

今天，要去挖葛根啦！还是原来的几个人：我和媳妇、弟弟和他媳妇，还有弟妹的父母和叔父。

10点出发，沿着丹达力卡山脉，我们爬了一个多小时才到目的地。兄弟的岳父一家，就在这座山里挖了60市斤的干葛根粉。

今天，我和媳妇带着炒牛肉丝和饭团，用仅有的10块钱买了一瓶2.5元的塑料瓶装的土锅酒和一些廉价的零食，又买了一包5块钱的雄狮牌香烟。弟弟则带着一打6听罐装的雪花牌啤酒，这酒是他的同学昨天下午到他家时喝剩下的。

今年，所有的村民都涌到山头，抢着挖葛根。这些葛根粉，并没有经常性地被收购，有时候会有村委会或者是乡政府的人订购，数量不多。有的人手里有很多都卖不出去；有的人只是送给朋友、亲戚。

弟弟的岳父家家境很殷实，三个老人不愿意搬到新房子，还是住在村尾背山近水、远离人群的地方。在那里他们养了很多鸡，还有十多只山羊。弟弟的岳父叫李向红，今年45岁，个子瘦小，却是一名猎手。因为没有儿子，所以他把这些狩猎的传统技能都毫无保留地传授给我们两兄弟。有一次同他进山下套索，他很夸张地跟我们说：我这一辈子，天上飞的，地上跑的，土里钻的，全部打了。

他总是喜欢与人谈论关于打猎的事，好饮酒，无酒沉闷，有酒欢乐。他同父异母的兄长李国志，过去是村里的老村长、主任、书记，在村里很有威望，每到群众大会面临决策，村里的年轻领导都会请他发言指导。李国志只有一个儿子李腾龙，成家后不跟老人一起生活，一家三口搬到新房子居住。李国志和李向红夫妇凑钱为李腾龙买了一辆面包车，让他拉客人谋生。

挖葛根是一件很苦的活，需要顺着根一直挖到很深的土层，才能挖掘到一根根沾满湿土的葛根。

天气很沉闷，天空中乌云密布，太阳偶尔才露面。这样的天气十分适宜挖掘。山坡上长满灌木、青刺，葛藤蔓杂乱无章地缠绕着树枝，每隔三到五步，就有被挖掘过的土穴。

大家分散在各处，挖掘过程中最忌讳彼此搭讪聊天，甚至不能和正在挖掘的人大声喊叫、说话。传说这样会影响到正在采挖的葛根，使其方向错乱，往更深的土层延长。

1点48分，大家互相转告，回到一块平地上休息，吃中餐充饥。拾一些干树枝，烧起一堆火，将午餐肉罐头切片，削几根尖木把它串烤在火炭上。李向红一家还背了一点煮熟的山药，大家把塑料瓶切成酒杯，轮流喝，我们管它叫"罚酒"。午餐是从家里带来的，煮熟的土豆、山药、米饭、牛肉丝、炒猪肉。大伙一边吃，一边议论着葛根。

酒也喝完了，饭也吃饱了，大家才慢悠悠地背着篮子，各自钻进密林深处采挖……

下午4点50分，大家集中到一起，每人喝一小口酒，背上一篮子沉甸甸的葛根，紧跟着慢慢下山回家。

2015年2月7日　星期六　阴

今天的主要任务，是尽快把已经挖好的葛根制作成淀粉。葛根粉的制作是一件繁重、琐碎的活。

首先，用刷子或是尖刀把沾满土的葛根的表皮刮去，褶皱里的土要泡在清水里洗净为止。做完第一步，就要把葛根捣碎。这时人们往往制作一把木槌，把葛根纤维组织捣碎。这是为了把里面的汁榨出来。所有的葛根捣碎后，接下来就准备一大盆清水，把捣好的葛根放进清水里，用双手反复揉捏至脱水。再把已经揉捏好的葛根面团，放置另一处以备第二道脱汁工序使用。清水里的所有葛根脱汁完后，用细纱布或是编织袋把混沌的汁水过滤。此时要用另一个大扁锅，将干净的过滤袋放在中央，再把刚才的汁水倒入过滤袋里，把汁水捏干。过滤网袋里剩下的渣渣，同第一步脱好水的葛根面放在一起，以备第二道脱汁工序。

过滤好的汁水，要放在地面平整的安静处。盛汁的锅，不宜动荡，盖上盖，一切就交给时间了。

第二天凌晨，早早起床把锅里的水小心翼翼地倒出去。此时，淀粉已经和水分离，沾在锅底。刮出的淀粉，湿润黏糊。一般的吃法是在火炭上烤熟，不需蘸任何蘸水直接食用。

剩下的淀粉，利用太阳光晒干。晒干后的淀粉可以用开水冲调成稀糊状饮用，还可以出售。

2015年2月8日　星期天　晴

早上，煎几块麦饼，我俩背着孩子去老房子。今天母亲、兄弟两口子也带着孩子一起下去。

大家都是为了种土豆，老家离公路边2公里，这里较为平整。过去，我们一大家子的人都居住在这里。自从建设好安居房后，母亲和弟弟3口子先搬到新房子居住，我们在这里住了将近一年的时间。后来有了孩子才搬到村里，申请了一套房子。

本来，这块地方是我打算创业的场所。贡山县司法局×局长，在一次党会上当着大家的面，承诺帮我实现我养殖的愿望。那一天，她信心满满地说："我推荐你养鹅，又经济又好养。"按照她的想法，我先到贡山县丙中洛培训了一个月的时间，和我一起参加培训的还有我的堂哥LJQ。他被司法局视为"矫正"对象并扶持他创业，原因是LJQ作为一个党员，从村民手中购买了射钉枪，而当时在警方的笔录中又没有如实交代，口供屡次变化。经警方证实后，被拘捕了几个月，党籍也开除了，还丢了一份村委会副主任的职务。

为此，我和兄弟辛辛苦苦赶工搭建了一块100多平方米的鹅棚。7月份，应她的要求去丙中洛培训了一个月。回到家后，我苦苦等了几个月，准备大干一场。正如我预料的一样，这位×局长果然放我鸽子了。

这次的经历，让我吃了一次闭门羹。每次想到这个局长信誓旦旦地承诺的画面，就恨得咬牙切齿。

2015年2月9日　星期一　晴

昨天清洗的葛根，今天必须捣碎过滤清爽，母亲要去参加十二届第二次独龙江乡人大代表会议，乡里寄通知单邀请了她。

昨天下午下在江里的6张渔网，今早一收一条鱼都没有捞到。路过母亲家里，母亲正准备去乡里参加会议，她似乎纳闷乡里的人为什么请她出席这次会议。我也感到很疑惑，母亲原来是村里的妇女主任，退了很多年了，乡里怎么会想到她呢？

母亲说："是不是搞错了？"

弟弟回答："通知单都上来了，我看确实是真的。"他还不忘带一句，调侃母亲："可能乡里一直没忘记你对我们村的贡献。"

兄弟两口子带着孩子木松来帮忙搞葛根粉，大家一直忙到下午3点多钟才弄完这些葛根。

我们两兄弟约好一起再去江边下渔网。快过年了，人们都在捕鱼，每到这时，江里都人满为患，大家都抢着在最好的江段下网。听说隔壁邻居昨天下了10张渔网，今天打了9条鱼。我看不错，也就想去试试手气。

一会儿，弟弟开着摩托车在路旁鸣笛叫我。我俩到2公里外的江段，他在西岸，我过溜索到东岸。这里有一处东西宽20多米、南北延伸200多米的江段，东西两岸是陡峭的山峰，江面水流平缓。据很多渔民讲述，曾有不少人在这里见到大鱼，因为江水很深，加上江底有较多的暗洞，使得很多人都没办法打到这样的大鱼。老人讲：1973年7月发大洪水前，独龙江的鱼一般都是较大的鱼，1973年的大洪水使很多这样大个的鱼种灭绝了。人们猜测，现在人们在这段江面目睹过的大鱼是1973年存活下来的鱼类。

过去人们喜欢用炸药炸鱼，曾经炸过鱼的父亲说过，他在这段江面上炸过一条长100多厘米的肥鱼。

据李金国叔叔讲述，有一次他去这里下渔网，在水流平缓的江底，曾亲眼看见过这样的情景：有两条覆盖面积很大的东西在江底卵石上蠕动，一会儿岸边的崖壁穴里慢悠悠地游出4条同样大的东西到这两只大东西前，整齐地游回一个穴洞里了。后来，他买了大渔网在这里下了一个月，却什么都没有捞到。当地的村民认为这是一种成精的鱼王，有鱼公、鱼母。很多渔夫都设想过很多能捕捞到此类大鱼的方法，结果都是空手而归。这种奇怪的鱼，生活在这段江面，也给这江段增添了许多神秘、诡异的色彩。村民们猜想，很多跳江死去的人，大多数连尸体都找不到，怕是被这样的大鱼吞噬了。再加上这段江面幽深恐怖，两边是幽深不见底的洞窟。近年跳江自杀的十多个人，只有一两个人找到尸体。联想到人们的传言，每当经过这一段江面，总会让人有些战栗。

2015年2月10日　星期二　晴

搬进新房子不久，房子周围的杂乱荒草、堆积如山的空酒瓶子，都需要清理干净。我家新房的厨房背面南北方向延伸着的都是坟墓，有些土坯坟墓倒是显眼，可有些坟墓在新房子的覆盖下，都不知道具体位置在哪儿。我准备盖一间猪圈和柴火棚，因为怕惊扰亡灵的安息，因此询问了很多老人，确定了死者的坟墓之后，我才谨慎地把猪圈的位置定下来。这里每死一个人都要按照传统的仪式举行丧葬仪式，几年下来，在丧葬仪式上喝剩的酒瓶多如小山。

我家厨房背后，有当年合作社时期堆成的石头篱笆。这里是一家三代人灵魂的安息点，是孔前家族的李杨杰一家的坟墓，埋葬着李杨杰、龙玉花（媳）、太细（母亲）、李杨文（大儿子）、李天虹（小儿子）等，这些都是死于非命的人：龙玉花在给砍树的丈夫李杨杰和儿子李杨文送餐时，不幸被父子俩砍倒的滚木砸中身亡；太细早年间年迈多病而亡；李杨文吊死在家中。事实上，村里"有见识"的人认为，是李杨杰和他的儿子李天龙、李天虹合谋杀死了经常热心帮助别人，秉性憨厚，有先天性体貌缺陷的儿子李杨文。

清理这些已经褪色的酒瓶子，我感慨良多。原来是肥沃的田地，新农村建设后这一带的农田全部被一栋栋崭新的砖房覆盖了。我把厨房门前的土地平整后，又用石头篱笆上的卵石铺垫了一层。我想等有钱后再买些水泥，搞成水泥地。石篱笆上的卵石，大的有100多斤重，小的只有鸡蛋么大，真是应了一句古话"前人栽树，后人乘凉"。用这些卵石，就地取材，省了很多精力。

我一个人用推车拉石头、翻石子，平整厨房门前坑洼的地。推车是我从二堂哥李金才那儿借来的，平时只要有什么经济上的困难，我们都会去找二哥两口子帮忙，他们也会尽自己的力帮我们，无论借钱还是借东西。

下午，弟弟约我去下渔网。最近有月亮，总是捕不了多少鱼。今天早上才捞到4条小鱼，也许是独龙江的鱼越来越少了。很多人表示，今年似乎不像过去一趟就有不少的收获。我小时候，读村里的完小，很喜欢下渔网，那时下20张渔网，第二天早晨就会捕捞到半盆的鱼。有一次，我捕到一条大约6斤重的鱼，在编织的包"淞"（用尼龙线编织的挎包）里都装不下，勉强把鱼头装进去，鱼露出大半截。记得母亲高兴得合不拢嘴，啧啧称赞我。可现在，再也没有这样的大鱼能够让我的母亲称赞我。

我们兄弟俩是村里关系较好的，这得益于父母从小的教育。他们总是教导我们："朋友对你好只是暂时、表面的，哪有自家流淌的血缘一样亲"，"没有亲兄弟，如果被人欺，没人会帮你"等等。这都是村里的长者强调自家兄弟团结友爱的训言。

今年过年，如果不发低保，恐怕是什么年货都买不起了，这也是村里很多人担心的问题，因为有些人一年挖药材所赚的钱，基本上到了第二年冬季就所剩无几了。就比如我家，在父亲去世前，是村里家境最殷实的一家。父亲去世得早，按照他的临终遗言，我只顾读书。可最现实的问题让我困扰，读书或是放弃读书？读，没有钱解决我的学费问题。

父亲在世时会从乡里用马驮物资到村里，销售给当地的村民。父亲去世后，母亲独自经营着我们家的小卖部，物是人非，家里的顶梁柱没了，她一个女人在偏僻的深山里要供3个孩子读书。弟弟读初中，我在省城读中专，这所学校是我的叔叔李金荣为我推荐的。因为他考虑到我的家境，就推荐我到云南省民族中专读书。云南大学的郭建斌教授每月给我100元的资助，暂时缓解了母亲身上的重担。在校期间，郭老师曾多次到学校来找我，帮我解决各种问题。因为2002年冬季我父亲在世时，他来村中做民族田野调查，在我家住了100多天。好心的他，从我读初中到中专的6年间，一直资助我的生活费，他还寄给我很多书籍，诸如《三国演义》《水浒传》等文学名著，至今我都留作纪念。

读书期间，我读了很多文学名著，到昆明时深受学者叔叔李金明的影响，我喜欢上了"民族学"，这是一门我不陌生的学科。直到如今，我还非常感谢他能毫无保留地让我翻看、阅读所有关于民族学的书籍。他的藏书柜，是我少年时代获得知识的殿堂。

读完中专回来，在县里工作的叔叔将我推荐到县文化馆去实习，我整天坐在办公室喝喝茶、打打文件。天晴时，我会想到此时满头大汗在田里劳作的家人，特别是母亲，我就有一种愧疚感，加上我只是一个实习生，是否能找到一份合适的工作也是未知数。而当时的县里，人家根本就看不起一个中专生，你必须参加公务员考试并被录取，才算是一个有学历的高才生。像我们这样只属于技能型人才的人，顶多被定义为"技术型"人才，这还是恭维的话。说白了，就这学历只能打打杂工。

想到这些，我就带着失落的心情，搭上了一辆农用车，坐在货厢里一路颠簸地回了家。当时的公路是土路，从县城到乡里100块钱一个人，不管你是坐在车厢里，还是副驾驶上。

好在大姐为我谋得了一份兼职——担任独龙江公路保通员，和我的姐夫高金亮、小学同学双宝林去修路段。当时的公路是土路，一到雨季，泥石流、滑坡随处可见。我们开着装载机，一个村落接着一个村落地去修通公路。当时，姐夫考虑到家里只有我母亲一个人在劳作，就让我回家多帮帮母亲。有路段瘫痪了，才打电话通知我下去修路。这条从村里到乡里的公路，我为了修路不知道走了多少次，其中一次让我很难忘。8月份的时候，我从下游马库村修完路回家，当时位于白丽村的便桥被暴涨的大水冲走了。我路过时，只有原来被拆毁的木桥两边的大索悬在两岸被泥石流淹没的崖壁上。我小心走过，决心用生命赌一把，因为我只有通过它才能回到家。河有30米宽，我在两边的大铁索中选择了一根，双手握紧。因为铁索很粗，我的手不能完全握住这根大铁索。我也大胆地，用过溜索的劲吃力地爬过去。我用手脚缠着铁索爬了一会，刚刚用第一个月的工资820元为我母亲买的一双雨鞋和犒劳我自己的一包15元的"555"牌香烟就掉到江里。爬到半截，装在我裤兜里的20多块钱和打火机全掉进江边。铁索里防止生锈的油脂，在我的用力摩擦下，混着雨水一滴滴地打进我的眼睛。我的双手通红，在铁索中缠腿休息两次才艰难地到了对岸。

我回到村子却发现自己什么都不会干，谋生技能根本追不上别人。那几年我的家就像蜡烛一样燃尽，我们两兄弟娶媳妇时，也没有给彩礼。目前是家里最困难的时候，正因为有这样的经历，我才知道什么是"人情冷暖"。曾经那些对我们家恭恭敬敬的人，也逐渐变得冷漠。如果父亲还在他们还会这样吗？经历了别人的嘲笑、讥讽，我渐渐懂事。

今天，去小河上游，思绪良多。快过年了，却没有准备好各种年货。江鱼是必不可少的，每到春节，村里的男人都在捕鱼。这时候，江里人满为患，都要抢先占领中意的江段。我们一共下了27张渔网，我下14张，弟弟下13张。越到江上游，两岸的山越陡峭，两岸是高山，间距20多米，一到这里就让人心生胆怯。

天色渐渐走向黑幕，我们才走小路到家。媳妇等我回到家后才炒菜，火塘边我逗着孩子。传统的常识告诉我们，男人从江边回到家，必须先把双手在火塘里烟熏一遍后才能靠近小孩（据说，这样可以防止江里的水鬼作祟伤害到年幼的孩子）。媳妇还在铁三脚上用小扁锅煮了猪肉，吃完后我们煨了一瓶土锅酒。天黑了我们才回到卧室，打开电视，两口子各喝一半，看一些无聊的电视节目。我不喜欢看电视，所以只能用手机玩玩微信。

二嫂李春兰给了媳妇50块钱，我和媳妇用8块磨了面粉。我的大堂哥家买了一台磨面机器，一斤收5毛钱，大嫂只要了5元，因为我给她5元的两张，她说没有1块的零钱就免收了3块钱。下午又从李玉珍的小卖部买了一些豆子，现在只剩27块了，准备用10元买东西。我去阿生家里时他们家似乎有人在争吵，传来女人的哭喊声，也不开门了。哭喊的女人是阿生的妹妹，嫁了几个男人，有的死了，有的离婚了。与前任丈夫有2个孩子，现在嫁给了一个比她大好几岁的男人。两人在村里租了一间上游村民不愿意搬进的新房子，开小卖部。她的男人开一辆大卡车，看上去比之前的几位都要有钱。

见此情景，我又返回到家中。

2015年2月11日　星期三

听说有上面的领导来慰问我的母亲，一大早弟妹就忙着打扫房间，清洗碗筷。中午，家里来了一大堆人，据说是上海的领导，由乡里的书记、乡长带领。大概是上海对口扶贫办的领导来慰问母亲。大家来到客厅，我们摆上油炸葛根饼、山芋、米酒，但还没有来得及烧烤江鱼，他们就走了。母亲拿出信封里的500块，给我们两口子100块，给弟弟两口子100块。

眼看快要过年了，还没有发低保，大家都急了，都在讨论应该用什么钱买年货。我们两口子3月4日还要给儿子举办一场生日宴席，得花不少钱来筹备这件事，请村里的一些亲戚、朋友来吃饭喝酒。

今年的春节因为这个原因，大家都同意简单地过过就算了。这几天都弄不到野味，我和兄弟去猎区看了三次都是空手而归。原本是想弄到点野味，为过年补充点肉食，现在希望都落空了。

今天过得真快，只记得都在清理渔网，我只捞到 4 条小鱼，其中两条是扁头鱼，我兄弟也是一样。从江里回来，吃完饭就到隔壁老村子拾柴，前几天放的柴火不知道被谁背走了。

今天我才知道，昨晚是阿生的儿子阿强在与家人争吵，当时他与很多自家人在喝酒。有人问阿强的爷爷："阿强为什么想要服毒自杀？"阿强的爷爷回答："这都是因为他母亲不同意他跟下游白丽村女孩子的婚事，阿强先是把气发在母亲身上，之后服用了草乌，后来吐血，被人开卡车连夜送到乡医院抢救……"今天不知道结果怎么样了，"应该是好了。"弟弟对我说。

清理渔网到下午，弟弟从山里来约我一同去下渔网。我们从西边坐摩托车，然后把摩托车放在路边老家旁，过溜索到江东下渔网。这是那个鱼王藏身处的江面，我们看到一群大鱼在江底卵石堆里游动，大约有 20 多条。看到这个情景，我们把包里的渔网全铺撒在这里，在鱼游动处下了 5 张渔网，不知道明天有没有收获。

2015 年 2 月 12 日　星期四

今天看云南大学教授郭建斌老师的著作《边缘的游弋》一书，我受益匪浅，对我写田野日志帮助很大。郭老师的这本著作凝聚了当时很多老一辈们的心血，包括村民对采访的认同与配合。其中，一些田野日志的写作方式，给了我不少帮助，也激发我创作的灵感。郭老师在我就读省民族中专的一段时间，对我的关心是无微不至的，包括供我的学费、生活费用。基于他的帮助，我一直因为未能找到一份工作而感到对他愧疚。

2015 年 2 月 13 日　星期五

李向红、陈永群我们三个人，拿着鱼竿去钓鱼，一到就看见一大堆涌动的鱼群。瞬间，大家的热情高涨了。李向红十分兴奋地对江底游动的鱼群指指点点，有时突然大叫一声："哎哟，好多鱼呀！看那边，还有一条更大的！"还不停地念叨着说："我活了一辈子，从来没看到过这么多、这么大的鱼！"时间一会儿就过去了，下午一条鱼都没捞到，我们就在江边的石滩上边看游鱼边喝酒。鱼让人嘴馋，我们却拿它们没办法，只是偶尔捡几颗卵石抛掷到江面，逗着大鱼。

冬天，钓鱼并不用蚯蚓，而是用生在江边光滑表面的卵石堆里的水蜈蚣。相对蚯蚓，水蜈蚣更适合鱼儿的口味。先断除水蜈蚣的头部，再把体内的内脏用注射器抽出来，再用注射器往体内打气充气。待水蜈蚣鼓气，再用细毛线拴紧尾部，两头用细毛线拴在鱼钩上即可。这是冬天钓鱼最常用的方法。

冬天小鱼在退潮处的浅水里产卵，而稍大的鱼群却在江心处栖息。冬天捕鱼，渔网一般都在江岸边的乱石堆里放置。

季节的轮回变换，让下一群鱼也同样重复着这样的使命。因为岸边的浅水处水压小，这也带给小鱼一种舒适的生存环境。

2015年2月14日　星期六

村组长李永明一家去县城过年了，今天早上看他忙着贴春联，里里外外都贴满了写有各种祈福语的对联。

听说，他傈僳族的岳父一直重病在床，不省人事。他今天早上和大哥李永才一起杀猪，可能是给老人家孝敬用的。

下午，组长的媳妇阿英，抬着一件啤酒送到周围的几位邻居家里，也送给我和我母亲两家。我们没什么答谢人家的，我就和媳妇商量送一些葛根粉作为谢礼。

2015年2月15日　星期天

今天我去拾柴火，然后委托李金国叔叔用他的拖拉机运到家，母亲则在家中熬酒。我醉醺醺地去上柴火，傍晚到家后母亲"教育"了我一番。

昨晚群众大会上说，以后不准砍伐木材当柴烧。为了减少百姓砍伐木材的量，上面会为家家户户配发电子产品替代火塘烧火的习惯。

这样做，很多人都在议论。孔越文在大会上说："你们配发的电器能解决我们冬天取暖吗？用了电器还会费很多电，这事你们想过吗？"诸如此类，他这一发言，反倒让组织开会的村委会领导无言以对。

2015年2月16日　星期一

今天媳妇去乡里买年货，春节赶集一般都是到三乡。去年是我们兄弟两家四个人都去买年货，今年不一样了，我们分家后各过各的。除了大年夜和初一，其余的时候大家都要在一起吃个团圆饭。

媳妇取了信用卡里的500元钱，买了些东西回来：2条鱼、1只鸡、蔬菜、生姜、瓜子、两张贴纸、一些糖果、爆竹。

2015年2月17日　星期二

明天是春节，上次县"文化、科技、卫生"下乡活动，有县文联免费亲手赠送给村民的对联，我要到了6副，这也意味着今年不用花钱买对联啦。

邻居龙明光来家里，看我贴对联就帮我。然后他把我叫去，让我帮他贴对联，因为他不识字，说害怕贴错了让人笑话。他用温水稀释的面粉，糊在每一条对联上，接着问我该怎么贴，我说贴对联要从右到左，最后再贴横批。其中一副对联是我家多余的送给他的，他说李连英家给了他很多对联，因为李连英家去年死了弟弟（也是我的堂弟）。按照密宗喇嘛活佛的旨意，家里有人去世，每逢新年节庆，都不能贴对联，一直到三年以后。

2008年，我父亲去世后，家人去烧香拜佛，当时父亲去世两年多，也按照丙中洛活佛的旨意没有贴对联。只是按照传统习惯，在门前插松叶。按照传统的习惯，新春之际，要在门口插上青松叶。和去年一样，我和弟弟去砍了一些松枝。这之前，我准备了平整厨房天花板的木料，我们花费了好大的力才把未干的松木横置在厨房天花板上。

下午，我们杀了一只鸡，准备明天除夕宴上享用。又买了点蔬菜，又买了一打5元一支、4支装的烟花和一支10元的烟花爆竹。

今年春节之前未发低保，听说有些人是借钱买年货，打算用低保还。我们两口子也向堂哥借了400块，因为媳妇去买年货，并没有把剩下的零用钱带回来，又加上可能会用到零用钱，所以只好硬着头皮去借了这笔钱。

黄昏时，县里当官的李金荣夫妇俩也来看看我们这个新组织的家庭。他们一家三口，都住在小叔李金国家，这次是回老家过年了，在火塘边上聊了一会。叔叔对我申请到了房子、另立门户感到很欣慰，给我儿子200块压岁钱，没坐多久就回去了。

明天是除夕了，今晚我要早点歇息，准备迎接新的一年。

2015年2月18日　星期三　大年夜

一大早，人们便开始打扮房子，挂上崭新的独龙毯。有些人家挂上新买的红灯笼，分外抢眼，每家每户都贴上了春联。

这是我们分家立户的新一年。新春之际，母亲好心地劝我尽量别到人家里喝酒。母亲一直在喝酒方面训导我，因为我不胜酒力，常常喝点酒就失去控制力。母亲可谓叮嘱得用心良苦呀！

村里有习俗，大年夜不能到别家串门，一大早就要抢着第一家在火塘里烧火、烧水，然后到我家简单做的佛像前去烧香祈福。我起来时很多人家都没炊烟，按独龙族习俗，大年夜这一天起得最早的人将会收到很多天赐的恩惠。

我听亲友们说，按佛教的习惯，这一天也是藏历年的头一天，意味着新年的开头。昨日我在厨房背后的石篱笆清理了一些垃圾，腾出一块干净的地方，插上一根青松，周围铺垫上松针。今早，烧上这些松针，心中默默祈祷，祈福着新的一年家庭吉祥如意，平安幸福。

这一天，我发现自己是第一个醒来烧火的人，因为见别人家都没有起来。今天孩子没有哭闹，岳父照看着孩子，媳妇和我准备着年夜饭，我俩分工或是一起洗菜。一般早上、中午不吃东西，饿一天，好在年夜饭上有胃口多吃东西。这一天是抢先吃饭鸣放鞭炮，寓意第一个接受新年的福运。下午4点半，所有的东西都摆上桌了，一共有12盘，这是年夜饭必须备齐的菜肴数量。吃完东西，便在自家喝酒看电视，等待着春节联欢晚会。

不知道从何时起，联欢晚会成了过年必看的节目了。每一年，岁月悄悄流走，春节见证了多少人家的悲欢离合，见证了多少人家的兴衰。

12点整，寂静的村庄，绚丽的烟花冲向夜空，漆黑的天空顿时被烟花添上短暂的美景。人们兴奋地喊叫着，向天空美丽而瞬间的美景，啧啧称赞。过去，在12点钟有接水的习惯，人们用容器去接山里流淌下来的山泉水，老人说："接新年的净水，寓意洗去身上的忧愁和疾病。"现在，接到家门前的水都是从山里流淌下来的净水，不像以前老人一样燃着松明、打着手电去河边接水了！

放完烟花，喝完净水，再热点冷饭充饥就要入睡了。

2015年2月19日 初一 星期四

因为昨晚看春节联欢晚会到12点，今天大家都睡懒觉。岳父第一个醒来，他坐在火塘边，我是今天早上最后一个醒来的人。大家简单热点冷菜，然后去球场溜达。昨天下午，村民在这里打球很热闹。这里，以前是荒废的1至4年级的完小，水泥球场已经破烂不堪，长形的平木房，还有年代久远的卵石垒成的石房，刷上白净的石粉，看上去就像砖房。现在已经没用了，据说以后要在这里恢复学校。学校对面是李金强家的"冷木当农家乐"，他家在服务间门前摆了一桌乒乓球桌，村民们都在这里轮流打球。一些人在围观，有些人乒乓球打得很好。后来，我提议我们家族的成员一对夫妻对另一对夫妻，打半球场，三个球一局。李金荣叔叔觉得这提议很不错，大家就参与到这个活动中。其他陆续来球场的夫妇，也很有兴致地参与到这样有趣的活动中。

2015年2月20日　初二　星期五

因为已经分家了，我作为家里的长子应该先在母亲家里过大年夜。但是按照传统，初一不允许到其他家里串门，认为这样会把运气带到别家。所以今天我们才到母亲家里吃饭，这也是一种家庭的团圆饭。

2015年2月21日　初三　星期六　晴

今天，两位长辈组织了一场我们"斯日家族"的大团圆。我和弟弟李斌在太阳升起后，一起去到七叔李金国家里。

今天初三，六叔李金荣一家从县里回老家过节。五叔李金明一家没有回家过年，听说在县城岳父岳母两个老人家里陪他们过年。

背上孩子到金国叔叔家，婶婶递给我一瓶啤酒，和堂弟、堂妹一起玩飞镖。又有人提出打麻将，打2块的。六叔金荣、弟弟李斌、二嫂我们四个人摆了局。打到中午，男人们进行比赛，每人凑10元，凑集的资金作为奖励发放给前三名。所有男人们都参加到这个活动中，只有我还赖在麻将桌上，打麻将是我的爱好。

大家先是进行传统的射弩比赛，谁打得准，谁就会获得第一名，依次排列到第三名。刚才凑集的资金，分别为第一名30元，第二名20元，第三名10元。

接着是投石比赛，谁投掷得远谁就会获胜。他们比赛完，开始排队，宣布比赛结果，发放奖金，搞得跟真的一样。

下午，家族里的女人们开始准备团圆饭，总共加起来老老少少有将近30个人。过去几年，家族里连续死人，要不然肯定比现在多很多人了。

大家把家里的电磁炉全部拿出来，在金国叔叔家的大水泥场地上准备烫火锅。大家将木桌排列成一条长方形，摆上电磁炉，把已经炖好的大杂烩汤倒入5个电磁炉中，周围放上各类蔬菜、凉拌等等……

放上一些鞭炮，就开始吃团圆饭了。这是家族难得齐聚一起的机会。家中辈分最大的是我的母亲和大婶婶李秀香、六叔李金荣，大家让他们发表讲话。我母亲和大婶婶都没讲话，她们把第一个发言的权利让给六叔，因为今天的场合中辈分最大的男人就是六叔跟七叔，六叔、七叔都发表讲话，说很多祈福的话语，然后大家就碰杯喝酒。

2015年2月22日　初四　星期天　晴

今天分外热闹，又是大家族一起吃饭过年，有下游白丽村上来的亲戚。白丽村的这些人是二堂嫂张秀兰的娘家人，是我们家族的"呢热"（亲家人）。在金国叔叔的场地上，大家摆上大方桌，端上酒，玩起扑克牌。打清一色，押金1块，再根据手牌来相互加钱，有些人则负责烧烤。白丽村来的亲戚们一边喝酒，一边吃烧烤，很热闹。

有一大批外地来的游客今晚和我们一起跳古老的独龙族舞蹈，唱古老的"普"和"门休"长调。按传统唱完"普"和"门休"，大家放上音响跳藏族舞蹈、现代舞等等。那些胖乎乎的女游客，舞动着全身，看到他们似乎艰难的舞姿，反倒让一旁观看的人觉得不舒服。有一个胖女人，高呼着"原始社会好呀原始社会好"，一双粗壮的手在头顶上挥舞着，学着我们的舞步，看上去很笨拙。

村里的人们都对他们的到来疑惑不解，为什么大过年的流浪到异地？城市里不好吗？看看这些人，让过着自由、无拘无束生活的我们感到比那些城里人有说不出来的优越感。

2015年2月23日　初五　星期一

今天一大早醒来，因为金荣叔叔一家要回县城，叔叔走之前给了孩子200块。作为一家人，并没有什么东西可以送他的，落魄的生活让我一直处在尴尬的境地。我只有送点葛根粉了，这是唯一拿得出手的礼物，我不知道什么时候生活才会变得安逸些。

在金国叔叔家和家人们玩玩麻将，到3点钟，金荣叔叔一家就准备启程回县城，大家便放下手中的活到叔叔开的面包车前送他们。堂弟李福刚很不情愿地上车。本来，他想在村里过完年再多待几天才回家，叔叔怕他在村里惹是生非、喝酒，给自己的弟弟金国添麻烦，于是就带他回家。坐在车里的李福刚，似乎有些不舍得回去，我们家里的人叮嘱他好好听父母的话，他忍不住在车里哭了起来。

叔叔临走前说，应该让他体验一些村里的生活，暑假时让我们帮忙把李福刚也带上山，让他锻炼锻炼。

2015年2月24日　初六　星期二

新年过完了，总是觉得这美好的几天是那么短暂。大家又回到了原来的生活轨道上来，劳作的一年又来了。

邻居龙明光30多岁了，独自一人生活着，我和他的家只有一步距离。因为驼背的原因，他一直没找到媳妇，他与我谈话聊天时，多少会流露出自卑。看得出来他十分渴望婚姻和一个完整的家庭，他似乎很喜欢村里的小姑娘YM，经常看见他帮她家劈柴、盖雨篷等等。

昨天龙明光到福贡打工去了，听他说是帮村里开小卖部的傈僳族老板阿自家盖新房。他这一走，觉得一下子就清静了好多，反倒有些不习惯。他在家时，经常放高音喇叭，喜欢放歌曲。

2015年2月25日　初七　星期三

昨天酒喝多了，今天无精打采，休息一下，一直劈柴到晚上。

2015年2月26日　星期四

独自一人上山看前阵子下在山上的铁夹子。孩子的生日快到了，得弄点野味，请大家来做客。不曾预料，走到一半路程时眼睛不小心被树枝刺伤了，又痛又难受，在山沟里休息了半个钟头，还不见好转，就想直接返回家。但已经爬了一半的山，有些舍不得，觉得既然来了应该把夹子全部看完再走。忍着剧烈的疼痛，我艰难地看完了夹子，捂着眼睛慢慢下山，今天是最痛苦的一天。

2015年2月27日　星期五　阴雨

今天我去帮弟弟的岳父家盖羊圈。弟弟的岳父家家境殷实，只有他们同父异母的两兄弟、岳母一家三人共同生活，半百年纪了还忙这忙那的。

从屋背后的半山坡拾起搞木料时被人丢弃的边木，这是人家为新农村建设而砍伐的松木材。中午，从山坡上把这些木料全部滚下来，又扛到指定的屋前的位置。下午，下着淅淅沥沥的细雨，大家歇息了起来，主人家让大家喝白酒，听他们讲过去的事。李国志是原来的村书记、主任，兴致很高，他从山坡上鸟瞰着对面的独龙江，说起了1973年以前的事："当时没发大洪水，1973年以后地形就变了模样。1973年洪水毁坏了180亩集体田地，集体合作社粮食仓库全部被冲走，但是没有人伤亡。1973年洪水给大家带来了饥荒，之前村里一眼就可以望到四处，这一场有史以来最大的洪水，很大程度上改变了村貌，并使大部分集体共有地毁坏，谷物冲走不计其数。以前的鱼，个头很大、很肥，洪水后这样的鱼种灭绝了。1973年之前独龙江不算是一条江，是一条小水沟。"

他还预言，再过几年，或许天灾会又一次改变这个村子的面貌。

2015年2月28日　星期六　雨

又是下雨的一天，并没有农活可干。我看见金国叔叔在打铁，就把自己的砍刀也带来，想打得更锋利点。关于打铁，据李金国叔叔回忆道："很久以前，有一批西边缅甸的人进独龙江传授打铁技术，于是乎，缅甸（都鲁村）来的人和当地的独龙族村民举行比赛，谁打的铁器又锋利又好，谁就是赢家。缅甸人最后输给了独龙族村民，他们羞涩地走了。翻越中缅边境线时，无意间他们发现天湖中有碎铜矿石，于是兴奋地打捞碎矿。不料引来天神的愤怒，人群当中只有一个幸存下来。缅甸人认为这次的行程死这么多人，是因为独龙族人背后用巫术暗算他们。几年后，缅甸的人入侵到村里报复，被村里的壮汉阻拦了下来，并告诉他们，你们是因为动了神圣的天湖而遭到天谴，并不是我们独龙人做法事杀死你们的同胞。缅甸人无言以对，自知理亏就回去了。缅甸人十分敬佩独龙人，之后两国边境线边各自生活的人们，经常跨越国境线来玩，直到现在，中国的独龙族依旧翻过西方43号中缅界碑，去到缅甸境内挖药材，缅甸的人也跟随独龙族村民来到中国。"

那些去缅甸（都鲁）部落的独龙族村民，发现一包独龙江乡廉价的4块的烟，在缅甸竟然卖20块人民币；一瓶450毫升的酒，卖30块；而在中国，同样的酒仅卖3元。村民陈永群和缅甸的人协商，在西边的中间点，建设一个山里的两国边民交易所，中国的村民把物资背到这里，卖给缅甸人。因为都鲁这个村寨里，并没有通公路，据说从家里出门购买油、盐、生活所需，走山路一个星期才能返回家中。

两国边民设想，如果在中间建立一个交易的场所，那将会给他们带来很多方便，又给中国的独龙族村民增加"外贸"收入。中国边境的独龙族人，可以高价卖给缅甸人各类产品。这样的设想，通过两国边民的协商和努力，将会在不久的将来实现。独龙江迪政当村，将会打通一条"外贸交易"的平台，打破原有的小农经济、单一的自给自足的模式。

2015年3月1日—31日

2015年3月1日　星期天

我和媳妇简单吃点早餐就去喂猪。我们只有一头小猪，是去年7月份我去丙中洛培训期间，从老师手里买来的香猪。另一头母猪，莫名其妙地死了。我负责看孩子，媳妇负责拾干草料，供小猪取暖，还可以做成肥料。母亲在梳理着芋头毛，媳妇回来后放下身上一大篮子的干草料也来帮忙。母亲把可以煮吃的芋头送给我们一点，有些当作种子，深埋起来。

3月4日快到了，这是我们孩子1岁的生日，明天准备去乡里购买一些东西。本来，我打算在堂哥家的农家乐给孩子举办1岁的生日宴会。但手头的钱，似乎远远不够在这里请很多人举办宴会。尽管这样，我还是想出简单的办法，给他在家里过生日。之前为孩子过生日存了3000元，过新年花了一些，现在只剩下470元了，手头没有其他的储蓄了。

也许是新组织的家庭，加上还有孩子的开销，家里的经济状况变得很窘迫，这让我十分纠结、惭愧。尽管经济条件很差，但并没有为此出现家庭的问题，媳妇依然对我充满着信心。虽然，这是一种渺茫的希望，她总是相信有一天，我会让这个家变得更幸福、美满。或许，与我的秉性有关，日子过得再艰难，我依然怀着乐观的态度，去面对现实的压力。

组织一个家庭，对靠山吃山、近水饮水的山里人来说是何等的不易和艰辛。在我搬进新房子分居的一个晚上，长辈们就对我说："作为一个新组织的家庭，很不容易，日子不会一下子就红火起来，得脚踏实地慢慢来，夫妻之间和谐、互敬、同心同力才会把家经营得更好！"二堂哥金才跟我讲了他和他媳妇的经历："我和你嫂子，最初相识、结婚、生子，忙活了10多年，今天才换来稍微的安逸。只有不断努力、不松懈才会慢慢好的。"他的这一席话，让我陷入了深思。

2015年3月2日　星期一

　　今天，我带着70元去买东西，在信用社取了仅有的450元钱。三乡菜市场并没有多少种类的菜，原本这是为了当地独龙族百姓搭建的菜市场，里面卖菜的大多数是外地人，听说很多当地的独龙族因为害羞，就不愿意租摊位出售农产品和各种山里的野菜。除了靠大门有几个外地人租的摊位外，一半都是空着的台面。

　　我买了一只肉鸡，有5斤，13块一斤。我看见卖鱼的鱼池水抽干了，再一问老板，说再过2天就会有草鱼了，这些草鱼都是从县里运过来的。再逛到卖菜的摊位，让我大失所望，几个摊位都只有可怜巴巴的白菜、青菜。我的心凉了半截，本来我这次来就是为了买些村里没有的蔬菜。

　　今天来的路上遇到一老同学张敏。他是我在省民族中专的同学，他的家在百丽村，他搭车去乡林业站上班，听说是合同工。在车上他十分沮丧地对我说："唉，我老家的木屋全烧了，什么东西都没有救下来。"他对我说，他把老婆女儿都留在家里，自己在乡林业站做兼职。年纪比我大3岁的他，言行举止都让人感到很稳重、踏实。

　　到三乡分别时，他看我买了很多喜糖和瓜子之类的东西，就追问我是不是有什么喜事。我说，再过两天就是我儿子的1岁生日，我提前下来买点东西。他听后，就掏出100块递给我说："这是给孩子的，请你收下吧！"我一再推脱，他就急了，对我说："这又不是给你的，是给孩子的，我现在也就这么多了，你不收我生气了！"我很明白他现在的处境，意外火把家里东西全烧了，还要重新去购买生活用品，家里还有孩子、媳妇、父母，一份合同工的月工资只有800多，他的压力也应该非常大。

　　买完了东西，又坐李腾龙的车回家。车上有一个男子，估计是龙元村的，买了两瓶"中国劲酒"，一瓶给驾驶员李腾龙，一瓶他喝一口，又递给我喝。就这样一会就到家了。

　　下午，我发现我写日记的笔全用光了，村里小卖部没有卖笔的地方，于是我想到了陈永华主任，就跑过去找他，他带我去办公室给了我一支碳素笔。他问我前阵子让我帮他安装一些软件的事，我说已经帮你弄好了。之前，我跟他提过，我想和他合作建一所"独龙传统文化工作室"的事，他也表示十分的激动。只是一直没能向上级部门申请到办公设备，如电脑、打印机等，使得收集、整理传统东西就很难开展。

他今天送了我三床村委会闲置的崭新的被子，说你家里来的记者、文化人士多，应该能用得到。还让我帮他写一份"村委会年终总结"、各类文书、证明等，让我多帮村委会的忙。

黄昏，我看见孔元荣和陈江林骑着一张摩托车慢悠悠地在村道上走，陈江林手里还拿着一根钉满钉子的木棍，孔元荣负责开摩托车。沿途遇到野狗就下车打死，处理掉尸体后，又继续骑摩托在村里打狗。

这是前几天群众大会上表决通过的事，为了保障进村来旅游的游客的人身安全，乡政府就采取了这样的措施，下令把村里的狗全部杀死。当时开会大家一致认同，有人还说村里的狗应该杀掉，每晚村里的狗都齐聚在一起，叫声很吵。

据说村委会把这个任务交给了孔元荣和陈江林他们两人，村民形象地称他们为"打狗队"。我问孔元荣，今天打死了多少狗。他回答："应该是十多只，具体我们也没数。"有了"打狗队"，厕所的屎坑、野外等地狗尸遍野，惨叫声经常掠过耳畔，着实可怜这些卑微的生命，心里为这些狗感到同情，又没办法去阻止这件事。看见活生生被打死的可怜生命，我感到一阵阵心痛，又为无力挽救这些生命而感到莫名的无助。我只能看着一群群小狗，在眼前被打死，从最初无助或许哀求的嘶鸣、挣扎，到最后的绝望……

2015年3月3日　星期二

明天是儿子1岁的生日，我在几天前下的夹子和我弟弟下的岩羊套索，都要看。去年，弟妹生孩子，家里什么肉食也没有给坐月子的弟妹，弟弟打了一只岩羊，这才给坐月子的弟妹补了身子。我和弟弟去这个地方是下岩羊套索，这种套法是用一根青竹，落地生根的较为适合。岩羊经常习惯性踩踏的地方，一般是一下无通行路径，一般悬崖峭壁有一处可供岩羊通行的羊肠小道。选一处经常被岩羊踩踏的地点，再设置脚套陷阱。

岩羊喜欢群居，以啃食嫩叶为生，警惕性很高。一般捕岩羊，在山沟险隘处放上脚扣，少则 20 天，长则 1 个月查看一次。时间不宜过长，否则套中的岩羊，容易腐烂。短时间内去查看，又会惊扰到岩羊。岩羊嗅觉灵敏，能在几十公里范围内嗅到人的气息，就不会来到猎区了。5月份，天气暖和，此时的草叶嫩而可口，岩羊成群在海拔 3000 米左右的山里觅食。在峭壁只有一条可通行的小道上下套，往往可以套中。

独龙族的习惯，猎人是不会轻易把这种原始而可靠的捕猎技能和经验传授给外人的。据老一辈们说："传授给他人打猎，以后自己会吃不到野味。"这是一种古老的遗训，是一种围猎技艺传承问题上每个猎人心中遵循的戒律。猎人"传亲不传外、传子不传甥"。

我知道，当初我父亲向比我还年轻的大堂哥传授打猎、围猎和独龙族传统的技艺，是希望大堂哥学成以后，能把这种知识再传授给我们两兄弟。母亲回忆说，父亲一直在给我大堂哥强调："我死了以后一定要教给我的孩子。"大堂哥李金光的私心重，到现在为止并没有带我们到父亲曾经的猎区，也并没有传授给我们打猎的技能。他一直"经营"着父亲当年的那片猎区，并没有转让给我们。如今，他已是出色的猎手。

今天，看这个猎区是为了给孩子举办生日宴会。虽然离上一次查看的时间只隔 17 天，但还是想碰碰运气。结果让我们十分沮丧，唯一被踩中的扣索没有套住岩羊，让它溜脱了。还好，虽然没捕到岩羊，但夹子却夹到一只飞鼠，让我刚才失落的心情平复了许多。回到家，开始筹备明天的事宜。去年我兄弟的孩子过生日，是我和家人负责接待等琐碎的事务，现在该轮到他忙乎了，嘿嘿。

2015 年 3 月 4 日　星期三

今天,是孩子 1 岁的生日。我很高兴,和媳妇一大早起床,简单吃点东西。在火塘边,我们在讨论生日宴会请谁不请谁的问题,媳妇似乎对我只想请自家族的想法十分不满。考虑到她的情绪,再看看今天下午的蔬菜、肉食等可以满足更多人享用,我就决定多请些人。

我们俩早上清洗蔬菜、烤干的肉,还有昨天下午杀好的两只肥鸭、肥鸡、飞鼠。下着雨,在二嫂、弟弟的帮助下,已经备好了酒菜,在客厅摆了一方大长桌。大家提前预约了闹铃,准时到了我家。在一段急促的端菜上桌后,一大桌人不紧不慢地动起筷子。村主任一家、小组组长一家,还有邻近的年轻夫妇朋友们都到达了。一阵用饭后,有些人陆续离开。看下着雨沉闷,三堂哥就筹划起打麻将,我们很快摆起两桌,进入狂欢的夜晚。

2015 年 3 月 5 日　星期四　元宵节　晴

昨晚因为孩子过生日开心就多喝了几杯,今早有些打头。昨天下午家族里的人,就只有金国叔叔和婶婶没来,今天早上婶婶来家里,说昨天是酒醉了所以才没有过来。我提前就邀请了两位长辈,我觉得他们似乎是故意喝醉酒摆脱的感觉,昨天因为在餐桌上少了草鱼,我就把他们养了很久的一条鱼以 40 块买了。今早,婶婶说:"伽(给),你的鱼钱又给你。"说着她把 40 块钱递给我,说是给孩子的,婶婶这样做,让我心里很不爽,但又不好意思直说。我拒收了她的钱,并说不用了。她丢下一句话:"是不是嫌少呢,伽(给),这是给孩子的……"。

今天是元宵节,我们两家准备一起度过元宵节,送走这快乐的春节。母亲、弟弟、弟妹、媳妇都在忙着张罗今天下午的饭菜,我却有些醉意。大家劝我休息,等做好了饭菜起来吃就行了。听到这话,我顿时感到心里一阵温暖。就按大家的意思休息,一直到下午开饭前,家人才叫醒了我。

2015 年 3 月 6 日　星期五　晴

　　今天开始施肥了，人们把落叶、干草背到家，冬天气温下降时供猪保暖、踩踏出来的就成了肥料。现在还有复合肥、化肥，一到播种的季节，每家每户都要买上这两样和地膜。一袋复合肥和化肥在 80—90 元，近年价格上涨了许多，一桶地膜在 90 元左右。这三样的价格在独龙江农科所只会涨不会降，每年农户们都要到乡里去购买这些。来回的车费一个人就是 60 元，加上一袋复合肥 90 元、一袋化肥 90 元，2 卷地膜 180 元，复合肥与化肥每袋收 10 元的运费，光去买这些东西村民就要花费 440 元。这相当于三档低保户一人半年的低保金额。

2015 年 3 月 7 日　星期六

　　母亲今天蒸"自熬酒"，她准备下三乡看望大女儿松旺。听说大姐这次生了个儿子。

　　前阵子，他们夫妻两人关系一直很僵，姐夫在外行为不正，找了个姘头。直性子的姐姐不肯这么让丈夫放纵，她找了乡里的司法所进行调解。两人执意要离婚，却因为姐姐还怀有孩子，被司法所调解员驳回了两人离婚的请求，并各持有一张书面协议。这段时间，为我姐姐的事，母亲伤透了心，也憔悴了不少。后来听说姐夫在调解现场口头和书面保证，今后不再和姘头来往，这事传得沸沸扬扬……

2015 年 3 月 8 日　星期天　妇女节

　　一大早起床上山去看夹子，想看看今天我媳妇有没有福气吃到野味。村妇联每年的这一天都会组织活动，村里的妇女主任是阿英。阿英是从丙中洛村嫁到这里的傈僳族，会说独龙语、怒语、汉语、傈僳语，她的丈夫是冷木当村小组组长古如（李永明）。阿英是一个基督徒，滴酒不沾，古如喜欢喝酒。尽管这样，两人却过得很好，古如对媳妇是百依百顺。在家，阿英对古如喝酒方面很严厉；在家的古如也是充当着一个好丈夫。

阿英和李永明有一儿一女，都送到昆明的某基督教会创办的学校。村里有几个单亲家庭的孩子，都通过古如的帮助到昆明去读书。

只带了一瓶啤酒，因为昨晚贪杯，以往我一口气可以爬到顶的山峰，今天爬起来却是气喘吁吁。下夹子的山腰距村子有2公里的路程，在山脚下的公路上方，沿着一条长满灌木的林子一直顺着山脉往上攀。昨晚可能太伤身子了，爬几步就像个老爷爷似的，感觉身体就要虚脱，大口大口地喘气。在突兀、陡峭的山峰有一块看上去很舒适的空地，就地坐下来，打开啤酒灌下一大口，顿时一阵清爽透过心田。这里可以鸟瞰风景，独龙江在脚下缓缓地流着，水声掠过耳畔，时有时无，犹如幻听。低头一看，脚下是万丈深渊，光滑的崖壁上有几堆绿色的石斛在蔓延。东方的高黎贡山，卡瓦卡普神山，白雪皑皑，山脚下只有斑驳的雪迹，山顶的雪一年四季都不会融化。

野山里，树林茂密，种类繁多，每一种树、每一类草都有它的药物功效。即使是一个长期跋涉在山里的独龙长者，对植物的认识也很狭隘。

2015年3月9日 星期一

让人们等了很久的低保，今天终于有消息了，这是2014年的低保，到现在才发放。村委会广播通知了大家这个消息，知道发钱，大家情绪高涨。

岳父与我们一起生活，之前他的低保领取证一直被他的亲兄弟李新明保管并负责领取，而岳父本人在下游献九当村，跟大女儿一家生活在一起。每次发低保，他的兄弟只给岳父寄一点点。

我的媳妇代松，前任丈夫是献九当村人，比代松大8岁，在乡发电站当电工。代松和前任丈夫生活了2年多，因为前夫脾气暴躁，经常打她，代松忍受不了这样的生活，有一天逃到了献九当村她姐姐家。她和她的姐姐嫁的是亲兄弟。由于户口已经被这里的村委会取消了，代松一直没能领到低保，和我生活了2年了，只有我一个人有低保。

今天，她说自己去领低保，我负责看孩子。下午，代松和弟妹回来，母亲、弟弟和我算在一起，领了1000多元，母亲给我们两兄弟各分了300元，又分别给两个孩子（我的儿子和侄子）50元。

母亲准备去下游三乡，晚上买了酒，大家一起听母亲的嘱咐，田地里都有哪些要整理的。虽然分了家，大家还是一起劳作农活，收获的粮食平均分配。

2015年3月10日　星期二

母亲搭上了去三乡的车。大姐生了一个儿子，母亲分外开心，不停地为去三乡看望姐姐而做着准备，买羊、蒸酒、收集葛根粉等等。她特意叮嘱我们少喝酒，田里的活不能耽搁。在喝酒问题上，她教育我是经常的事，我喜欢喝酒。她说："在我的4个孩子中，你是最让我满意的，不管什么方面你都很棒！只有一个缺点，就是你酗酒过度，这让我很担心。"

我们分家后，没有洗衣机，今天就到母亲家洗一大堆脏衣服。刚刚分家，生活过得十分窘迫，也没有钱为这新家添置家具，如电视柜、沙发等等。周围的老乡都说刚刚组织新家庭时每个人的情况都差不多，只有经过不断勤奋努力家才会慢慢步入稳定和安逸。分了家，原来生活的大家庭成了一种精神和物质上的依靠，有什么生活上的困难都会对他们去"索取"。因为生活的不便带来的困扰，有时候只有大家庭支持才能渡过难关。

洗衣机在转动，我们在旁边喝酒闲聊，路过的李玉美被我们叫过来喝酒。李玉美无精打采地说："连续喝了两天两夜的酒，觉得做什么都打不起精神来。"

昨晚听说文面的舅妈李永玉失踪了，大家找了一天没找到。一些人推测是跳江自杀了，又去找巫师李自才占卜。李自才占卜的结果显示出凶象，这也意味着，人已经没有气息在阳间了。

2015 年 3 月 11 日　星期三

我的孩子生病很严重，我们搭车去三乡医院检查治疗。大概天气变暖，这几天村里有很多孩子都生病感冒了。

自从村里的乡村医生死后，乡医院又派了一个女医生，可她并没有驻村为村民提供医疗方便。听说她的丈夫不愿意让她在村里给人看病，所以村民寻医问药只能到三乡医院跑一趟了。我们两个大人带着孩子去看病，来回的车费要花去 120 元。车里坐满了人，约两个小时左右到了乡医院。媳妇抱着孩子，孩子发高烧，面无神色，也无力哭泣。

说明情况后医生开了输液的方子，用医疗证要了岳父的药和孩子的药。接着医生备好了输液的工具，给孩子在头皮上注入葡萄糖注射液。安静的医院里，旁边人的孩子也输液，因为惧怕针管，那孩子大哭不停。

到了下午输完液，在街道商店游荡了一回，买了点香蕉、补钙液、补锌液和 2 个便宜的小玩具给孩子，就又坐刚才的车回家。到家了，孩子似乎有了点精神。

文面老人李永玉的二儿子李向明家人很多，大家正为李永玉准备着后事。大家对老人失踪的事情众说纷纭，有人认为是老人酒醉后迷失方向，导致误入荒野饿死野外。家人出动村里的人去四处寻找，却不见踪影。

2015 年 3 月 12 日　星期四　晴

太阳到西边丹达力卡山的半腰，我起床做饭，约弟弟去整理下游 4 公里的草果基地。由于弟弟摩托车的内胎爆了，停了许久，我们只能走路。没走多远来了一辆运客的车，是熊当村的车，便搭上顺风车。

迪政当不适宜种草果，因为海拔高气候寒冷，又降霜降雪，政府投入的资金失败。就改变路线种植重楼、核桃、花椒等。下游的村民因为草果年年都获得几万元的收益，我们村只能羡慕。

只有这块地是由我们兄弟俩先占用并种植亲戚送来的草果。因为树林茂密遮挡了阳光，影响长势，我们俩就清理了密叶的树根。

今天带了渔网，9日晚上李永玉老人失踪了，附近的家人组织寻找也没找到，据推测是跳江。但组织人沿江搜索也未找到，这种情况，在江边下渔网也多少让人心悸，害怕会无意间发现漂浮在某处的尸体。独龙江跳江自杀的人群中，很多人没找到。这样失踪的人很多，也无法得知他们的去向。一些跳江自杀的人，尸体冲到下游钦朗当村江段才发现。

天渐渐进入黄昏，西边的丹达力卡山顶最后一缕夕阳，淡淡地映在东边的卡瓦卡普雪山顶。远远望去，独龙江幽静地流淌着，远远传来的江水声，仿佛是魂灵在歌唱或是涕滴……在高处，鸟瞰迪政当新的房子、公路上来往的车辆，突然感到莫名的荒凉。也许村里的人渐渐死去，带给每个村民心灵最深处的感触。

2015年3月13日　星期五

李永玉失踪已经7天了，按照习俗，明天开始做法事。现在只有一位巫师李自才了，传统的丧葬仪式就只能依靠他了。迪政当小组的村民都来帮忙料理李永玉的后事，李永玉有两个儿子：李忠永和李向明，两人都40多岁，都丧妻，李向明后来和寡妇年龙考一起生活。像这种失踪的人，没有坟墓，只插上一根水冬瓜树干，在树干上挂满死者生前所用物品，如独龙毯、珠串、衣物、编织工具等。男人则挂上弩弓、箭筒、砍刀、独龙毯、烟斗等生前喜爱的物品。

文面女李永玉有70多岁。据她讲述，她1960年参加过纪录片《独龙族》的演出，正是她的这一经历吸引了一些拍摄独龙族影像者的关注。

参加祭祀是在傍晚时分，需要带小旗子和物品，如啤酒、鸡蛋、白酒之类。从桃树上砍下几根小枝干，撇去部分枝叶，留头叶部分，再用干净的塑料薄膜剪成细长条状的条带，拴在桃树枝头部。一般带去给死者的旗子，按习惯是根据家庭人数多加一根，一根代表一个人，多加的一根，则有"人丁旺盛"的祈福意味。

李永玉是我的大舅妈。按习惯，有亲戚关系的都要参加祭祀仪式，我们买了一件啤酒、两瓶大瓶饮料去参加这种祭亡魂的仪式。仪式由李自才主持，他是这种场合的主要角色。在村里只有他一个巫师，有时上游几个村的人家有病或是丧葬都会请他去主持招魂、送魂仪式。

到了李永玉家，在门口有人敬一口"拦路酒"才能把所带的祭品带进家中。李自才坐在火塘边的角落里，他的面前摆了很多祭品和旗子"拉达儿"，来者手持的旗子递给巫师，卸下祭品。此时巫师会和亡灵沟通，把来者的姓名传达给亡灵，请亡灵不要作祟这个人，不要在阴间对这个人有所"企图"，要保佑这个人的一家平平安安。村里的人陆续背着祭品、手持"拉达儿"来了。这些祭品主要以酒为主，每家一件啤酒或是白酒，其余食品有生鸡蛋、生米、生土豆等。

李永玉的家人为这次仪式杀了一头大猪，生前李永玉和她的二儿子李向明一起生活。儿子和儿媳经常酗酒，酒后经常打架，经常看见李向明脸上的伤疤。

天色渐渐暗下来，房外的小平地里坐满了人，大家围着这临时的火塘坐着，人人面前都有一瓶酒。一些负责炊事的人用一口大锅在煮猪肉，一拨人则在空房间里打纸牌赌钱。门票一块钱一人，再看牌或是埋牌加钱，有时互相压钱，甚至会涨到几百块。但有时会定规矩，叫的钱也有一定的数目，大家管这叫"封顶"。这种聚会的场合，往往是喜好赌博者的乐园。一拨人围着坐起来开玩笑，喜欢搞怪的人经常能调动大伙的情绪。屋里屋外，时刻传来笑声，丝毫没有人死的悲痛与凄凉。

晚上10点钟，大锅里的猪肉煮熟了，负责家务的女人们把刚才来者带的装祭品的竹篓、篮子集中到一间房里，再把熟肉一一分配到竹篓里。除了猪肉，还有粑粑、煮熟的土豆、熟鸡蛋、两三瓶啤酒、一两瓶白酒和一瓶"霞拉"酒。这些东西有些是死者家属出的，有些则是参加祭祀的人带去的，不过是交换了一样。

拿好自己的竹篓就可以回家了，也可以通宵达旦地在死者家里喝酒、玩耍。此时，把两个小组参加祭祀的人各请到一张桌上，桌上摆满了酒和熟肉，还有粑粑、鸡蛋等等，可以随意食用。帮忙家务的女人们，为我们来参加祭祀的人都倒上了一杯热气腾腾的"霞拉"酒。今天的仪式就接近了尾声，明天是最后一天了，叫"土卜呢啊"，意思是喝亡灵酒。

2015年3月14日　星期六　晴

今天是最后一天，村里的人集中到死者家里，把昨晚分配后所剩的酒、食物都摆到屋外，再煮一锅"霞拉"酒，大家三五成群地在一起，饶有兴致地吃肉、喝酒，基督徒们则喝饮料。

据说这一天，吃祭品、喝祭酒的场所，忌讳待到最后，要尽早离开。不然肉眼看不见的鬼魂会捉弄人，让人酒醉失去理性，容易发生口角、打斗之事。这种场合是喜爱喝酒热闹人的天堂，可以敞开肚皮畅饮。村里的人经常喝酒，两到三斤的酒，在有些人看来根本不算喝酒。

酗酒，成了引发一系列悲剧的导火索。也正是这个原因，村里时常有人因为醉酒自杀、争吵、打架，隔两三天，乡派出所就上来一次处理刑事案件：2005年LXH用斧头劈死了同村的MGZ；2013年村里的一个怒族包工头被其他民工活活打死；2014年6月份村民LWX将妻子CY打死，警方介入，对已被埋入土里的CY尸体进行解剖，发现肚中怀有4个月的胎儿；同年8月份CYM酒后失手打死了媳妇CXY，为此CYM进了监狱，留下三个未成年的女儿。

近年来，因为酒后发生的刑事案件也变得越来越频繁了，村里的人一年比一年少了……

2015年3月15日　星期天　小雨

今天准备种政府投放的核桃苗，乡政府为每家每户发放了200根左右的核桃苗。

听说瘫痪多日的孔老师的岳母今天去世了，弟弟一大早来找他的砍刀，听说人手不够，就去参加料理后事。孔老师已经死了多年了，他的岳母是傈僳族，90多岁，一直跟随女儿生活在村里，几天前因为病重，她的贡山的亲戚来看望过她，亲友走后不久竟死了。

她的外孙们准备做棺材的木板，我也去帮忙把木板扛到他们家。厚重的木板每人扛一块，孔越文、李金国、李金光等人负责做棺材，其他人把王文英家那两间政府投入水泥、砖、石棉瓦建盖的猪圈拆卸下来，取出已被水泥粘成一块的空心砖，这些都是用来做坟墓外围棺椁的。陆续有人来背砖，这种30斤一块的砖，需要50多个才能把棺木全部覆盖。大家每人背两三个砖头，很快就背完了。还要用到沙子，村主任陈永华、大学生村官杨迎国（独龙族）也参加到背沙子的行列里。背沙子的人有20个左右，不论男女，很快沙子也背成一堆。因为要做水泥地板，有些人则在附近捡鹅卵石，有人负责发酒。天空下着淅淅沥沥的小雨，大伙又是扛水泥又是搅拌，不一会一块小地板做完。做棺材的人还在忙着，用电锯、电刨，刨出平滑的长木板，约4厘米厚，这是我见过的最厚重的棺木。

今天的事情也就只有这么多，明天是最后一天。因为是傈僳族，女儿王文英决定用傈僳族的丧葬方式来处理后事。巫师李自才也来了，但他这一次没有介入，只是指点着墓穴的方位。他说："傈僳族就要按照傈僳族的丧葬习俗来进行，不用按独龙族习俗来搞了。"

按照傈僳族习俗，今天早上死的人，在家里放一夜，第二天才进行土葬。有人会通宵守灵，做完棺材，尸体就装进了棺材内，放在屋里，每隔一会就打开棺盖，掀起脸部，用点燃的松明在其脸部熏一下，管这叫"萨"，这是遵循着独龙族的习俗。听说今天早上老人断气后张着嘴，还睁眼，后来用鸡蛋擦拭双眼才闭上了眼睛。独龙人把这种现象看作是凶兆，意味着家属或是村里会有人不断死去。

帮忙完了就回家休息了，这几天不断有人死去，也耽搁了不少农活，还要遵循着死人在入土前不能沾土的忌讳。这是村里根深蒂固持守的观念。

2015年3月16日　星期一　晴

吃完饭，就要参加葬礼了，从傈僳族小卖部买了一件啤酒和一瓶大饮料，一共花费48元。葬礼按照傈僳族习俗，大家不用拿着小旗子了，直接带祭品到家里就可以了。我们一拨人负责帮忙杀猪、鸡。因为我信仰藏传佛教，今年卜算出我不能碰死者的衣物、棺木。出于这种忌讳，我并没有参加抬尸体。

太阳升起，准备入葬。这种厚实而沉重的棺材，12个男子同时出动，才慢慢移动开来，轻轻来在昨天做好的水泥地板上，大家蜂拥着抢看死者最后一面。打开棺盖，掀开盖着的独龙毯，手持点燃的松明，把松明的烟味在脸部熏一遍，看到老人的面容。老人的外孙女悲痛地大哭起来，掀开的毯子很快又盖起来。这是死者最后见天空和世人。

刚才抬棺木的男子们开始准备垒砖，没有抬棺木的人负责杀猪。这是一头很大很肥的猪，2个基督徒——李永才和李金才也参加杀猪。老人的外孙孔志觉是村里的武干，他进去猪圈套住了猪脖子，大家在外面用力拉，李永才和杨迎国紧紧摁住猪脚，压住猪身，李自华把包裹成一团的旧布塞进猪嘴，猪声就消了。李永才叫武干刺猪，孔武干刺了一刀未刺中心脏，李永才说："你把刀在猪体内搅动一下，再偏左刺深一点。"很快孔就刺中了，心脏血就喷涌而出。用一铁盆接住，铁盆里装一点冷水、盐和花椒。

我们将猪抬到水泥地板上，用滚烫的水浇在猪身上，再用小刀刮去毛。大约半个钟头，猪身就变得洁净而光亮。李永才开始解剖，取出内脏，洗干净后将猪砍成四大块。再在大火上烧焦猪皮，又洗一遍，猪皮就变得焦黄洁净。再放在大簸箕里，切块分别煮在两口大锅里。等到九分熟时，加上白萝卜块、葱、蒜，还有叫"古兰"的一种树叶做调味料，这种吃法，俗称"大锅菜"，很快香气弥漫在空气中。有人烧猪肉吃，撒点盐巴，拨开炭火直接丢进去烧烤。刚刚杀的土猪肉，味道香而绵长，大家津津有味地品尝着这种美味，用啤酒咽下。

杀了8只鸡，两只用来做"霞拉"①。忙活了一天，坟墓也做完了，肉也煮熟了，参加搞坟墓的男人们安排在一处吃饭喝酒。其他的人，在屋外吃大锅菜，吃完就可以喝酒、聊天、打牌。这是最后一天，晚上我们一家都在这里，打点纸牌消磨时间……

2015年3月17日　星期二

昨晚打牌喝酒，回到家和媳妇争吵一番。两人都喝醉了，也不知道是什么原因，今天记不清了。

媳妇背着孩子在家附近种核桃苗，我十分口渴，就喝昨日参加祭祀时分发的"洗身酒"——洗身酒是专给死者家帮忙料理后事的男人，是特殊的礼物。不料想却醉了，午时就躺下休息，到了下午才清醒。无精打采地去上厕所，看见陈玉芬和她的傈僳族丈夫稍有醉意地去什么地方。陈玉芬问我说："听说失踪了的李永玉回来了是不是真的？"我纳闷，以为是她酒醉胡说就怼她一句："瞎说，死了的人怎么会回来。""是啊！我也是听大家说的所以才去看看。"陈玉芬说。听她这么一说，我半信半疑地返回家通知家人，自个先跑去看个究竟，一问街道上来往的人才确定这是真的。

李永玉在傈僳族家塑料搭建的简易伙房里，很多人听说后都来看她，买了一瓶牛奶饮料给她。李永玉坐在火塘边，周围站满了围观的群众，我硬从拥挤的人群挤进去。火塘边大伙十分好奇地问这问那，李永玉对他们的问题做解答。失踪了7天，老人家的面容十分憔悴，她是3月9日下午走失的，她讲述道："我那天和同村的碧秀菊、龙元可任（文面女）一起喝了2瓶土锅酒，到下午我准备到孙女家，感觉神志不清，走着走

---

① 一种肉与酒混合制成的焖肉食品。"霞拉"的吃法不是独龙族人原有的饮食习惯，这种饮食据说是从怒江学来的，可能是怒族，也可能是藏族，是受了他们的影响而形成，后来成为了独龙族的饮食之一。"霞拉"制作时，先把宰杀洗净的鸡、蜂蛹或瘦猪肉剁成小块，用猪油或漆油（是一种植物油料）爆炒，再倒入适量的酒，放入锅内进行加盖闷熟，不放盐，放一点野花椒提味。一只鹦用酒在1.5公斤左右。"霞拉"的味道酒香四溢，颇为鲜美。

着却到了江东。"有人问她是怎么过独木桥的。她说有"人"搀扶着她过了这座冷木当小组的独木桥，她也辨别不了方位，大家听着一阵惊讶。在野外不吃不喝一周时间，即使是一个正常的男子，也是十分艰难的事了，何况是一个年迈的老人？再加上行动不便，身子又不好。

大家都静静地聆听着，她这几天的经历和所见所闻，就像是一个老人给孙子讲故事。她说我这几天都和"安扎"生活在一起。安扎在独龙族的传说里是对类似于人类模样的"另类生命"的统称，在独龙江很久以前就有"安扎"的传说。独龙人认为，"安扎"和人的模样差不多，有男女、老人小孩，只是他们通常在夜里出来活动，他们的作息规律与我们人类是相反的。"头一天晚上，我找到一个洞穴，在那里安歇下来，到了深夜来了将近30个'安扎'，其中有一个'安扎'似乎对我有敌意，我用竹拐杖打了一个男'安扎'，我意识到他们要攻击我，经我谩骂和反击，他们都走了……"

此时，屋内外挤满了围观的村民，我本想细问她的经历，看她如此憔悴的模样，也不忍心再打扰她，就走了。很快，李永玉失踪7天又回来的消息在村里炸开了……

2015年3月18日　星期三　晴

上山看夹子，一只山鼠都没有捕到。来时带了小铁钩，准备找些重楼。因为今年没有下雪，植物们生长期就提前了，包括重楼这些在4月份才出土的植物，也已经萌芽了。这个山沟里，去年碰不到大颗粒重楼，很少有人在这里采挖，所以有几处深沟里长着不少大颗粒的重楼。

我一口气翻过几座大沟壑，准备明天早上也去这座山的山沟里找重楼。不到一个小时，我已经爬到丹达力卡山峰，在密林深处四处寻找。像这样2000米海拔的深山里，往往都会有意想不到的收获，运气好的话会碰见多年未被采挖的大颗粒重楼。

太阳渐渐在我头顶被茂密的树叶遮挡着，一天的行程也就差不多结束了。远远望去，东边的高黎贡山夕阳的余晖淡淡地照在雪山顶上，我像一只猴子似的，灵活而急速地下山，这是常年进山锻炼出的本领。回到家，已是傍晚时分，媳妇已经做好了可口的饭菜……

2015 年 3 月 19 日　星期四

我打算进山过夜挖重楼。早上 9 点左右，住在隔壁的李玉美来叫我，说天巴今天要举行"索拉乔"仪式，要我也去帮忙，因为人手不够。天巴在 2002 年 2 月 13 日时，他的父亲李自才为他举行过第一次索拉乔仪式，后来又举行过一次，这一次应该是第三次了。按照习俗，索拉乔仪式一生要搞三次。

天巴是我小时候的朋友，他的汉名叫李小清。儿时我们经常一起睡、一起玩、一起读书。后来他死活不肯去学校读书了，只读到小学 3 年级就辍学回家，干农活、放羊。他 2002 年举行的"索拉乔"保命仪式我也参加过，这次又要搞一次。时隔 10 多年了，我觉得意义非凡，就赶紧准备。我放下今天的活，二话不说穿着独龙毯，佩戴砍刀，打上绑腿出席今天的仪式。

天巴的新房子，就在我隔壁几步。我去时他的三哥李学文和堂弟孔元荣正在厨房外插着长条独龙毯做成的经幡和 7 支青竹（有尖叶）拴有长条红纸的旗帜。天巴的父亲李自才是巫师，今天看来是他和他的堂弟孔越文来主持仪式。参加今天仪式的人除我之外，全是天巴的家人，天巴是孔前家族人，我是斯日家族人。说白了，我们今天的一辈也是有血缘关系的，因为两个家族的祖父一辈是互相嫁娶的。来参加仪式的有天巴的大哥李自荣、二哥李志华、三哥李学文，堂哥孔智成、堂弟孔元荣，孔元荣的父亲孔越文。

仪式还未开始，李自荣已经用苦荞面捏好了各种野兽模型。每捏好一个就小心翼翼地放在银色的小盆的边缘，捏好的模型紧挨着围成圆形，中间空处捏一座山峰模型摆上去。山峰模型的顶尖处，李自荣撒上干苦荞粉，显出雪白，这是象征着山顶的积雪。

李自才把盛放在容器里的模型，小心翼翼地举到头顶，放在了火塘上方悬挂的晒台"黑木几"里。这是用质地柔软的铁丝网做成的晒台，因为从四边吊挂，会左右摇晃，东西很难稳妥地停放。李自才试着摆放了几次，晒台还是左右摇晃。对此李自才埋怨道："怎么做成这样的黑木几，东西都放不稳。"在大儿子李自荣的帮助下，铺垫了一根木块才勉强放稳了。接着，李自才用两片兰花叶占卜。天巴坐在他的面前，抱着一只母鸡。李自才说，我先看看用母鸡好不好搞。他两手把两片兰花叶在手指里折叠起来，边折兰花叶边说："最近因为找我占卜的人很多，有时候会出现不灵的现象。"我知道，他特意这样强调是因为，前阵子李永玉失踪，家人找自才占卜，自才占卜出凶象，还对未死的李永玉举行了招魂、送魂仪式，而如今李永玉并没有死。他右手理清兰花叶，分成六条小片，再将其左右两片的小条片分解开来扔掉，才开始两手协调地前后摆弄起来，口里念念有词。没过一会说道："好了，仪式可以开始搞了。"在火塘边燃起了青松针，再添烧黄豆、熏晒得黑漆漆的苞谷棒等一些谷物。

参加仪式的人都进来了。天巴坐下来双手抱着一只鸡，穿戴着独龙毯做成的马褂。大家都围着天巴站，自带的刀抽出来刀把向上，刀面向地，斜靠放在天巴的身旁。李学文摇着铜铃，孔元荣敲着铜锣，屋里弥漫着松烟和烧焦谷物的味道，李自才和孔跃文两人站在"黑木几"旁，大声祷告，同时铃铛和铜锣声也飘荡在屋里屋外……

不到半个钟头，屋里的祷告就结束了。大家从屋里出来，今天早上插在家门口的经幡、旗帜都拔出来扛到野外。扛旗的人带路，说是在野外搞，其实也就在离天巴家几步之遥的草地上举行。从家里出来，孔越文和李自才扛着经幡、旗帜在前头先走。天巴紧跟在父亲李自才后面，其余的人也跟着出来。李志华从屋里点着一把点燃的松明，孔元荣头上顶着野兽模型，李学文敲着铜锣，我摇着铃铛。走到空地，李志华把燃烧的松明搁在地上，又添烧了青松针。松烟在空中冒着长长的一缕烟云，在前面铺起一层青松针，上面摆上7个银色的小碗，左右对齐，同时敲锣、摇铃。李自才、孔跃文走到插旗处，手握着旗杆大声地念叨着，呼唤神灵显灵。念完后回到刚才的位置，两人在前，（同时）大伙排站成一线，手搭在蹲着的天巴身体上，天巴同样抱着鸡，在地上又大声念祷起来，锣声、铃声齐鸣。

李自才、孔跃文各拿盛水的小碗，举到面前大声念起来。大家同时拿碗，两位老人提示我们，孔跃文先抛完碗，大家才投掷手中的碗，丢碗也讲究先后顺序。孔跃文的碗，碗口朝上，大家陆续丢出去的也都是碗口朝上，这表明是吉象。唯独自才丢出去的碗，倒扣着。自才捡起碗，又念了一遍丢出去，这次碗口朝上。

大家又拿出动物模型，每人拿一个丢掷在铺好的松针垫上，在刀尖上大家蘸苦荞粉，自才、越文念起来。念完祷告词，大家左右摇晃着刀向南方向走了几米，翻过一座小土包，带弩弓的人向着东方射弩，自才宣布结束。再在这个地方每人喝一口水酒（这是专为举行"索拉乔"仪式而准备的水酒，只有当天才开封，水酒好不好也显示着此次被索拉乔对象的凶吉状况）。到这里，这个仪式就宣告结束。男人的保命仪式，相对女孩子要简短、简单了很多。

庄严的仪式结束后，大家就要喝"索拉呢"，就是索拉乔仪式的酒。天巴家的媳妇，准备了一桌饭菜，犒劳今天来参加天巴保命仪式的男人们。一盘木耳炒午餐肉、青葱炒鸡肉、西红柿炒鸡蛋、猪肉大锅菜。大家边吃边喝啤酒、水酒、白酒等。吃饱后，大伙在屋外的水泥地板上玩起牌，媳妇带了30块，我不到一个小时就输光了。附近喜欢赌博的人听说这里有赌局，就陆续前来玩牌，陈年兰母女俩第一个到来，之后断断续续有人来。天色渐晚，大家把牌桌搬进了房间，一边喝着"霞拉"酒，一边玩牌。因为房间拥挤，天巴另外开了一间房，摆了一张桌，有些在打麻将，有些则在另一间房里打清一色，甚是热闹……

2015年3月20日　星期五

最近村里的人都在议论李永玉老人失踪七天后又回家的趣事。本来想去对此事做采访，怕她没有恢复情绪，此事一直被拖延。我想等她情绪淡定后去采访，应该效果更好。一位年事已高的老人，在醉态下竟然能在野外生存了这么长时间！更耐人寻味的是，她是如何通过位于冷木当小组的独木桥的？这座独木桥东西两岸长约50米，可供通行的只有狭窄而摇晃的，并且多年未修换的木板。这让正常的一个男人都愁眉，何况是一个老人？这种事情的发生，让一向是百姓精神依赖的巫师李自才，也遭到了舆论压力。原因是他占卜李永玉已经没有气息在人间，从而还为其主持了丧葬仪式。有些村民认为："以后要是死人、失踪之类的，就根本没有必要找巫师占卜或是邀请他主持丧葬仪式，直接埋了就是了。"

这种延续祖祖辈辈的巫术行为，在偶然的事实面前变得弱不禁风，这是人们往日根深蒂固的精神依赖和支撑。如今因为巫师的屡屡失败占卜、卦算，而让人们对此产生了质疑，往日神圣的神职人员（巫师），此刻成了耍把戏的人。

今天和村里的人闲聊，有位李姓妇女笑着说道："不知道每次的丧葬仪式上'南萨'（巫师）是如何编尽各种谎言去迷惑和欺骗大伙的，现在想想真是好笑极了。"说完哈哈大笑起来，旁听的人也跟着傻笑。我觉得旁人的陪笑，是对"南萨"的一种精神信赖的崩塌而发出的无可奈何的笑，同时带着一丝同情与怜悯。

这个小村里，一旦有什么事，都会迅速传开。每件事都会成为人们相聚时的话题，正如低保发放的时间，一旦有人知道内幕消息，便会爆炸似的传开。无论村里的谁跟谁相聚，都会猜测今年发放的低保金是少还是多，发放的时间是否准确等。关于低保，这是村民们最喜欢谈论的话题。

2015年3月21日　星期六

我们和弟弟两口子，相约好去老地方，去年我和弟弟在这里收获不少重楼，这里离村里大概两公里距离。大约9点钟左右，我们徒步走到目的地，半路遇李自荣的拖拉机也下去，即搭上拖拉机下去。四人紧跟着爬上1000多米高的山腰，又穿进茂密的树林、竹林、灌木丛才到达有重楼的高度。两个女人选择一条深沟去寻找重楼了，我们两个男人则各自去别处的深沟里找重楼。

今年雨雪少，山沟里只有一丝丝泉水。以往这个时间段，沟壑里的泉水会奔涌流淌。我一直朝着山顶爬，寻找着重楼。看样子，这里的重楼特别是大颗粒重楼，只有五六月份才长出根状，现在只是萌芽阶段。大家在山沟里互不碰头，彼此以叫喊声为信号。

中午时分，各自分开的媳妇、弟妹、弟弟碰在一起，他们大声喊叫我，示意我去吃午餐。看自己已经爬得很高了，再下山与他们会合又觉得浪费时间和精力，就张开喉咙大声回应："你们先吃，我待会再吃。"在深沟里到处都会见到岩羊的足迹，还有我自己也辨别不了的兽类足印。我和弟弟，在这附近的几座山脉下岩羊套索，不知是不是因为范围太大，至今也没收获一只岩羊。每次隔20天时间去看一次，都是空手而归。好几次这样的结果，这让我们很沮丧。

3点20分，四个人终于碰面，眼看时间差不多了，孩子又托人管看着，我们就决定慢慢边找重楼边下山回家。我们5点钟才到家里。

午饭后，二姐夫喊我们过去帮忙，把他们搞的木料上车。说是一人会给50元的费用。他和天巴搞木料提供给熊当村安居房建设之用，两人进程十分慢，搞了很长时间今天才搞完。穿上外衣、鞋子就去帮忙，天巴开着摩托车，递给我20块，叫我去买两瓶酒。"今天老板催促我们，一定要在明天早上之前把木料运送到熊当村待用。"天巴无可奈何地说。

他们的木料在半山坡的深沟里，用油锯加工出来，离公路就几十米。天巴、二姐夫、弟弟和我，趁天色还未黑就急匆匆地扛木料。有的木料十分湿重，大家快速将这些木料搬运到公路边。夜已黑，我弟弟从我们老家的木屋里取了柴油，洒在几块旧布上点燃。趁着柴油的火光，我们把木料扛到了公路边上车的位置，此时天巴的二姐夫开着大货车来上木料。上完木料，天巴的二姐夫回去了，我们在我老家的木屋里喝着刚才天巴买的酒。大家把空饮料瓶用刀切成一个杯子的模样，轮流倒一杯喝。没一会就喝完，此时已醉三分，天巴叫我弟弟开他的摩托车，二姐夫则跟夜里从白来村回来的阿强小夫妻俩回去了。

大家都有些醉意，弟弟开着摩托车，天巴坐在最后面，摇摇晃晃地开着摩托车到了天巴家。天巴叫我们留下来，他的媳妇李玉美煮了一些鸡蛋和土豆。弟弟一再要求天巴今天晚上赌一把，天巴就摆了一张桌，随后打电话叫了孔元荣过来一起玩。

2015年3月22日　星期天　晴

昨晚不记得怎么回来的。早上醒来，依稀记起我昨晚酒醉扔东西到屋外，赶紧起来收拾"残局"，准备上山过夜。"躲"一两天，可能媳妇的气就会消了。我收拾包袱，带上一些大米、盐、砖茶、佩戴砍刀、小铁钩，就背着绿色的包出发。酒气还没有散，但是不会影响到我今天的爬山，我已经习惯这种状态下的运动方式。今天天气很好，我想找一块有水源的山沟过一个晚上。

二姐夫两口子今天也去挖重楼，姐夫取出10块钱，一边递给我一边说："这是昨晚欠你的钱。"我莫名其妙，昨晚玩牌我喝水酒过量，并不记得给他借过钱，就笑着从他手里接过了那张崭新的10块钱。姐夫说他昨晚输了50多块钱，像这种场合输赢都是很正常的现象。

到了一半，他们分路爬到了其他的山。我继续赶下去，到了2公里处的老屋所在地。按刚才姐夫说的，他们搞木料时在我们老屋里留了点烟丝，叫我取走一点，因为今天没带烟。我兜里还带着一瓶8两的土锅酒。这种酒最便宜，一瓶2块5。这种便宜的劣质酒，据说独龙江乡政府已经禁止各大小商店出售。对我们偏僻的村寨，这种酒还是某些好酒之人普遍购买的酒类。虽然是劣质的，但人们还是喜欢买，既便宜也好喝。

关键是这种 8 两小瓶装的酒度数不高，量也不多，小瓶的携带方便而且便宜。即使这种酒已被禁止了，当地的小卖部里还有人在出售这种 5 元以下的酒。

爬到半山腰，在密林深处找一块空地歇息。阳光透过茂密的树叶缝隙，点亮了幽暗的森林，喝一口白酒，轻轻吸一口烟又吐出，耳畔鸟儿在歌唱着，有一种只可意会不可言传的心境。攀爬了大约半刻，我看见很不错的洞穴，想着今晚就在这里就寝了。包里的东西全卸下，在附近捡些干柴用松明点燃，松明是进山必备的生火"工具"。可以没有酒，但不可无松明。火越来越旺，我悠闲地喝着酒，倚靠在洞穴里的小石头上，想来想去觉得还是不合适。再看看太阳已经到头顶了，我立马用湿土把旺盛的火焰扑灭，卸下的东西又装进包里，继续往更高的山顶攀爬，我想可能有比这儿更好的落脚点。

也没带表，估计大约 4 点多了。我穿过林子时，腰里佩戴的砍刀不知落在哪里了。沿着刚才的足迹又来回找了一遍也没见到，我决定沿着一条山沟径直回家。刀是最重要的工具，劈柴、生火、劈开前路的障碍，必要时还可以防身，预防山里野兽的攻击等等。老人经常告诫说，上山不带刀，犹如一条蛇全身赤裸。看来今天的事情失败了，就因为砍刀无意间在穿过竹林时丢下了，我一个劲下山，此时太阳在西山上，还没有完全被山峦隐没，应该是下午 5 点左右，我丝毫没有放慢回家的脚步。

差不多到公路旁的一段山坡上，见有炊烟，望见塑料帐篷，我迅速朝帐篷的方向跑去。一到才知道是村里的李自荣和他的弟弟李学文两兄弟，在砍伐松树做木料。我口渴难耐，向他们要水喝。李学文就递给我一瓶啤酒，我不好意思地接了他递给我的唯一一瓶留给他自己喝的啤酒，打开大口大口地喝起来。他们正在做菜，我喝着啤酒与他们闲聊起来。不一会儿，菜已经炒好。打开锅里面是炒午餐肉，李学文舀了一碗饭递给我，我一个劲地说，我不饿，你们吃，我喝啤酒已经饱了类似的客气话。李自荣说："别客气，我们一起吃。"我接过碗，同他们享用这美味的野外晚餐。

夜色渐渐走向黑暗，还要走2公里的路才到家。我赶紧吃完这碗饭，就在暗淡的夜色中，沿着崎岖的公路朝着家的方向急促地迈开步伐……

2015年3月23日　星期一　晴

今天盖地膜，种苞谷。岳父没有其他的孩子，跟我们一起生活。他的小儿子在前年11月份因醉酒过桥，翻越栅栏时失足摔死了。岳父有三亩地，过去几年，他在下游献九当村跟随大女儿一家生活，这些田地全由他弟弟一家管理、耕种。今年他要回了自己田地的使用权，另外一块地，让给弟弟一家耕种。

由于盖新房子，我们村的土地全被房子覆盖了。新开垦出来的梯田地土质又不好，土壤里还夹杂着大量的卵石。挖地时需要不断捡这些石头，费劲又费事。加上这些土地还没有分户到家，只是租用似的耕耘着，谁也不愿意投入精力，整理这些夹杂在土壤里的大大小小的卵石以提高土地的地力。大家只是简单地处理一些较大的石子。

这些年来，由于退耕还林的粮食补贴，一个人一年发放5袋大米，有250斤。这些大米吃剩的拿出来酿酒、喂牲畜。有了退耕还林的粮食补贴，耕种传统的农作物也显得不像过去那样重要了，这些耕作的谷物如苞谷、土豆、芋头等，拿去用作储粮喂牲畜、酿酒，其余便会留种，并不像过去一样，成为主食。

即便如此，人们还是不会耽搁播种的好时节，把土地翻新、施肥作为家庭中一项重要的事情去做。独龙族的观念认为"田地长满荒草会遭人耻笑"，基于这种观念的根深蒂固，人们不会怠慢农活季节。

今年人们按季节，提前争抢似的耕种。人人都希望自己碰到播种的最佳时机，从而得到谷物的丰收。有时候因为等待耕种的时机，往往会拖延人们进山挖药材的时间和机会。因为今年没有下雪，万物提前苏醒了，这与以往的季节很不同，人们开始预感到季节的变幻莫测和无常。

离 4 月份不远了，村里的男人们开始做着去缅甸境内挖重楼的打算。而一年当中连去 3 次的人听说能找到至少 3 万或者更多的钱，这是一次十分艰辛的旅程，他们要从上游的"班"村寨，翻越丹达力卡山，沿着山脉一直越过中缅边界 43 号界桩，沿着山脚、山脉、山峰，渡过缅甸的大江，一直走到低海拔气候温润的缅甸境内的山林中。从出发到目的地需要背着 70 到 80 斤的口粮，走 7 天多的山路，才会到达缅甸境内的温热带雨林。

以往四五月份还要绕开雪山顶上的积雪路才能通行。每年有 100 到 200 甚至更多的村民去缅甸找重楼，去年熊当村一个叫李永华的青年在途中失散，后经过寻找，在江里发现了他的尸体。

这是村里能干的男人们最佳的选择方向，每年去缅甸可以打牛角羚、麝香，具有打猎技能的男子，从缅甸回到家时除了带着几万元的重楼外，往往还会带回烤干的牛角羚肉，有的甚至是一些价值 1 万元的麝香。

2015 年 3 月 24 日　星期二

媳妇和弟妹江旺两人去迪政当村找重楼了，只剩下我和弟弟负责看护各家的孩子。今天早上，媳妇并没有什么东西做干粮，她炒了蕨菜和米饭拌在一起，就急匆匆地走了。

每当这个季节，村里就变得空荡荡的，只有几只无聊的苍狗在村里游荡，或是猫在路边安静地睡觉，一些小儿们在路边拖着木轱辘车玩耍……这种景象，到了五六月份就更加明显了。村里只有年迈的老人和没到读书年龄的小孩子们。没有喧嚣和热闹，有时安静得让人惊悚。一年当中，这是村里最宁静的时间段。在家的妇女会想念外出几个月的丈夫，外出的丈夫也会想念家的温暖。每一个家庭的经济来源，也是在这短暂的季节里男人们费尽汗水和艰辛所得的。一年中，挖药材挣的钱至少也会有 1 万多元，这个家庭的生活就基本有了保障。

3 月份长出的重楼一般个头小，女人们勤快又有耐心，这个月份的重楼更适合女人去找。3月份的重楼在东、西两边的半山腰上就能找到，女人们一早上山下午就能返回家。

今年我的孩子已经学会走路了，并且已断了母乳，要是有一个人管护孩子那该多好！我们两口子就可以到处去找药材了。去年我媳妇怀着孩子，我一个人找重楼，只找到4000多元，今年可能会有更好的收入。我们这样想着，还打算给我们新搬的房子添置几样家具。特别是那空荡荡的客厅，今年准备买沙发、电视柜、茶具等。

去年没能买到摩托车，我跟电视台做纪录片翻译赚的一笔小钱，也全投入到生孩子这项重大的事情上。到现在我们还没有存下一分钱的积蓄，连平常的生活也成了很大的问题，都是简单过来的。

这种生活的穷困，经常让我惆怅不堪，也没找到一条路去改变这种贫困的局面。从学校回家至今很多事，我都是慢慢去适应和改变。我在县文化馆实习过短暂的时间，本来得到领导的赏识，有望得到一份工作的我，却毅然离开回到了独龙江当了一名平头百姓，我只追求自由的生活方式。

弟弟面临的现实问题也和我一样，高中成绩很好的他考上了大学，却因为家里无法承担他高额的学费，也就没去上大学，而是直接回到村里娶媳妇当了一名农民。在独龙江又有多少个这样的学子，因家庭条件而错过了读书的机会。

尽管这样，我和弟弟都喜欢讨论读书时的趣事。弟弟常感叹："如果当年我们的父亲还在世，你肯定不会成为一个农民了。因为父亲在世时对你的期望很高，他临终时也不忘留下遗言让你好好读书。"其实这又何尝不是我自己遗憾的事。

2015年3月25日　星期三

今天本来打算挖地，可昨天李自荣对我说党员们要做活动，种植核桃苗，要我通知小组里的全部党员。昨天下午我挨个去通知他们。我和弟弟都是党员，每一个小组建立了一个党支部。李自荣是我们冷木当小组党支部的书记，委员是李金国、李金光还有我。上次组织过一次村里的卫生活动。每一个村委会党支部，政府每年拨5万元的活动经费，而到每一个小组党支部每年有3000元的活动经费。这是乡长李永祥在建立村小组党支部会议时说过的。

李自荣说他要了一些核桃苗，想把这些种在林权范围以外的林地上，并把这片核桃苗林地作为党员的林地。冷木当小组只有10个党员。党员这种区别于其他的群体组织，在村里的人数远远少于基督徒和普通群众。党员是一种坐标，如果某人（党员）发生酗酒、家庭暴力、矛盾等事件，往往会成为普通群众的笑料。这种针对性极强的嘲笑，有时候也会成为左右一些入党分子思想的筹码。

大约10点钟，党员们陆续来了，我昨天通知了开农家乐的张秀兰，她并没有来参加种核桃。村旁的"斯冉旺"河的背面，有一块荒废的没有划分的山地，估计8亩多。在河的岸边岛屿上是"三八林"，这是属于冷木当村妇女的林地。我问自荣，有没有"党员林"？他说没有。想把今天种植核桃苗的山地申请过来，用作党员林地。核桃每人一把，今天参加的有8个人，母亲因为去照顾大姐坐月子，所以她请了假。而张秀兰并没有口头请假，算她缺席。大家拿着锄头，抱着核桃苗相隔2米左右站一个人，排列成一线，从山脚一直沿着土包往上种下树苗。

11点钟种完了，自荣说到他家喝点东西解渴，他已经让自己的媳妇普连英在家里炖了一只鸡。大约是农业银行的职员，在村里的街道上拿着调查表在调查。配合调查的人送一绿色的袋子，袋子里装了一把电筒和几张农业银行的金融知识传单。自荣和我到他妹妹李玉珍的小卖部里用公款买了一件啤酒、2包红塔山香烟、4瓶饮料。今天他家煮的鸡也算进公款花费的记录里。我负责记录当天所发的活动经费。大家边喝酒边吃鸡肉和饭，李永明组长说乡里投放的花椒苗到了，让我们几个帮忙去卸花椒苗，他自己却去三乡了。

这几天，因为是种植季节，不断地发放核桃苗、漆树苗、花椒苗等等。看花椒苗很少，自荣建议每户发放一把，大约 50 根。正午，我和弟弟帮忙两个媳妇在山药地里除草，四人干到下午也没有搞完。

2015 年 3 月 26 日　星期四　阴

天气很阴，我们继续搞昨天没有搞完的山药地。这是政府前年每家每户发放的山药，去年种在村头老家的山坡地里，结果被住在隔壁的叔叔李金国家放养的猪糟蹋了，一粒不剩。

今天是翻新地里的野草，拔掉这些疯长的野草。要是天气火辣那就再适合不过了，拔掉的野草抖掉黏土，太阳热辣就可以把根茎晒死。只剩下这 3 分的山药地了，这是我和母亲一家"合作"的山药地。听说这山药种植三年后才可以挖掘，听大伙传言也值钱，很多村民都精心照料着自家的山药地。

这个时候，农活很忙，旁边田地的主人曾荣一家竟然有 10 个人在准备盖地膜，有几个是外人。他们有人挖坑，有人填农家肥，有人种苞谷种子。挖一个 5 厘米左右深的小坑，在坑洞上添加被猪圈里的猪踩踏的湿臭的肥料。一般是干枯的水冬瓜叶、松叶丢进猪圈让猪踩踏，和猪粪一起发酵腐烂，这是村里常用的肥料。

一部分人负责填坑洼，一些妇女挎着小竹篓，里面装着苞谷种子和南瓜、冬瓜种子，这是常见的混搭种植谷物。妇女们在已经填好肥料的坑洞上用锄头刨出一些土，覆盖坑洞里的肥料，抓几粒种子丢在土上，然后掩埋。一般一个坑种 4 颗苞谷种子，3 到 4 颗南瓜和冬瓜种子。坑与坑之间相距 20 厘米，这些空余的寸土，以后会用来种黄豆。薄膜呈长方形覆盖在地上，下午风很大，风把他们拉好的薄膜吹得呼呼作响。中间两边几个人好不容易才摁压在地，再用土掩盖地膜边角。有时，因为某个人的动作慢而互相大声叫骂。

曾荣家的这块地将近 2 亩，每年的挖地、翻地、施肥、播种、除草、收割都是一大堆人完成的。曾荣的弟弟曾永明，去年7月13日晚因酒醉失手打死了自己的老婆陈秀英，自己也被拘捕坐牢；曾荣的四弟曾立也在去年掉江自杀。昔日兄弟联手耕耘的土地，今天只有曾荣和三弟曾华两家在耕作。以往劳动力很多，今天却只能请外人帮忙了。黄昏之下，曾荣坐在田头抱着熟睡的孙子。风把田尾的芦苇吹得呼呼作响，曾荣嘴里叼着老烟斗，静静地看着眼前劳作的人们……

2015年3月27日　星期五

今天下午看见村里游荡着两个陌生人，我随意瞄了几眼。是两个中年男子，一个很壮、一个很瘦，年纪差不多相仿，40来岁的样子。瘦男子穿着一套米黄色的西装，面容有些苍白，看上去就像一根树干。另一个穿着黑色马褂，浅蓝色牛仔裤，他比瘦男子显得精神多了，黑黝黝的皮肤，眼角的鱼尾纹很明显。两个人都挎着宽松的牛仔包，应该是游商。弟弟对我说："李金国叔叔从他们手里，花400块买了好几样中药。还有李金强也花700块买了'大象阴茎'和中药。"近年来，这样的人在村里经常游荡，看见人就要推销这些所谓的"药材"。这些人经常给有意购买的群众"把脉""看相"，再根据群众的"病情"推介"药方"。一些群众也被他们的"医术"迷惑而花钱买"良方妙药"。

我今天抱着"试探"的心理，去故意靠近他们。其中那个皮肤黝黑的中年男子，拉着我的手给我"把脉"，他伸出右手，拇指托着我的小手臂，食指轻轻摁压着血管，眯着眼，微微点头，又看看我才说："你有贫血、慢性胃炎，还有你是不是经常觉得腰杆酸痛？"我回答："是的。"那位"医生"接着说道："很明显，这是肾虚的症状。"语气肯定而有信心，说完就赶紧掏出包里的药，肯定地说："这些药，可以治好你以上的疾病。"我笑着答道："不买了，不买了。"就赶紧走开……

很多村里的人，都是通过他们的"检查"而深信不疑地去买这些"秘方"。

2015年3月28日　星期六

昨天早上，让陈永华主任帮忙把寄去云大的2张身份证件从李金荣叔叔手里带下来。听说昨天晚上陈就回来了，或许是没有帮我把云大寄回来的东西拿到手，见到我，他什么也没提。

眼看快到挖药材的时间了，我手头很紧，想买一件200多元的好一点的雨衣，这事让我很困扰，不知道该怎么办才能筹到钱买雨衣。

云南大学的高志英老师与我签订合同，让我负责村民日常生产生活日志与摄影摄像的记录，一项工作工资给700元。之前我寄给云南大学高教授的身份证，听高老师的助理说，他们已经用它开了银行账户，现在至少有了一点副业以外的收入了。

我弟弟这段时间正在做着去缅甸的准备，他托人买了县里最好的防水雨衣，听说230块钱一件。今年他是跟李金国、李金光、李金才、李永华约好去缅甸，弟弟是被堂哥李金才叫上的，他并没有叫我。我自己很想去，经他的以路途遥远艰辛为由对我一再阻拦之下，我也不好意思去。这让我对他很不满。

家里的人没一个约我的，我心里很烦恼。去一趟缅甸挖药材是我今年最大的渴望，结果没有一个人约我。或许是我个子矮，他们似乎对我不放心。因为去缅甸是自愿组织的，别人不会亲自去请你，更何况我们根本没受过连续7天负重的情况下翻越无数座雪山、江河的锻炼。出于安全考虑，去缅甸就仿佛是"一脚踩阳间、一脚踩地府"。

去一趟缅甸，来回一个月左右的时间。只有一周多的时间才是挖药材的，其余所有的时间都在途中，回来背的东西和来时一样沉重。去一次一个人大约能挖到50斤甚至更多的干重楼，最少也有30斤。去一个月，就可以找到1万多元钱，甚至翻倍。

今年，我因为去不了缅甸而十分沮丧与失落，这也意味着今年挖重楼找万元的梦想将会落空。何况我做记录员的工资又低，答应别人的事又不可能违约，我只是被动地夹在中间……

2015年3月29日　星期天

今天，我们四个人挖重楼。这几天也就那样了，争先恐后地去种田，好赶上附近半山腰找药材的最佳时间。

再过几天，就到了惊蛰，毒蛇出没的时候，上山挖重楼就很危险了。所以手头上的农活先尽快忙完，再把精力投入到上山找重楼上，村里的男男女女几乎都是这样。

四个人，我和媳妇、弟弟两口子。带着小包，包里有油炸的麦饼、漆油茶，是今天的干粮，还带上小铁钩到村西边的丹达力卡山。沿着山脉，费了好大力气才爬到长重楼的山段，大家各自取出小铁钩，分散在茂密树林里，顺着潺潺流淌的山泉沟往上瞄着草丛、灌木。彼此互相喊叫，假如有谁发现长满重楼的一片地，都会大叫："喂！这儿有重楼，赶紧来这里。"大伙便会迅速跑过去。

我发现有人的足迹，这种较近的山腰是人们这个时节经常光顾的地方。有人在竹林深处铺开了一张鸟网，去年这个时候去这里，也看见这里的竹林有人铺开了好几张鸟网，我估计这里鸟儿很多。

今早没吃什么东西就上山，才12点多，就觉得十分饥饿。弟弟先提出吃午餐的要求，估计他也饿。午餐一般在1点左右吃，是今早出门时带的油炸麦饼、冷饭团，用漆油茶咽下。午餐吃得很快，吃完短暂的歇息一下，大伙又各自分散在丛林里找重楼了……

一晃，将近下午4点。天空下起了细雨，此时给找重楼增加一道难题。雨滴把重楼的叶子滴弯，与其他青草混在一起，更难以分辨，也不像晴天时那样显眼。大家见天气变了，都提议回家。顺着山沟，我们一边大海捞针似的在青草堆里找着重楼一边回家……

到了低矮的山腰，我和弟弟每人砍了20根左右的青竹，用来编织篮子，顺便还做了一把竹扫把。

2015年3月30日　星期一

媳妇和弟妹、二姐松木、二嫂子春兰四个人昨天晚上约好，去前天我两口子和弟弟两口子四个人去过的"额候"这个山上。听说今天母亲从三乡回来了，我喂完孩子去"额麦"家（妈妈的家，"额麦"是独龙语妈妈的意思）。

今天媳妇让我照看孩子，弟弟也负责看孩子。弟弟拿出5元钱，我们买了一瓶土锅酒，边看电视边喝酒。还没喝到2两，"额麦"打电话给弟弟说已经到了龙元村（下游，离迪政当村7公里）段，叫我们炸葛根饼、打好茶。我们不敢怠慢，就放下手中的酒杯，关电视，去厨房生火、上锅倒油。我负责用面粉混葛根粉加水混搭，里面掺上适量食盐搅拌均匀，这样油炸起来口感酥而嫩滑。还没有炸几个饼，就听见屋外妈妈在叫弟弟。

皮卡车停在了公路边，那辆车是敬老院的车子，姐夫带了女儿可仁松送我的妈妈回家。弟弟为他们倒茶、上油炸饼，桌上摆了几打雪花啤酒。姐夫与可仁松只是尝了点油炸饼，喝完一瓶啤酒就又开车回去了……

妈妈在数着带上的东西是否落下了，她从编织袋里掏出了新鲜的猪肉和腌肉，让弟弟把新鲜肉切成几块，分别送给二嫂春兰、二姐、弟弟的岳父、我们四家。虽然家族里还有其他的家庭，但妈除我们姐弟两家之外，她最关心的还是二嫂李春兰和二哥李金才一家。每有好东西，妈首先会念到春兰的名字，这可能也因为二嫂春兰是她弟弟李国才的女儿，而李金才是我爸爸的侄子。春兰和金才有着亲密的血缘关系，彼此是表兄妹。

妈掏出100块钱递给我，她知道我们最近很穷。握着崭新的一张100元，我的心里说不出的感动。她从三乡带上来的每一样东西都没忘记给我们分一份。我高兴地对她说道："妈，我已经10多天没闻到肉味了，今天你给的肉我要好好炖一大锅打打牙祭。"妈欣慰地笑了，也许是对孩子境况的怜悯，妈妈又多切了一块肉给我。

2015年3月31日　星期二　大雨

下着滂沱大雨，无事可做，就看DVD光碟。今年1月份，跟纪录片导演欧阳斌一同来拍摄的中年男子，给了我一些关于佛教的碟片。之前，我也看了讲法的部分，感觉心灵被洗涤，看完片的感受非常舒服，这真是一种无法言语的享受。

就按靠近的藏传佛教普化寺来说，过去独龙人从不信仰、朝拜。近年来喇嘛教在民间迅速传播，他独具特色的占卜吸引了很多独龙江民众，喇嘛教也在渐渐地影响独龙族人的观念，很多信徒开始在家摆设活佛像烧香拜佛。在冷木当小组30户人家中，至少有10户人家摆设佛龛，烧香拜佛。

无论信仰哪种宗教，死后的葬礼就要依据此教的礼仪来举行。信基督教的人死了，就有基督教的葬礼仪式；信喇嘛教的民众去了要根据普化寺喇嘛、上师查看经文、占卜后，才能按照古今记载的经书而定的土、火、水葬等形式；依赖原始宗教的民众死了，有巫师的招魂、送魂。彼此之间不会因为信仰的不同而有矛盾、冲突、争斗等等，彼此都显得那样和谐、自然、协调……

2015 年 4 月 1 日—30 日

2015 年 4 月 1 日　星期三

今天要在野山里找一块芋头地，我们把目标选在了距离村子 2 公里外的村头荒野。这里的土质较好，适合种很多类型的谷物。

在新农村房子没有盖好之前，我们一家 5 个大人和 1 个小孩都挤在小小的老木屋里。这是我父亲结婚分家时盖的，现在有 20 多个年头了，连着伙房的小木屋是父亲当年为了做小卖铺而盖的。父亲死后，小卖铺的生意渐渐衰落，尽管母亲费尽精力去经营它，还是走向败落的结局。这里有我们童年时最美好的回忆，就是这样小小的木屋，父母们为我们搭建了一个幸福、温馨的家。小屋里，有 1997 年开始经营小卖铺到 2010 年末的所有账目，这是被我珍藏的"宝贝"，一本本沾满灰土的账本，记录着村里人当年赊账的物品、价格、日期等信息。每当翻看时，往事不断浮现在眼前……记得小卖铺从最初的卖茶、烟、盐、酒，到最后的种类齐全的生活、生产用品。它的出现，很大程度上垄断了当地的国营商店（供销社）销售市场。

去年，我们还生活在这里。现在搬进新房子后这里将近荒废了，如果有足够的资金，我十分想在这里搞个养殖场。但迫于现实的问题，这个想法一直很缥缈。开垦了一片荒芜的草丛，去年留种的芋头就要在这里种了。芋头不是主要的食物，我也不是很喜欢吃芋头，本来不用种，闲着也是闲着，就随便搞点这个了。

2015 年 4 月 2 日　星期四

两家人在已经挖好的地穴坑里添加猪圈里的肥料。听说迪政当小组的 MSJ，昨晚和阿次老板家的大儿子阿普打架，阿普被打得面目全非，MSJ 也被阿普划伤了几刀。我经常听说 MSJ 和村里年轻人打架的事。

去年8月份他怀有身孕的妻子和只有3岁的女儿过溜索时不幸坠江而亡，现在只有他一个人，我经常看见他和村里比他小的青年在一起游荡。

2015年4月3日　星期五

早上背着孩子去老木屋里。前天开垦的芋头地，今天要种芋头。现在种的芋头，8月份就成熟了。今天早上看有些人也去开垦芋头地，一般乱石堆是最佳的芋头地，土质松软，无须放火烧山。虽然政府明令禁止烧山开垦种植，但还有一些人在暗处烧山种植芋头、苦荞等。芋穴之间相隔25厘米左右，无须施肥，芋头会自然成长。等7月份要清除芋虫，一般的方法是在芋头地中央摆放一桶农药水，驱走芋虫。

现在只有少数几户人家拥有老品种的芋种，大多数都是从别处买来后留种，或是与人交换品种。记得小时候，父母与家人合伙在东面的半山腰上开垦种植了一大片芋头，每次收获都是七八大篮子。现在即使种芋头也不会开垦那么大一片山地了，最多也就四五分地。

芋头的吃法最简单，用扁锅盛水，将芋头用塑料薄膜包裹（这样做可以去除芋头麻舌头），再煮熟，中间不能频繁地开锅盖。直到现在，芋头仍然是老人、妇女们喜欢的点心，它可以是早餐也可以是外出时的干粮。

芋头很快种完了，此时12点左右，大家都回来吃午餐。午餐后，我和弟弟要去草果地下陷阱。我和弟弟的草果地在4公里外的龙元村和迪政当村交界处，种了已经有两年了，生长不错，可惜不怀好意的人路过或是割猪草时总是随意拔出或是砍去。无奈我们只好用一些木板钉几根钉子放在路口。先砍竹子，再在每一条路口放上板钉，然后用木板在路口处写上警示语"小心板钉""破坏草果者，一经发现后果自负"等字。

5点多，媳妇的堂弟李牧的孩子过满月，我没有去参加的念头。媳妇一个人背着孩子去了，我拿着长竹竿去附近的江边下渔网。大约6点，渔网下完。媳妇还没有回来，自己简单炒点青菜和腌肉，用漆油当作汤。

这几天，没什么下饭的菜，生活简单得不能再简单了。

2015年4月4日　星期六

昨晚媳妇去过满月，我一直看电视等她们，一直到3点确认不会回家就自个睡了。早上醒来，媳妇在火塘边喂着孩子，看见我醒来她并未说话，我也没有向她提及昨晚在哪里住宿的问题。大约9点钟，弟妹打电话给媳妇叫她帮忙去种她父母家的苞谷。媳妇把孩子丢给我，就急匆匆地走了。

看孩子，有时候想做点什么活都做不来。我背着孩子到处串门，表姐向我提及昨晚的事，她说："昨晚我们在李牧家打牌，打到凌晨4点左右，实在太晚，我就带着你老婆和孩子回家跟我一起睡。"表姐江格亮现在差不多32岁了，几年前跟矿山一个比她大20多岁的老板生活在一起，生了一个儿子。2岁时跟大人们一起去县城普拉河边春游，不幸与和他一样年纪的堂妹溺江而死，三个小孩同时丧命。后两人感情渐渐出现了危机，后来两人离了婚。离异后表姐又找了一个，是在县城兽医站工作的六库男人，两人又没相处多长时间就分手了。因为表姐在县城经常去"藏厅""的士高"酒吧等夜场，认识了现在六库泸水县的男人，两人年纪差距不大。但这个傈僳族男人经常打老婆，特别是酒后。为此，姨妈三番五次劝表姐与现在的男人分手，痴情的表姐始终没有听从老人家的相劝，反而跟着这个男人从村里回到县城了。她的老公经常在村里的工地上干苦力，迫于生计的他们又回到村里来谋生，来时多了一个孩子。表姐5个多月大的孩子，白天让姨妈照顾，自己和村里的妇女们上山挖重楼。

下午，母亲酿的苞谷酒已经可以喝了，她送给我一壶。我炖了上次母亲给我们的新鲜肉，岳父没有牙齿，炖肉时考虑到他，每次都会把肉炖烂。

2015 年 4 月 5 日　星期天

清明节到了。我家附近是以前"乌"（仅次于巫师，具有鬼眼，能驱鬼的人）李杨杰一家的坟堆，他们一家都埋在我家伙房的背后。李杨杰的儿子，现在只剩下一个李天龙了，26 岁。今天看见他在父亲李杨杰的坟墓旁种了 3 根水冬瓜苗，一问媳妇才知道，他是昨天种下的。

我的父亲李金文，在 2006 年 2 月 18 日去世。每逢春节、清明节我们都不会忘记给他上香、祭拜。这是我们作为儿子每逢佳节对他的祭奠和怀念，岁月的流逝，用水泥做的坟墓已经斑驳点点、长满苔藓，旁边的蒿草疯长淹没了坟墓……

今天是清明节，这种源自汉族的节日不知从何时在偏僻的独龙江成为一种怀旧的日子。对于无祖先崇拜的独龙族先民来说，这是毫无意义的。独龙人认为"活时不顾，死后假哭"，善于情感记忆的独龙人，在这一天会用心去纪念祖先和所有去世的村里人，人们闲聚时经常回忆起故人的轶事趣事，我想这是一种独特的怀念故人的方式。

记得 2004 到 2006 年，我在下游的四区（今天巴坡村的"独龙江巴坡中心完小"，后来被独龙江中心学校取代了）读书时，每逢清明节，全校师生都会做花圈、写悼文，到离校两公里外的烈士墓扫墓、献花圈等。这里安息着来自各个地方的很多异族同胞的亡灵，他们是为独龙江的边防安全、医疗、教育、经济建设牺牲的英雄们。或许，是因为读书，而对这个节日很看重。

母亲今天从酒坛里取出水酒，说这是父亲最喜欢喝的酒。我和弟弟各拿锄头去扫墓。父亲的坟墓在离家只有 10 米左右的小坡上，前面像过去一样流着小河水，只不过安居房盖后，这里改建了宽大的水泥沟。让我一直不爽的是，旁边盖的厕所一直没有被拆掉。父亲已经去世多年，但我们都非常想念他，父亲去世时，我们还是懵懵懂懂的读书郎。他为这个家，为子女们劳累了一生。为了我们读书，他拼尽了所有的精力去赚钱，最后让我们都接受了系统的教育。

父亲勤劳、能干的形象一直都是我学习的目标，他也是独龙江的长辈们口中至今的佳话。在独龙江无论走到哪里，只要提及"我是李金文的儿子"，对方都会啧啧称赞父亲。这也是让我们作为儿子感到十分自豪、骄傲，同时又惋惜的事。

父亲去世后，母亲一边供我们读书，一边经营着他们辛辛苦苦经营下来的小卖铺。尽管母亲也吃尽了苦头，但最终家里还是走向衰败的结局。每每想到这里，我们都会十分想念父亲。但是，孩子们终于长大了，也一定会顺着父亲的意愿去活着。

我和弟弟把用混凝土做成的父亲的坟墓扫得干干净净，清除上面的苔藓和旁边疯长的蒿草，这是我和弟弟一起扫墓的第二个年头了。打扫完，我去母亲家取一口缸水酒、两个橘子摆在坟头，弟弟点了三支香。

我拿起水酒，在坟头洒了一点说："你是因为听从魔鬼的话，才会这样，以后请你不要作祟于你的家人，觊觎人间的东西，这是属于你的一份。"（祭拜祖先，往往要说这样的话）说完弟弟点了三支香，递给我两支，自己拿一支，插在装满土的玻璃杯子上。看着坟头的祭文点香，心里却有一股难以言表的情感。各拿锄头离开，旁边是奶奶的坟墓，并没有看见金国叔叔在扫墓。

母亲在炒黄豆、苞谷、大麦，这是为即将去西边缅甸境内挖重楼的弟弟准备的口粮之一——炒面。炒完后，将这些分别舂起来脱皮，再混搭起来磨成面粉。以往是用水磨，盖新房子后水磨已经很少有人使用了，村里有人购买了电磨，开始一斤收5毛或是1块钱去磨面。炒面是进山挖药材必带的干粮，方便携带又容易充饥。

2015年4月6日—4月9日　（星期一至星期四）雨

这几天，因为下着雨，村里的人都在家里闲着看电视、喝酒，实在无聊便会出去串门，雨天给劳累的人们提供了偷闲的空隙。

2015 年 4 月 10 日　星期五　雨

　　下着雨，昨天弟弟说把我的篮子拿到他家装东西，因为明天要赶赴缅甸境内挖重楼了。弟弟收拾着行囊，他向金才的小卖部借了 8 瓶清酒、2 条红梅香烟、1 条小红河烟、10 包袋装方便面。弟弟把东西装进一只编织袋里，带了 3 双新的胶鞋，据说以前去过的人鞋经常不够穿，容易磨损、破烂，需要 3 双才勉强维持得了。母亲和弟妹在火塘边准备着炒面，看上去应该有 15 斤左右。炒面是出远门进山必备的干粮，方便就地食用，又容易充饥。其次是大米，现在大米不用购买，每人一年有 5 袋共 250 斤的退耕还林补贴。弟弟按着堂哥金才的意思，这次去缅甸带 30 斤左右的大米。他用刀划开一袋新米的封口，从里面拿走五分之二的大米，再用杆秤称出 30 斤的大米，这是一个人一个月的口粮。

　　我和母亲去买腊肉，傈僳族阿此家小卖部的仓库里只剩一块被狗啃过的腊肉，阿此说："这是不注意时被狗啃吃了一半。"一问价格，"20 块一斤。"阿此说。

　　母亲仅有的 100 块钱掏出来给弟弟买腊肉。阿此用杆秤称了一下，有 3 斤多，60 块左右。母亲嫌贵，加上只是这么一小块，再看看别的小卖部是否卖腊肉再做决定。又问了一家小卖部也没卖腊肉，母亲焦急地对弟弟说："怎么办，没有腊肉。"金才两口子来了，说陈永华媳妇前天刚批发了腊肉，12 块一斤。母亲带着我赶紧跑到陈永华家的农家便利店，买了三块腊肉，15 斤，这些都是为进山的弟弟准备的。弟妹把腊肉在火塘上烧掉皮毛和油脂，开水里滴上洗洁精把腊肉洗净后装进塑料食品袋里。

　　我和弟弟装行李，30 斤大米、一桶 5 斤的清酒、烟 3 条、鞋子 3 双、腊肉约 10 斤装在我的篮子里，我自带的还有两张毛毯、4 包方便面、红烧罐头 1 个，用双手掂量大概 50 多斤。明天就要送弟弟一段路程了，我去为他当脚夫。

　　东西装完堂哥两口子也在火塘边，和弟弟讨论着明天的事宜。堂哥安慰我似的说:"你明年再跟我们去吧,今年要带你弟弟。如果两人都去,在路上我不可能两人都照顾周到,因为这漫长的路充满艰辛而危险,可不是一般人想象的那样容易。"语气仿佛在强调我不能胜任这样的艰辛和危险。

下午,雨一直未停。回家看电视,媳妇上一次洗头时,耳洞进了水,右耳渗出脓水,眼睛也通红。叫人很是心疼,又没法子能让她快点恢复。她通红的眼睛滴了母乳的奶水,又滴了眼药水,似乎有了明显的好转。

晚餐后,母亲叫我们两口子去喝"乔科"①。大家每人倒了一口缸,弟弟明天要上山了,这也似乎是对他的饯行。今晚他们还杀了一只鸡,肉分给弟弟吃,剩下的就留着做明天路上的干粮。堂哥金才说,明天4点半左右起床,吃早点,5点多出发。喝完一缸"乔科",我们便回家休息,明天好赶路。

2015年4月11日　星期六　晴

清晨,天还没亮。弟弟打着手电在屋外叫我。我猛地起床,睡眼惺忪地穿着裤子和外衣,摸黑走去开灯。孩子熟睡着,媳妇睡眼未开地叮嘱我路上要多小心。我嗯了一声,轻轻关门跑到伙房拿刀、雨衣,打上绑腿跟弟弟去吃早点。此时才4点半,天空蒙蒙的,透着几丝微弱的乌亮,弯月偶尔从云缝里探出来,照亮了漆黑的大地。

弟妹在火塘边做粑粑,她递给我一缸已热好了的茶水。我站在门口观天象,看样子今天一定天晴,西边的天空闪烁着几颗孤独的星星。弟弟此刻在看表,5点钟时母亲进来,睡意未消,她怕孙子醒来,叮嘱我们要吃饱东西,又回房陪孙子了……

---

① 在独龙语中称其为"乔科",也叫"卡冷乔科","卡冷"是指鸡蛋,"乔科"就是混合而成的食品名称,同时也具有治风湿的功能。其做法是先将锅放在火塘上,在锅里放入一点点漆油或者是猪油,然后再把鸡蛋放在锅里,翻炒熟之后,再把自酿的水酒倒入锅里煮沸,这种调和后的酒呈乳白色或是灰黄色,酒味酸甜,香甜可口,酒精浓度一般常在20度以下。独龙族妇女坐月子时常喝"卡冷乔科",是为了防止患上风湿等疾病。

隔壁的金国叔叔 6 点钟来叫我们，我们先上路，不等其他人。

我们迅速吃粑粑、猪肉、鸡肉，用汤水咽下。邻近的金光大哥两口子似乎还没醒来。

我们临走前，各在佛像前烧了一炷香。弟弟应该是拿错了，轮到我烧香时，我看见他在慌乱中竟然烧了 4 根香。

金国叔叔、婶婶，我和弟弟四人先上路。顺着村道，四个人有序地走着。我和弟弟领先，两个长辈跟在后面。天色渐渐发亮，到了 2 公里外的熊当村头的土坡时，天色已经明朗了起来，我们在路边歇脚等后面的人跟来。一会儿，金国叔叔和婶婶才赶上来，两人也卸下重负，休息起来。

金国叔叔喊着我的独龙名说："金德儿，昨晚在中央纪录频道里看见你了。"我问："是什么片子？""名字叫《一步登天的独龙族》，从《最后的马帮》一直讲到前阵子国家主席习近平接见我们独龙族代表才结束。"金国叔叔说。这几年来，我一直跟随纪录片摄制组做向导和后期的独龙语翻译，同时还参演其中的角色，我想应该会有我的几个镜头。

闲聊之际，后面的人还是没有赶上来，金国叔叔提议到熊当村里等候他们。此时大约 8 点左右，还没有多少人家醒来。我们在路边的小卖部等着他们，不一会儿看到 6 个人背着东西上来了——李金光两口子、李金才两口子、阿勇和他的察瓦龙媳妇安卓、堂弟陈江林。除了金国、金光、金才、阿勇、弟弟李斌外，其他人都是来送人的。大家在村里歇脚不到几分钟，又要往上行走了。

顺着克罗洛河逆流而上，一直向北。穿过向红自然村寨，再往上走 2 里山路，在一个叫"陪梦"的河边的林子中生火、烧水煮茶、吃干粮。我们在干燥的地面上铺上崭新的塑料薄膜，集中摆上自家带的干粮，围坐着享用起来，有熟鸡肉与猪肉、煮鸡蛋、大麦与苦荞粑粑、油炸饼、苞谷粑粑、煮土豆等等。

短暂的休息结束了，我们背着沉重的东西顺着羊肠小道赶路，走 3

公里山路便休息一会儿。

到了1点半,又要吃东西充饥,因为沉重的东西很消耗体能。有时走上坡路,坑坑洼洼。有时曲曲弯弯的灌木丛中,步伐慢了跟不上别人,步伐快了累得满头大汗。

下午5点,到了江面的溜索处,大家取出各带的滑轮,李金才先用木头制作的"乌达"渡过对岸,他用小滑轮固定在"乌达"的索道刻痕中央。对岸是溜索的高点,加上滑轮不是很润滑省力,他几乎全是用双手将身子和重物挪过去,用了好长时间才艰难地渡过对岸。人们一个接着一个渡江,女人们不敢渡东西过岸,只身渡过溜索。男人们的东西渡过对岸,又要回来渡女人们的行囊,磨蹭了一个小时左右的时间,才终于完成渡江。

6点半,我们到达了今晚的落脚点。今晚的宿营地选在了克罗洛河与雪山河交汇处,深邃的沟壑里流着一股较大的河流。

金国叔叔说:"明天要逆着这条雪山河一直往上走。"东岸茂密的林子中,住着几户人家,他们已经在克罗洛河的东西两岸拉了两根铁溜索。新农村的房子都已经盖好可以搬迁过去,这里的村民却不乐意搬进新房子,任凭政府工作人员怎么做思想工作,也始终拗不过他们。固执的村民,反而更跑到这荒山野岭安顿起来。

女人们煮饭、做菜,晚餐用两个红烧罐头炖土豆片。大家坐在两边,中间烧了一堆篝火。夜色渐渐走向黑幕,我们在铺了干草的地上垫上塑料棚膜,铺上各家带的垫布,铺成一排大家紧挨着睡起来。

我和陈江林去背面的山坡上打飞鼠,陈带了弩弓和毒箭,我们打着电筒在夜幕下行走在栗树林里。电筒在栗树枝叶上照来照去,一旦有飞鼠的行踪,电筒的光会反射两只绿幽幽的眼睛,此时飞鼠往往因为好奇电筒的光束而在树枝上一动不动地盯着光的源头。这时候,另一个人也打着电筒照飞鼠,拿弩弓的人就要上弦、上毒箭,"叽"一声,毒箭穿透飞鼠,再熄灭电筒静静待在原地。随着毒性在飞鼠体内发作,飞鼠发出"喵"的类似猫的叫声，从树枝上滚落下来，这时不能照电筒，否则飞鼠会因为惊恐而逃窜到洞穴或是更远而找不到。我们在崖壁看见了2只飞鼠，并且打中了。因为东岸这里的人们经常打猎，使这里的飞鼠并不奇怪手电光，反而显得非常躁动不安，打中的飞鼠落地后便四处逃窜了。我俩狼狈地穿过刺青，挤过密密麻麻的竹林才回到了宿营地。也许是因为白天赶路的艰辛，此时大伙都已经入睡了……

2015年4月12日　星期天　晴

　　清晨，我被大家一片骚乱的收拾被子的声音和林子的鸟叫声唤醒，大家陆续到江边刷牙、洗脸。吃完早餐，阿勇的媳妇安卓要回去了，他们还在喝母乳的婴儿让婆婆看管，似乎一直不安心，因为孩子才2个多月。我的被子被藏在溜索旁，没有继续背上去。

　　8点上山，山很陡，这条贴在崖壁上的灌木丛小路，是"邦"一带的村民在这里采挖药材而砍的路。大伙的东西丝毫没有比昨天轻，背着沉重的竹篮子，小心翼翼地走在险隘的峭壁丝路上，要是有丝毫放松都有失足坠入崖地的可能。

　　陡斜的山坡路段，背着负重的东西，我们拼尽气力、满头大汗才到稍稍平坦的另一段，松一口气又继续吃力地沿着陡坡往上走……

　　带路的金国叔叔见大家累，就提议歇息片刻，每次提议都会说："不用急，慢慢走。"我们以步伐最慢的人来衡量进程（一般指的是妇女们）。越往上走，金才就说自己头痛厉害，把自己的东西分到弟弟的篮子里让他背，有时又和弟弟互换着篮子背。今天的路，一直都是爬山。送行的一伙，都是为了减轻去缅甸的人3天路程的负重，从而更快到缅甸，而不用在路上因为负重而耽搁时间。

　　6点，艰辛的路程终于要结束一段了，金国叔叔们先去原来固定的宿营地搭设棚膜。我和陈江林看只有1里的路了，就歇下来喝酒，一直等到半个小时过去以后才慢悠悠地赶到宿营地。

从宿营地往上走就有斑驳的积雪在竹林深处，金国叔叔说这里有野鸡活动，我和陈江林又跑上去下扣子。陈在半路上穿进竹林，我却一直跑上去寻找一块合适的地方。跑了2里左右，也没见到合适的地方下扣子，就停脚在积雪的路上下扣子。

才下了3个，天色已经昏暗下来，我就迅速跑回去，他们已经吃好了晚餐，在两口小锅里为我留了饭和午餐罐头炖土豆。

2015年4月13日　星期一　晴

昨晚，大伙喝了点酒，到今早醒来都还有一丝醉意，但不会影响我的进程和步伐。简单吃点东西，又要赶路了。

越往上走，积雪覆盖的面积越大，我始终都是走在人群的第一个。周围的山，斑驳着纯洁、白皑皑的雪，空气中散发着一丝丝寒意，时而露出来的阳光，让冰冷发麻的脚底有了一些暖意。逆着小河一直往上走，这里的小河变得越来越小，远处的山脉白雪皑皑。

金国指着一峰突兀的岩壁向大家说："那是中缅边界的43号界碑所在地，翻越过去就是缅甸了。"我在每一次短暂的歇脚时间，都不忘向他问各个方位的地名、山名。穿过林子深处，原来的路迹有时被厚厚的积雪淹没了，偶尔甚至连金国叔叔也会忘记了原来的路，他是根据路边树枝被人砍去的刀痕来辨别方向的。

差不多已经是1点了，金国叔对金光哥说："找块地方做今天的宿营地。""嗯，这附近全被雪淹没了，找一块干燥的地方吧！"金光哥说。在林子里靠近小河的地方，男人们开始砍去茂盛的灌木，平整土地，这就是今晚睡觉的地方了。

我和阿勇削了几块从家带来的松明片，小心翼翼地垫上干柴。山里生火也是很讲究的事，首先在湿地上铺上稍干的木柴，用松明点燃放在上面，燃烧的松明加盖一层干柴，才铺上湿柴。进山的人不会烧火，或是没有松明做燃料，就等于等死。火很快旺盛起来，一锅里煮茶水，从砖茶里撕一点茶放入煮沸。另一锅里烧白水，这是为吃方便面而烧的。

负责背干粮的人取出干粮。说是干粮，其实就是前天从家里带的路上吃剩的一些粑粑和肉，已经3天了，一直被带到这里，不浪费一点东西。大家在火边烤粑粑吃。肉块切成小片，用竹子串起来烧烤，再喝上一口热气腾腾的茶，身子顿时暖和了起来。一锅水开了，我们取出方便面打开封袋，开水直接倒进袋子里泡吃。

结束了午餐，开始收拾要背上去的东西，弟弟的东西一直未动地在我的竹篮子里。他怕我东西沉重，又从我的篮子里取了5斤白酒装进自己的篮子里，我用手掂量了一下他的篮子。阿勇为一袋未开封的50斤大米是否让自己的堂弟陈江林背而来回嘀咕着，良久才决定，今天先背上去一半，明天自己再背另一半。因为他的东西很沉重，今天准备先把部分东西送到雪山脚下，或是翻越那座大雪山。金国叔叔和金光两位长者都拿不定主意。

听说在雪山行走，最重要的还是保护眼睛不被强烈的雪光灼伤，因此每一个人都戴着一副墨镜，尽管如此还有被灼伤的可能。大家都从家里自带了细网蚊帐，据说这个比墨镜好多了，金光把蚊帐撕成几片，分给没有带的人。

准备好行囊后，6个男人顺着林子的小道出发。越往上走，积雪越深。大伙轮流领先开雪路。松软的雪踩上去甚至会让整个身子陷进去，费尽好大气力才能拔出来。雪山行走，加上沉重的东西，我们的步伐缓慢了不少，每走2公里左右就在雪地上歇脚起来。茫茫的山野植物全被雪淹没，见不到一花一草。

起初，脚底发冷、发麻。时间久了，脚底就适应了这种冰冻的气候，也麻木了。

金国叔叔调侃地说："既然到了雪山，也试试开雪路吧。以后在别人面前也有说话的底气，可以向别人讲述自己开雪路的经历。"听得出来，这句话他是对我说的。

听到这句话，我立刻意识到了，就嚷嚷着："我来试试。" 我试探性地开了一段路，在我以往的潜意识里认为，开雪路指的就是用刀劈开一条平坦的路方便后人通行。其实就是领头的人先踩踏过去，后面的人借着前人的足迹来判断雪地是松软或是硬朗。看上去也不是很难，但如果换作在陡峭的山峰，开雪路则是一件随时危及生命的事。

在峭壁间轮流开路，要听从熟路的长者的方向指点，稍有差池就会踏空，连人带东西滚下悬崖。金国、金光在路上一直有意地叮嘱着我们，停停走走，差不多6点半了。"离翻越的大山脚下有3公里。"金国说。两位长辈有分寸，没硬来。金国说："估计今天到不了山脚下了，就在这里卸下东西吧！"在雪山坡上的一棵松树下，我们扫去积雪，再铺上带叶的青松枝，又在上面垫上塑料薄膜，把大伙的东西都堆放在一处。天空雪花飞舞，四周一片朦胧与模糊。放好东西，大家又背着空篮子，互相追逐似的跑下山……

7点时，到了宿营地，女人们已经做好了饭菜等我们，金国叔叔劝大家不要急着靠近火，我们便在离火堆2米外的帐篷下坐下来，金国、金光、金才、阿勇都戴着墨镜，我和弟弟、陈江林则包着蚊帐。女人们把饭菜端到我们面前，大家围坐着吃起来，饭的热气又不能扑到眼睛，据说这样眼睛会立刻模糊、流泪。午餐后，我们才渐渐地靠近火堆，围着火轮流喝着装在饮料瓶里的白酒。金光哥打开他的播放机放着歌曲，大家也唱起来。

铺上一层松叶，垫上塑料薄膜，这就是今晚睡觉的地方了。火堆旺盛，大家各自躺下，听金光哥放的歌曲《梦驼铃》《贡山情歌》等，大伙也在被窝里喃喃地伴唱着……或许每个人的心里都有一种说不出的感触，送行就到这里了，我们几个人明天就要返回家，而金国、金光、金才、阿勇和我弟弟就要翻越重重的雪山、江河去缅甸了。今晚看样子大家情绪都十分低落，或许是即将分别的伤感。

2015年4月15日　星期三

吃过早饭，金国5人要赶路了。大家都关心地对他们每一个人"叮咛"："上去要小心，今天开不了那座雪山就不要硬来。"对于每一个送行人关心的嘱咐，他们都会真诚地说一句"好！"

8点左右，开始上路了，他们穿过了林子、雪地，身影渐渐消失在雾霾下，带着家人的祝福和对家的担当踏上了漫长而艰辛的旅程……回家的我们，不能急着走，一直在火堆旁等待着他们远去才慢慢离开。

今天说不准会不会到家，走了两天半的路程，一天就要到家是很大的挑战。我们不慌不慢地走下山，告别这里。到了中午休息的地方，我们开始烧水吃方便面，今早分我们路上喝的8两白酒，大家各喝了几口。

我第一个跑下山，看路旁的洞穴有5个男子在歇息着。三个是熊当村的村民，其中一个是李安格，另两个是"邦"村的。他们静悄悄地坐在洞穴的卵石上抽着烟丝，互相也不说话。只有李安格见到我跟我搭讪几句，我向他要了一点烟丝和烟纸，坐下来卷着烟丝，等后面的人。

李安格问我："你们有几个人？""我们送行的人有6个，去缅甸的有5个。"我答道。他狐疑地看着我："11个人，不是开玩笑的吧？""是。"他似乎是狡黠一般地点点头做了一个笑的表情。随后的人跟上来了，大家又轻快地跑下山。

11点才到达平地，这是第一天来宿营的地方，大伙歇脚片刻，我趁机去取藏在溜索旁的毛毯和滑轮，大伙商量好还是用渡过来时的那条溜索返回。因为是平坦的路，大伙的步伐加快了许多。

到了"邦"村寨，已经是下午5点多，带钱的婶婶、嫂子们去小卖部买了几根火腿肠、一瓶大麦酒、一瓶饮料。买完东西，边走边吃喝，丝毫没有耽搁赶路的时间。陈江林却不见踪影了，估计他是刚才趁大家买东西时跑下去的。嫂子们说："他一定是想疯了小媳妇才疯狂地跑下去。"

天色渐渐暗淡，到了熊当村已经是8点了。嫂子才塞跑到一基督教友家借电筒，只有她教友的母亲在家，为我们倒上了漆油茶，端上了刚刚煮熟起锅的甜芋头。囫囵大吃一番后才起身打电筒回家，向在家的人打电话告知我们归来的消息。

2015年4月16日　星期四　晴

今天种我们的苞谷地，盖地膜，弟妹江旺来帮忙。岳父这几天不喝酒，有了些精神，也来盖地膜。天气炎热，我用卖重楼的钱，买了2瓶啤酒和1瓶汽水解渴。我俩卖掉了1斤4两烤干的重楼，一斤收购价320元，赚到了448块钱。

2015年4月17日　星期五　雨

今天下雨，持续了一天也未停，耽搁了一天的农活。每到雨季都让人们无法从事生产活动，闲暇的时间三五个人聚在一起，喝酒打发这无聊的时光。休闲的一天，在漫长的看电视中或是喝酒中结束。

2015年4月18日　星期六　大雨

又是不停地下着大雨，原本干燥的泥土路，被这几天的雨水稀释成黏稠泥泞的路。屋檐下如窗帘般倾泻的雨，让人生起阵阵凉意。看来今天又要在休息中度过了，想到这，我准备冒着大雨去山里看"猎区"。我只有一件残破的雨衣，那是二姐丢下被我捡的。为了尽可能不被雨水淋湿，我穿了3件厚外衣，打上绑腿、腰带，带着砍刀背着包从家里出来。

屋外下着滂沱大雨，没有一个人出门，只冒着一溜溜炊烟，村道两旁的人家有些甚至还没有起床，门窗紧闭。

到了密林深处，我的外衣很快被雨水浸透，变得厚重起来，甚是吃力，但我还是坚持爬完了所有的扣索点。让我十分沮丧的是，今天又是一无所获。这片猎区是我和弟弟共同经营的，已经好几次没有捕获到任何小东西了。经过多次爬山的观察和思考，更加证实了我的推测：这一片扣索的覆盖面积不大，而猎物活动的区域一般都集中在海拔约 1500 米以上的山林里，即使我们的猎区里经常见到动物足迹，但我们找不到猎物的入口和死角。

我分析着下次牵动扣索的应对方法，不知不觉身子全被淋湿了，厚实的棉外衣浸透了雨水，变得鼓鼓的，我步履蹒跚地下山……

2015 年 4 月 19 日　星期天　阴转晴

我准备去找重楼，今早的雨不像昨天那样大，远处雾气腾腾，这是天晴的预兆。昨晚看电视到 12 点多，加上昨晚孩子因肚子不舒服哭闹，醒来三五次，今早觉得头晕目眩。岳父、媳妇和儿子在火塘边烤火，电饭煲里已经做好了饭，热气冒出来。

我去约媳妇和弟妹挖重楼，他们说这样的天气也懒得去，加上雨天很难见到重楼。妈说："今天去把山脚下的那片自留地围起来，村里很多人猪随意放养，糟蹋了很多苞谷。"尽管每次村会议上都警告过村民不能随意把猪放在外面，有些人就是不听，两个挨近住的小组也因此互相产生不满。原本可以分散居住的两个小组，偏偏拥挤在一起盖房子居住，这样很多自留地流失了不说，还出现很多问题。

雨越来越大，没有办法围自留地。就去找老胡，老胡是姨妈的丈夫。虽然两个人没有领证，但算是夫妻了。老胡是福贡县罗马登的傈僳族，今年差不多 50 岁。他看我来了，就从二嫂才塞的小卖部买了一瓶大麦酒，到火塘边洗了杯子，递给我一杯，他自己也倒了一杯。

老胡是同他的老乡阿此老板一起来独龙江的，帮阿此老板卖东西，在村子里时间久了就结识了姨妈。苍白的头发和胡须，让老胡显得饱经沧桑，尽管看上去严肃，但他却是一个比较健谈的老人，经常听他讲一些找钱和生活的道理。谈话间，我们又把话题拉扯到找重楼，便约好明天一同去找重楼。

2015年4月20日　星期一　晴

久违的好天气，今早醒来见天空万里无云，我想起昨天约好了老胡去找重楼。

我第一个醒来烧火煮水，煎粑粑、打漆油茶，我已经很长时间没有这样早起为家人准备早餐了。吃完早点，急忙准备干粮带上漆油茶和粑粑出发，老胡已在路边等着我。走了4公里的公路后，一直往山里爬，走到1点半两人还是没找到一棵重楼。这让我很恼火，老胡说："只是今天的运气不好而已咯。"48岁的他，爬山很厉害，我没见他一会儿，他不知什么时候走到我上面了。我们在山里歇脚吃干粮后，各自分散着找重楼，到了下午已不见他的踪影。

已是黄昏了，估计老胡也回家了，我像一只猴子似的乱窜着下山。夜色降临，到了村头的石拱桥，见一人来，靠近才知道是媳妇来找我。已经是傍晚了，见我还没有回家，她吓坏了。埋怨了几句就说："今天我也挖差不多一盆子。"听她说弟弟的岳父李向红约我去上山打野鸡和挖重楼。回到家，我和媳妇打着手电去小卖部买了2瓶大麦酒、4包方便面、1听罐头，作为明天进山打野鸡的物资。

2015年4月21日　星期二　晴

我早早起床，收拾着行囊。媳妇在为我准备今天的干粮苞谷粑粑，我准备了15只小铁夹。江旺来家里说她的父亲催促我赶紧出发进山，我迅速吃点早点就赶了过去。

大约10点钟左右，我们两个才从村里出发，今天天气格外晴朗。这种天气走山路是再合适不过了。由于弟弟去了缅甸，所以今年只有我们了，要不然一般都是我们三个人同时进山，这次去顺便也挖重楼。

李向红今年48岁，比起其他同龄的长辈，他更有精神和干劲，过去是整个村最出色的猎手。没有禁止打猎前，他的成绩一直都是最高纪录，野牛70多头、麝香80多个、狼20只，其他飞禽走兽连自己都数不清打了多少。"我从年轻到现在去了 100 多次缅甸，今年不想去了。前年我连续去了 5 趟，从那以后感觉精力突然下降了，这可能是最后一年了。"他似乎惋惜而无奈地说。

每到一座坡顶，便有一个歇脚点。休息片刻，轮流喝着那瓶他带来的"独龙江白酒"，一到歇脚点，他便会聊很多事。有时指指那座山，偶尔又说下扣的方法。这样停停走走，逆着一条山泉河往上走，约下午 6 点钟才到目的地。今年雪下得少，融化也快。茫茫一片旷野只有几处斑驳的积雪。去年我和兄弟把被子、衣物、锅放在了晒台上，用薄膜盖好，今天打开一看，薄膜已被雨雪侵蚀腐烂了，装在编织袋里的丝绵被还完好。

傍晚时分，我在河边打水煮饭。弟弟的岳父背了十几个鸡蛋，打掉鸡蛋壳直接放进锅里的水中，再加上今天在路上采摘的叫"额恰"的野菜，混搭炖起来，便是今晚的晚餐了。

明天准备在附近的山脊、死角里设置栅栏，再下扣。我们喝着白酒聊着明天的事宜，山野陷入一片漆黑与寂静。

2015 年 4 月 22 日　星期三　晴

一大早，吃完昨晚剩下的饭菜我们就开始工作了。在宽阔的山腰上，砍竹子设置长长的栅栏，相距两三米距离开设一个通口，开设的通口用竹节插成正看呈 V 字形状的门。口不宜过宽，一般 25 厘米到 30 厘米的宽度。再砍一根细竹，在 V 形上方弯成弧状，两端固定插在地上。拿一根较长而有弹性的青竹，拴上扣索，将其弯曲在弧状的竹根上，扣上玄机，一个机关就完成了。

做完扣索就需要耐心等待，一般下雨天，野鸡喜欢在空荡的山坡觅食。大野鸡（独龙语叫"鹏瞪"）喜欢用尖嘴刨出埋在土里的麻舌果；另外一种个体小巧的叫"地细"，它们的爪子呈橙色，双腿细长，不会飞。公"地细"比母的羽毛美丽，公"地细"的羽毛火红，还夹杂着其他绚丽的颜色。母"地细"羽毛是纯褐色，略发暗。其实所有的野鸡，都是公鸡羽毛美丽，而母鸡羽毛显得单调又不起眼。"鹏瞪"的重量一般有7到10斤，而"地细"的重量只有1斤左右。

下午，下完了所有的扣索要再去查看一次。这一次竟然扣住了三只"地细"、三只"鹏瞪"。剖开胸膛，取出内脏，李向红取出野鸡胃，将干净烧熟后再放在碗里的酒中，两人品尝起来，确实不一样的味道。

2015年4月26日　星期天　雨

昨天休息时，弟弟的岳父打电话过来让我们今天上山看前天下的那些野鸡扣索，醒来头有些刺痛，昨晚在家喝了点酒。上次打的野鸡，分一半给了二嫂才塞，她竟拿着3瓶土锅酒、1包香烟、2包方便面作为答谢。江旺来转告说，这次去只需一天的时间，我昨晚准备好了苞谷炒面做干粮。匆匆吃点东西就出发，到了陈永全家等候着弟弟的岳父，向红一家住在陈永全家相隔500米的村尾。我去喊他时，他也刚刚吃完了早餐。

从家里出来时，他已经打好绑腿佩戴好砍刀，在胸前挎着箭筒，抄起弩弓就跟我出发。看来他今天兴致很高，对这次的收获信心满满。或许是上一次的丰收让他尝到了甜头。

还是老路，下着雨，到了河边，每人泡一包方便面吃，喝着白酒烤火，一会淋湿的衣服晒干了才慢慢地启程。

太阳悬挂在半空中时，我们到了目的地。四处查看所有的扣索，让我们大失所望的是并没有收获到预料的野鸡，只有3只瘦小的"地细"。看完所有的扣索，原本高涨的情绪瞬间就像泼了一盆冰冷的水。

2015年4月27日　星期一

天晴，我们准备回家。看了一遍野鸡扣，只有一只公"鹏瞪"。昨晚在营地周围的缓坡上，牛角羚踩踏了一大片地，熟睡的我们竟毫无察觉，野鸡扣也被牛角羚破坏了一大片。一早看时，却不见踪影。这次算是徒劳无功了，我们吃点东西就下山了。半路上，停下来采摘野菜"额恰"，每人装满了50斤的编织袋。

6点钟到家，他把2只大野鸡和3只小野鸡摆在簸箕上。大的各分1只，小的各分1只，剩下的1只，他想用刀切开分半，我不要，就留给他们吃。喝了点清酒，吃了一包方便面就回家了。

媳妇已经做好饭等我回家，尽管这次的收获很少，媳妇也没有因为我浪费这些时间而埋怨，因为现在是挖重楼的最佳时期。

2015年4月28日　星期二

大姐和姐夫一家四口上来了，这次顺便给我们送来了防水衣。看见皮卡车停在妈妈家的路口，我就知道他们来了。大姐现在又生了一个儿子，姐夫也与家人去附近的山里找重楼去了。大姐抱着孩子，妈妈忙里忙外，看上去十分高兴，每次姐姐上来妈妈就精神百倍。媳妇和江旺去隔壁村破苞谷苗了，孩子由我看管。看着孩子无法开展活动，我就跑到妈家串门了。

大姐送给我一套防水衣，这几天要进山挖药材，防水衣是必备的工具。上次妈知道我没有防水衣就打电话告诉了姐姐。姐姐递给我说："这是你的防水衣，还有弟弟的一套、妹妹的一套、二嫂才塞的一套、妹夫阿拜的一套。我还给你带了一条草鱼和佐料。"我把剩下一半的野鸡肉和一些野菜送给了她，她很是高兴。父亲去世后，她也为我们这个家操心不少。

2015年4月29日　星期三　晴

我今天爬到龙元村和迪政当村交界处的最高峰顶挖重楼，这里可以俯瞰到包括下游乡政府三乡的所有山、所有水。站在这里，我才体会到"一览众山小"的意境，想想要是有摄像机，这将会是一幅多么美妙的"独龙江山图"！

2015年4月30日　星期四　雨

媳妇的小叔去缅甸，要我为他们当脚夫，我以累为由，并没有去。他们去挣钱，为何也不邀我？

我和媳妇带着孩子去他们家。因为下着雨，也没办法进山挖重楼。听说我委托给李向红做扳机的弩弓，被大女儿才姆忘在了这里，我只好去取弩弓。LH从客厅里探出头，见我们来走到走廊上坐下。我看见他右手小臂大面积烧伤，细一看让人大吃一惊。从手掌到小手臂背面烧得一片漆黑、发紫，问他痛不痛，他平静地说："不痛。"见他这样，心里很不好受。听说，癫痫病人一旦在火边发作的话就意味着晚期了，这是当地人的看法。很多人听说后，都对这个勤快的小伙子充满了惋惜和怜悯，他是父母经常夸口的孩子，怎么会有这样的厄运呢？听说他这样，所有的人都为他感到难过与无奈。

LH的大哥李牧，比他大2岁，但已经娶了JG的女儿阿L。两个未到婚龄的青少年，前阵子生了一个男孩，为此被计生办罚了3000元，孩子才上了户口。

大家都去山里了，家里只有LH、照顾婴儿的阿兰、LH和他年龄相仿的表姐。他表姐的丈夫也是贡山县丙中洛乡的傈僳族，如今她的丈夫跟LH的爸爸他们一起去缅甸了，她也留在LH家等着丈夫。几个小孩子在家里，搞得乱七八糟的。LH弟弟李青放假回来也在家，他是学校里成绩最好的学生。同村的小Y也在家，小Y是李青的同班同学，小Y的父亲前阵子酒后误杀了媳妇。小Y家中现在只有读初三的姐姐和他自己，同奶奶生活在一起。三个人在客厅摆了一桌麻将，打2块的，实在无聊，便与他们消遣时光。

2015年5月1日—30日

2015年5月1日　星期五　劳动节　晴

今天是五一劳动节,大伙都放下手里的活,也不去挖重楼,这是村里的人一贯以来庆祝"五一节"的方式。今晚准备炖一锅野鸡肉,也算是对这几天经常爬山的自己的犒劳。

村里的小卖部前平地上,三四个女人围着木桌喝啤酒、聊天。库鲁等三个单身汉,在阿华家喝酒。余泽明见到我,过来给我发了一支红塔山香烟,他饶有兴致地说:"阿德(我的诨名),你最近都干什么?我在电视上看到你了,你竟然上了电视。"他又转身问身旁的阿自:"阿自,阿德在电视上,你看过吗?"阿自答道:"看过了。"他又问我:"你喝不喝马尿(啤酒)?我们在喝马尿。"我婉言谢绝了他们的邀请。

天气格外晴朗,村里有人放着高音喇叭喝酒、跳舞,有些人则在自家屋外的水泥地板上摆上桌子,惬意地打麻将赌钱……

2015年5月2日　星期六　晴

看来今天天气不错,我们把孩子托付给岳父看管。两人带上米饭团跟炒野菜的混搭,背着小包去江东挖重楼,顺路叫上了媳妇的表妹松。

松一个人在火塘边,桌上放着切丝的土豆,锅里炒着腊肉丝。见我们来,她急了,说道:"他们还没有起床呢!"家里只有几个年轻的小孩,阿兰、李辉、李青都还没有起床,大人们都去缅甸了。松把切好的土豆丝放进锅里,跟腊肉一起翻炒了一会儿又盖上锅盖焖起来。她又跑到屋外找着挖重楼的"夹卡"、防蛇的汽油。匆匆准备好,就上山了。

我们顺道在陈小华的小卖部,买了两瓶小酒。要爬到半山腰才到有重楼的山沟里,走到一半,见大嫂登干和她大姐各带两个还在读初二的儿子上山挖重楼,跟他们在一起的还有年纪70岁有余的李学义。李学义也拄着一根拐杖，不慌不忙地上山。

李学义的家族，从祖辈就延续着一根"独香"。他也只有一个儿子，李忠光，之前是迪政当村委会的乡村医生，几年前服用草乌自杀了，留下妻子和两儿一女。学义一直跟随儿媳妇生活，他一直希望自己能到敬老院养老，但他不是"五保户"对象，没有五保户证件，就不能入院享受养老政策，这个愿望一直没能实现。

大家紧跟着，沿着山沟攀爬上去。边爬山，边寻找重楼。

到了中午12点，大伙互相喊叫，在山坡稍微平坦的地方坐下来吃午餐。松的东西因为跟汽油背在一层包里，汽油味渗入饭团里，弄得没法吃。大家带的也是饭团跟菜，还有漆油茶。大家把所带的东西，都聚到一起吃起来。

过了一阵，李学义也爬上来了，大家齐声喊叫他来吃午餐。他缓缓上来，拄着拐杖。这时登干等人也同情地说："唉，老人家好好在家闲着，受那个罪干吗？"李学义走到我们人群中，选择一块空地坐下，他取出塑料袋里背的苞谷炒面，还问我们谁要吃。大家各自抓了一些炒面，大嫂对他说："你一个老人家不在家休息咋跑到山里来受累？"他说："随便找一点还能挣点酒钱，在家闲着也是没事做。"大家直接对着酒瓶口转着喝今天顺道买来的酒。李学义怕我们嫌老人恶心，就用装茶的饮料瓶盖接着喝。

短暂的午餐结束，大伙又沿着山坡继续往上寻找着重楼。

侄子森鲁在我身边转悠，找不到重楼。他拔了一根貌似重楼的草问我是不是。我给他讲解并调侃地对他说："你连重楼都不认识，以后学业不成回到村里务农怎么生存？"森鲁听后说道："如果考不上高中，我想以后走两条路：一条是回到村里务农；另一条是继续读书，争取考上去。"他还补充道："其实我有两个理想，当一名歌手或者是警察。如果没有实现，那我回到村子以后开一家小KTV或者搞养殖、开网吧之类的。"森鲁的成绩并不理想，他是我大堂哥普内唯一的儿子，他放假回到家经常做的，就是打开自家的音响唱卡拉 OK。

费了好大的精力，我们才爬到山顶。没挖到多少，太阳已经在西边的山顶上了。见时间差不多，我就顺着另外一条山沟边找重楼边下山……

黄昏，李学义已经到了山腰下，晃晃悠悠地拄着拐杖小心地踩着每一步下山，见我们跟在后面他说："人老了，连路都走不稳，你们先下去吧！"看他很快就到达平地了，离村子又不远，我们就丢下他，迅速跑下山回家……

2015 年 5 月 3 日　星期天

今天准备好了炒面，我想去江边淘一些细沙，炒面是为了去上游麻必洛找重楼而准备的口粮之一。今天早上看见一大拨人背着篮子上去了，应该是去麻必洛一带。

最近村子变得空荡荡的。

今天是侄子木松两岁的生日，因为爸爸不在家，生日就过得十分简单，也就只有我们两家一起吃一顿饭，一起庆祝木松的 2 岁生日。弟妹江旺买了一打六瓶装的啤酒、两个红烧罐头、两个午餐罐头和几根火腿肠、3 瓶大麦酒，我们又用大麦酒做了鸡肉"霞拉"。我准备卖点药材，给木松一份礼物，但听说收购药材的阿此去熊当村下货了。

2015 年 5 月 4 日　星期一

明天准备到麻必洛挖药材了，每到这个时间段，村里的人都会搭伙上去找重楼。少则十四五天，多则一个月。今年，村里的男人几乎都去缅甸了，只剩下妇女们，看样子今年要跟一拨妇女们去山里了。

到小卖部买一些山里所需的物品，红烧罐头 1 听、电筒 1 把、电池 2 对、桶装酒 1 桶（10 斤）、白酒 2 瓶、方便面 10 包等。还要从家里带大约 15 斤的大米和一些衣物、被褥等。我准备了 2 支碳素笔做记录，还拿了电子录音笔和一本《滇缅宝玉石资源分布及识别》的书。明天路上的干粮是大麦粑粑和炒鸡蛋。

2015 年 5 月 5 日　星期二　晴

　　早上 6 点醒来，在火塘边准备着今天路上的干粮。媳妇代松忙来忙去，又是打茶又是蒸粑粑，我也在火塘边搭手帮忙，孩子还熟睡在床。急促地吃过早点，我就要出发了。媳妇和岳父不忘叮嘱安全问题。此时孩子普松旺也醒来，他才 1 岁多，并不能体会亲人短暂的分别是去哪儿，他乖乖地在母亲的怀抱里目送着站在车厢里的我。

　　果然，除了二姐夫和我，全是女人们。两位"阿尼"（大娘）叫了一辆车，送我们到熊当村公路的尽头。我和姐夫阿拜坐在车厢里，其他人上了副驾驶室。面包车在熊当村的小卖部停了一会，我用 10 块钱买了水果糖，其他人也买饮料和酒水。阿拜和姐姐用他们的钱买了铁砂，这是烤干重楼必备的工具。

　　青乃大娘和她家嫁到下游马库村的李金莲，阿拜和姐姐，阿拜的母亲王文英、姐姐孔秀英，大嫂登干和她的姐姐都娜，加上我，一共是 9 人。

　　车到了尽头，我们就下车了。李金莲掏钱为我们先垫上了车费，每人 10 块。整理好东西，我们就往东边麻必洛方向出发……

　　今天路程不算远，天气也格外明朗。两位大娘每次都赶不上我们，每到一次歇脚处，我和阿拜都去接应她们俩。

　　今天吃了两次东西，下午 5 点左右到达今晚过夜的地点。我和阿拜砍几根细木来做帐篷的骨架，四个人各站在一处拉帐篷、拴紧帐篷边角的线。

　　拉好帐篷，我们生了一堆火，姐姐松木和金莲在做饭。饭在旺盛的火焰上很快就沸腾了，从火上卸下锅，刨一些炭灰在火旁焖起来。我和孔秀英在削土豆皮，有些人则拿出午餐罐头切片，削皮的土豆切片和罐头一起炖，这就是今天的晚餐了。

　　吃过晚餐，天色渐渐暗下来。开始铺垫单，铺成一排彼此连着的垫单。

铺好垫单，大家又聚拢在一处，边打"真伪"纸牌游戏，边喝煨好的酒。

2015年5月6日　星期三　晴

昨晚到12点才休息，今天醒来，大伙都打不起精神来。队伍里只有孔秀英和都娜不喝酒，因为她俩是基督徒。吃点东西，卸下帐篷大家又得赶路了。

"江帕当"是一大片面积广阔的树林，据说老县长在这里规划建设飞机场，不知道会不会实现。从营地出发走了3公里路到了"高罗翘"，我们要渡江到对岸。从对岸延伸了一根倒塌的树到这岸，人们利用这棵倒塌的树，做成了便桥，在树上拴上栏杆。木桥离江面只有几厘米的距离，湍急的江水足以将一个麻痹大意的成年人冲走而不可能抓到任何的"救命稻草"，去年王文英的弟弟就是在这里被江水冲走，连尸体都没找到。

青乃不敢过便桥，我就帮她背身上的行李。她老人家摇摇晃晃从便桥上走过，我担心她因为惊恐会失足，就在她面前倒走，扶着栏杆，万一有个闪失也好抓住。大家都安全到达对岸我才放松下来，在岸边从塑料桶里倒上半杯白酒轮着喝，也算是压惊酒了。短暂的歇息过后，又要沿着山沟往上爬了。

大家前前后后走着，沉重的行李加上一路的陡坡，总算到了目的地。在一处以前阿拜和姐姐跟其他人住过的灌木丛边卸下行李，这就是这里的宿营地了。两面是高山，山腰是一排斜坡，几乎望不到东西两边的尽头。

做饭、做菜，时间就这样过去了。傍晚，喝着酒在火边聊天，偶尔的笑话把大家乐得大笑。

2015年5月7日　星期四

开始在附近的山坡上找重楼，山坡上的沟壑里积雪还没有完全融化。这时，我们只能先去长植被的山腰找。

2015年5月8日　星期五

这一片山里，因为还没有人挖重楼，看来还是有一些，虽然不是很多，一天也能找到约可以烤干2两的湿重楼。

2015年5月9日　星期六

对于一天找惯了一两斤重楼的金莲来说，这个地方似乎让她很不满意。谈话中多次提议离开这里，下山往上游"哒隆"一带寻找。但大家都对此地恋恋不舍，金莲一个人也无法动摇大伙，也跟着大家"埋怨"着找重楼。

2015年5月10日　星期天

我和阿拜在山顶下挖重楼时做了鸟扣子，但一直没有捕获到野鸡。

大家散落在各个地方找重楼。这几天下来，烤干的重楼只有一点点。金莲今天又说："咦！我们下山再上去找找看嘛！"大伙调侃道："是不是恋着扎瓦隆的男人？"金莲丝毫没退让："是呀！我就是想念扎瓦隆男人。"大伙在类似的玩笑中度过了一天又一天。

2015年5月11日　星期一

今天，我在南面的山坡上，他们跑到北面的山坡上。

正午，对面的山坡上有人喊叫。我只听到"西呗，快看"，同时手指向我这一面。我顺着他们的指向看过去，离我约直线1200米的山坡上有8只扭角羚。我兴奋得大喊大叫，那些扭角羚被惊吓得跑上山了。

回到营地，已经是6点多了，我看着今天往山沟逃窜的8只牛角羚，兴奋不已。不顾他们的阻止，我一气跑上山顶，去追寻那些扭角羚。沟壑里积雪深厚，我沿着山脊气喘吁吁地爬到一座突兀的石峰。眼睛谨慎地扫荡着周围，猛地吓了一跳。"西呗"就在我的上方，距离只有几步之遥。我生怕扭角羚会攻击我，猫在石缝捡几颗石头往上面抛去，边抛边大喊。扭角羚急促地跑上悬崖峭壁处,停顿下来,又看看我。这里四周都是死角,"西呗"根本无法脱身,只有它们刚刚上来的沟里才能返回去,见我在这里,"西呗"已经无路可走了。但我身上又没有携带武器,只能恋恋不舍地告别它们。

疾步下山,回到营地,已是傍晚时分。

2015年5月12日　星期二

今天熊当村的人也来到这里找重楼,听说他们营地建在下面,离我们3公里之遥。我们认为,等我们走后,这些"西呗"肯定会成为他们的猎物,因为这些"西呗"闻到烟火味,今天早上也不见它们下山。

明天我们就下山了。

2015年5月13日　星期三

上午在附近找点重楼。

下午1点钟,收拾行囊,吃点东西我们又原路返回,准备往上走到"哒拜"一带。之后就下山了,5点到达江面,我们在便桥过去一点的地方安顿下来。

因为酒不够,经他们的请求,我要返回下游木当村去买些酒。

2015年5月14日　星期四　大雨

他们问我是不是真的要去,我说当然要去,他们就把身上带的钱给我。除了大伙筹钱买酒,其余的给我5块、10块来帮他们买卫生纸、牙膏、袜子等。买酒的钱还是金莲垫上去的;他们说要买2桶。我吃一包方便面,就背上空包下去了。

9点钟,到达木当村,到"太切"家,她和孙子们才刚刚准备吃饭,对我的到来甚是惊讶:"你太快了,从高罗翘竟然这么快就到达这里。"我从她们家的小卖部买了东西,她送给我一瓶大麦酒。

11点钟出发，3点钟就赶上了他们。此时离目的地还有很远的路，大伙见我赶上，都十分惊讶。青乃连连啧啧称赞，都娜等人也伸伸舌头，应该是觉得不可思议。

下午下着大雨，傍晚7点钟才到达目的地。冒着大雨搭设帐篷，青乃和都娜落在最后，我走了半里路把她们的东西都背到营地。吃过晚餐，喝了点酒，大家都醉了。

2015年5月15日　星期五

大家都到附近的山里找重楼去了，青乃、登干和我待在营地，昨晚的酒喝得今天都没有精神去找重楼。

一会阿拜和姐姐也回来了。

2015年5月30日　星期六

今天我和媳妇没准备去找虫草，8点左右才起床烧火。看见路上正在去找虫草的二姐松木，她朝着松木大声呼喊："今天又去吗？"松木回道："是，你不去吗？"媳妇赶紧接道："去，等等我，我也去。"然后迅速跑到卧室拿钱准备买干粮。此时，我和孩子还躺在床上，我叫她不要去，她硬是不听地跑出去了。

前阵子的虫草都是她找来的，昨晚我们估算了一下今年两口子找到的钱，虫草卖了5760元，重楼400元、三七44元、一块矿石100元，重楼还有一些没有卖出去，加起来4月中旬到6月初，应该差不多能找到一万多块钱。这算是一年主要的经济收入。

虫草价格从过去1块钱1对，到今年最高的2000元一斤。这样的变化幅度让很多村里的"闲人"、懒人都找到了钱，少则几千，多则上万。很多老板用1800元、1900元来收购，有人甚至出2000元来收购。虫草的行情在村里炸开了，无论遇见谁，谈论的话题总是避不了虫草。

代松的婶婶木桂兰，到现在为止找虫草赚了8000多块。即便这样她也每天毫不松懈地上山找虫草。她去缅甸挖重楼的丈夫 20 多天才找到了 5000 多块。因为今年虫草价格暴涨，去缅甸的人找到的钱甚至比不上村里短短几天找虫草的人。

  阿勇的媳妇安卓和姐姐李金莲，据说找了 10 斤左右的虫草，很多人来收购都以价格低为由拒绝，甚至出价 1900 块一斤都没出手。听说现在他们的虫草也没人来收了，虫草的价格又跌下来了。一些游商也渐渐少了。

2015年6月6日—27日

2015年6月6日　星期六　我们的结婚纪念日
我和媳妇在2013年6月6日到乡民政部门领了两张结婚证，今天算是结婚两周年的纪念日。晚上喝点酒，庆祝一下。

2015年6月7日　星期天
我和媳妇准备明天去三乡买家具，我们去年12月22日搬到这个新家，至今客厅里都没有沙发、电视柜、茶具等。

晚上，我们数着两个月赚来买家具用的7000多块钱，计划着想添置的家具，写在一张纸上明天好参考。

2015年6月8日　星期一
隔壁的龙明光也一起到三乡买东西，我们叫了龙明光弟弟龙建民的面包车。临走前，他丢下皮包让我的媳妇帮忙背一沓钱，说他不习惯背包。

我俩在三乡跑来跑去，忙碌了一个下午才把东西买全，一套沙发2800元、电视柜1400元、床1000元、洗衣机950元、茶几160元，还有一些琐碎的东西。龙明光买了衣柜和一台洗衣机。家具老板用货车把东西直接送到家里。

5点才到家，搬东西、下东西，空荡荡的房子顿时充实了许多，也让我们的心暖了起来。我们和龙明光的东西混装在编织袋里，分东西时他送给我们一袋25斤的香米。东西整理完，在新买的沙发上坐下看着电视，感觉非常舒心，母亲、弟弟、姐姐都来参观。

晚上，龙明光多次来催我们去吃鸡肉喝"霞拉"，还让二姐松木和姐夫阿拜带着一瓶酒来玩。在多次邀请下，我们便到他家吃喝。

2015年6月9日　星期二　雨

今天下着雨，我休息。村里的人都没有休息，一大早穿上雨衣上山找虫草了。

尽管这次添置家具花光了钱，心里还是稳当多了，这才像一个家了。

2015年6月10日　星期三

乡政府工作队来每家每户看房子，说房子如果漏水、门板坏掉、屋顶瓦片破损可以最后补修一次，村委会的广播通知了这件事。

附近的李小青等人，昨天刚从缅甸挖药材回来，估计今天休息。龙明光说他们买了5只鸡，白天用摩托车去驮啤酒喝。龙明光说，他们把买来的好几件啤酒统统打开倒进一桶酒罐里，用水瓢舀着喝，放上音响，在屋外的地板上跳舞。听说今年李小青两口子挖了100斤左右的重楼。

晚上8点，广播通知开会，要求每户参加一人。村委会的会议室里坐满了两个小组的村民代表，吴队长说话了："新农村房子还有一次最后补修的机会，你们都要查看自家的房子是否有漏水、屋顶破损的情况。因为这一次是最后一次……"这时坐在我旁边的外地娶独龙族妇女的老汉对我说道："你们可以问他嘛，这次补修后可有下一次补修的机会，下一次维修的保障在哪儿？"工作队从房子的保养、卫生、防火等一直讲到公共设施的爱护问题。

2015年6月11日　星期四

这几天，人们都从山里陆续回来了，村子也恢复了以往的热闹。

今早，李成刚来到家里，说他买了一条好烟，给我一包。他执意请我到他家拿烟，我便同他去他家。听他说，天巴（李小青）和江格亮去贡山接孩子去了，他们的两个孩子在挖药材时期都带到贡山县嘎啦波村江格亮的姐姐家托管。李阿香在李成刚家的沙发上睡着，说他们昨晚喝高了。李成刚见有罐装的雪花啤酒摆到茶具上，和我一起喝起来，旁边睡的阿香没有喝。

我喝了3瓶要离开，他拿出一条开封的88红河递给我一包。还把我叫到厨房说给点牛肉，从袋子里取出2小块脱水烤干的牛肉。

下午，有人拉来大米在发放，一袋要扣除8块钱的运费。大家都抢着领取大米，此时有的人家已经吃光了上次发放的大米。听说在龙元村完小读书的李亮高等小学生们，还要把退耕还林补贴的大米上交到学校。为此很多家长都不解。

2015年6月12日　星期五　农历四月　雨天

昨晚在隔壁邻居龙明光家喝了"霞拉"，他从卖鸡的傈僳族游商手里买了一只肥肉鸡，鸡肉留一些做"霞拉"。昨晚喝多了，屋外滂沱大雨，大家都闲着。

2015年6月13日　星期六　雨天

又是倾盆大雨，无法干农活。前阵子在江边设置了栅栏，这几天见洪水涨了不少，有些从上游漂浮下来的木柴被拦截了。洪水越是暴涨，那些在江边设置栅栏的男人们越是高兴，因为会给他们带来大量的木柴。

2015年6月14日　星期天　雨天

今晨醒来，雨还是下个不停。无聊地看着电视，打发这无聊的时间。听说这几天有些人聚众赌博，消遣这烦闷的雨天。

我和二姐夫阿拜约好明天去砍柴火，无论下多大雨都要去。要不然这几天的雨，让人也闲出病了。更重要的是，因为7月份要把精力投入到采挖上，家里的柴火要备足。本来想一个人解决今年采挖的事，阿拜约我，只好答应跟他一起挖药材。

2015 年 6 月 15 日　星期一　阴雨

今天的天气似乎温暖了些，清晨我和面制作馒头，煎上 4 个鸡蛋。这算是今天去砍柴的午餐了，之后我打好绑腿去叫上阿拜和二姐松木。带上汽油、油锯、斧头，4 人向 1 公里外的上游走去，这里是敬老院的种植基地。之前是一片水冬瓜林，后来敬老院的老人开垦一片出来种苞谷、芋头等谷物。

我们找一块隐蔽的冬瓜林，锯断几棵，再锯成小段。

天空阴沉，下着淅淅沥沥的雨。今天的活就此暂告一段落。

2015 年 6 月 16 日　星期二　阴雨

又得继续昨天的活，今天把锯成段的冬瓜树扛到路边车子通行处，大家又是扛又是背，费了好大力才结束。

下午，大家喝完酒就摇摇晃晃地回家了。

2015 年 6 月 17 日　星期三

昨晚，媳妇代松喝醉了酒，回到家又是摔东西，又是哭闹，不知是什么原因让她如此失态。

今天，叫上李自荣的拖拉机，把这两天搞好的柴火运到家。正往拖拉机上装柴火时，敬老院的一拨人来了。院长是大姐夫高金亮，带着丙中洛敬老院的工作人员来参观这块独龙江敬老院的种植基地。

我的初中同学丰风顺，是丙中洛敬老院的副院长。他从皮卡车里窜出来，叫上了我，我脏兮兮地走到他面前，他递给我一支烟，旁边的独龙族大哥也凑过来给他介绍着独龙江关于鬼怪的各种传闻、忌讳等等，他的说辞让丰风顺不时惊悚地抖擞着结实的身板。在啤酒瓶的不断碰触下，简短的会面结束了。丰风顺递给我一包香烟，大姐夫从车里取出剩下的一打啤酒送给了我们，就开着车返回去了。听说他们还要在李金强家的农家乐吃一顿饭。

2015年6月18日　星期四　雨

大雨天，让人们无法从事农田里的活，又是一天被耽搁了。雨天，人们在自家的客厅里边看电视边喝酒。有些男人闲不住，跑到附近的山坡上砍竹子，编织竹篮子。

2015年6月19日　星期五

今早，李自荣来家里，说贡山县交通局的领导今天来慰问党员。因为前阵子的慰问对象都以老党员为先，现在所有老党员都慰问完了，只剩下我们，这次就选我们两个了。

一会儿，村委会书记斯小东果然带了一批人来。我在客厅等候交通局局长和随从的一批领导。其中局长模样的人跟我说："七一节快到了，到时我们没时间下来，提前对你们表示慰问。"接着，他递给我一个信封、一套砖茶、一桶香油，随从的人照着相。

看信封面上写着200.00元的字样，打开一看果然有200元，加上这些茶、油，可以解决我很长一段时间的生活。

把这些东西全放到仓库，我就上山砍竹子，随后一直劈柴到黄昏。

2015年6月20日　星期六　雨天

连续的雨天，让人几乎都变得懒散、迟钝了。沉闷的情绪，只有借酒才能提起精神。

雨一天下个不停，家家户户炊烟缭绕。高音喇叭放着欢快的流行舞曲，时而伴随着咚咚的踩踏声，村道里连平日里三三两两的狗都不见踪影。

村子的上空，缠绕着高音喇叭播放的音乐……

2015年6月21日　星期天　晴天

昨晚和媳妇争吵，今天她带着自己的爸爸到她叔叔家。不知道这是要演什么戏。

我到母亲家,帮他们在田里照看着小侄子。火辣的太阳,让还在醉意中的我几乎昏厥。

下午,到龙明光家玩,米尚军同村里几个比他小的男孩们也在龙家。我们唱卡拉OK、喝酒。

2015年6月22日　星期一　晴

昨晚喝高了,意识完全模糊,徒手砸烂了电视、窗户玻璃,右手动脉被玻璃割断。还在她叔叔家的代松,应该是被人叫了过来,发现我血流不止,叫上面包车连夜到乡医院缝针,又返回到家。

早上醒来,头脑发昏,应该是流了不少血。

广播上通知今天要领牛,前阵子我上报要了一头,听说这次是发放牦牛。只有之前没有被作为推广对象的几户人家拥有名额,村里没有名额的人家,都忙着田里的农活。有名额的,个个手拿套索在村委会门口等候着运输牛群的车辆。一直到傍晚,也并未见拉牛的车辆到来。

2015年6月23日　星期二　晴

听人说今天会把牛拉到村里,叫我们提前做好准备,我把选牛的事宜嘱咐给代松,便去乡里和阿拜购买采挖药材时所需的物资。

首先想购买一张大约6米长的铁丝网,其次是面条、豆腐皮、蘸水、香油、面粉等。我们俩一人凑了200元钱来买物资,搜遍乡里的整条街道旁的商铺、店面也没找到铁丝网,只买了一些面条、豆腐皮等返回村里,白白浪费了来回一人60块的车费。

借住在邻居龙明光家来修电视的老头,无奈地对我说:"你的电视没修好,我跑遍整个村子也找不到和你的电视匹配的零部件。"我只好买了龙那台跟我电视尺寸一样的电视机,他要价450块,而我电视新买时只是480块。这台他刚刚修好,喇叭夹杂着"嘶嘶"的嘈杂声,我买来后又后悔极了。

2015年6月24日　星期三　晴　一个家庭的谢幕

21日傍晚，MSJ从冷木当小组那座几乎荒废了的独木桥纵身跳入了独龙江，了结了年轻的生命。

22日清晨，去江边捞渔网的李永明和金才，在桥头发现了整齐摆放的一双胶鞋、外衣、袜子、钱包（包里还有一沓钱），永明从外衣判断出，这人是MSJ，随后打电话通知家属。

同日清晨，21日同MSJ最后在一起的李成刚来到我床边说："MSJ不见了，这人是不是自杀了？"因为那天一直到下午3点左右，我们都在我家的水泥地板上喝酒，此时他一直跟我强调他有自杀的念头。他说："前天晚上，我想去江边自杀，但是总觉得迈不开步伐，似乎老天爷让我活几天的意思。"

听龙明光说，那晚他托人写了5张遗书。去年9月份，MSJ怀孕在身的媳妇连同2岁大的女儿，因为过溜索时意外坠入江心，无一生还，这件事对他的打击十分沉重。

后来MSJ一直沉迷于酒精。因为我和他是从小学、初中一起读大的同学，他也曾经多次对我提及他的想法。

因为家庭的不幸，导致他后来变成了这一番模样，常常和村里的一些比他年纪小的男孩们在一起玩耍、喝酒或是和人打架。

我经常在隔壁龙明光家看见他，龙让出一间房子作为他睡觉的地方。临终前的几天，他在酒席上对我说道："我觉得生活一点意思都没有，我前晚想跳江自杀，可是没有成功，总觉得一股力量阻止着我。我想去找我死去的老婆和我的女儿松娜，在阴间我们可能会会合。"说着，他表情显得无奈而痛苦。我也多次劝他："人一辈子，其实只是几个春夏秋冬而已。过去的事你应该选择忘记，把它当作一场梦。"

"我试过这么做，但总是忘不了她们。"他说。

年轻而有生命力的美好家庭就这样衰落了。村里往往少不了这样悲剧的演绎。

2015 年 6 月 25 日　星期四

上一次，我家兄弟帮我报了一个名额，所以我也有一头牛。吃过早饭后，便溜达到学校看昨晚拉过来的牛。村里几乎所有的人都好奇地前来观看，看到成群的牛，没有报名要牛的人家后悔极了。羡慕地看完了牛群，沮丧地回去干农活了。报了名的人全部都围在附近观看，指着这头牛，说着那头牛，情绪高涨时发出"哎呀！"的尖叫声。

龙忠祥和陈艳芬两口子，走到牛群中间。龙忠祥在前，手心里敷上盐巴，陈艳芬紧跟在后，左手拿一小袋盐巴，右手握套索。龙谨慎而慢慢地靠近牛前，伸出沾有盐巴的手引诱着牛，牛舔着龙手心里的盐。龙转头对媳妇叫道："快点拿绳索。"意图套住牛角，牛不听话地走开。接着龙夫妇俩又一头接一头地"查看"，操场上孔跃文一家也这样。这时，牛群骚动不安。孔跃文家拴住了一头大牛，此举引来组长李永明的不满，李大声喊道："先不要拴牛，牛还没有发放，你们拴什么拴！"孔父子没有理会组长的话，顶了一句："谁怕谁，你不让我拴，我偏要拴，看你能把我们怎么样！"李永明无奈地骂着走开了，孔越文在他背后说道："你们这些狗屁村委会，连这点小场面也掌控不了，你一个小组长狡猾什么？你这么调皮，小心我请几个年轻人来揍你。"孔的这句话，组长并未听清，此时他已走远。

听说昨晚来的乡领导返回去了，今天只有他们上来才能知晓发放的具体事宜。上游熊当小组、木当小组等有名额的人家纷纷来到这里，学校旧址的水泥篮球场上，牛群涌动，门口请了两张拖拉机来堵住牛群。旧学校敞开的大门前是李金强家的"冷木当农家乐"，旁边是陈主任开的小卖部，广场上人头攒动。

中午举行群众会议，讨论如何发放这些牛。大家都集中到了村委会的会议厅里，里里外外一片黑压压的人。负责开会的是各个组的组长，村委会的书记、主任等干部都去外地培训了，只有年轻的副主任木春龙同各组长组织会议。

木春龙讲："这些牛，本来是准备按户发放的。因为是从很远的四川地区运过来的，中途死了10头，到村里又死了3头。为此，我们首先考虑到过去没有在推选牛种上享受到名额的人家，自愿报名领取。因为牛群死亡数量大，为此乡里决定每小组发放20头种牛，然后各组的组长自行安排分配事宜。"

接着，是各个组长发言。李永明先讲话，龙家人在外嚷嚷着。李永明讲到一半，龙明光走到会议厅里，大拍桌子，大声说道："你们是怎么搞的？是不是贪污？我怎么每次都享受不到别人一样的名额？我的那一份去哪里了？除了和大家一样分到房子、低保之外，每次发放的东西哪里有我！"或许是上次残联给残疾人免费发了5头牛，龙明光没有领到这些免费发放的牛而耿耿于怀。

起初，李永明也反驳他几句，后来他也无法回答龙的问题。龙的最小的弟弟也在会议厅外叫嚷着，似乎是给他哥哥助威。随后他索性也走到会议厅里，跟着大闹起来，说没有给自己分到房子。此时一大群人在看着组长和副主任们如何收场。对于百姓的闹场，在场的副主任、组长几乎都掌控不了局面。

看人们开始议论纷纷，会议厅里顿时变得嘈杂起来。见此，组长们赶紧宣布会议结束，从讨论到直接领牛。操场上，牛群、人群涌动，大家手拿绳索，套住自己中意的牛，场面十分热闹。

李向红胆子很大，他走进牛群，徒手用绳索套住牛角，有几次碰到脾气暴躁的牦牛，他被牛角顶上半空，重重地摔在水泥地板上，牛角好几次险些穿破他的身体。尽管这样，他似乎毫不畏惧。

下午，大家各自套住了自己喜欢的牦牛。上游的村民，集体把牛一同拉走。费了好大劲，还没拉过村尾，牦牛全跑散了。他们又满地里去找牛，场面十分混乱。有些牛在过桥时，直接跳进江里，被江水冲走了。这些牛踩死的踩死，跳江的跳江，跑的跑。刚才温驯的牛，突然变得十分可怕。

2015年6月27日　星期六　晴

昨天领到的牛，不知是不是合同牛。问组长，组长也搞不清楚，他听乡里的领导说是文件还没有下来。

这种野性十足的牦牛杂交品种，要是放到山里，可是一件难事。昨天请了四个青年，才勉强把执拗的牦牛拖回到家。今天早上去喂食，那头牛气冲冲地追着我，隔壁的李小青甚至都不敢靠近喂食。木当村的龙忠明两口子也在四处找寻他们家昨天跑散的那头牛。

到隔壁旧村地里挖土豆，路上的行人对我说，今天要搞MSJ的招魂仪式。今年的土豆产量，远远低于去年，个头也小。我和代松、弟弟两口子，四个人在火辣辣的太阳下拔草、挖土豆，累得不行，偶尔跑到丢弃的木屋下乘凉、休憩。

中午回去吃午餐，见在桥边有一堆人围成圆圈跳舞、吹着口哨。这是唱招魂调、跳招魂舞。绚丽的独龙毯披在身上，中间挂上死者生前的物品，舞者围成一圈，边唱念招魂调（阿细卜）边跟着曲调走动。彼此手搭肩膀，或是各自随着唱词紧随走弧线而已。

傍晚，要到死者家里去吊丧。带上相应的祭祀品，祭祀死者的亡灵，一件啤酒、生土豆、生鸡蛋等，还要带上代表自家人数的小旗子。如家里有4个人，必须多带一根，意味着"人丁兴旺"。

人们集中到MSJ的新房子，他的弟弟为哥哥招魂仪式杀了一只羊、一头猪，应该是用他死前放在桥头钱包里的4000多块钱来为他举办的传统仪式。

据说，MSJ除了房子、拖拉机等物件外，存放在弟弟家的一万块钱也送给了他弟弟，遗书上是这样写的。

2015年7月1日—31日

2015年7月1日　星期三　建党节

今天是党的生日，村委会组织活动。上游熊当小组、向红小组、普尔小组、木当小组的老党员都下来了。有些年纪很大，行动不便，今年就来不了了。加起来，也就十几个人，年纪都很大，只有我们几个年轻人。还有几个青年，今天也入了党。

村委会今天只有书记斯小东、副主任木春龙，陈永华主任去外地培训了，听说是培训雕刻。

今天的事项十分简单，书记念着乡里下发的文件，旁边坐着新农村工作队年轻的干部，他说："今天我们要重温一下当初入党的誓词。"接着他站了起来，高举着右手念着入党誓词，在座的所有人都跟着念起来……

今年书记安排大家清理新建的水沟里的垃圾，大家拿着锄头、扫把认真地清除水沟里的垃圾。将近一个小时的清理过后，大家又集中在李金强家的农家乐。斯小东说这次七一建党节，乡里拨了3000块的活动经费，他让人买了猪肉，今天吃一顿大锅菜。在还没有开饭前，叫我们先帮忙把村委会各个办公室调动一下，把一楼的被褥、床等搬到二楼，再把二楼每个办公室的文件、电脑、书柜等搬到一楼。又是一阵忙活，大家有序地帮村委会搬办公室，搬被褥和床架等等。

今天的党会不像过去一样，开展自我批评和批评他人的活动，不知道村委会领导是出于什么样的目的取消了这样一项重要的议程。老党员们或许会有很多话要说，但是没有了这样一次"发言权"，弄得他们也都无从说起，因为党会要讲究秩序和规矩。这样一个环节的有意取消，有心人自然会揣测缘由。

下午4点钟，农家乐摆好了3桌饭菜。大家都集中起来，享用着这顿有意思的晚餐，每人面前都有一瓶啤酒或是一杯自熬酒。一巡过后，张秀兰似乎有些醉意，一向口无遮拦的她大声地说道："什么党员，只知道七一节蹭吃蹭喝，都不知道普通百姓是如何在背后议论我们的，领导者要注意自己的行为举止，不要贪污……"她话里有话，似乎是针对村委会的领导发泄。坐在那一桌的李文伟，对此调侃似的说了一句张秀兰："你给我们做了一大桌饭菜，还要跟我们闹一番。"

"闹，怎么不闹？你呢，你一个组长，不好好开展自个村的生意，让外地人在你们村做生意，抢生意。你是怎么想的？"张秀兰反驳道。

李文伟无言以对。沉默了片刻，张秀兰又肆无忌惮地发表着言论，在座的也没有一个人搭上她的话。她所说的话都似乎震慑到了每个人的心。仿佛没有刻意地针对谁，又似乎针对每一个人。

她犀利的言语，似乎让年长者听不进去，有人陆续回家了。这场简短的晚餐聚会，也就不欢而散了……

2015年7月6日　星期一

去年在这里采挖药材，今年这里十分稀少，一天下来，一人只能勉强找到两篮子的。我们决定，明天我和另一个人去那一面去年发现的山里看个究竟。

2015年7月7日　星期二　晴

我俩去查看去年我发现的地，带上了一听午餐罐头，一点白酒。其余两人留在营棚挖。在我们营棚上方有贡山来的傈僳族和怒族在挖，他们在山坡上搭了帐篷。听说他们到这里，路途比我们更遥远艰辛。金才哥说他们那个地方什么值钱的副业也没有，不来这里采挖点人家吃什么？

我们爬到一半山时，这两个怒族模样的人背着篮子在挖着。我们顺着山沟往上走，好大一会才到山顶。这里可以眺望茫茫一片山，瑰丽的山色吸引着我们在山顶逗留一会，东面可以望到卡瓦卡博雪山。哥说这里是老一辈们打猎的地区，许多麝香都是从那里打来的。卡瓦卡博山面朝怒族地区，背对独龙江。好几年前，村里的张爱国和碧志华去打猎，张爱国被雪崩淹没在这里，后挖掘出尸体，安放在雪山洞中。

俯瞰着眼下的山底，隐约望见搭设了帐篷，再翻山走近确实见有人影在山坡蠕动着。我们朝天空鸣了一枪，然后"呜呜"大喊着。我们走过一条线的山面，只有被人遗弃、难挖的几根在山风下凄凉孤独地摇曳着。山坡被人采挖过的地坑，如乱石堆般数不尽数。

在山面平缓处，我们歇息下来，吃那一听罐头，眼下的现实让我们大为失落，这里早被人"斩草除根"了。俯瞰着山底下的人，我有意要下山去探个究竟。哥说："对方人多，如果今早把他们也带上的话就可以放心去看那些人了。我们两个去了也是和对方力量悬殊，根本干不过那些人。"为此我们就没有下去，又返回到山顶，在高处又鸣了4发子弹，有些向他们"示威"的味道。

2015年7月8日　星期三

清晨，金才先醒来烧了一堆火。昨晚的酒已经喝得一滴不剩了，今天要返回家。昨晚已经谈好，从这里回去以后我们四人合伙去西边的山里采挖。煮了一锅饭，我打开编织袋发现有一听红烧罐头和一些土豆，我很快就知道今天早上我应该做什么菜吃了。我把土豆削皮，跑到附近的小水沟处清洗干净再均匀切片，阿拜和金才在火边喝着煨茶，昆在清理着自己的衣物。

饭已经煮沸、水干，金才把它从火焰上取下来摆在炭火边焖熟，倒适量的香油在干净的锅底，再放上几根碾碎的干辣椒和几颗打碎的蒜，倒入土豆翻炒片刻，加一锅水把红烧罐头也装进去，这就是今天的早餐了。

吃饱后，四个人又背着来时的口粮下山，东西并没有减少多少。这一次去东山白白跑了一趟。路过下游献九村的营棚，没有一个人，他们4个人前天都说要回家一趟，派一个人去西边探看一下是否有，因为这里的去年就采挖干净了。大家追逐似的下山回家……

2015年7月9日　星期四　晴

今天一大早广播通知，要每家每户选一人参与义务劳动，附近的山地里要重新修缮牛栏。前阵子领到的牦牛，要统一地放养到山林。参与劳动的人有些没有领到牦牛，为这次以义务劳动的形式来做牛栏而抱怨。今天来的人，多半都是女人。我发现这些女人来的人家中，都是没有领到牦牛的。

大家在公路上方分批砍树，搭设围栏。约半天时间，简易的围栏做成了。组长把大家集中到一起，喝些东西解渴。他说这次的义务劳动没有经费喝酒，是他自己出钱买的，言语中带着些怨气。在公路边，大家歇息下来，有的人喝饮料，有的人喝白酒，有的人喝啤酒。

组长说："今天做完了围栏，那些牛就可以放养到山林了。"大家又各自帮忙把家里的牦牛放到林子里去。

2015年7月10日　星期五

我们一同上去，总共8人去挖：金才和才塞、阿拜和松木、坤和江旺、我和代松。

到了如当，我们歇息下来。阿拜走上坡路，是所有队员中最落后的一人，大家搭好帐篷，煮好一锅茶他才赶上来。

这一次的行程因为金才对这片山几乎都熟悉，他是这一次的"总指挥"，所有的行程安排都要听从他的意见，大家有序地前后紧随着上山。

2015年7月11日　星期六　雨

挖。

2015 年 7 月 12 日　星期天　阴

挖。

2015 年 7 月 13 日　星期一　雨

挖。

2015 年 7 月 14 日　星期二　雨

一大早醒来，媳妇先起来烧火。我比较喜欢赖床，有媳妇在，我几乎都幸福地多睡一会。

大家已煮好茶，在锅里打了漆油茶，摆上炒面，这就是今天早上的早点。炒面用茶水捏成团，类似藏族的糌粑。

棚外下着密雨，昨晚下了一夜，今早还未见停，帐篷附近的山河涨了不少。现在这里的一片已被挖光了，只剩几根。没有办法，只能勉强地凑数，挖一天也是一天。

昨天金才哥翻山去寻找有的地方，今天因为下大雨就不建议大家去那里，他提议在营地附近的山坡上随便挖挖看，大家也同意他的建议。

不一会儿，女人们已做好饭菜，一锅豆腐皮里掺着午餐罐头，大家集中在一处围着锅吃起来。之后我们又上山，继续寻找附近山坡的。

2015 年 7 月 15 日　星期三　晴

昨晚喝酒到 1 点左右，所有的人都有些醉意。今天大家都没有精神，附近没有，大家爬到后山坡里。金才和才塞昨晚也喝了酒，虽然是基督徒，禁止喝酒，但昨晚他们还是沾了酒。两个人跟大伙一样，都无精打采的样子。尽管这样，大伙也都上山去挖，合伙的事谁也不敢怠慢，尽管酒已经把整个人变得乏力，但谁也不想偷懒，只能硬着骨头跟大伙上山。

爬到一半，远远望见有人影过来。大伙估计是李玉美等人上来挖了。到了一处斜坡，长着不少的根，这里也是过去人们采挖过的地方，这里的个头小，又轻。一天下来，大家勉强挖到一人两篮子的。

2015年7月16日　星期四　阴转雨

又是一天，我们继续挖。今天金才把我们带到另一处山沟里挖药材，这片山沟据说也是去年金才和李小青、小文等人挖的地方。沟看上去很空旷，有一大片辽阔的草坪地，曲曲弯弯流着一条小山雪水。走在这里，别样的惬意。

乱石堆里一种叫"panusei"的小老鼠，闻到男人们抽的烟味，时不时从土穴里窜出头来。阿拜便拉开弹弓射出去，有时石子恰好打中"panusei"。这是一种山里的美味。

金才和昆都带了些小铁夹，他们在老鼠出没的土穴口都下了铁夹，再在扣板上放些香喷喷的炒面做诱饵。"panusei"无论白天黑夜都会出没觅食，还有比"panusei"稍大个头的老鼠，尾巴短，叫"nidong"。关于"nidong"为什么尾巴短，有一个传说：以前，"nidong"也同其他鼠类一样，生活在村落里，"nidong"和"bexu"是邻居，"nidong"经常向"bexu"借粮食，但每次都不还。有一天，"nidong"又来向"bexu"借粮食，由于多次借出去的粮食，"bexu"都没有要到，这天"bexu"在"nidong"借完粮食要跨过门槛时，抽一把刀砍去了它的尾巴。从此"nidong"感到十分羞愧，它们跑到更高的山顶生活去了，再也没有回到村落里。

2015年7月17日　星期五　晴

今天，只找到两篮子的。男女都一样，这样不知道能找到多少袋，大家都只是无奈地挖一点算一点，总比休息在家好一些。又是这块空旷的山沟里，挖完的还要背到一处。等下次我们四个男人来烤干的时候，捡起来会方便很多。

2015 年 7 月 18 日　星期六　阴

挖。

2015 年 7 月 19 日　星期天　雨

休息。

2015 年 7 月 20 日　星期一　晴

今天是最后一天挖药材了，后天我们就准备下山回家。差不多烤干 4 袋，4 个男人每人分到一袋背回家，这一次也就暂告一段落了。因为没有多余的让我们挖，前后 6 天挖了 100 篮子左右，预计能烤干 17 袋。

背面的山上是第二天挖的，堆积如小山坡的，有 8 篮子。今天先把挖好的背下山，背到晒台边备好。等下一次上来，就可以不费力地直接烤干。今天的任务是把那些之前挖好的堆积在 2 里外的背到营地里。

天气很好，女人们早已醒来，用奶粉、漆油、猪油打了漆油茶。男人们有些赖床，除了金才哥早就起床外，我们三个在大家的叫喊声里才懒懒散散地起来，睡眼惺忪地坐在火边，抽一根烟后慢悠悠地走到河边洗漱。才塞和我媳妇代松在炸油饼，这是今天的干粮，大约每人两块饼。松木和江旺忙着煮饭、做菜，而早点却是炒面和茶这些习以为常的早点。

大家纷纷讲起各自昨晚的梦境，阿拜说："昨晚我被鬼魂压了，我一躺下就马上入睡了，有个东西压得我喘不过气来，任凭我怎么大声喊叫，却怎么也发不出声音，我还和他在离地半尺的空中打架。"我仔细追问："是否能辨清它的模样？"阿拜肯定地说："当时太黑，我看不清他的模样。"我问："是不是男人？""是个男人，我从他的气力上可以判断出来。"阿拜确定地回答道。接着他说："我似乎是抓住了挂在枕头上方的佛珠，朝那个东西显了一下，这时我就醒来了。"人们认为山里是纯净、神圣的地方，所以山里的梦境、梦魇一般都会十分灵验。但 7 月是山花绽放的季节，又有说法是此时的梦都不具有预见性，都是"胡梦"。

吃完油炸土豆丝、腊肉炖粉丝，大家就爬山去背那些堆积在野外的药材，爬到一处，松木就看见有人来，远远望去隐约见到4个人在朝着我们的方向而来。

2015年7月21日　星期二　晴

我们8个人吃完东西就要下山回家了。金才、阿拜、坤和我4个人各背着一袋烤干的药材，女人们则背着衣物。这意味着一个段落的暂时结束，我们约好在家整顿一个星期左右的时间就上来烤干这些。

大家的行程很快，3点就到了家里。母亲说最近有一大批学生来家里，问我是否从山里回来，听说高老师一直等我回来。一听高老师，我就明白了这是高老师为独龙江研究基地搞挂牌来了。前阵子来的高老师的学生在村道里走着，遇见我说明了情况。

2015年7月22日　星期三　晴

学生们来找我，带着一打啤酒来，我们在客厅的沙发上聊天，几乎都是关于独龙族传统文化的东西。我很荣幸能为他们当一回"独龙族文化解说员"，尽管我所知的可能是冰山一角。

独龙族的传统文化在外人看来或许十分简单而匮乏，但真正有心去挖掘、调查就会发现其深度，无论是神话、鬼怪传说、生活禁忌，还是生产、生活都离不开祖先智慧的传承与坚守。独龙人始终在现代文明的冲击下，过着简单、朴实、安逸的生活。对于现代文明的进入，即便穿着、言行都和过去不同了，但人们的传统伦理道德观念是根深蒂固的，不会随着时代变迁而被洗脑或是同化。人们说独龙人很快会被同化，我认为同化的只是表面上的穿着、住行、言语，真正的独龙族精神，一直都根植在人们的心灵深处。

2015 年 7 月 25 日　星期六　晴

又是一天的访谈，下午在村委会主任家，全国各地的高才生们，还有被他们称为"独龙族文化精英"的我，被称为"独龙族商业精英"的李斌、李金强，陪高老师一起过生日，温馨的场面让我难忘。

云南大学的高志英教授一直关注濒临消失的独龙族传统文化，如今在她的努力下，终于可以在独龙江上游北部的迪政当村（这个独龙族原始传统文化保留最为完整的村里）建设"独龙族传统文化研究基地"，并与我们农民合作记录生产、生活情况。这样一个平台的出现，对我们也意味着责任与承担。

在她生日之际，我默默为高老师对我们独龙族做出的历史性贡献而感激，默默地以我们独龙族的表达方式，"在心灵深处悄悄地祝福"。

2015 年 7 月 26 日　星期天　晴

今天有一些全国各地的学生来到我家，找我访谈。由于调查方向的不同，几个人问的问题也五花八门：诸如独龙族的丧葬仪式、生活禁忌、婚姻习俗、围猎技艺等等，我都会如实、客观地进行一一解答。

听说这次高志英老师组织了全国各高校的 20 多位学生来独龙江做社会调查，同时也是来独龙江迪政当村搞挂牌仪式。

下午，独龙族研究学会副会长李金荣偕县委宣传部、民委领导来参加明天的基地挂牌仪式。

晚餐安排在李金强家的农家乐，赵勇（西藏民族大学）来叫我，我穿着白色的衬衫出席今晚的酒席。大家都进去了，金荣叔叔叫我进去。我坐在大人们这一桌，有高老师、张老师、县委的金荣、丰卫祥老师等。我觉得十分拘束，我一向不喜欢热闹的场合，只得硬着头皮坐下来，听大人们聊天。

2015年7月27日　星期一　晴间雨　基地挂牌仪式

今天，是一个特殊的日子，是云南大学民族研究院在我村建立"独龙江调查研究基地"的一天。这样具有历史意义的一天，也为我们本民族的变迁、过渡阶段提供了一个见证与记录的平台。

昨晚的宴席在李金强的农家乐举行，高老师邀请我也去参加这次宴席，因为有几个县里有关部门的领导也来参加今天的仪式：县委宣传部部长李金荣，政协主席丰卫祥，检察院兼独龙族研究学会副会长李金荣（独龙族）和民族宗教局副局长。

经昨晚的讨论，挂牌仪式在9点钟左右举行。李金荣在村委会的广播上通知村民每家每户来一人参加仪式，要穿戴独龙族服饰。我因为没有独龙马褂，就直接披着独龙毯去。

挂牌仪式在村委会举行，村委会的院落里，陆续来了很多人，老百姓们感到很疑惑：刚才在广播里通知，要穿戴独龙族服饰参加仪式，不知道要搞什么呢。我弟弟也被请到这次仪式上，因为我向高志英教授推荐了写日志的人选。本来，这项任务是我负责的，我怕云大给我配备摄像机、照相机后，没时间两面兼顾。我向高老师提议后，她采纳了我的建议，并表示在这次仪式上，会向参加的代表介绍我的兄弟，这也给一直认为自己被埋没的他搭建了一座展现自我价值的平台。这归功于云南大学的教授高志英老师，如果没有她关注我们独龙族的文化，没有她关心我们农民中的"知识分子"，我们也不会找到展现自我价值的桥梁。

一会儿时间，穿戴七彩独龙毯的群众，陆续来到村委会的广场上，金荣叔叔带着一个小本子，示意大家排队。前几排是我们的老乡，后几排有全国各地来的20位各个领域的大学生、研究生、博士生、大学老师等。听说，是高志英老师组织这些学生来到这里。对面站着几位县、乡政府领导，中间站着高志英老师和中国科学院民族研究学会的张老师。这次来的人中，张老师是年纪最大、资历最老的一位。我听说和蔼可敬的他经常给这些年轻的学生们当"厨子"。

今天的会议，他讲了一些话让我深受感动："不要因为注重经济，而忽略了我们祖先留给我们的宝贵遗产。"末了他说出了自己的希望："我希望，政府机构要多关注这个事情，因为这是具有历史意义的重大事件。"

高老师说："这次成立独龙江调查研究基地，从以往的学者式记录到村民自己记录自己的日常生产生活，打破了常规的研究方式。我自己关注独龙族已经几十年了，今天终于实现了云南大学在独龙江成立调查研究基地的愿望。"说着她把我和兄弟请到他们中间，介绍着我们。

简短的会议，让官员、学生、老师、百姓见证了今天。或许很多百姓不会理解今天的意义所在，但是历史会证明今天的仪式是迪政当乃至整个独龙族的一件具有重大意义的活动。

会议散后，百姓和学生、官员、老师一起合影留念，这将会成为未来的影像记忆。村委会的门口、院落，那些全国各地来的高才生们，争着穿独龙毯照相……

沙丽娜学姐把这次用于文字记录的台式电脑让我带走。因为村委有一栋房子全满了，另一栋没有装修，我只能把电脑抬到自己的家里办公写东西。这台电脑，据高老师说是从福贡傈僳族记录员那儿弄过来的，因为至今还没有跟云南大学的几个部门协调弄到办公设备，这其中还有摄像机、照相机。我只能暂时使用这台电脑，叫上弟弟和一个学生把电脑抬到了我家卧室的木桌上。这张木桌原来是我写写画画的台子，分家时，母亲知道我喜欢看书、写字，就把这张父亲留下来的桌子分给了我。

沙姐还让我写了一张字条："独龙江研究基地办公用品交接证明"。今后，我就拥有了自己的办公点，我将用这台电脑，把自己的余晖尽情挥洒出来。有了电脑任务就重了，我要把自己从2月到现在写的所有日志都重新写到电脑文档，再传输给云南大学的高老师。

隔壁邻居龙明光给我带了两瓶啤酒，让我帮他拷贝几首歌曲。这时，白忠平来家里，请我们今天下午5点到他家里去玩，说是孩子摆满月，他的孩子是个女儿。白忠平原本是下游献九当村的人，读高中时，和我们村里的曾小兰结识，后来就没有再读下去，回到村里结婚生子，两人一直住在村里。最近听说他从政府给农民贷款的项目里争取到了50000元的贷款额，准备开客栈。这几天，看见他和他的小舅子陈学龙忙着这事情，立了一块用黑漆手写的木制牌子钉挂在木柱子上，写着"辛梦缘客栈"，下方小字写着"住宿、就餐"。

今天天气很好，这段时间是农闲时候，这么好的天气，没有农活可以干，心里总是不踏实。

下午5点了，今天和白忠平约好了，去他家参加满月宴。天空下着暴雨，因为没有人来这种场合，如果主人家没有再来叫，总觉得不好意思去。我们一直在家里等，一会儿，陈学龙来叫我们赶紧去家里，我们才带着孩子去过满月。院子里，高老师带的几个学生也在围着桌子吃饭，因为下着雨，有些在走廊或屋檐干燥处躲雨，手里拿着纸碗在吃饭。白叫我们到客厅，有三个在暑假期间教6至7岁孩子的独龙江乡学校派来的老师也在客厅喝着酒，两个女孩是独龙族，另一位男老师不知道是哪里的。主任的媳妇也在客厅，一会儿，白的邻居孔越文和他的儿媳李芝香各带一个孩子来了，二姐夫妇俩、李荣华的察瓦龙媳妇抱着孩子也来了。白给我们上了饭菜：油炸江鱼、青椒炒瘦肉、黄瓜凉拌、清炒莲花菜、漆油鸡、西红柿炒鸡蛋、炒土豆片。其中油炸江鱼很有特色，酥脆可口，大家吃着这丰富的菜肴，喝一口酒，感觉挺惬意。

孔越文看着这满桌的菜肴惆怅地说："人家孩子过满月这么一大桌好吃的，不知道我们家孩子（孙女）过生日，该请人吃什么？"孔越文的儿子孔元荣去山里采挖药了，家里只有孔和他的儿媳在照看着两个小孩：孙女1岁多，孙子2岁多。孔的老母亲是个文面老人，全身瘫痪，眼睛也已经瞎了。

白的兄长一直给我们敬酒、倒酒。为人敦厚的他，也和弟弟白忠平一起生活在我们村里，至今没找到媳妇，听说这次满月桌上好吃的江鱼都是他辛辛苦苦打来的。

雨停了，小院落里，大家用 DVD 播放着藏族歌曲，几个人围成一圈饶有兴致地跳着。一些人靠在走廊上观看着跳舞的人，几个学生不停拍摄着画面。

有一个云南艺术学院的女学生，把我叫到一旁没人的桌上，说她有一个问题一直不解："这些来庆祝孩子满月的人都是他（白忠平）的亲戚吗？"我说："独龙族过这个节日，请的不一定全是自家的亲戚。满月、生日等喜庆时候，附近关系好的朋友、邻居都会被邀请来参加。过来参加的人，都给孩子一些钱，50、100、200 元不等，这得看自己的条件。一般主人家会记在一个小本子上，记录哪个人给了多少礼钱，以后那个人遇到喜事也同样参加，这也是给以后参考备用的。"

一会儿，白的伯母太旺拎着大茶壶，挨个地倒"霞拉"。"霞拉"是用鸡肉丁和漆树油炒成之后，再混白酒或是蒸馏出来的"自熬酒"。

李荣华的小舅子，察瓦龙的小男孩来到客厅，白的兄长给他舀了一碗饭。据说他读五年级，看他很羞涩，用筷子不停地搅动着碗里的米饭。我把菜盘递到他面前，用独龙话说"伽"（给），他疑惑地看看我，又看看他的姐姐。他姐姐用藏语说"呢路"（拿吧），他才夹了一点点。

院落里，有人继续跳着舞，我看见高老师带着几个学生也来了。

夜色渐渐暗了，媳妇催着回家，我还没有尽兴，示意她多待一会。白忠新摆了麻将桌，孔东梅、李荣华、李牧我们四个人围起来，打 2 块钱一局。打到将近 11 点，把 20 块钱输完了，我才去叫院落里打着清一色纸牌的媳妇。几个人围着一张木桌，在白炽灯光下赌钱，这是此类场合最常见的娱乐方式。

身上没带钱，我们就回家了。刚才吃了东西，现在倒觉得饿了，拿 50 块钱去附近的龙建明家小卖部买了两桶方便面、两包鸡爪、一包雄狮牌烟、一瓶啤酒，花去 30 块钱。

2015 年 7 月 28 日　星期二

邻居龙明光抬来了一盆牦牛肉。听说李天龙家那头国家发放的牦牛从山里滚下来，断了牛角，天龙把它拴在一处喂养，不料牛被拴索勒死了。龙明光去帮忙，弄了一大堆牛肉。想吃的人自己到那儿，割几块肉，天龙自己只取了一点就让其他的人随意取走。

我看见有两个南部村的四乡人住在龙明光家，听说他们是来这里卖竹编的小篓，一去看有一袋编织袋里的小篓，还有一堆编织独龙毯的竹具。其中一个叫马国雄的大哥，给我从编织袋里取出编织精密的小篓。一问价格120元一个，再一问织独龙毯的工具一套100元。他们说这些篓是从缅甸人手里购买过来的，在他们村100块钱一个小篓，他们只吃20块的辛苦费。两人是骑摩托车上来的，从他们村到这里几乎有60公里路程。今天他们去了上游熊当村，说一个人也不在，准备晚上坐车再去一趟。其中叫迪胜荣的青年和我年龄相仿，马国雄比我大3岁多，马国雄看上去面色红润，似乎有些醉酒。村里的李成刚也跟他们坐在走廊上喝着自熬酒，浓度不是很高。李成刚很有谈兴地跟他们聊天，每人面前放一酒杯。那位叫迪胜荣的人是一个基督徒，他并没有跟我们一起喝酒，而是坐在客厅里放着DVD。一会儿，马国雄从走廊失控摔到了地上，我赶紧扶他起来。见状，迪胜荣对马说："你好像醉了，不要再喝了。"马国雄坐下来，说："没事没事。"

2015 年 7 月 29 日　星期三　晴

我昨晚一直抄笔记，到2点多才睡下，今早睡懒觉到10点钟。早上吃得比较简单，我又开始坐在办公点上把之前写的日记全抄下来，因为我要把这些日记交到高老师的手里，为此不敢丝毫放松。工作量很大，但这几天是农闲时期，并没有什么农活可干，这给我提供了机会。尽管这样，抄日记还要校正语句、修改，再补加被遗漏的东西。我再一看几个月前的日记，发现漏洞百出，有些重要的环节并没有详细地表述出来，还要查看语句的流畅、通顺等等。

　　住在隔壁邻居家的四乡人走了。龙明光说，马国雄昨天死活不愿睡在那间他头一晚来时睡觉的房间，说头一天晚上来了一个戴帽子的人，整整折磨了他一个晚上。这一间房子，是龙明光的朋友 MSJ 经常睡觉的房间，MSJ 在 6 月份跳江自杀。后来在马国雄村下游 1 公里左右的江边，当地的村民发现了他的尸体，当时跟随的人也有龙明光和 MSJ 的家属。MSJ 的尸体被江边的石缝夹住，面目已经完全看不清。家属和龙明光是根据 MSJ 生前经常戴的指环辨认的，他们把 MSJ 裹在独龙毯里，在离江岸远一些的地方，就地挖墓穴直接埋葬。今天龙明光来家里，跟我说那个四乡人的怪异的事。我开玩笑地说："或许是真的，因为 MSJ 的尸体埋在四乡人的地方，MSJ 的魂魄可能是随着这两个人来到村里。生前 MSJ 又是你的朋友，经常住在你家。他的魂魄可能知道这两个人要来你家，就跟随他们回来看看你。"龙明光的表情似乎变得有些惊悚，听说那个四乡人给龙明光建议改变床位。

　　龙明光想把床的位置调动一下，又说："那个四乡人会不会是瞎说的，我怎么什么都没见过。"我告诉他那是因为在他住的卧室和客厅里，贴着基督耶稣像还有《圣经》，那些脏东西根本不敢靠近他。我也是家中藏有佛教的《金刚经》，屋前挂满经幡，所以才不会看见怪异的景象。龙明光点点头对我说："可能是这个原因吧！"

2015 年 7 月 30 日　星期四　农历六月十五　晴

　　我终于有了一个想象很久的办公地点了，这样我可以做很多我想做的事。除了每天坚持写日志记录外，我可以搜集关于独龙族的神话传说、故事、歌谣等等。

　　这几天，除了采挖药材的人外，在村里的人也是没事可做。这一年的劳作就基本接近尾声了，只有挖的人们在年底再挣点买年货的钱。除此之外，再也没有能让村民腰包鼓起来的副业了。

2015 年 7 月 31 日　星期五　农历六月十六　晴

7月份就这样过去了。想想过去几个月,几乎都是为了生活而奔跑。每一年,时间都不经意间流逝了。

年复一年,刻意地去梳理这一年,迷迷惑惑之间,岁月悄然从指缝间溜走了……

人们还是那样重复着一年又一年……

2015年8月3日—29日

2015年8月3日—8月10日　星期一至星期一

8月3日，说好今天上山去烤干10天前挖好的药材，媳妇一大早起床为我准备了离家的行囊和路上的干粮，她蒸了一锅土豆作为我今天午餐的干粮。

烤药材是费劲的活，要耗费体力砍伐大量的木柴。但最让人犯愁的还不是要砍伐、扛多少承重的木材，而是在晒台翻搅时那呛人的浓烟。

这次只有四个男人去上山：金才、阿拜、弟弟、我。因为是去烤干，不用挖新的，所以就显得简单了很多。背上山的口粮也很少，身上没有多少负重，我们就一路喝着白酒上山。

到了第一个宿营地，显然大家都有些醉意，尽管这样我们还是麻利地分工做完自己的活。我负责煮饭，他们负责砍柴火。他们三个都推荐我煮饭、做菜。

晚上大家围坐起来，在各自的被窝里躺下聊着一些平时都没有说的话。连平时沉默寡言的金才，此时也变得十分健谈。

四个男人在山里人烟孤寂，沉闷单调地砍柴火、添柴火，冒着呛人的浓烟翻动搅拌湿的和干的，再把干的分离出来装进崭新的编织袋。每天都重复着这样的工作，到了黑夜才有时间打牌喝酒……

2015年8月11日　星期二

终于回家了，这次烤干了13袋，这也是大家意料之中的。这几天，我们把烤干的背到了第一个宿营地，这一阶段的工作就完成了，我们各背一袋运到家。

2015 年 8 月 12 日　星期三

从山里回来，就要休息一番，调整下身子。所谓艰辛的工作，在我看来只是短暂的，第二天对于累的感受都会灰飞烟灭。尽管这样，我要做的只能是顺着媳妇的意思休息休息，因为并没有其他的事情可做，即使有也没有那么迫切。

2015 年 8 月 13 日　星期四

听说熊当村的一个男人服毒自杀了。云南大学的女学生来找我，希望我协助她拍摄这件事情。我手头还有一大堆事要做，就婉拒了她的请求。如果某村某人自杀了，会第一时间流传到各个村，这不是一件多么新鲜的事了。

2015 年 8 月 14 日　星期五　晴

这几天都没有事情可做，从山里回来歇息了三天，再过几天就又要上山采挖了。

今天早上醒来，媳妇脸上涂着那个祛斑、美肤的肥皂泡沫，走到水龙头旁忧心地对我说："我看了'验孕棒'，发现有两条红杠，显示阳性，估计是有了。"顿时我也不知所措，接着她把刚才的验孕棒摆到我的眼前，确实是显示阳性，这个消息让我顿时变得无法言语。现在儿子才 1 岁多，又生一个，觉得孩子还没有懂事。今后母亲又要照顾一个新的生命，总觉得会冷落了大儿子。

怀孕的消息并没有让我们有多少喜悦之情，反而增添了一种新的忧愁。听说现在计划生育对时间间隔问题也管得严，可回头想想村里不到法定年龄生育的青年大有人在，我们是合法的夫妻怕这个干什么呢？一种复杂奇怪的情绪笼罩着心头，媳妇今天和弟妹江旺、二姐三人各做独龙毯，把这个消息告诉了她们。下午我带着孩子去时，姐姐"担忧"地笑着对我说："你们该怎么做呢？"旁边的二堂嫂春兰接话说："能怎么做呢，生下来呗！有这么多人未婚生子，你们合法的夫妻怕什么？"

母亲也同意这样的话，应答道："自己的骨肉不生怎么做呢？应该生下来。如果流产的话，对女人身体又有伤害，以后指不定会影响到生育。"

嫂子春兰说："生下来虽然孩子间隔短，会有困难，但那也是暂时的。等孩子一起长大了就享福了。"春兰嫂也是生了3个儿子，彼此之间隔一年。我觉得春兰说得很有道理，但又有一个问题困扰着我，孩子的抚养问题确实是难题。我们刚成家不久，各种条件都没到能成熟应付生活上的所有困难的阶段。

转过念头又想想，我自己有一份兼职，又可以上山找药材赚钱，应该可以为孩子提供一个温暖的成长环境。

今天确实是让人忧心忡忡的一天，媳妇看上去更愿意生这个孩子，但她似乎也是惆怅不已。没办法，擦枪走火。

2015年8月15日　星期六

早上，媳妇在火塘边烤着昨天隔壁邻居龙明光送给我的四根青苞谷。岳父先起床，我比较赖床，儿子在我的枕头边醒来哭闹，我无法再安静入睡，于是起床打开电脑，放歌曲提神。抱着孩子到厨房，媳妇准备了漆油茶，吃点烧苞谷，我们就去附近村头的梯田里找猪食。

我们讨论着，对媳妇现在刚刚怀上的孩子做着打算，虽然现在生活有点艰苦，但我们还是同意把孩子生下来。

割完猪食回来，我准备去看看"汹登"（在江岸边用木头拴成排的，阻挡洪水冲走木柴之用的栅栏）。前天我看见里面拦下不少木柴，我要把这些木柴劈成柴火烧。磨好斧头我便拿着两根鱼竿去劈柴，就在我家几步之遥的江岸上。

下午，云南大学的两个驻村女研究生来找我，说熊当村那个自杀的男子今天已经埋葬，要我去帮忙拍摄这个"送魂仪式"。我无法拒绝这个请求，就答应她们明天早上去拍摄这个仪式。两个女学生说："熊当村有我们的校友一直在葬礼上做这个事，今天高老师说这个场景由李林高你来拍摄。所以来叫你，如果你明天有时间去拍摄这个场景，我们晚上就把三脚架给你拿过来。"

晚上我在看电视，两个女学生拿着一个小三脚架来找我……

2015年8月16日　星期天　阴雨

清晨被媳妇叫醒，点一根烟在床上提神。

今天说好去熊当村，协助云南大学学生桑坤拍摄丧葬仪式。熊当村的LYG，前天服草乌自杀死了。这几天，云南大学的学生似乎一直在熊当村做田野调查。

我怕赶不上时间，穿好衣服后只在厨房喝了一杯冷开水。天空乌云密布，下着蒙蒙细雨，我徒步向熊当村出发……

半路上，细雨浸透了我单薄的外衣，泥泞的公路在山间盘绕，雾在两岸的山间缠绵，将泥泞的公路变得朦胧而梦幻。

半路上，看见6头野牛，这是"公司牛"。听说这些无人看管的牛群，把熊当村的苞谷地踩躏了一大片。对此当地村民也不知道该找谁去算这笔账，据说是村委会的干部和公司签订了合同，所以百姓十分怨恨村委会的这些干部。将这些牛往上赶走，就继续走，从迪政当小组到熊当小组有3公里路。

我带了5块钱，到"黑娃底"阿普家买了一瓶啤酒解渴。旁边的李伟文的媳妇，叫我过去烤火喝茶，她给我讲述了隔壁LYG是怎么死的。LYG年纪30多岁，已婚，有2女、1儿。过去是基督徒，夫妻两人退教后，经常酗酒争吵打斗，甚至服草乌。他有三个兄弟，但跟他的关系并不是很好。这三个兄弟合伙去采挖，并没有叫上他们的大哥，前阵子这四个兄弟也经常闹矛盾打架。昨晚他的三个兄弟从山里采挖回家，看见大哥僵硬的尸体，他们把矛头直接指向嫂子和嫂子一家，争吵了一番……

得知桑坤住在龙永生的客栈,我跑过去找他。桑坤在龙家喝茶,吃着炒面。

一会儿就要搞招魂仪式,LYG 的母亲都塞,坐在斯建荣的面包车里去请李自才主持丧葬仪式。李自才的媳妇碧文原是都塞的亲姐姐。

仪式还没有开始,我们谈论着该如何去拍摄。桑坤买了一瓶白酒和一包烟,我们两个去找李自才协商这件事。李自才已经上来,都塞的家人给他摆上了饭,一盘鸡肉和炒肉。我们进厨房,说今天要拍摄你搞葬礼的镜头,先来征求你的同意。自才爽快地说:"当然可以拍了,这是一次机会。"得到了自才的爽快回答,我们就放心地去准备拍摄机器。

李自才的法坛摆在一间新房子的角落里,靠近朝北开的窗户。垫了一层空心砖,再摆上簸箕。簸箕上铺一层青松针,端放着 6 杯盛满清水的小瓷碗,房子的边角倾斜地靠放着他砍鬼用的长刀,前面的铺松针的木地板上摆放着两床折叠好的独龙毯法衣。

他命令 LYG 的兄弟李永清在法坛边烧一堆火,因为烧法火,李自才就改用了点蜡烛,李永清在簸箕旁点了两个蜡烛。李自才披上法衣,手持半干的松针(这是专为此仪式而在火塘上方的晒台上提前熏干的),用蜡烛火点了起来,边念咒语边点松针,手里还摇着铃铛。顿时,狭小的房间里烟雾弥漫,围观的人在另一扇朝东开放的窗外朝里面观看。

20 多分钟后,李自才念完了咒,双手做了一个推赶的姿势,说着"去吧!"他卸下法衣,对我们说:"就这些了。"

今天的仪式去掉了"跳舞唱调"招魂的环节,原因是今天是星期天,熊当村很多人家信仰基督教,都去教堂做礼拜了。由于人少的原因,就取消了这个环节。但为了配合我们完整地拍摄整个丧葬仪式,李自才命在场的几个年轻人穿上独龙毯,佩戴饰品为我们表演性地在坟墓旁的挂有亡灵物品的木柱子外,围着随便跳了一会。接下来的事情就是等待了,一直等到下午,死者的亡魂才会从天上下来到人间。"下午,就是砍鬼了。"巫师李自才对我们俩说,"你们接下来就是要等了,等下午亡魂到了就会让人去通知你们的，放心！"

因为考虑到村里大部分人信仰基督教，今天又是礼拜天，今天杀生的牲畜，基督徒忌讳享用，就准备今晚12点后才杀猪。

大家都坐在屋内、屋外喝酒、抽烟，悠闲地等待着亡魂的回家……

2015年8月17日　星期一　雨

今天醒来看见屋外下起了密雨，我就多睡了一会。确实没有事情可做，我就坐在电脑旁，把先前记在笔记本上的日志写到电脑里。今天准备去村委会的办公室电脑里，把这些文件先发给沙丽娜，她留给过我邮箱。

一会儿，在旁边床上熟睡的孩子醒来，文字也输入完了。我就拔了U盘背着孩子，去母亲家找编织独龙毯的媳妇，又背着孩子到村委会。武干孔智觉一个人在主任的办公室里用电脑看电影，他让我到他自己的办公室去传输我的文件。

2015年8月24日　星期一　雨

这几天连续下雨，让人无法开展任何的农活。昨晚附近鸣放着鞭炮，我们猜测是不是附近的老人家去世了。

今早去上厕所，也还留心着村道是否有人，想打探消息。见村里没有异常的人来往，这让我很困惑，昨晚被鞭炮声唤醒的我是不是在做梦？

带着孩子去田地里割些猪草。普建荣像往常一样无所事事地走过来，懒洋洋地问我要去哪儿？他说人死了，要去看一下。我一再追问，他也没答话。再一问志华的媳妇松旺，才得知是村里的小伙子ZDM，昨天下午5点吃草乌，晚上8点钟断气了。我才确信，昨晚的鞭炮声不是在梦境，而是事实。

今天死人就更不能动土了，我们随意去看了一下苞谷地。顺便摘下几个小黄瓜，又到ZDM家里瞻仰遗容。ZDM家里里外外已经都是人了，ZDM家现在只有一个儿子了，也就是ZDM的弟弟ZL。ZL已经成了家，还有了孩子，ZDM 却还是孤独一人。

听了来者的请求，ZDM 的堂姐为大家点燃了松明，手持松明在死者的面前，翻开了一下脸部。大家在门外朝里看，面容显得有些青紫和暗淡。一个还未成家的青年，就这样被草乌吞噬了年轻的生命。

听说他死前两天一直在喝酒，或许是见和他年龄相仿的男孩，甚至是比他小的男孩都已心有所属，而自己一直未能找到心爱之人而产生了无奈和孤独。长久一个人的生活，给他带来了无尽的寂寞并丧失了生活下去的信心，在酒精的作用下突然爆发，解脱了无奈的人生。

2015 年 8 月 26 日　星期三　晴

今早，弟弟李斌来叫我，说是去看猎区。这片猎区我看了好几十次都没有收获，也许是我运气的原因。我没带任何干粮，是因为我只想尽快看完这三个月没有看完的扣子，我去了几十次都没有任何收获，我想我不能一直再这样下去。我只背一个包，兄弟还准备着干粮。

路上一个公司职员在村里做农产品市场调查，这人叫付湘学，他也想跟我上山去看看我们的扣索。我说："这是悬崖峭壁，你这个体格恐怕不行。"听了我的劝告，他确实有点胆怯了。

我和兄弟翻越了无数座山岭，我们看完了第一片的猎区，一无所获，就在这山坡上喝着弟弟带来的水酒和烟。在竹林处休息时，我告诉他："做一个农民之外，我们应该发展自己的兴趣，在余外做点事情。"我弟弟无奈地笑着回答说："嗯嗯。"

我们一无所获地下山回家，因为明天要去江边过夜钓鱼，我们便在竹林砍了几根竹子。砍完竹子便到公路边，弟弟启动了摩托车。我们到老屋旁，看了被阿生家羊群啃吃过的菜园，里面的菜全被羊群踩踏、蹂躏得不成样子了。我从老屋里拿了鱼篓，弟弟开摩托车的速度快，眨眼就到家了。

弟妹江旺听到我弟熟悉的摩托车声，从客厅出来，为我们指点："吃粑粑吧！伙房里有。"我从摩托车里卸下鱼篓，跟着弟弟进伙房里吃粑粑，我认为这应该是江旺做的粑粑，因为江旺刚才说妈妈去田里了。妈妈最近病得很严重，家里的事只能交由江旺和弟弟负责。

我吃两个粑粑后回家，媳妇太松在走廊上编织独龙毯，之后我俩再搞晚餐。坤和江旺、侄子木松来家里，先听到木松的叫声，坤拎了一食品袋进来，里面有两块腊肉，在火塘边他又递给我两包雄狮烟。他今天说要给我两包烟，果然兑现了。

这几天生活尤为困难，有的时候只能以一个南瓜汤为菜了。我觉得这样的生活几乎都过不下去了。老婆不这么认为，她说："只要我们平安、和美地在一起，我就不怕苦。"

ZDM 有一次在我从麻必洛挖重楼归来的半路上，给饥渴的我和陈江林送了一瓶雪碧、一包压缩干粮和他上山挖重楼时喝的白酒。如今他魂归黄泉路，叫我好生叹息。

2015 年 8 月 28 日　星期五　大雨

之前约好四个人去山里过夜，把之前烤干的背到家。今天清晨，倾盆大雨，约好的事应该不会变更。我和媳妇醒来烧火，准备着进山的东西。这几天，生活十分困难，好长时间没有闻到肉味了。加上数十天不间断的雨，导致洪水暴涨，也无法捞鱼。基本上吃点南瓜、菠菜。不种菜的人家，就犯难了……

吃完烧土豆，喝完茶，我准备出发，江旺来通知说："今天雨下得大，昨天金都里（李金才）被拖拉机弄伤了脚，去不了了。" 听到这个消息，我有些欣喜，因为今天上去的话连烟酒都没有。我只煮了一锅土豆做干粮，想去小卖部赊账又害羞。加上还欠着些小卖部的钱，不好意思再去借。

我并没有卸下打好的绑腿、穿好的雨衣，而是径直走到我家附近的江边，江水一片浓黄浑浊，波涛汹涌，我想下鱼篓试试看。从弟弟手里拿来放了很久的鱼篓，跑到江边丢了五个。媳妇把独龙毯从屋外拉到屋内，边看电视边织独龙毯，只有一小截就完工了。

桑坤前阵子说，请我把"指亡魂路"的录音翻译出来。窗外滂沱大雨，听着"给亡灵指路"的录音，一段段把它写下来。

下午3点多，母亲拎着一小桶水酒来送给我。

黄昏，隔壁的邻居龙明光在我家背后的那棵漆树里找到了马蜂窝，他在村道旁醒目的地方，对着漆树插上一根水冬瓜木做"标记"，又在我家背后对着漆树插上一根水冬瓜树。这样意味着这棵树上的马蜂窝是他的，别人见到这些标记就不会动。

2015年8月29日　星期六　雨

又不见大家去山里去背，我只能多睡懒觉了。

屋外，滴答着雨声，今天又是一个没有好早餐的清晨。老人家先醒来，在伙房的火塘烧起了火。我们随后醒来，走到火塘边，见没有能充饥的东西，实在无聊。我跑到伙房侧面，从竹扫帚里硬拉了一根竹子，跑到附近去打那些低飞的燕子。燕子很狡猾，我没打中。随后又从地下室的围栏取了一根更长的带枝干的竹子去打燕子，等待着那些燕子……路过的年轻妇女问我："你打了几只？"我无奈地答："一个也没打中，我只是无聊来玩玩。"

我又跑到家里，丢下竹竿，跑到江中去看我的鱼篓。拉了五张渔网没收获，于是我回到家中。昨晚媳妇对我说咱家的松明没了，我答应今天去找新的松明。背着篮子、磨刀和斧头，去告诉在我二姐家的媳妇，我要去江东，在我未回来前，你把我的渔网给清理一下。二姐说："没用，他（姐夫）昨天去江里，今早一点收获也没有。"我只能说："不用理了，反正也捕不到鱼。"

我一个人过独木桥去江东找松明，龙明光刚才手指着这个方位说，这里松明很多，我就按照他手指的方位走。下着雨，我怕会有黑熊，据说黑熊最怕香烟味，我今天也没带香烟。水冬瓜树林里的那些足迹，我一路辨认，生怕有些是黑熊的印记。一路走，泥泞里的足迹告诉我，那些都是牛迹。

天空乌云密布，断断续续下着小雨。沿着沟壑，有些被人废弃的松树椴木，其中有些是可做燃料的木柴。我找到"太兰"（一种近乎腐烂的干枯木柴），砍下其中的几节丢到篮子里背回家。雨水季节，暴涨汹涌的江水几乎淹没了独木桥面。我卸下胆怯和懦弱，背着几十斤重的松明，几乎在洪水上渡过了独木桥。回到家，媳妇似乎对我砍到的松明"太兰"不太满意。

下着雨，媳妇看着《普法栏目剧》，客厅里儿子普松旺在玩耍，我跑到伙房舀上一碗冷饭，也陪他们一起看……《普法栏目剧》看完了，媳妇说要在附近找些猪草，我便背着孩子跑到母亲家。

母亲家的客厅里，他们都看着电视。母亲想给我一杯水酒，我说不想喝。跟随孩子跑到路边，母亲也跟来。孩子跑到二姐松木家，姐夫阿拜在我姐姐的"嘱咐"下给我倒上了一杯火辣的"自熬酒"。母亲也停下来，与我们一起坐在姐姐家靠路边的厨房旁。

一会儿，云大的桑坤在我背后叫了我。桑坤问："你回来了？""我根本没去，因为下着雨。"我答道。桑坤或许是听错了。他说："哦，你受伤了！不去也行。""你说什么？""你不是受伤了吗？"桑坤反问道。"我根本没受伤，只是酒醉，在水泥地板上擦破了点皮。"我问："你这几天都去哪儿了？""去找陈永全，在葬礼上他邀我去他家玩两三天，我就去了。""陈永全给你杀鸡还是杀猪？"我说。桑坤回答："什么都没杀，就纯粹是玩。"此时旁边的姐姐和姐夫都笑起来。

2015年9月2日—30日

2015年9月2日　星期三　阴雨

明天要上山挖药材了,我和兄弟去2公里外的老家背后的山沟里寻找点猪食,因为要为在家的人提供猪食,这一次可能要在山里待15天左右。

下午,桑坤来找我,他刚去村委会里下载了美剧《行尸走肉第3季》。我要准备上山的行囊,又不好拒绝他对我的访谈。他知道后就挑一些重点的问题对我进行了访谈,他询问了我们斯日家族的联姻网络、人口、职业等一些信息,我都如实地向他介绍。我们在客厅的沙发上畅聊着。媳妇和岳父抓了那只唯一大点的鸡,杀了给我吃,算是给明天上山的我饯行,这似乎是岳父的建议。

我留桑坤吃晚餐,桑坤见我明天要上山,不听劝告地跑到小卖部给我买了两瓶酒,说是到山上喝。

2015年9月3日　星期四　阴雨

这次的东西不算很重,只有30来斤。因为上次背上去的大米等还没有吃完,我们这次只带了一点大米、土豆、砖茶。

这次,我的媳妇并没有上山。家里还有岳父和孩子要照顾,加上母亲这几天身体不适,所以就不让我媳妇上山。弟妹江旺很想上山,但是母亲病得不轻。

今天天气不算好。既然确定了日期,大家只好不管天气好坏都要进山了,简单地吃点饭,吃点鸡肉就出发。这一次一共是6个人:金才和春兰两口子,阿拜和松木两口子,我和弟弟。

大家不慌不忙地上山,每到一个歇息点休息,便喝点自带的白酒。这一次共同从金才的小卖部拿了一件大麦酒,到时算进总账里。金才和春兰是基督徒，平时只是进山前喝点白酒防风湿。这一次，他把一件白酒都拿给我们背，似乎他不想把自己算进这次的账款里。他自己带了一塑料瓶的酒，一路上总是只喝自带的白酒，而并没有喝我们一同赊账的酒。这就更加证实了我的猜测，我不知道阿拜和弟弟有没有同样的想法。

大家只到达"如当"这个营地，这里还放着没有背完的9袋。

2015年9月4日　星期五　雨

今天爬的山，是金才上次寻找时发现的一片山。听说以前李中华和他的弟弟李忠强夫妇、中华小舅木桂荣等人在这里采挖过，但金才发现这里还有一些，已经过了多年，他估计这些会长不小。

吃过饭后，我们沿着灌木丛中砍的小路，一直往上爬，到了1点钟才到达目的地。两边的山，几乎都拢在一起，一条流着小溪水的缓坡处是我们的营地。这里有过去李中华兄弟俩烤时搭设的木头。木头还没有腐烂，我们就用这些作为晒台的骨架，再砍一些新的松木来搭设新的晒台。

突然，我们在松木附近看见一座形似坟墓的长方形石头，这让我们顿觉凄凉和莫名的恐惧，因为它太像一座混凝土砌成的坟墓。听到我们这么一说，阿拜走过去一看，惊讶地说道："咦！这石头像李中华为他死去的媳妇做的坟墓。"春兰接道："可能他们一伙人是因为第一个目睹了这个石头而遭受诅咒。"听春兰嫂子这么一说，大家都共鸣似的说道："应该是吧。"

按着老人的说法，第一个目睹自然界异常、诡异现象和事物的人，往往都会遭受各种噩运。一座形似坟墓的石头就在离我们帐篷几步之遥的草丛中，让我们心里不时一阵阵惊悚。

2015年9月5日　星期六　雨

大家散布在附近的山腰里挖，这里的个小，几乎忙碌了一整天，才勉强找到一篮半，这让人大失所望。

晚上，大家都提不起精神来，再也没有刚刚来时的那种惊喜。今天的劳动告诉了我们，这里不可能会采集到更多了。于是大家又开始算计着上来时，山地的平地里那些长得高高的。明天是星期天，因为金才和春兰是基督徒，他们礼拜天不准动土，我们也只能跟着休息一天。

2015 年 9 月 16 日　星期三　雨

昨天从山里回来，今天决定好好休息。

听说大部分挖的人，已经将果子出售出去了，几乎都是 16 块钱出手的，最干的听说是 18 块一斤。

最近看见迪政当小组的男孩们经常在志华家的台球桌里玩耍，估计是有钱了。

下午李辉摇摇晃晃地和阿拜来到我家，他醉意十足，嚷着要买酒喝，从兜里取出四张面值 50 块的人民币丢在地上，又捡起来装进裤兜里，拉着我的手说要去买酒。在他执意要求下，我带他到小卖部买了一瓶白酒。阿拜在家看着电脑里的喜剧片，李辉并无看意，他有时拉着我，有时拉着阿拜的手，一会就出去了。

2015 年 9 月 17 日　星期四　雨

上午，雨停了。我和媳妇去苞谷地里摘苞谷，母亲和弟弟也来帮忙。今年不知是什么原因，苞谷长得很小，产量又十分低，或许是土壤的原因。政府把原来耕耘了几代的土地，用别地挖掘的土壤覆盖，然后在这里建成梯田式的地。从那以后，这里就没有像过去一样长得那样肥壮的谷物了，很多人都抱怨政府这样盲目而错误的做法。

这一片新开垦出来的梯田，土质很坏，夹杂着大量的石粒、沙子，土壤呈黄色，一亩地我们只摘到可怜的两小篮苞谷。把这些苞谷背回家，连制作苞谷扁都不够，索性全部用作种子贮存起来。

雨又下个不停，我们正吃着简单的晚餐，隐约听到村委的广播里陈永华主任通知今晚村委会放电影。我和媳妇背着孩子去看电影，天还没有黑，就到母亲家等候半刻再跑到村委会。

　　夜色朦胧，村委会的会议室里一片黑压压的头。自从村委会有了这宽阔的会议空间后，这数字流动电影放映，从原来的村委会空旷的院落改到了室内。走进去，人不多，正放着一部关于苗族的电影，投影仪直接投影在白色的墙壁上。负责放映电影的是乡文化站站长李新强，他是一个在独龙江乡居住了大半辈子的藏族男人。投影仪放在中央，两边的桌子上坐着观看的群众。不一会儿不知道是谁碰触了电源线，这部电影还没有完就断电了。陈永华和李新强检查了线路，又重新放了另一部。李新强在黑暗中操作着这台放映机，我跑过去打手电，看了显示屏上的电影栏《苗岭霓裳》，这应该是方才放映的电影。李新强说不能接着刚才的画面再重新播放，于是他放了《集结号》，这是一部民族语配音的电影，是用独龙语来配音。这下，大家的情绪就高涨了，刚才想走的观众，被这部说独龙话的电影吸引了，大家高兴地观看着，不时地被片中的独龙语台词逗笑。

　　今天来观看电影的人不是很多，有些或许是没有听见广播上的通知，有些则是猫在家看电视。李新强也不是经常来村里为百姓放映电影，这种流动电影撩拨了很多人的往事。如今电视已经进入了家家户户，这种流动电影在人们的心里已经渐渐被电视取代了。

2015年9月18日　星期五　晴转雨

　　广播上通知今天要培训，来了几个上面熊当村的人。培训12点才开始，有些人等不及就匆匆回去了。

　　陈永华和县农科局领导模样的人在会议厅外摆设着宣传画架，走廊上还摆着一沓沓贡山县农业和科学技术局编印的农业培训小本教材，有《贡山独龙牛、生态猪、生态鸡、中蜂养殖管理高产技术》《农产品质量安全知识 100 问答》《贡山白山药、草果栽培管理高产新技术》《母猪饲养管理技术手册》《滇重楼、石斛栽培管理高产新技术》和一张报刊《美丽云南——科普专刊》。还有两张写有"全民科学素质提升宣传资料"的宣传单，分别是农作物种子管理知识问答、高温防暑和降温知识。每本教材封面的上面写有"科普富民兴边之——百村万户学科技、助产业、兴贡山科普行动培训教材"。

培训开始，会议厅里坐满了人，主讲的是一个胖乎乎的领导模样的中年男子。他时而用贡山汉话来讲关于猪的养殖，时而用傈僳话重复着刚才的汉话。他讲的时间并不是很长，群众却很认真地听讲着，有些或许不完全听明白他的话。旁边坐着的金国叔叔对我耳语道："他讲贡山方言不是全部听得来，要是讲普通话就好了。"半个钟头讲解就结束了，大家鼓着掌。

同时独龙江乡九年一贯制学校的老师，走进会议室在窗口贴上一条长长的红布，写着"独龙江中心学校2014—2015年学生家长培训"的字样。一位身材消瘦的女老师走进来，穿着深绿色的短衫，戴着一副近视眼镜。她说道："我用普通话来讲，大家都会听吧？"接着说，"我是独龙江乡九年一贯制中心学校的校长，为什么要做这样的培训呢？是因为我们独龙族的学生需要家庭和学校的共同努力，才能把各方面提升到更高的层次。高德荣对我们学校表示，五年之内必须栽培出30个独龙族大学生。对此，我们学校有必要进行这样的家长+老师+学生的培训。我发现我们独龙族学生有三个毛病很突出，一是对学习没有兴趣，二是作息没有规律，三是不懂得感恩。"对此她一一具体地讲解着，下面的家长们认真地听着。有些人不是学生家长，也听老师讲这些事。

校长讲了大约半个钟头多。会议结束后，农业科学技术局的人给今天来听讲的群众每人发50元的补贴，大家一个个签名按手印领取了补贴，他们在走廊上发着教材和一人一把雨伞。陈永华说："这些教材可能不够。不识字的就不要领了，反正领了也都是白领，让你们拿去擦屁股就浪费了学习资源，又产生垃圾。"

从会议室内领取了 50 块的补贴，出来在走廊上排队领取教材和一把雨伞。有人负责给这条排成一排领取误工补贴和书籍的村民们拍照。

2015 年 9 月 19 日　星期六　晴

今天摘苞谷。今年的苞谷产量十分低，我们两家合作的苞谷地，总共才收获了 3 篮子。

2015 年 9 月 20 日　星期天　雨

几天的雨让人很沉闷，雨停时人们在江边劈柴。江水已经退了不少，原先在江边搭设的栅栏在洪水来临时拦截了不少的木柴，可省去不少砍柴的时间和精力。没有设置栅栏的男人们，这时看见其他人到江边捡柴火，别样的羡慕。

2015 年 9 月 21 日　星期一

今天去背放在山里的药材，我 8 点半才醒，无心思吃东西，匆匆打上绑腿就跑向山里。弟弟也一个人上来，他说今天早上妈妈在火塘边晕倒了，江旺带妈妈去乡医院了。妈妈一直有高血压，我准备把药材卖出去后，和媳妇去六库为那两张建设银行卡设置密码，好方便在别处的信用社取款，同时把妈妈也带上去做一次全身体检。我们的妈妈为我们操心了一辈子，愿她能像别人家的妈妈一样健康、长寿。

2015 年 9 月 22 日　星期二　晴

今天把所剩的背运到家，我们四口子、八个人都去了。今天是最后一天，从 7 月份到 9 月份的采挖行动结束了，两个多月的劳作不知道每人会分到多少钱。

大家都对今年的收获感到担忧，因为迪政当小组的阿龙、李明信等很多人都以低廉的价格向游商阿此销售,他们给的价格是每市斤16.5元。去年我和弟弟卖了18块一斤,不知道是不是这些游商来蛊惑老百姓。昨天有两个游商来看我们的,他们说我们的只值16块。这两个傻子!还不知道我们对行情的了解就来蛊惑我们,以为我们是好骗的。其中就有一个去年因为杆秤问题被我骂了一顿的傈僳族阿此,他见到我没有开口,或许是知晓了我这人不好骗。他去年把我原来自称的12斤虫草当场压缩到了8斤,我警惕性高,找到很多人来验证,最终阿此羞愧无语。这种游商在杆秤上都会骗取不少老百姓的血汗钱,但是一些傻傻的村民都愿意把药材卖给这些人。生意场,就是一些你傻我赢的场面,毫无商量。所谓强者强、弱者弱,但是我们的村民似乎也没有对市场"行情"有一个了解。

这些药材要是运出去会有一个问题,就是贡山县林业检查站会拦堵从独龙江来的各种车辆里的山货。但是至今都没有听说过哪位外地游商被没收过药材,大家认为"小官"与"药材商"已经有过潜规则。这倒不奇怪,大家普遍认为基层官员一年的薪水,村民靠挖药材只需一个月的时间投入。

2015年9月24日　星期四　雨

这几天,随着上山挖药材的人归来,村里就变得十分热闹。每晚都会听到放音响,或看到在路边人家开设的台球桌上通宵打台球的年轻人。

村道里徘徊着的醉酒的年轻人也多了起来,像阿G就是一个典型的人物。上次在山里,他有些犯愁地对我说:"林高呀,我觉得我挣再多的钱都没有意思。"我说:"等你能够娶到媳妇,就不会有这样的想法了。"他无奈地苦笑了。金才说他如果不喝酒,是一个很能干的小伙子,可惜一回到村里,就整天看他酒醉游荡。有一次,阿G酒醉游荡,摇摇晃晃地来到一群闲聊的妇女旁边。秀菊对他说道:"阿G,亏你还当过兵。你从山里回来就整天喝成这个样子,你还是进山多待些日子吧,这样才像青年。"阿G答道："活时多喝点，死后未必再有机会来喝。"阿G今年30岁左右，至今都没找到媳妇。在村里比他小好几岁的男孩都有了对象，甚至娶妻生子，阿G还是独自一人徘徊。如果阿G能够戒酒，或许他能够像人们对他的期望一样，娶妻生子，拥有一个幸福的家庭。可是他没有，他始终改不了对酒精的依赖。

清晨出屋，西边的山里一群乌鸦鸣叫不停，声音急促而凄凉，我不由得心生惊悚。老人说，乌鸦鸣叫意味着村里将有人会死去。乌鸦在独龙族的观念里被认为是鬼魂的化身，是一切厄运、灾难、死亡、瘟疫、疾病、贫苦、饥饿的符号。乌鸦凄凉的叫声预示着死亡之神的降临，短时间内会有人死去、自杀等。在巫术中，乌鸦往往代表着一种传达厄运的"媒介"，巫师的"南木"中往往就有乌鸦。在独龙族神话传说中讲道：传说洪水来临之前，人间出现了吃人怪兽，人类到了快要灭亡的地步。人们就派了很多飞禽向天庭报告，但它们都没到天庭就渴死了，只有乌鸦到达天庭向天神"格蒙"传达了人间的劫难。至此，"格蒙"才意识到他的子民在遭受劫难，才让乌鸦传达下去杀死怪兽的方法。

2015年9月25日　星期五　雨

我在网上看了纪实片《迪政当纪实》，这是我跟随昆明电视台纪录片导演欧阳斌导演拍摄的片子，其中还有几个我的镜头。现在看来十分怀念，当时我做向导兼后期翻译，这只是其中一个片子。我跟随他找到了整个独龙江现存且尚有记忆力的20多位文面女，并担任其采访后期翻译。欧阳老师曾多次自豪地说："我们是唯一以影像技术记录独龙族文面女的摄制组。"

近来有关独龙江的影像较多，以往独龙江能够上新闻频道，都是让大家好奇的事。这几年来关于独龙江的报道频繁了，大家也不那么感到新鲜了。

2015年9月26日　星期六　雨

山里的日子结束了，这几天村里的人都忙着收苞谷。今年的苞谷产量极为低下，加上个头十分瘦小，有些还霉变或者是质变。7分左右的地，才收获3篮子（约160斤）的苞谷，这让很多人困惑和纳闷。以往1亩地可以收获10篮子（500多斤）的苞谷，今年不知为什么农作物的产量低，这其中还包括土豆。有些老人认为，这是气候变化的预兆；有些人则分析说问题在种子上，说外地买进来的谷物，可能不适应这边的生长条件，或许是种子有问题。过去的老品种个头大、产量高，不过老品种只有少数人家才留种，自从外地引进了新品种土豆后人们先后购买种植，以往的种子都在这期间消失了，这样以后也只能依赖新品种了。

2015年9月27日　星期天　阴　中秋节

阿拜来叫我，听说小组组长和党员都要集中到熊当村开会。我马上换好衣物跟他走，村委会的人叫了一张面包车，陈永华主任、木春龙副主任、武干和两个小组的部分党员都来了，有些则不在家。

年纪稍大的和女党员们坐进了副驾驶室，阿拜、陈小华、李金光、陈永华、木春龙、李斌、大学生村官杨迎国我们7个男人都在货厢里，颠簸了3公里才到熊当村。刚才阿拜对我说道："我看见他们拿着一箱子东西，可能给我们发月饼咯！"听他这么一说，我也是肯定地这样想着。

实际上今天的会议就是传达上面的会议内容。武干、杨迎国、木春龙、陈永华，一字形在前排坐下，分别传达着上面的会议内容。讲得最多的是环保、卫生，其次是计划生育、创业致富、喝酒现象等。因为各小组组长也参加，这些会议内容在每个小组都要给村民传达一次。

今年的低保为什么迟迟不发，村民们谣言四起。我听到方才会议前，某些人正在私下讨论这个问题。有见识的老李说："我听说，低保早已从上面拨款下来了，只是乡长迟迟不肯批准发放，听说他在县里买了20多万的房子。"他"揣测"乡长是用了这笔钱来支付按揭。对于低保迟迟未发放的情况，很多人浮想联翩。有些难断虚实的谣言也在每个村寨流传开来，让朴实的老百姓臭骂他们的所谓"父母官"。

今天的会议有些协商的味道。荣华公司放养在熊当村上游克罗洛一带的牛群糟蹋苞谷地的问题，早已是迪政当村委会各个小组村民抱怨、怒火最多的事情。对于此事，主任只是轻描淡写地解释道："村里人都说这是公司牛、村委会的牛，实际上这是公司＋农户的养殖模式。村民帮公司放牛，以后村民都要从这里获取利润。"对于村委会容许哪家公司在村里放养牛群，村民们自有想法。有人认为，这是村委会利用闲置的山地面积，和公司达成协议，将迪政当村上游一段克罗洛作为养殖独龙牛的基地，村委会从中获取"租地"金。

会前，熊当村的老李私下给我透露了一件事。他说："本来这件事，大家讨论的就是跟每家每户村民签协议，再按合同给相应的管理报酬。但村委会就是不同意这样做，他们自己管理这些牛群。现在倒好了，这些牛群跑出来把整个村今年的谷物糟蹋得不成样子了，苞谷、土豆也白种了，又不知道找谁去。"关于这个牛群该如何去管理，以及被糟蹋的苞谷地如何赔偿，村委会的回答也就是简单几句敷衍似的回应。

几场下来的几个话题的讨论，大家似乎都"达成了共识"，但执行这样几项看似简单的问题，实则困难重重。该如何创业？创什么业？种植、养殖年年有培训，年年传达到村里，说了很多，但实际又做了些什么？这样的讨论，让我觉得"天方夜谭"，毫无意义。对于没有兑现把握的言论，我总觉得虚无缥缈。开这样的会议又有什么实际意义？还不如喝点小酒，看点肥皂剧来得好！我相信很多参加会议的人都会有类似的想法。

今年的低保未发，但是边民补助已经做成了一张张银行卡和一本本存折。主任说道："听上面说这里面现在还是空的，钱还没有打到上面。"这让人觉得上面是久久未发低保，弄出这样一张"空头支票"来安抚急不可耐的村民。

中秋，本是团圆佳节，在村里人的眼里它就是一个节日，相比七一节、八一节多了特定的吃月饼环节而已，人们也不会特意赏月。即便这样，每逢国节，大家多少都会庆祝，杀一只鸡或蒸一壶自熬酒，晚餐总比平日里丰盛一些，餐桌上总会有荤有素又有酒。

　　这些天，手头上连一毛钱都没有的人，可为今年中秋月饼犯愁了。碰面就会听到有人发牢骚："今晚吃什么？也没有钱买月饼，干脆杀一只鸡来吃算了。"或是听有些人说："家里又没什么可杀的鸡，晚上又没有酒喝。真是恼火……！"

　　晚上，天空乌云密布，时而圆月从云间钻出来，今天听陈永华说晚上新闻里会有直播月亮升起的实况。

2015 年 9 月 28 日　　星期一　　阴

　　从山里回来，一直没有可做的农活。

　　下午，听说金才联系到了收购的药材商，他本来打算再看看行情才出手，但考虑到大家都没有钱花，再看看行情也似乎只有 17 块 1 斤，指不定又跌价，所以只好出手。加上母亲还在三乡大姐家等候我们到六库带她检查病情，只能靠卖药材的钱了。

　　原来收购商是白忠平，听说他从县里药材老板手里拿到一笔收购药材的钱，就是帮老板代购药材。放在路边阿拜和松木家里，大家都集中到这里，用大杆秤称好每一袋，大约 60 到 70 市斤一袋，28 袋，卖了 34000 多，除去总账一家分到 7000 多元。

　　本打算好好分账，但今晚又要传达昨天的会议内容，还会发放边民补助存折和养老社会保障卡，大家只好把分钱的事推迟到最后进行。好大工夫，阿拜和武干才讲完，然后是其他昨天到会党员的补充讲话。之后才进行那张空无一毫的边民补助卡的发放，每年的边民补助一户人家只有 1000 块。

　　到 10 点多，才进行我们的分钱。大家提议要喝点酒，但是又被女人们拦住了。明天我们一家三口要出门去三乡,然后去六库。阿拜和松木、江旺不是去看母亲,而是存钱。

2015年9月29日　星期二　晴

手机闹钟响起,我急忙醒来。孩子也跟着醒了。洗漱过后我才检查所带的东西:信用卡、身份证、钱包和几件衣物。

难得的好天气,天空一片纯蓝。面包车很快就到了三乡,母亲和姐姐在亲戚家等着我们,母亲消瘦了不少,面色十分憔悴地坐在李秀英家那间木房的走廊上。今天弟弟没来,早上他去西藏的日东地区送游客去了,往返需要一周左右的时间。江旺带着侄子木松来看母亲。江旺和松木掏钱递给母亲,并嘱咐她要好好检查,不要觉得浪费钱,有大家在,您放心之类的安慰,母亲伤心地哭了⋯⋯

此时已经是11点多,独龙江乡的街道上已经没有了去往贡山县城的客运班车,只有一张面包车,车里很拥挤,所以没有坐。坐在广场旁房子的走廊上等候着车子。好长时间,才有一张拉客人的小车,我们没有错过机会,搭上这张车子去了县城。

对于只和前夫在几年前去过一次县城的媳妇代松来说,县城是陌生和新奇的。自从听说隧道打通后,我自己也没有去过县城了。不知道隧道是什么样子的。以往只是在走老路时见过隧道口,对于独龙江的隧道,我充满期待。

过了一个多小时,终于进入隧道。走过灯光幽暗的隧道,记忆一段段浮出脑海:从儿时跟父亲第一次去县城,到后来去县城读书,再到省城。每年的来回,都是颠簸一整天,加上那时只能坐在农用车货厢里。从独龙江到县城或是从县城到独龙江,一天下来整个人变得疲惫、狼狈不堪。而如今,一路都是沥青柏油路,加上隧道打通后结束了封山的历史。我想,独龙江公路,最有记忆、最有故事的人应该是所有那时求学的独龙学子们了。

三个小时左右的时间就到了县城，我们先在原来客运站的位置对面的通宝酒店落脚，再在小吃店点上2荤1素1汤享受起来，花了110块钱。母亲和媳妇并没有多少胃口，儿子也只吃了一点，吃不完的我们就打包带走了。

吃完饭，我走到客运站，不见原来的售票点和发车点。我凝视着当年那家落满尘埃和蜘蛛网的售票点，无意识地冒出一句话："哦，已经过了很多年了。"

上微信找朋友确认了新的客运站，才知道已经搬迁到了另一处，这才打上出租车去购车票。新的客运站在距老客运站两公里左右的2区范围，比起老客运站大气又上档次。去往六库的车票是62元一人，我们买了三张。

2015年9月30日　星期三　晴

搭出租车到客运站，我发现贡山什么都变了，馒头从过去的5毛到现在的1块，肉馅包从过去的1块到现在的2块。农贸市场过去卖的商品质量低劣，价格低廉，现在同样品质的商品喊价比过去多了。唯独出租车的价格不变，在城区内一人收3块。在客运站旁的小吃店，一小碗米线要价7块钱，而当时同样容量的一碗米线只是3块钱，我想这或许跟人民币贬值有关系。

车缓缓地走出县城开往六库，这段以往在我看来并不算漫长的路，8点10分发车，到下午3点半才到达，我十分疲惫。穿过拥挤的车辆，我们在狭窄的胡同里找到一家名叫"三江宾馆"的住宿点。里面有一女子在给住店的人登记，看模样30岁的样子。轮到我们登记，她收了200块，房间是80块一间，另外是押金。在二楼的201房间，我们只能包一间房，这样能省点钱。

休息片刻，走到宾馆对面的小吃店，点了一盘黄焖鸡、2瓶啤酒，最后要价80块，我想这跟国庆黄金周有关系，东西都涨价。看到面积不足 10 平方米的小吃店竟如此赚钱，加上我这几天都在考虑到村里开一家属于自己的小吃店面，为此，我都会留心人家的小吃店店面布置、设备，并分析菜肴的做法等等。

2015年10月1日—29日

2015年10月1日　星期四　国庆节

今早,那个登记的女人在我们退房时,从押金里扣除了30块钱,她说一张毛毯上有油脂,已经报废了。尽管我再三解释这不是油脂,是橙汁,被小孩子不小心沾了一点,这也不至于报废。可恶的女服务员就是不听,她说必须扣除30块。我恨不得扇她几耳光,这不是明摆着抢钱吗?因为要赶到医院,我就没再争辩下去。本来想今晚再住这个店,她执意要罚款,这让我无法再接受这家店。

永远只有医院这个单位人流涌动,不管是不是国庆黄金周或是春节。上一趟医院麻烦就来了,挂号、咨询、专家诊断、交费、检查等跑来跑去。一个下午,母亲才结束这样的"看病"环节。从医院出来等结果,在附近的"三利宾馆"开了一间房,这是我多年前带母亲来看病时住的旅馆,一直还在。室内布置干净,比那坑人的"三江宾馆"好了几十倍,里面还有WiFi、液晶电视,卫生间也十分整洁、干净,价格才70块一间,押金30块。

下午,拿着化验单找专家,专家说并没有多么严重,吃药就可以缓解血压高的问题。经要求,专家就多开了几个疗程的西药,花去1350块,还嘱咐一些日常的注意事项。

这几天,我发现母亲精神了很多。她自己也说好像头不是那么痛了,并多次提到明天就想回去的事,我才决定明天离开这里回家。

我跑到客运站买车票,搭上出租车,一个中年男子带着我到了离我们住宿点很远的客运站,到那儿他才知道我是去买回贡山的车票。他说:"要不要等你?"我递他一张50块,叫他等。自己跑进里面买票,一个说话很冲、胖乎乎的女人在售票。

司机真的还在那里等我,他见我出来朝我挥手示意上车,他戴着一副黑色墨镜，旁边已经坐上了一个中年男子。上了车，司机说道："你在哪里住？"我说："三利宾馆。"司机说道："怎么刚才不告诉我你是来买回贡山的票，你住的宾馆旁边就是售票点。哎呀！你这个小伙子，白白花了30块跑来跑去。"坐在副驾驶座的那位中年男子说道："到这里，认不得就会花那些冤枉钱。"

"搞个那么远的客运站搞哪样？"司机说。

旁边中年男子应答道："就是咯！那些个领导晓不得咋个想，盖个客运站，盖在那么偏远的地方！"

他们在车里用外地方言在聊着，幸运的是我"略懂"一些汉地的方言，能不费力地听清他们在说什么。

过了几分钟，那个中年男子下车了。上来一个女孩，司机告诉她，我很快就在前面下车，是来买票的。那女孩听后说道："回贡山的票，干吗到这里来买呢？那里不是有卖车票的吗？"听到这样的话，我只能无奈地笑笑，说我晓不得！

2015年10月2日　　星期五　　晴

回到贡山，我们住在了都娜家。都娜去她们亲戚家吃饭了，都娜的丈夫是我大姐夫的哥哥，他们原来住在乡里。都娜守着这个家，照看着还在读小学六年级的儿子和只有两个月大的女儿，看样子生活很艰难。正在坐月子的都娜，今天只是吃着一只在地摊上买来的小野鸡和一盆冷菜，我和媳妇就跑到楼下的农贸市场买了一只烤鸡，大家一起吃着晚餐。

2015年10月3日　　星期六　　晴

坐上客运班车，到丙中洛乡东风喇嘛村"普化寺"去烧香拜佛。活佛今天特别忙，本来打算问一些事，可是见到佛堂里诵经的他，又不好打扰。烧了香火，就此告别。

回到县城，我们两口子给家里添置没有的家具：液晶电视、消毒柜、音响和其他零碎的用品。

我们从前和母亲、弟弟一家一起生活，在2014年12月22日挑选了吉利的日子搬进了新房，分家立户。如今快到一年了，原来空荡荡的新房子经过我们努力挣钱，才像一个小家了，现在也就差这些家具了。尽管买这些花去了一半的钱，倒也觉得值了。

2015年10月4日　星期天　晴

坐一张面包车回独龙江，把东西下在李秀英家。跑到姐姐松旺住的敬老院里住一晚上。晚上，姐姐点了很多烧烤来吃。

2015年10月5日　星期一　晴

我叫了斯建荣的车子，他今天从村里下来。我们走路回到李秀英家，临走前，给姐姐500块钱，我本来打算今年多给她一些的。因为姐姐对我们很好，我今年挖药材虽然赚的不多，但都会想到她。母亲从自己看病剩余的钱中掏出200块给了姐姐。姐姐现在还生了一个男孩，大女儿可仁松才6岁多，姐姐和姐夫都在敬老院当职工。

2015年10月6日　星期二　晴

今天休息，隔壁邻居龙明光不在家，他帮别人背去了。至今在远处挖药材的人都还没有结束，那里比较远，背是最大的一个问题。请人又不划算，只能多些时日地投入，挖更多袋的，让自己多赚些钱。去年克罗洛这一带挖的人，雇佣背夫，反倒背夫才赚了钱。

2015年10月7日　星期三　晴

天气渐渐变冷了，草木虽然还是一片绿意盎然，四周的山开始显得萧条与荒凉了，只有细心观察才会发现季节悄悄变更的脚步。

村卫生室里，人流涌动，最近流行性感冒让很多婴儿、小孩甚至大人都被感冒折磨。赤脚医生切洛是熊当村人，她的丈夫是下游四乡人，这几天都见她在村里看病，由于病人很多，她一个人忙来忙去。一拨又一拨感冒的人来到医务室找她看病输液，这让切洛应接不暇。

天气变凉了，冬天太阳光射不到我家的猪圈里，我准备另盖一间新的猪圈。

昨天下的渔网就在家附近的江边，今早去捞，发现只有三条白鱼，也勉强凑够一顿早饭。代松和儿子都感冒了，家里只有我一个是正常的人，今天放弃了盖猪圈的活。昨晚斯建荣拉来了我们的消毒柜，我把厨房打扫得干干净净。之后我就按照媳妇代松的要求，洗衣服。

晚上，先前工作队的小余在微信上跟我说，他要我帮他翻译独龙语唱的"梦竹"调子。他说省委书记要下来，需要准备一下。

2015年10月8日　星期四　大雨

本来今天打算去到缅甸送明年挖重楼的物资，可是下着雨，大家取消了今天去缅甸的打算。

2015年10月9日　星期五　阴转晴

天气似乎有些转晴了，大家明天就要去送东西了，买上一些路上吃的干粮，装上了大米、酒、盐巴等。明天的路程艰辛而漫长，今天大伙都休整一天，好让明天有充足的体力赶路。

2015年10月10日　星期六　阴转晴

今天就要出发到缅甸送明年开山挖重楼的物资了，主要是40斤左右的大米、盐巴等，这样做可以减轻明年去缅甸挖重楼的负担。金国叔叔、金才哥、阿拜和我，带上一些烟酒、方便面等就出发了。前天就准备去的，因天气原因推迟到今天。这次行程就要翻过43号界碑了，这让我感到很新奇。根据以往老人们的描述，去缅甸是一次漫长而艰辛的旅程，充满不可揣测的艰难与危险。

大约 8 点十几分，行囊和干粮已备好。就要和大家短暂告别一段时间了，金国叔们估计是 5 天。逆着克罗洛河一直往上走到邦村，现在这里已经启动了边防公路的建设，广阔的泥路已经显出端倪，一直通到邦村上面，此外还在紧锣密鼓地往上打开一条神秘的公路。

邦村的西面流淌着一条雪山河水，我们逆着河流水一直往上走。迪政当小组的李国新、松旺、木占英三个人，也背着沉重的东西跟上来，他们是给在南登瑞挖的一家人送口粮的。

12 点左右，我们在河边石滩上烧起火煨茶、吃干粮充饥，以恢复爬山的体力。

大约爬到一个休息点后的一段路段，从山里回来了一拨人，他们是从缅甸围猎回来的。"狭路相逢"的我们，卸下重物，取出一壶酒和刚刚未吃完的油炸粑粑递给他们，他们各自从篮子里取出烤干的牛肉给我们四个人。国新他们跟了上来，下来的这拨人还捎带着话：今天国新他们的家人回来了，因为没有背回家，让国新三个人碰见他们就返回去，带上来的东西藏在路边。国新三人把东西卸下来，塞在避雨的小石穴里。

不一会儿，又见三个年轻人下来，也卸下篮子，歇脚喝酒。古鲁和普叫他们打开篮子，分担一些重量给国新他们。满满一篮子，用塑料薄膜包裹着烤干的牛肉，也分给我们一些装在编织袋里。我好奇地用手掂了掂其中一个人的篮子，竟有 70 多斤的重量。

差不多半个钟头，大家才分别。一路往上走，到了 5 点多才卸下包袱，到达了金国叔叔上次背运时盖好的薄膜营地里。

2015 年 10 月 11 日　星期天　晴

从龙秀到拉达切，又赶了一天路。一路的陡坡，耗费不少精力。东西不算重，但一天的行程足以让人累得直打瞌睡。

到了拉达切，明天就可以翻越界桩到达缅甸了。

今年挖的人，把烤干的从南登瑞（缅甸）背到这里。走进帐篷里瞄了一眼，大概有90多袋。离放的帐篷边几步之遥，就是生火、睡觉的另一块帐篷。我们今晚便在这里歇息一晚，明天继续赶路到达目的地南登瑞。

2015年10月12日　星期一　晴

天气很好，早早吃过东西就又要出发了。金国叔说："今天的路程很远，大家要吃饱东西。"昨晚也并不敢喝太多的酒，怕路上无精打采，影响行程。

顺着一处山沟往上爬了两个小时左右才翻过山顶，呈现在眼前的就是壮丽的大山图景：美丽的江山映入眼帘，天湖映射出蓝天，流云若隐若现，似虚似实，妙不可言。每到歇脚点，三个人就停下用手机拍摄着这美妙的景色。

顺着山脉一路走，对面显现一片旷野，前天去送游客的阿拜指着远处隐约可见的山峦说："你看，那里就是界桩的所在地。"顺着手指方向，一个白点进入眼帘。爬了好大一会才勉强到了中缅43号界碑，中国这边的界碑还是崭新的红色字迹，那是2014年9月23日边防军在老百姓们的陪同下修好上色的。相比之下，缅甸那面就显得颓败不已，镂刻的字迹显得斑驳而褪色。

顺着山面一直往下走进深沟里，就是今天的目的地了。大家的步伐十分快，紧跟着下山。在打猎人盖好的帐篷下生火、煨茶、吃方便面，才又追随着下去。

下午5点，我们到达目的地，在我们宿营地旁就是洋洋、坤切尔等人挖的山面。他们背油锯到这里，做了十分标准的晒台。现在挖完、晒完了，晒台依旧未动地摆设着，在其中一根横木上用炭灰写着"请各位朋友不要乱搞这个东西"。这也表明，明年他们还有在这里挖的打算。

2015年10月13日　星期二　晴

终于可以回家了，背上来的物资都用塑料薄膜包裹好，统一在一根松枝下吊起来，放些风油精在外面，以防老鼠啃吃。我们各自背着空包回家，今天要把之前三天走过的路一天走完，直接回到家。大家追逐似的上山、下山、翻山。

黄昏时我们到达了山下的邦村，沿着新建的公路走下去。阿拜在路上不停地打电话，好像是想叫他的姐夫开摩托车上来接他。他一直唠叨着脚板痛，金国叔说他才这么一点路，还喊痛，明年他怎么去更远的缅甸山林。

借助阿拜的电话，我打电话回家。媳妇让松木接电话，松木说她在我家。电话那边松木告诉我，我去山里的第二天，岳父就病逝了，今天是葬礼的最后一天，他们在招待做丧事的一拨人。听到消息，我不知所措，也或许印证了我的预料。岳父过去一有病就茶饭不进。我们从六库回来以后，他一直躺在床上什么东西也不吃，请赤脚医生过来为他输液，他也闭着门不肯输液。

到了熊当村，天色渐渐抹黑。大家都不说话了，默默地走着。偶尔金国叔叔对我说道："毕竟年纪大了，家里有老人。通常都会遇到这样的事，你们好好照顾的情况下这样了，谁也没有权利指责你（没有参丧）。"

回到家，厨房外酒瓶、垃圾一片狼藉，我知道这是这几天丧葬上产生的。媳妇在厨房里，和她的小叔、婶婶一起迎接我的归来，火塘边李忠荣也酒醉地坐着。媳妇见我归来，哭泣着讲述了这几天的经历。为了丧事，她也辛苦了很多。

2015年10月14日　星期三　晴

岳父的坟墓，在家附近靠近江边的小空地上。按照习俗，今早要拿着热饭"招呼"亡灵。我盛着饭，找到了显眼的坟堆。在坟头旁的木桌上摆上热饭，点一支烟，我却说不上什么话语。屋里屋外，丧事上喝的酒瓶子东倒西歪丢了一大堆，有些昨天就扔了。本打算清理垃圾和打扫卫生，又听说今天丙中洛普化寺的老师（喇嘛）过来，就丢下手里的活，等待着他们的到来。听说村里信仰藏传佛教的几个人家要筹集一些蔬菜之类的招待喇嘛们，村里信仰喇嘛教的没有几户人家，我们家族除了李金才夫妇一家外，其余都"看喇嘛"。对于信仰藏传佛教的人都会称之为"看喇嘛"的人，因为除了烧香拜佛，丙中洛普化寺的上师还专为香客占卜吉凶。以前他们没来过迪政当村，听说这次是嫁到丙中洛教书的表姐大乔引路来村里看看这些信徒们。

2015年10月15日　星期四　晴

姐姐松旺和姐夫阿特开着皮卡车上来了，听说大家要一起去新建设公路的邦村游玩，还带了很多烧烤，其实就是去野炊。

松木和阿拜、金光和腾干、金才和才塞夫妇、金强和张秀兰夫妇、妈妈、我们家三个都去，顺便把李木和阿兰也叫上。大家坐在皮卡车的货厢里，装上啤酒、烧烤架、煤炭、饮料等浩浩荡荡地上去。这是我们一家人，除了弟弟一家三口去了贡山县城外，就差金国叔叔一家没来，估计今天没有空。

车子开到熊当村上游一点的地方，建设公路的施工队设置了栏杆，阻止来往的车辆通行。这下子大家都扫兴了。但既然来了，就在附近的江滩边找一处平地捡起干柴烧火，给烧烤架添炭生火，放着车载音乐。女人们烤着烧烤，小孩们在玩耍。姐夫阿特、阿拜、金强、张秀兰、李木在打一种叫"找朋友"的纸牌游戏，大家围成圈坐着，先喊酒的杯数，再抽牌。从A到老K，把小鬼、大鬼也加上，小鬼算14，大鬼算15。抽一张牌再按逆时针方向数，抽到的牌数对应哪个人，这个人就要喝下刚才抽牌前所喊的酒。抽到的人可以独自饮酒，也可以再喊酒抽一张找朋友。如果抽中的数字对应自己，自己就要喝下所喊的酒。这种纸牌喝酒游戏，往往是节庆、丧喜事等聚会场合的消遣、娱乐方式。

大家边吃烧烤边喝酒，都喝下不少啤酒，肚子又闷又胀，中间不少人频繁去小便。

一会儿，天空下起淅淅沥沥的小雨。只剩金光哥背上来的自熬酒了，大家坚持打牌喝完这个自熬酒，不知过了多久才回家。

2015 年 10 月 16 日　星期五　晴

昨天喝得一塌糊涂，听说后来我们四个从阿拜家喝到金强家的农家乐。本打算昨天就回家的姐夫和姐姐三口子，昨天因为大家的劝就没走。今早路上碰见大姐松旺，就叫她来家里喝茶。此时大家都没有醒来，大姐说她们一会就回去了。

我喝完茶，也去送行。皮卡车停在阿拜家旁的公路，听说阿拜也去县城购买一张木门，之前有次他酒醉砸烂了客厅兼卧室合用的木门。金国叔叔也上了车，我拿出两袋前次下在阿拜家的退耕还林大米，放在货厢里，这可以让她酿酒或是喂猪。车子缓缓开走，妈妈站在车尾哭着。妈妈的哭总是让我难过，尽管老人家心里不知怎么想，但一定是母爱的流露。

刚才见有工人在我家旁边接光缆线，这肯定是接电信光缆线。移动网络光缆线早就接通了，前阵子移动公司的员工来村里做活动。经过组长李永明的宣传，据说一年网络费 689 元，WiFi 每年 59 元。不知道电信的有没有比移动的便宜，但我对电信似乎打心里不接受，这是因为用电信手机网络的人都说电信比移动多消耗很多费用。我今年一直想接网络线，上次也报了名。但至今都没有人来安装，不知是不是报名接线的人太少，我想肯定是这个原因。

儿子的头发有些长，按照习惯，应该在新月出现之时给孩子理发。如果天上没有月亮之月理发，会招来诸多厄运，将会影响到孩子的健康。这是独龙族老人对婴儿、小儿理发的忌讳。至于什么人为其理发，就没有讲究，男女皆可。小孩理发时通常习惯在后脑勺或是前额部位留一撮发毛，意为"长命"，过去这样的习俗普遍存在，如今也就不讲究这老规矩了。

2015年10月17日　星期六　晴

最近，听说村里要修建一座基督教堂。见金才和才塞天一亮就跑到冷木当新农村村尾。前几个月熊当村那座教堂已经修建完工，据金才说新教堂典礼还没有定下时间。金才哥说那座占地约100平方米的教堂花费了10万元，除了建设材料费用外，建设的劳动力是迪政当村所有的基督徒以"投工投劳"的形式投入"免费"的劳动力建设而成，县里的基督教会派了四个人负责做技术工。

随着时代的进步，传统的东西渐渐隐退了，这在"新一代"年轻人身上可以窥见。对于似乎"不可挽留"的传统文化，老人们的心态只是惋惜与感叹。

2015年10月18日　星期天　晴

今天我要盖猪圈，本来有一头肥猪，这几天为了办丧事就宰杀了，现在我们只有一头小猪了。按照独龙族老人的习惯，猪圈不能盖在住房的上方，认为牲畜等于人命数。之前盖猪圈或许没有注意这方面的忌讳，这跟家里的老人去世冥冥之中或许会有些关联，但我心里又不这么认为。

2015年10月19日　星期一　晴

这几天，村里的人都在收黄豆。我和母亲、弟弟一家合作耕种的地里种了些黄豆，弟妹江旺、媳妇和我带着孩子去收黄豆，我们把黄豆都割下，集中到一起。在田头铺上旧毯子，用细木棍敲打脱粒，打了一会儿才脱粒出可怜巴巴的一点黄豆。今年的谷物收成让村里的人们都犯愁了。这其中不止黄豆，还有作为主粮种植的苞谷、土豆都收成甚微。这让很多人都议论纷纷。关于谷物的收成，也成就了很多"农作物生长、收成问题专家"。我和媳妇去年在新开垦出来还没有分配到户的梯田似的地里撒种了一些黄豆也要收了，今早去看看，黄豆地老鼠泛滥，只好收秸秆用来喂猪。

2015年10月20日　星期二　晴

村里的人开始砍树，准备过冬的柴火了。村寨的东西两岸山腰传来不间断的油锯声，这些人主要砍水冬瓜木做柴火。每年到这个时候，男人们就会提早准备过冬的木柴，到了冬天这些劈好的水冬瓜木将会提前晒干。冬天，湿柴火在太阳光下晒干需要漫长的一段时间，所以才提前砍好劈好。对于雪提前还是迟来，大还是小，人们无法猜测，就得早早"以防万一"。

听说最近下渔网可捞到鱼，我和弟弟梳理好渔网就去两公里外的江段下渔网。一共25张，我13张，他12张。江水退潮，江滩除了抹上一层青苔外，没有多大的变化。去年的大卵石还在那里停驻着，只有去年的小块石滩被卵石淹没了。对于江边细微的变化，只有男人们才会觉察到，就像大山深处的错综复杂的小路和那些草木路标一样。儿时我就常在这里下网捕鱼，对于每段江水深处的形状，水流等的谙熟自然会成为下渔网时的抉择标准。

每到合适的江面，就会找三个适量轻重的卵石，用麻线拴在渔网底部，间距相当，缓缓地用竹竿推到江面。一般这个时节，草木凋零，不宜放在水流湍急的江面。不然凋零的落叶、碎叶就会缠在渔网上，吓走鱼儿。也不宜放在平缓、广阔的江面上，而应该放在幽暗、平缓的石洞口或是里面。

很快，夕阳的余晖在东面的高黎贡山一线缓缓向着山顶爬去，我们的渔网也下完了。沿着陡坡爬上去，弟弟开着摩托车，我坐在后头，伴着一阵阵黄昏的寒风回家……

2015年10月21日　星期三　晴

一大早醒来，我准备去收渔网，先去母亲家喊弟弟。母亲憔悴地站在走廊上，用病弱的语气说："你弟弟还没有醒来，你叫他吧。"我敲门喊了一声："坤，咱们走吧！"弟弟在里屋应了一声："等一下！"随后就出来了，嘴里叼着烟，一副睡眼惺忪的样子。

昨晚，阿拜和弟弟在家附近烧了马蜂窝，大家喝了点"霞拉"，我们还没有喝完就回家了。弟弟说："你们走后我独自一个人把'霞拉'喝光了。"

摩托车很快到了目的地，弟弟问我有没有梦见渔网。我说没有，梦见渔网就不会有收获，他连声说是。

昨晚下的最后一张渔网，就是今天清晨第一次收的渔网，捕捞到一条稍大个头的白鱼。接着再看，弟弟竟然只捕到一条小白鱼，我也只收到四条。到最后，我把两条鱼给他，自己带一条稍大的鱼和一条小鱼，坐着摩托车，湿漉漉地回家。

媳妇背着熟睡的孩子准备打茶，她说因为早上冷，一向玩闹的儿子都不愿意独自坐在火塘边，他怕冷。媳妇已经和好了面，提议用油炸我刚才带回来的鱼，她认为清煮很没有味道。我把鱼截段，媳妇在火塘边蒸煮馒头。

很快，孩子醒了。馒头也熟了，媳妇把鱼炸了。大家吃着馒头，喝着茶，吃着炸鱼，度过了又一天的清晨。

2015年10月23日　星期五　晴

昨天和媳妇小酌，不知因为对什么事情的态度，说了几句，媳妇就带着孩子跑到了她叔父家。

2015年10月24日　星期六　晴

媳妇跑到她叔叔家，我一天去叫了两次，都没有办法叫她回家。她的婶婶看到我带着孩子来，说了很多话，我都一并记在心里。我们昨晚因为酒醉而吵架，今天迪政当村人很多，媳妇说了我们刚认识时候的一些碎事，当着大伙的面，令人难以忍受。

2015年10月25日　星期天

今天，我借着醉意把一张结婚证拿给她。她婶婶家只有李青一个人在家，我拿给他，让他转告我媳妇，想离婚明天就去民政局。媳妇到现在都还没有回家，按理来说，夫妻之间吵架是正常的事，我不明白媳妇为什么对此耿耿于怀。

这几天，我看着孩子又不能开展其他的事务，只好借着一丝丝的醉意喂饱孩子、喂猪。妈妈偶尔来帮忙我喂猪，我不知道这段感情会怎样。

2015年10月26日　星期一　晴

说来十分惭愧，我们两口子闹别扭的事，在村里炸开了锅，很多人在路上三五成群地齐聚。我认为都是讨论我们的事，在村里这样平常的事都会成为别人茶余饭后的谈资。尽管我一再请求她回家，她还是一直躲在自己叔父家不愿意回家。

江旺通知了她的母亲，也就是我媳妇的姨妈李文芝。江旺告知她母亲，媳妇没有回家，我一个人看着孩子，整天待在家，所以她想出动自己的母亲劝告我媳妇代松。

下午，代松的姨妈、表姐和迪政当村的咕噜塞的媳妇年代，都来到我母亲家里做所谓的调解；我儿时玩大的伙伴孔元荣也来帮忙做调解。刚开始，作为代松家族长辈的李文芝首先针对代松的行为做了批评，接着就讲夫妻之间相处的道理。旁边的人也插上几句话，几场下来，代松始终不愿意跟我回家。这让我又内疚，又有些恼火。在大伙面前，我们是彻彻底底地丢了一张脸，出现这种尴尬局面也是两口子喝酒后口角的结果。

在村里，许多喜欢喝酒的夫妻之间经常会出现这样的矛盾，问题的出现也就是酒后失去包容、关怀与理解的心态，才导致这种无奈、尴尬的结果。这种情况的出现，更要付出言论的压力和村里人对此事的谈笑，作为当事人将承受十分大的心理压力。

一直到傍晚，经过大家努力的"调解"，才勉强劝说完我们的事。作为长辈的代松的姨妈、婶婶才松了一口气散去。

2015年10月27日　星期二　晴

我俩总算又团聚了，可家里弄得一团糟。碗也碎了，窗户也烂了，屋里屋外一片狼藉之象，四处散落着碎玻璃片、东倒西歪的酒瓶子，空荡荡的窗口寒风呼啸进来。这几天让人羞愧又忏悔，我们决定到乡里散散心，顺便买些东西添补，诸如碗、勺子之类被砸烂的东西。

我们带着孩子，搭斯建荣的面包车下去三乡赶集，买了香米和一些碗、蔬菜等等。这几天我们的短暂分离也可怜了孩子，对此我心里很有感触。

回到龙元村时，发现有人卖小野鸟，斯华、龙建新等人买了小鸟。经过商讨，这小鸟一只按3块钱来交易。一个光着膀子的小伙子，有些醉意地在他们家的新农村走廊上的楼底和自己的母亲卖这些野鸟。看上去是用冰箱冰冻的，摸上去硬邦邦的。现在只剩下50只小野鸟，刚才的野鸡被斯建荣用100块钱买了一只。那个小伙子解释道野鸡卖完啦，他一直不肯用3块钱一只卖给我们小野鸟。经龙建新的劝说，他对自己的母亲一再嚷嚷，但最终还是卖给了我们。今天这个小伙子一家赚了不少钱，听说小野鸟是他父亲打来的，刚才他还打电话征求关于小鸟一只卖3块钱的事。

2015年10月28日　星期三　晴

也许这几天酗酒的原因，昨天我从三乡回到家一直呕吐不止。并感虚寒，今天才清理乱糟糟的屋外垃圾。

李辉前阵子癫痫病发作，把我家的小菜园都翻倒了，我只好又竖立起来。媳妇又开始在菜园里种菜苗，把屋外收拾的像过去那么整洁干净。在事发前种植的菜，现在已经开始出土嫩绿的苗芽了。生活又回归到往日的轨道上来了，但这些天的事都还留下阴影。别人的言论一直让我们抬不起头来，羞愧与人碰面。

　　过冬的柴火又要准备了，这些天的事让我都不敢在大伙面前露脸，一整天听到东面的山坡上传来的锯木的油锯声……格外晴朗的天空下，点上一根香烟回味着这几天的疯狂……

　　孔元荣开着摩托车来我家，要我们一起去他家过孩子三岁的生日。我羞愧地说："生日场上人这么多，我都不好意思去。"媳妇同样也是这句话。孔元荣留下话说："你们4点准时过来。"我应了一声："好。"

　　5点已经过去了，我们都为去不去而为难。这些天我们闹别扭的事情已然成为别人谈论最多的话题，一下子站在风口浪尖，成为言论对象，让我们感到十分惭愧而羞耻。

　　最终我们没有去参加好朋友儿子的生日晚宴，并不是对好友无礼。而是前天的夫妻小风波并没有淡去，参加这样人多嘴杂的场合，总有羞愧之感。希望我的这位好朋友孔元荣能理解我们的这番应邀之负。

2015年10月29日　星期四　阴晴

　　清早在疲惫与焦虑之中苏醒，昨晚怪梦连连，且梦里有梦。

　　第一个梦境：

　　附近的江里突然涨水，我与一群人，其中有母亲，不知在江边做什么。见江水猛然暴涨，一群人就惊恐地拼命往江岸跑。在奔跑时，我的双脚跨入潮湿的小沙滩里，见状母亲就拉我一把，我才得以把脚板脱离黏稠的沙滩。大家拼命地跑到了岸边的高处，我双腿似乎乏力而迈不开步伐。眼看江水就涨到我身旁，母亲顺手拉我到岸边。浑浊、黄焦的江水迅速涨上来，但没有到我们所在的岸边。人群中只记得有李天龙、普建荣、二嫂才塞等等，其他人是模糊的。大家惊恐地议论着突然暴涨的江水，才塞说道："这是天下变化的征兆，是不是又要出现新的统领者了？我听说过几天就有新的统治者来到村里了。"大家纷纷同意她说的话。我拽着岸壁上的树枝，望见我家的江畔竟然呈现一片寂静流淌的江水，呈天蓝色，与相距几百米的下游这边的江段有天壤之别。后见原驻村工作队的领导前来，对我说道："你们怎么不看看孩子？如果我没见到他一人在游荡，他恐怕早就遇到危险了。"

第二个梦境：

我把前一段梦在梦里讲述给媳妇听，我告诉她："这段梦可能暗示着我们这几天闹别扭而带来的负面压力，包括别人的闲言碎语……"我在梦里讲着讲着竟然苏醒了过来。

第三个梦境：

在我的家中有一个小伙子，他是媳妇前任的亲戚。我心有疑虑，恐怕媳妇跟他有私情。他们的对话很暧昧，这让我心里很不满。

接着，我们之间多了一个眉清目秀，看上去贤惠、善良的女孩。我认为她是我的二媳妇，之后我又醒来了。

第四个梦境：

进入第四个梦境，人们在幽暗的胡同穿梭着。我似乎追逐着正在快跑的婶婶，闻听旁人说我在追赶婶婶，就转到其他转口，遇见了媳妇。我和媳妇去村里一个人家住宿，这里有星级宾馆标准的设备。一会儿梦见村里的李忠荣进屋，充满敌意地拉走我们垫下的床垫。过一会儿他带着这家的主人在屋外嚷嚷着，语气愤怒地朝里屋骂："你们想霸占这间房子，你们的房子呢？"

接着是断断续续的梦，有些片段醒后却没有记忆了。

起床后我疲惫地走到厨房烧火，点上一把香祈福，连续几个晚上的噩梦、怪梦让我有些焦虑与隐隐的不安。虽然独龙人认为：秋天落叶凋零之时的梦境不具有对未来的暗示与征兆。但对具有长期梦境积累经验和喜欢揣摩梦境的我来说，梦境的确会是一种暗示。我发现独龙族的先人对梦境的经验积累，和解释与我国奇书《周公解梦》中的某些片段，竟然有着惊人的相似。这难道仅仅会是一种巧合？以我自身多年以来的梦境积累或是听长辈对梦境的解释就可以证实两者的相似之处。

与我媳妇讲述昨晚的第一个梦境，这是我第二次给她讲述这段梦境，因为昨晚我已在梦境中给她讲述了一次。

媳妇说："这段时间，我也是噩梦连连，有些甚至记不清了，昨晚我甚至梦见我死去的堂弟和爸爸。我还梦到了巫师，是不是这几天巫师作怪而导致我们喝点酒竟然弄出这么大动静？加上我家附近埋葬的都是'乌'，长辈不是说巫师、乌死后只是他的躯体死了，他们的魂魄却不会灭亡。"我的岳父没有什么重病，可自从搬到这个家不到一年他就死去，或许这就是"乌"的魂魄作祟活人。我们的肉眼又看不到，还是小心谨慎为好。村里人都认为我们的这个新家可能是凶宅，他们就是通过我家周围埋葬着一个乌家庭而判断出来的。

媳妇所说不无道理，幽冥之事，从古到今，流传深远。即使是一个接受过高等教育的独龙族后人，也不会轻视民间的有关忌讳。

2015年11月4日—30日

2015年11月4日　星期三　阴雨

今天又要把菜园用青竹包围起来，以防止牲畜进入园内践踏菜苗。这些天村里的每家每户都在准备着过冬的柴火，我与兄弟商量搭伙一起砍木柴，他却一个人在短时间内完成了柴火的砍伐。柴火一般以水冬瓜树为主，它质地柔软而且干得也快。虽然栗树是最上等的木柴燃料，但缺点是质地比较硬：不仅砍起来对锯齿的磨损程度很大，最后劈成块也是一项费体力的活。人们自然普遍选择水冬瓜树做燃料。

妈妈分给我们一块菜地，她把大面积的自留地都分给我们，让我们勤快点，才会经营好这块地。

这几天看天象得知又要下一场大雨了。下午，不出所料，下起了雨，雨势较大，我们便停下手中的活。前阵子我委托木副主任从县城买一个电用打茶机，我去找他，发现木副主任躺在床上看电视。

2015年11月5日　星期四　晴转雨

吃完早点我们带着孩子到村口桥头旁梯田，准备把苞谷秸秆切碎做肥料。昨晚下了雨，秸秆被雨水淋湿了会好切些。收集在一处的苞谷秸秆切碎后将用作这块地以后的肥料，这是农户们常使用的农肥。

不一会儿就切完了，回家见到母亲、弟弟在金强的农家乐，李珍英之后告诉我说今天党员们要做活动。

2015年11月8日　星期天　晴

我准备后天上山，和邻居龙明光去下套索。

2015 年 11 月 9 日　　星期一　　晴

今天媳妇代松去帮王文英搞芋头地。

2015 年 11 月 10 日　　星期二　　晴

我和龙明光一大早就去爬西山，下了一些套索。明天还要继续在另一处山面下扣子，我们两个都带了弩弓，今晚就要在栗树丛打飞鼠了。在稍微平整的一小块空地上拉开一张薄膜，这就是我们的营地，也是龙家人的猎区。龙明光的父亲龙明才是一个出色的猎手，这块猎区就是父亲从小带他们捕捞下扣子的专区。龙给我讲述了他父亲带着他来这里看扣索，不小心从某一处的岩石上踩滑坠崖身亡的事。

夜色渐渐暗淡，我们在薄膜下整理着弩箭。草乌是毒药，龙明光带了两个稍微新鲜的草乌，我们碾碎后敷在弩箭头上。这样临时敷上去的草乌具有很强的毒性，射中目标后毒性在其体内能快速扩散。

天完全黑了，我们打着电筒穿梭在高树林丛中。飞鼠喜欢在栗树上活动觅食，有大小之分，个头大的叫"卜素"，个头小的叫"邓拉"。

我带着半瓶白酒，两人因为看时间还早就在树下喝酒，等着飞鼠的出没。今天龙的两位弟弟也来打飞鼠，他们也来到我们的营棚下小坐聊天。我们只带了两瓶酒，拿出一瓶与他们分享。营棚外蓝色的天空星星满天，这样的夜晚提起往事让人惆怅。

2015 年 11 月 11 日　　星期三　　晴

昨晚我们到处去找飞鼠，一直到 12 点，只打到了一只"邓拉"。今天在龙的带领下，我们顺着营棚上方的山爬去，他说这一片山沟过去打的岩羊数不胜数。一路上，他饶有兴致地讲述着过去他和父亲在这里捕猎的故事，一直到山顶。我们一路在岩羊道下岩羊脚套索。昨天我们从家里带了十几个小夹子，见一山沟里有野鸡的踪迹，我们便在这里下完了这些小夹子。到了下午 4 点钟左右我们下完了，便下山准备回家。

在营棚吃完热乎乎的泡面我们就下山回家了,龙说过 20 多天后我们再来看这些套索。

2015 年 11 月 12 日　　星期四　　晴

今天我帮弟弟把已经劈好的柴火从山里滚到路边,他请了自荣的拖拉机运到家门口。

2015 年 11 月 13 日　　星期五　　晴

弟弟来叫我帮他劈柴。

2015 年 11 月 14 日　　星期六　　晴

广播上一早就通知今天要搞村里的卫生,我派媳妇去打扫。弟弟的柴火还有好多,昨天没有劈完。两拖拉机的柴火劈完,也是一件费力的事。

2015 年 11 月 15 日　　星期天　　晴

我去三乡,准备将云南大学发放的酬金取出一些,银行卡被锁了。紧急之下想到了我的朋友资渔,他是昆明《都市时报》的摄影师。几年前拍摄纪录片时我们是同吃同住的伙伴,他知道我现在急需要钱,就二话没说给我汇来了 1000 元。

2015 年 11 月 16 日　　星期一　　阴

取了资渔给我汇过来的 1000 元,买了一把锄头、两双鞋子,买上一些孩子的零食等。我准备搭上洋洋的面包车返回家,见曾闪光也在,他到农村信用社存了 8000 元。他说是今年采挖的钱,今年他一个人挖了 1000 多斤,用 17 块卖了出去。他说钱也花了很多,我帮他存了这笔钱,他买给我一包云烟,我们一起逛商铺。他给自己的女儿买了一个会发声的装有电池的布娃娃,10 只肉鸡,花了 500 多。他说他平时很少来乡里赶集，他平时习惯独自上山挖药材、打飞鼠等等。在车上他从口袋里掏出几根松鼠尾巴，对我说道："你要不要这个？给你一个，能驱赶'母特'。"据说"母特"是下游缅甸傈僳族，即缅甸土著民族的一种邪术，拥有此邪术的人可以在人的饭碗、茶、酒、水杯里放蛊。蛊由细微蚊虫所变，飞到被下蛊之人的碗里或是杯中食物与酒水之中。人若大意咽下带有咒语的蚊虫，日后常感喉咙不适，时间久了变得咽不下食物，只能靠水维持生命，身体渐渐消瘦，直到变得皮包骨一般。被下蛊的人到了医院医生也不能查出病因，通常只会下一个结论：癌症晚期。此般邪术，如果找到会解之人，或是下虫蛊的人就可以挽回生命，否则只能走向死亡，无可救药。现在此种邪术，怒江州以内都存在。除了上述方法，也有一些对付虫蛊的方法，比如松鼠尾巴就是其中之一。因此物有异味，对虫蛊有驱赶之功效。人们对虫蛊心生畏惧，同时也更加防范，尤其是出外的人都会戴着避邪之物。

我也知道此物能驱赶虫蛊和各类邪术，因此他掏出来让我选的尾巴中，我要了一根稍微长一点的。传言说很多人在夏季都会害怕去缅甸，夏季的缅甸弥漫着蚊虫、病菌，还有那可怕的妖术。这个季节去缅甸带着病回来的人都不会活下来，确实很多活生生的例子摆在我们面前。因此，给缅甸一带披上了一层神秘与恐怖的面纱。

2015年11月17日　星期二　晴

家里的柴开始要砍伐了，阿拜和坤拿着自己的油锯来帮忙。两公里外的木素牧山沟里有些水冬瓜树。他们两个分工各拿油锯砍树，我跑来跑去的提供汽油、工具，媳妇在附近的山沟边寻找着猪食。

水冬瓜木很快被砍下来切段，大家集中到一处吃些东西、喝点酒。因为他们的帮忙，这次的柴火便轻松搞定。吃过午饭我们歇息片刻，喝着今天早上带来的大麦酒。四个人很快就把一瓶酒搞定，才把所有的切段了的木头沿着沟壑滚下山去。

2015年11月18日　星期三　阴

昨天还有些柴没有滚到公路边，今天阿拜、坤我们三个继续来把柴木滚到路边。如今搞柴火变得十分方便与省力，滚到路边直接可以上车运到家。

2015年11月19日　星期四　阴

阿拜、松木、坤、我和媳妇，今天去把那些柴火搬上车运到家。蜿蜒的公路上一辆中巴客车迎面呼啸而过，听说今天要举行培训。这几年各类的培训比比皆是，什么焊接技术培训、农产品培训、服务类培训。每次参加培训的村民都会得到50—100元不定的务工补贴，两三天的培训过后，培训单位还会给参加培训的人发放中等技术专业学校结业证书。过去这样的培训数不胜数，但对于不习惯外出的当地人，这样的培训毫无意义。这也只是学会某一项技能的冰山一角，人们认为这样的培训不比传统养殖强多少。

下午整理完毕，我打电话给阿生，让他下来用他的拖拉机帮我把柴火运到家。好大一会工夫两车的柴火才运到家。我杀了一只鸡，开了一瓶好酒来招待今天辛苦的大伙儿们。

2015年11月20日　星期五　晴

劈柴。听邻居阿光早上跟我闲聊说到，昨晚他的弟弟古鲁，去阿明家送彩礼了，他也去了。杀了两头猪送上去，昨晚人很多。

2015年11月21日　星期六　晴

今天又是劈柴。昨夜我和阿光一起喝酒，到早上都在打头。今天听说阿明也在杀猪，应该是为返还彩礼准备的。送彩礼时候，女方家人也会杀猪返还给男方。这是传统习惯，据说这样做对嫁出去的女儿的寿命更好。果然，下午看见古鲁给他哥哥阿光递了一袋子东西。

2015年11月22日　星期天　晴

冬天的早晨十分寒冷，人们去田地干活都是等太阳照遍整个村庄才开始出发。看见降着小霜，这几天人们都陆续地清理地里的苞谷根茎和野草。几天来天气晴朗，能快速晒枯拔掉的野草、苞谷根茎。

我带着孩子去村尾。这里有1亩多地是媳妇家的田地。现在他们家除了她，就没有其他人了，她就是这块地的主人。岳父在献九当生活之时，这两块地都是由他弟弟一家耕作。岳父回到家与我们生活，这两块地他也就要回了。现在他去世了，这块地无可厚非地由他女儿继承。

今年荣华公司放养的牛群踩踏、蹂躏了很多苞谷地，使得颗粒无收，对此村民们愤怒不已。由于乙方负责人是村委会，人们对村委会议论四起。迫于舆论压力，村委会向村民们表示，荣华公司会根据情况赔偿农户们的损失。但至今都没有看见所谓的"赔偿款"。

明年我们又要生一个孩子了，这便会带来诸多的不便。为此，我明年去西部缅甸的机会都可能要取消了。随着添丁，想在村外另谋生计的很多想法都无法展开了。

今早，见曾年兰、曾玉香各背着一件雪花啤酒到村附近的田里除草。曾玉香一家的田地大约2亩，以往无论翻地、施肥、播种、收获都请一大批人来帮忙，今天同样来了很多人帮忙。

我们各拿小锄头除草，孩子在田地乖巧地玩耍。现在到哪里都找不到能够帮忙照顾小孩的"肖拉"了，因为一到年纪，村里的孩子们都到学校了。现在生孩子再也找不到保姆了，家里有长辈的夫妻俩倒是方便一些，像我们两个到田地都要带上孩子。

下午，看见路上公安局的车子飞奔而过。媳妇回来后告诉我，孔目一带的人今天杀死了自家的人逃亡了，逃走时带走了弩弓、刀具等危险用品。警察叫村民们谨慎、小心，见到凶犯立刻报警。公安局今天上来的目的是在邦一带张贴通缉令，据说中缅边界的钦兰当村也张贴了告示和通缉令。

独龙心语　贡山县独龙江乡迪政当村独龙族村民日志

原来打算明天去远山打飞鼠，顺便把放在山沟里的老鼠夹子带下山。今天看见阿华家里拴着一只小小的猴子，一问才得知是他下老鼠的夹子夹到了这只小猴子，见还有微弱的气息便带回来养，他用牛奶喂着这只小猴子。金光等路过的人也来围观，金光说这只小猴子大约15天大。

冬天人们都喜欢爬山下飞鼠、山鼠之类的野味。或是约上伙伴或是独自一人，在深山过夜打飞鼠，是男人们的一大乐事，同时也曾经是肉的来源。今天见阿拜和坤结伴去了江东，明天我也有心思去。老婆知道我有过夜的打算，她便阻拦我道："今天两个凶犯逃了出来，你一个人就不要去了，听说他们还带了弩弓刀具，说不定会跑到哪个山沟里呢，万一不小心遇见很危险。"

2015年11月23日　星期一　晴

这几天没什么事情可做。白天大家也都是无所事事，女人们在这个闲暇的时间段编织着独龙毯，男人们则砍竹子编着篮子，晚上再往山沟里跑。

6点钟，我带着弩弓、电筒，佩戴砍刀，挎着"耸"（化学线编织的网包），带上一瓶4两的酒就独自跑到2公里外的山沟里打飞鼠。

皎洁的月光透过枯萎的叶子缝隙照进丛林，四周光线幽暗，山鼠偶尔"簌簌"踩过落叶觅食。强烈的电筒光把月色隐弱了下来，对面的高山上电筒光在闪烁，时而传来"宫"一声，这是弩弓声。

打飞鼠也要看运气，有的时候跑遍一座大山也未必碰见一只小飞鼠。

12点钟，我也没有碰见一只飞鼠。于是我就下山，快到路边的岩石边的树枝上我碰见了一只飞鼠。打了两支箭，却怎么也找不到飞鼠的尸体，索性回家。

2015年11月28日　星期六　阴

听说省里李纪恒准备来村里了，这几天县里派来短暂驻村的村官带领、督导村里百姓搞卫生。太阳照到村里每家每户的屋檐，广播上又通知大家集中到村委会，各拿扫帚、铁铲、锄头搞卫生。

听说昨晚热艾到龙忠强家，醉酒打了龙。村委会大门口外的人们聚拢在一起谈论着这件事。过一会儿龙头包着绷带来到村委会大门旁，主任用手机给龙照了一张相。龙的左眉骨血迹并未拭去，伤口很长，组长等人建议报警抓走这些闹事的人。他认为，如果不让警察来管管，村里人都管不了他们，说了也是白说。

1点半大家又集中在一起，听说省里来调查农家乐的人到雄当村。由在三乡的子师傅带领，到李文伟家吃了一顿饭，又坐车到邦村看了一下就原路返回去了。估计这伙人不是来调查的，而是随便来吃吃喝喝。

2015年11月29日　星期天　晴

太阳照到了村庄，广播上说：请村代表集中到村委会收拾垃圾。

人们陆陆续续来到村委会，等候着今天的任务安排。李金强说他们在白来一趟挖了不少葛根，下游白来一带的人不会制作葛根粉，有人帮他挖了不少葛根，看样子他高兴不已。来到农家乐柜台前，他高兴地为我和阿拜各倒上一杯青稞酒。

大家差不多都集中完，有人搞厕所卫生，有人在路边打扫、捡垃圾。这几天组织的卫生工作，使村道、公路变得干干净净。

2015年11月30日　星期一　晴

全村每家每户都留一个人搞自家卫生和房屋周围的卫生，家里乱堆放的柴火还要码整齐。

媳妇和弟妹昨日约好跟着弟妹的娘家人去挖葛根了，挖了一篮子，收获还不错。最近人们都挖葛根，然后制作成葛根粉卖钱，一市斤可以卖50—60元钱。

2015年12月1日—31日

2015年12月1日　星期二　阴晴

按预约，今天和江旺的母亲一家去西山的半山腰里采挖葛根。因为没人照看孩子，我就把我们的小儿子托付给隔壁的龙明光照看。8点左右弟弟和江旺两口子来约我们一同去，我们每人随手抓上篮子。篮子里再装上一些今天的干粮，还有一瓶白酒。据有经验的人说：采挖葛根时如果再有一点酒味，就会有很好的收获。但有些人不那么认为，比如村里的基督徒，他们认为挖葛根跟喝不喝酒是两回事。这样的不同"派别"的观念，往往产生在基督徒和非基督徒的身上，因为观念的不同和兴趣的不同，这两类人之间也会渐渐地划成一道"鸿沟"。在村里普遍交际范围也出现很有趣的局面：基督徒只会跟同类信徒来往，相比之下非信教村民的交际范围远远比基督徒宽广得多。村里只有少部分人是基督徒，如果仅仅以交际范围来衡量基督徒的话，他们变得狭隘、自闭了许多。

采挖葛根是一项费力、费时的活，"工欲善其事，必先利其器"这句话对在山野生存的人来说是最贴切的。挖葛根必须要有十分硬实、坚固的家伙，这需要铁锄、砍刀、镰刀（女子）。锄则破土、开凿之需，刀乃劈障砍荆之用。

每年的11月份至2月份之间，就是采挖葛根的最佳季节。据老一辈们讲述：家里劳动者，凌晨天蒙蒙亮就要上山采取葛根或者"萌"（类似葛根的东西），前者提取淀粉，后者可以直接洗净煮食。据说过去挖葛根或是"萌"，也是只能带煮熟的"萌"作为一整天的干粮。当时经常操劳到天黑才能回家，当晚还要把采挖回来的葛根剔除泥土、洗净、捣碎等，一直忙到深夜才完成所有的制作过程。第二天凌晨天蒙蒙亮还要把昨晚做好的葛根水轻轻倒掉，才能看见沉淀在锅底的葛根，从扁锅里刮出湿泥般黏稠的葛根，在炭火上烤熟，吃一点便又要上山重复和昨日一样的事……

同样的过去的故事,很多家里的长者都会讲述给现在的年轻人们听。就像是提醒现在的人不要忘记祖辈的艰苦,感恩现在的生活。

2015 年 12 月 2 日　星期三　阴晴

听说荣华公司放养的牛死了一头,叫了 6 个人去江东负责剥皮、分解牛肉,这是独龙牛种。李金国、弟弟、孔跃文、曾闪光、陈江林和我一同背着篮子去割牛肉。从粪便来看这就是一头病死的牛,这已经不是死的第一头了。

不一会儿的工夫,大家把一头大牛剥皮分解成几大块,各自往篮子里装上一大块牛肉。陈江林除了牛大腿还装了大牛头,过独木桥时他踩下的木板都变形了,他十分艰难地到了对岸。

大家在桥头空地休息片刻,陆陆续续背到了村委会。村里有三个年轻的刚来的大学生村官。这些驻村大学生村官,他们都在乡里或是县里的政府机关单位有职位,杨迎国见我们背来牛肉,也愁了。他叹气道:"唉!该怎么办呢?现在村干部又都不在,我也不知道怎么处理这牛肉。"接着又说道:"先放在二楼旧办公点的走廊上吧!"大家跟着他上了二楼,他拿来一沓旧报纸铺垫在地板上。大家把背来的牛肉全倒在上面,李金国叔说:"既然按你们的吩咐处理了牛肉,就分给我们每人一点作为报酬吧。"杨无奈地接道:"好吧,你们拿去吧!"金国从牛肉堆里抓了一大腿说:"随便拿这个吧!"

大家从村委会出来,陈江林有点后悔他刚才剁牛头没把牛角留下来,因为刚才牛角被其中一位村官相中了。大家把刚才分给我们的牛肉背到了弟弟家的地板上分起来,金国负责按人切牛肉。切好的牛肉,弟弟分堆排起来。切完后大家随意选取其中的一份。虽并非均重,但大家无话可说,随意抓取一份。

2015 年 12 月 3 日　　星期四　　雨

早上，广播上通知乡医院的人上来给 1 至 6 岁的小孩打预防针，通知有孩子的人家做好准备。

村里有孩子的妇女们，陆陆续续地拿着预防接种证集中到村委会。乡医院会不定期地来给村里的孩子们打预防针或是接种，或是给 0 到 2 岁的婴幼儿发放营养包。

今天天气变得十分寒冷，细雨淋湿了昔日干燥的地表，雨水阻碍了村民们这一时段地里的农活：除草（独龙语叫"哒素楞"）。

2015 年 12 月 4 日　　星期五　　晴

最近因为是采挖和制作葛根粉的时期，每家每户都忙于制作葛根。今天坤和松木两家搞葛根，我们两个也去帮个忙。

2015 年 12 月 5 日　　星期六　　晴

帮松木搞葛根。

2015 年 12 月 6 日　　星期天　　晴

帮松木和弟弟制作葛根。

2015 年 12 月 7 日　　星期一　　晴

今天是松木家做最后一道工序，很快就做完了。这几天帮松木一家制作葛根，我估计应该能挣到一笔钱。

大家都忙着制作坤的葛根，他们叫了金都里、才塞、普乃和丹康。李成刚硬拉我到他家喝酒。他在自己的卧室藏了一瓶大麦酒，打开便用瓶盖转酒喝起来。天巴也在，三个人在成刚家的走廊上喝完了这瓶大麦酒。天巴说他家有好酒，叫我到他家喝酒。成刚是天巴的小舅，虽然成刚远比我和天巴大，但一直没有找到媳妇组建家庭，这应该是作为只有一个儿子的成刚父亲群义，最为无奈和伤心的事。

2015 年 12 月 8 日　星期二　晴

最近，除了制作葛根，村里的人一直都处于"闲置"状态。每年都会持续到春节过后，人们才把精力投入到农作上去。这样无事可做的日子，对有些人来说也是很煎熬的，但又找不到能防止变得慵懒的事情可做。这个季节能做而且挣钱的事情就是挖葛根、制作葛根，或是上山过夜打打飞鼠之类。

2015 年 12 月 9 日　星期三　晴

凌晨，天未亮被一阵鞭炮声从梦中惊醒，马上联想到的两幅画面就是死人或是酒醉人玩耍，后者的可能性较小。醒来后我一直琢磨这个事，见村道上也没有三三两两聚拢在一起"交头接耳"的妇女们。

喝过漆油茶、吃点粑粑，龙明光打开窗户跟我说明天要去上山看扣子，我说："好"。我和媳妇带着孩子准备到田里除草，见路上代松的婶婶和志华媳妇松旺，问起凌晨有人放鞭炮一事。得知确实是有迪政当村的文面老人巴南去世了，明天准备下葬。想到今早龙明光约我去上山看扣子，他也还不知道村里有老人去世，不知道他有没有忌讳。

除草的工作依旧进行，孩子在田头玩耍。还没做到一半孩子便不听话了，大哭大闹，媳妇只好在田头哄孩子睡觉。现在能够照看娃娃的孩子都去上学了，不像我们小时候，父母出门还有一个专门的小保姆来看管，现在的孩子没有这样的待遇了，也苦了父母。农忙时还要一边照看孩子，一边忙活。

下午，活终于忙完。回到家我转身去龙明光家，问他明天巴南奶奶下葬，我们是否还要上山看扣子？他毫不思索地回答："只不过是一个年逾古稀的老人，又不是'jiangtong'（非正常死亡）死的人，更何况好几年瘫痪在家从不出门！怕什么？"他说的"怕什么"指的是：假如一个正常的人，非正常地死去（非正常——上吊、跳江、服毒草药、跳崖等）或是遭遇天灾人祸，据说此类死法的人去世时，天地会凝聚十分强烈的怨气与邪恶，他们的魂魄会招来邪恶的精灵、鬼。一旦有人非正常死去，就不能沾到泥土的气息，夜晚不能酒醉游荡。认为此时会有很多厉鬼、野鬼游动并招来厄运、晦气，严重者甚至危及生命。这样的忌讳，会潜移默化地影响着子孙，没有人敢去碰触与冒犯。

2015年12月10日　星期四　雨

昨晚，孩子一直哭啼不停，今天几乎没有精神。一大早天色朦胧，几步之遥的邻居龙明光在喊我，此时我还半醒半梦。

我们约好今天上山，带上一瓶酒，半包面条，还有必带的弩弓、弩箭、砍刀等，各在家里吃完了早点，带上路上吃的粑粑和炒鸡蛋，就一起出发。龙说要绕道走，以免碰见人，对狩猎会影响。老一辈们最忌讳这些，认为去山里狩猎如果在路上碰见人会影响到瞄准猎物的视角，还会阻挡发现猎物的眼睛。

一大早没有人起床，只碰到玉珍丈夫和金光哥从厕所回来。我们从玉珍丈夫的小卖部里顺便买了一瓶白酒。

一个月没有上山了，变得气喘吁吁，龙始终有一大截路段没有赶上我的步伐。为了照顾他，我也是慢慢悠悠地爬上去。

到了，龙看手机告诉我是12点35分，这已经是很慢的速度了。卸下不重的干粮包袱，我们就开始在帐篷附近拾起柴火。附近没有可燃用的柴枝，除了大直径的栗树外，能砍的树全被砍光，只留下一片光秃秃的树桩。这是采挖重楼的人们留下的"杰作"。不一会炊烟袅袅，烧上一小锅水，再加点砖茶就是上山人们的饮料。我们都不确定今天是否有收获，龙说这一带他过去打过很多猎物。他这么一说我就更加坚信今天的收获。吃过后短暂歇息片刻，每人喝一点酒，闲聊起来。

我们先去附近的一片猎区，穿过悬崖峭壁与茂密的灌木丛。结果让人失望，有几个被岩羊踩空的脚套都是空荡荡的挂在一边，只在陷阱处留下一处足迹。巡视了一片都没有捞到任何东西，这结果让人很不爽，我们把希望寄托在另一片猎区里。

下午5点看完，我们决定明天一早去看另一片猎区。今晚还要在山里打飞鼠，我们疲惫而扫兴地回到营地。砍些附近的干树枝，点燃火堆，两人就开始喝酒，整理弩弓和弩箭。我背了两棵稍干的草乌，把草乌捣到黏稠状就可以直接敷在箭头上。这是临时打飞鼠用的方法。

夜色渐渐暗下来，此时所有准备就绪，就等到9点钟左右出去，坐在帐篷下喝酒打发这段空闲的时间。

2015年12月11日　星期五　雨

昨晚在野外一直到12点左右，跑遍整座山林只打了一只"邓拉"（一种体形比较小的飞鼠）。之后没有睡意，我们躺着闲聊喝酒到3点。今天早上醒来有些打头，我醒来时龙已经烧了火，在煮着茶水。

今天的任务就是爬营地后面的高山。那一片的区域套索比昨天的要多许多，还有一些下野鸡、猴子等的小铁夹子。

简单热点昨晚的饭菜又爬上去，从营地要爬上约2公里的野路才会抵达第一个套索处。龙气喘吁吁地爬上去，似乎恨不得马上看到套索是否扣住猎物。第一个套索还是像刚刚放上去的一样，没有任何踩踏的痕迹，也没有放空。我们继续爬上去，后面的山沟雨天最难爬，也没有可踩踏的地方，只能顺着野藤轻轻用力往上爬，稍微踩空或是藤蔓不牢靠就有直接跌下岩石的可能。翻过了三座大山，直到2点钟左右才看完，让人沮丧的是并没有任何收获，哪怕是一只老鼠。

回到营地，我表现很沮丧。龙对我说道："你太心急了，现在的猎物都在高山顶上活动，眼看也快要下雪了。那时它们会渐渐下山，就会有希望。"营棚外，雨水肆虐，天空夹杂着寒冷的气息，我们在火堆旁取暖。风把帐篷吹得哗哗响，方才的雨水淋湿了身子，靠近火堆，喝上一口白酒，整个人也变得暖和起来，只是没有收获让人惆怅。

待暖和了身子，喝完了酒，我们才冒着雨水与寒风扫兴而归。

2015 年 12 月 12 日　星期六　雨

今天，李连英家杀猪，她请了我和龙来帮忙。连英是我的大堂姐，她的第二任丈夫子丙英过世不久，她带着孩子回到娘家。她和第一任丈夫有两个女儿，和第二任丈夫生的一个儿子，现在也四岁了。和第一任丈夫离婚后大女儿归她，现在读小学三年级。她姐姐金花和第一任丈夫离婚后并没有像连英一样要到孩子的抚养权，现在嫁到了永胜，前阵子听说生了孩子，金花把母亲也接到了永胜照看孩子。听说她母亲也在那里找到了老伴，听连英说母亲还暂时没有回来的打算，今天杀的猪也是通过母亲的叮嘱。

猪养在村头的桥头旁，这是新农村搬迁时他们住的地方，现在也是空房子，连英一家居住在母亲的家里。她弟弟李达去年吃草乌自杀，母亲又在外边找到了老伴，这个家现在只能由她来当家。

烧上杀猪水，连英给她永胜的母亲打了电话，两人有时开起玩笑来，甚是亲密的样子。一会儿，水也烧开了，我和龙杀猪，连英用花椒盐水接猪血。我们把猪拉到火塘边浇水拔毛，一会工夫猪洗涤得干干净净。切完肉，取一些瘦肉烧起来吃。吃过一些肉，他们两人在清理猪肠子，我负责烧猪头。两人在门口用冷盐水把猪肠子洗得干干净净，此时我也烧好了猪头，连英命我们把猪肉全部背到新房里。

媳妇去乡里赶集现在才回来，她说乡里取不了钱，白白跑了一趟。连英叫她吃一些新鲜肉，给我和龙端来了一缸玛咖泡的药酒。他们两人到另一间房里切猪肉了，这是要分给家人和朋友。村里杀猪通常有一个习惯，所杀的猪要分给过去杀猪时给过我家猪肉的人家。有些人家，家里人多，一头猪往往分得只剩下一点。很多村里人都认为这样的习俗十分不好，好不容易养肥了一头猪，杀时却只剩一块，不够吃好些日子。

尽管大多数人这么认为，但依旧遵循着这种古老的习惯。

2015年12月13日　星期天　雨

今早广播上通知，移动公司今天要给50岁以下、18岁以上的村民免费发放一部智能4G手机，要求持身份证、户口本前往村委会领取。

听到此消息，从上游的向红、木当、普尔、熊当村浩浩荡荡地来了一大拨人。摩托车排满村委会大门口的公路边，面包车、拖拉机都集中到了村委会门口旁等候着发放手机。这人流远远要比村民大会、通车庆典、卡雀哇节等大众聚会的场合要多很多。

虽然外面下着雨，但声势并没有因此而削弱，在村委会会议厅里里外外，人流拥挤。

2015年12月14日　星期一　雨

昨天只是上游一带的村民领取了手机，今天到了我们迪政当小组、冷木当小组。一大早，大家都满怀喜悦与期待地跑到村委会领手机。

松旺和阿特也从三乡上来，他们是来找一些培育重楼用的山积土。据说，松针混合的山积土是最上等的培育养料。他们还用800元买了乡里的一间木板房，听说是盖在草果基地。我们陪同他在下游找了松树林，用编织袋装了十几袋山积土，摆在路边等返回时再上车。

金国叔叔来找我，说要加入合作社需要身份证注册。这是亚松叔叔申请的一个项目，需要10户村民联合起来共同创立以合作社模式运营的创业渠道。金国叔叔说他明天要去贡山注册了。

2015年12月15日　星期二　阴

听说阿Z在察瓦龙去世了，目前原因不明，他的家人已经到那里去了解情况和运回遗体了。听到这一消息，很多人都为阿Z的死感到惋惜。前阵子阿Z媳妇离异，有一个小儿子，只有2岁大。孩子那么小，父亲却不在了,这是最悲惨的事了。阿Z的去世,让人悲慨与感叹世事的难料。

2015年12月16日　星期三　阴晴

听说今天阿Z的遗体要到家了。阿Z和同家族的兄弟们去察瓦龙地区打工后不久,就传来了他酒醉从"藏迪"楼梯坠死的噩耗,他的兄弟、父亲们都去事发点了。

下午,阿Z的家人们准备在村头荒地清理出安放棺木的空地。不一会儿,鞭炮声响了,估计是到了。附近在家的人都跑到上面去看,棺木由阿Z妹夫的面包车运送,村里人陆陆续续来围观,由阿勇、普纳、阿香等人从面包车里小心翼翼地把棺材抬到刚才清理的空地上。

围观人中不时传出哀叹声,阿Z家人说今晚要在这里守夜。守夜必须烧火,大家默默地陆续离开,我和龙也去背柴。家里柴火还很多,但是按照习俗,为"江咚"死的人(非正常死亡)送守夜的柴火时不能取自家里的柴,而要从野外背到守夜点。我和龙背到守夜点时,大家早已一家一篮子柴,堆了一堆。给办丧事的家里背送柴是村里的一种习俗,因为守灵人们要通宵达旦地熬夜,其间需要大量的柴火。丧家人不能提供大量的木柴燃料,由每家每户提供,一般一家一篮子。

2015年12月17日　星期四　阴晴

今天准备埋葬阿Z。依旧,办理丧事当天,人们是会自觉地停下手里的农活来参加葬礼的。一早,人们就挖墓穴,其余的人把砖块从车里卸下,抬到墓穴旁;有些人捡石子。附近没有细沙来和水泥,我们几个人就到江边;一人拿一张编织袋去取细沙。待到所有所需的全部准备就绪,就要入葬了。

此时,村里的人纷纷前来观看阿Z在人间的最后一面。棺材由阿Z的兄弟轻轻抬入墓穴,人们都想看看阿Z最后的一面,墓穴周围站的人群几乎没有缝隙。开棺最后翻开死者的脸部时,大家都把脸朝前面探过去，阿Z面色晦暗，鼻孔渗出脓血。看到这儿，他的亲人、朋友们全部悲痛地号啕大哭起来，场面极为悲恸！翻开看死者最后一面只是短短的几秒钟，然后又盖上脸，盖上棺木，大家才泪流满面地离开墓穴。搞坟墓的人开始进行下面的程序，用混凝土把砖块垒起来，整个棺材渐渐地被一块块砖块包裹完。直到下午4点多，所有的工作才宣布做完。大家在坟前烧上一些干草，面朝东南方向祷告。祷告完毕，就朝此用弩弓射毒箭。大家纷纷回到丧家里，此时丧家人已做好了饭菜、"霞拉"等招待参与建坟的人。今天去的人一共有20个，除了曾玉香外，都是男人。

到阿Z家时，屋外的园地上已经摆好了两桌饭菜。吃饭前，大家还要做个仪式，每人手持一根干蒿草围着刚刚从火堆里取出的滚烫的卵石，用旁边盛放的清水，随着祈祷语的段落，用蒿草头点一点清水再点在滚烫的卵石上。祷词一般强调不要缠上厉鬼、江鬼、崖鬼，做事运顺，下水避鬼，上山过灾，如此反复。最后，大家把手面集中到卵石上方，念着祈祷语，往众人的手面上洒上酒。酒滴到滚烫的石头上立刻散发出雾气，就要用手在上方接雾气。传说此仪式是为了上山的男子不遭此次的晦气，驱走身上因为建坟而缠身的恶灵、厄运等。

今晚就是第二个晚上了，虽然人已入葬，但是按照传统仪式办理的葬礼，今晚要在家里守夜。阿Z的父亲现在是村里的唯一一位巫师，村里要是有丧葬、"木叟瓦"（木叟瓦是一项针对女子的仪式，其中包含保命的意义，通过"木叟瓦"还可以为无生育能力或有生育障碍的女子求得子女）、"索拉乔"（索拉乔是一项针对男子的仪式，意为男子求得平安，它不是男子的成年礼。"木叟瓦"和"索拉乔"仪式一样，不限年龄，有的在婴幼儿时期，也有人在12岁至25岁之间。如有人在婴幼儿时期举行过一次"木叟瓦"或"索拉乔"仪式，成人后必须再举行一次，方可算为圆满。跟"索拉乔"不同的是，"木叟瓦"的整个过程都是由巫师一手指挥，并亲临现场操作，由巫师和巫师助理一同或是分工完成；而"索拉乔"的仪式一般会念咒的长者都可以完成）都会请巫师。

人埋葬的第二天，就要把死者的亡灵请到家中供养。此时巫师可以通过神通与亡灵"交流"，人们通过巫师与亡灵的"对话"，就可以"了解"死者的"需求"与"诉说"。

  天渐渐暗下来，阿Z的家人已经在屋外的空地上烧上了篝火。这是为来守夜的人取暖用的。傍晚，村里的人陆陆续续地来到了阿Z家，原来阿Z和父亲住在新农村里，阿Z有三个兄弟，都已各自成立家庭，现在只有他的父母和两岁多的儿子了。

  今晚为了招待前来守夜的人，阿Z的众亲忙前忙后地做"霞拉"酒、煮鸡蛋、土豆等。前来守夜的男人，要分批去到离家几百米之外的村头坟墓添加柴火。去添火的人一般是2个、4个、8个等，忌讳奇数，否则其中一个人容易被鬼作祟。这种数字观念在其他生活中也十分讲究，去江边或是上山做某事忌讳3个人、5个人、7个人等，认为偶数可以达到平衡。假如是3个人，就乱了这种类似阴阳协调的原理，实为凶兆。

  过去，年轻人都喜欢在这种场合试探对方的胆量，经常玩一种游戏：派人去到坟土里埋几颗苞谷，然后大家通过划拳定输赢。输的人去寻找埋在坟土的苞谷颗粒，直到找到方可返回到屋里。弃权者视为胆小、怕事，会遭人笑。

2015年12月18日　星期五　晴

  几天后就要离开家，前往昆明参加云南大学少数民族研究中心组织的少数民族研究基地记录员的相关学习培训了。前阵子沙丽娜通过电话告知了我这件事，原来的记录只有我一个人在负责，但是每个基地都要参加两个人，一个是负责日志记录，一个是负责影像记录。我跟弟弟说明了这个情况以后，他一口答应和我一起去参加培训。他也没有去过昆明，也很高兴。最近基地配下来的老电脑都坏了，沙姐提议把电脑拿到学校更换新的。眼看这几天没有什么可忙的活，也就在家里整理整理笔记。

傍晚时分，我们一家子到阿Z家守夜。今晚来了很多人，大家围着篝火坐起来喝酒聊天，阿飞时不时地坐在妇女旁边逗笑大家，赢得大家一阵阵发笑。他和妇女们"调侃"男女那点事，宁都笙也跟他缠起来。阿飞像是男人的代言人一样发表着，拿女人说事，宁都笙则"代表"女人们说话。两人的逗趣让大家哈哈大笑，完全没有了丧事的沉重氛围。另一处的人也互相逗趣、喝酒，此类场合无形地给大家提供了一个融洽、和气、沟通的平台。过去，有人一直不解齐聚的人在这样原本沉重氛围的场合笑闹。在迪政当村，集聚到丧家的村民互相笑闹、打趣是平常事，这种笑闹每个人都会拿捏一个度。丧事上因为酒醉而与对方争吵甚至打架的人，会被认为是对死者家属的不敬，而招人谩骂和厌恶。

有人过一阵就分批去往坟头的火堆里添加柴火，一会有人提议要打麻将、清一色（纸牌），在客厅里摆起了两桌赌局。这边打纸牌那边打麻将，有人在屋外的空地上烤火聊天喝酒，很热闹。

2015年12月21日　星期一　晴

明天就要去昆明了，收拾好一些必要的行囊。听说明天要举行阿Z的"门饶所容"了。送走死者的亡魂后，"门饶所容"是最后一项仪式，把丧事期间各家各户筹集到的酒、食物都摆到屋外，任人们豪饮、大吃。"门饶所容"的开头就是"wrielonxu"，意为洗手。此项小仪式针对参与坟墓建设的人，由巫师念咒祈福，用酒洗手或者洗后身，以求洗去因参与坟墓建设缠上的晦气。死者家属给每人一份酒和肉，这个礼品叫"wrielonne"（洗手酒）。

"wrielonxu"仪式后，还有一项仪式——kalai（咖赖，参与的对象是死者的女性直系亲属与其子女）。此项仪式的祷告者，一般是死者家属的年长者。一般被祈福的对象坐在祷告者的面前接受祷告，祷告者在竹筒或是某种容器里盛满水，用青松蘸水，随着祷词的段落，蘸上净水的青松针挥洒在对坐的被祈福对象的身上，意味净水洗去亡灵的缠身和觊觎，求得平安与多子多孙。仪式完毕，死者家属就分给被祈福对象一些酒，每人一份。有些不能到达"咖赖"场合的人都留一份，这种礼品称为"咖赖讷"。这两项仪式是在"门饶所容"仪式上的插曲。之后，人们就开始喝"merane"（是一种给亡灵的祭祀品，传说这天会吸引众多的酒鬼、野鬼来同人们一起享用）。关于喝"merane"有约定俗成的观念：认为喝"merane"忌讳过量，非死者家属不能在这个场合待的时间过晚，否则会招来鬼作祟。

2015年12月22日　星期二　阴

一早醒来，我和弟弟打算坐李腾龙的车子下去。早上去母亲家叮嘱弟弟一些零碎的事情时，阿生问我要去哪里，今天要参加"wrielonxu"仪式。我告诉他我要去昆明，不能参加。他得知后对我说道："mokaollaro(没事，给留一份)。"

李腾龙的车上，今天只有我们两兄弟。临走前母亲叮嘱道："你们两个现在都是有孩子的人了，是大人了。不用我多说，去到外面少喝酒。事情要好好做，不用担心家里。"母亲的叮嘱，让远行的我们心里暖暖的。

到了三乡，又转找另一辆车子去往县城，独龙江公路已是白雪皑皑。

一下车，背着零碎的电脑硬件走来走去，十分麻烦，我们便住进了下车最近的258宾馆201房间。这往往是我到县城下榻的唯一宾馆，是因为房间里有电脑可以上网，还有WiFi，加上价格也和同类没有这些设施的宾馆一样。

拿到云南大学维修和换新的电脑显示屏、主机箱、键盘分类装进三个纸箱，里面有我写的10多万字的村民日志，和其他收集的独龙族的传统文化资料，很珍贵。

收好东西我俩去到农贸市场的小吃店里吃饺子，每人再喝一瓶啤酒，这是在村里没有的"享受"。

打的去买票，沙姐叮嘱要买保险，说这样才能报销车费。宽敞的客运站此时没有人，显得冷冷清清的，只有一位年轻的女售票员。

她懒散地问道："克哪点？"

我说："克六库的车有几点呢？"

她按了按键盘，看着显示屏说："克六库呢班车有7点半呢，有8点呢，8点半呢，9点呢！你要几点呢？"

我和弟弟短暂做了商量，确定了8点半的车次。

"我要买保险。"我说道。

售票员有些惊讶狐疑地看了看我们说道："你们是哪个单位的？"

"云南大学的。"我暂且只能这样说，因为车费最终是云南大学负责报销。

售票员有些惊喜地说："你们是哪里的人？"

"独龙江。"我说道。

"哇，独龙江现在变得是非常呢好，我真是羡慕你们，房子也盖得漂漂亮亮呢！我要是独龙江呢人就好了！"售票员有些激动地说道，和刚才比，似乎变了一个人。

"那你就嫁给独龙族小伙子嘛！"我挑逗地说。

"你们那边呢小伙子，不喜欢，怎么办？"她装作可怜兮兮的表情说道。

"那干脆跟我回独龙江过日子克嘛！"我打趣道。

"好嘛！好嘛！"她接道……

2015年12月23日　星期三　晴（贡山—六库—昆明）

早上弟弟先醒来叫醒了我，两人便打的前往客运站。

我们在客运站附近的小吃店随便吃了两碗米线，就匆匆上车。车里人满为患，贡山到六库的行程是很难熬的，车子在福贡只停下半钟头的时间来吃东西和方便。

到了六库，有7点半的车次开往昆明。我们在客运站足足有两个多小时的时间，在客运站售票厅外，有两个摊位卖小吃，有茶叶蛋、凉粉、米线、豆浆、小笼包等。我们便随意选一处停顿下来，补充体力。

好不容易才等到 7 点半的夜班车，弟弟跟我说他没有坐过夜班车，也没有去过昆明。躺在狭小夜班车床位上的他似乎按捺不住激动，我自从 2009 年从昆明读书回来，已经六年没有去了。时光悠然，躺在呼啸的夜班车床上，浮想联翩……

2015 年 12 月 24 日　星期四　阴　昆明

清晨，到达昆明西部客运站。

我打电话给沙姐，她说："高老师最近感冒很严重，我又要听课，你们自己打的过来吧！"

客运站内，拉客的出租车很多，管理的保安拿着警棍向拉客的车主大喊大叫地驱赶："快走快走，这点莫停车！让你快点走，个听着……"气势汹汹，让我想到了昆明的城管跟商贩。一位中年男人叫了我们："喂伙子，克哪点？"告诉他我要去的地点，他得知后说道："云南大学文林街远呢，要 80 块车费个克？"他这个价钱，是我们从村子到县城的单程车费，没办法，我们只好搭上了他的车子去云南大学。半个小时后，到了云南大学的南门。

我们打电话通知沙姐，一会沙姐来了。跟随沙姐穿过了绿树成荫的学院，我们来到了食堂。沙姐用自己的饭卡让我们自己点上喜欢吃的，三个人各点了一盘饭菜坐在饭桌旁边聊边吃。

吃完后，沙姐带我们到了文林酒店。据说其他基地的记录员都已到位，有些则是家里有事，没能到达。住宿统一安排在文林酒店，从云大走过一段街道就到了文林酒店，房间定下来后，沙姐带我们逛了翠湖。

沙姐说："明天开始在云南大学人类学博物馆二楼报告厅培训，你们好好休息。"逛完翠湖，我们两个回到酒店，沙姐去听课了……

中午，高老师叫我们去吃饭。跟随沙姐来到了餐厅，高老师正和朋友在门口聊天，见我们来高老师笑着走到面前："我们的独龙族小伙子来了。"双手抱了抱我们两兄弟。跟随他们上了二楼的单间，高老师和一位年龄与她相仿的女人在不停聊天，她跟我们介绍说这是台湾的学者。

高老师的学生桑坤也在。一会儿，像桑坤一样熟悉的在村里做过田野调查的李丽平、侯蕊都来了。他们都是高老师带的学生，来到陌生的地方，见到了他们，心里有一种说不出的温暖与感动。

高老师在饭桌上对大家说："这个饭局是我为独龙族的两位兄弟接风的，他们从那么远的地方来，很辛苦！……"

弟弟坐在高老师的旁边，高老师向我们介绍了这个饭是手抓饭。晚上，所有的基地记录员与云大教授们共进晚餐。

2015年12月25日　星期五　阴　培训第一天

今天的培训内容是《少数民族田野调查基地——村民日志、影像志目标和方法》。8点半至9点，由马老师负责，9点至12点影片放映及讨论（本次放映讨论的影片是石龙、南溪、赤恒底云大田野调查基地负责人所拍的视频）；14点至18点，放映的影片是箐口、纳古、芭蕉箐、大糯黑田野调查基地带来的视频，都由陈学礼教授负责。

郭建斌叔叔打电话约我们12点钟在云南大学南门文林街碰面，他穿着一身蓝色的毛绒服来了。与我们在云南大学门口让路人用手机拍了几张合影，就请我们到一家餐厅吃饭。他一再关心地问我们母亲得高血压的事，并说要买一些药寄过去。

边聊边吃饭，聊一些村里的事。郭老师很关心村里每个人的状况，因为村里的每个人家他都再熟悉不过了。聊得差不多，吃好喝足，我们和郭老师在云南大学门口道别。

2015年12月26日　星期六　晴　培训第二天

今天培训的内容是"村民日志、影像志总结、经验交流"。9点至12点，分别对石龙、南溪、赤恒底、箐口、纳古、芭蕉箐、大糯黑七个老基地拍摄的田野影像进行放映以及讨论、交流经验。12点至17点，村民日志培训由马老师带领。19点至22点，进行"乡村之眼"影片观摩：《白裤瑶人的葬礼》（广西，黎夏）和《祈福的忧虑》（青海、华泽）。

晚上的影片放映，我和弟弟并没有参与。我在昆明《都市时报》的摄影师兼记者兄弟资渔，打电话邀请我过去。我两兄弟按照他说的地点，来到了云南报社集团的大门，一会资兄也下班出来了。资兄说这里有家重庆烤肉串，味道非常好，我们去那里。跟随资渔兄来到了烤羊肉串的店里。我和资渔在2011年因拍摄纪录片而结识，当时他是作为云南纪录片导演欧阳斌的助理来到独龙江。另一位文字报道是赵孟，他是"澎湃新闻"的记者，现在已经调到了上海《东方日报》。在拍摄纪录片《独龙江》时我们同吃同住，结下了友谊。

资渔点了一大堆烤羊肉，还点了三杯松子酒。另外还点了我们爱喝的鹤庆大麦酒。在闲聊之中，他得知堂弟坤松也在昆明，资渔就提议让坤松也来一起喝酒吃东西。

坤松很快开着电动车来了，差不多12点，坤松和我坐他的电动车，资渔和弟弟李斌打的到了文林酒店。到了酒店又买一件哈尔滨啤酒，不知道什么时候入睡的……

2015年12月27日　星期天　晴

今天培训的内容是照片拍摄、视频拍摄、剪辑软件操作培训，都由陈学礼老师授课。来自各个地方的少数民族记录员，认真地听讲记录。其中来自丽江的何老师是年龄最大的一位记录员，听说已经60多岁了，记录了10年的笔记，有100多万字，其毅力实在让人敬佩。

明天就是最后一天了，高老师说要带我们去转山，我们同意了。她从西藏民族大学请来了读研的赵勇，桑坤说他要和赵勇晚上来看我们。见还有一些时间，吃过晚饭后我们去了李金明叔叔家。我的四叔李金明，在云南社会科学院民族文学研究所工作，他是一位本民族的学者和专家，也是我们斯日家族的骄傲。到了四叔家，他们已经吃过晚饭，我们在那里喝了点红酒就回去了。桑坤打来电话，知道我在金明叔叔家，说给我们带了两瓶酒托赵勇转交就回去了。

11点左右回到酒店，赵勇来找我。他带了桑坤给我们两兄弟的两瓶好酒，还给我带来了关于民族学方面的几本书籍，赵勇和我聊着关于传统文化的很多事情。

2015年12月28日　星期一　晴

今天是培训的最后一天，原本我两兄弟打算多待两天就回家。高老师好意让我们去西藏地区转山，说已经为我三个——赵勇、弟弟和我订好了夜班车票。让我们先抵达香格里拉，其余参与转山的大人们从昆明坐飞机明天早上到达。

得知我们要晚上出发顺道回家，郭建斌叔叔就在下课空闲时间来找我们。在草坪的休息点上，他把背着的包递给了我说："我给你们两兄弟买了两条好烟，和一些送给你们孩子的糖。"他特意嘱咐说："这盒巧克力是送给你的二姐松木的。"接着说道："我知道你一直想开个小吃店，我这里先资助你5000元。"说着他从胸口的衣袋里掏出了鼓鼓的信封。我不好意思地接过，从初中到中专毕业，我一直接受他的资助，现在长大了，还要伸手要他的东西，我感到无比的羞愧。

郭老师说："要好好照顾家人和你们的母亲……"他平实的叮咛就像父亲一样，那样熟悉和温暖。

郭老师得知我们上课的时间到了，叮嘱了路上注意安全就骑单车回去了。我望着他在树荫下远去的背影，心里说不出的感触……

晚上，婉拒了与其他民族基地同胞们一起共进晚餐的机会，我们和赵勇一同打的去往客运站。

2015 年 12 月 29 日　星期二　阴

早上抵达了香格里拉客运站，拿着大包小包，我们跟随赵勇来到了客运站的小吃店。赵勇给我们点了两碗米线，他却没有吃，说不想吃东西。

吃过后，他打电话询问了今晚下榻的酒店，三人便打的去香格里拉国际酒店。其他人还没到，我们三人便在前台等候，一会来了很多人，高老师一一向我们介绍了南传佛教的腊定法师、汉传佛教的陈大师、藏传佛教的丁真喇嘛、基督教的李德学牧师。

午后，大家一同去了松赞林寺。

2015 年 12 月 30 日　星期三　晴　香格里拉

明天的行程安排是去往德钦，快要跨年了，元旦也将至。我的媳妇和弟弟的媳妇也各自在微信上说："今年的元旦只能两家三个女人，两个小孩一起过了。"我这才想起新年快到了。

2015 年 12 月 31 日　星期四　晴　香格里拉

2016 年快到了，想不到 2015 年就这样，与一群朋友度过了最后的一天……

2016年1月3日—8日

2016年1月3日　星期天　晴

今天从大理回六库，李叔送我们到车站，在路上大绕几圈才找到大理客运站。李叔也不是本地人，他担心我们找不到车站才一大早起来敲门叫我们起床。6点敲门，我们7点才醒来。昨晚转山宴会结束后，藏兄阿根到我们房间来找我们说，宴会上也没喝酒，要离别了，找个地方，我们兄弟几个再痛饮几杯，于是便悄悄地出来了。找了一家酒吧，阿根喊了一件雪花啤酒和几串烧烤便开始打比拼，不知道什么时候醉了，也没想起来我们什么时候回到酒店。

8点准时发车，李叔临走前交代我们回去后好好工作，少喝酒，有时间到他那里玩玩。李叔是临沧傈僳族人，信仰基督教，是一名云南省基督教会的牧师。开着一辆跑车，听他说他管理三万教徒，负担不小。其他的也没说什么，我们匆忙地上车了，他也回去了。因为昨晚喝得太多，一路上都是昏昏欲睡。

3点半到达六库，因为直接到贡山的班车没赶上，只能找面包车，简单吃点东西再转车到福贡，4点发车，6点半抵达福贡。原本想在福贡住上一宿，司机说：到贡山的面包车多得是，我可以帮你们联系一下。就这样再转车到贡山。晚上10点才到县城，一下车就去258宾馆订房，东西放在一楼，到农贸市场吃点饺子。吃完饺子顺便到明珠超市逛了一圈，买了两瓶青稞酒带回酒店喝。准备喝完就休息，大哥说江可里要过来喝，没过半小时就来了。

大哥他俩再出去买些酒，此时已经是12点了，回来再喝，不知道什么时候倒下了。

独龙心语　贡山县独龙江乡迪政当村独龙族村民日志

2016年1月4日　星期一　晴

昨晚包房的时候，大哥看见宾馆电脑上显示陈永华和孔智觉的名字，断定他们也来到县城，不想今早在路上碰见他们两个。我们起得晚，没赶上班车，就跟他们包的傈僳族姑娘开的面包车回到独龙江。上路前大哥又买了一打雪花啤酒和怒江荞酒，一路上一边喝着酒一边逗司机。陈永华说那个傈僳族姑娘是他的朋友，每次从县城回来都坐她的车。自从2005年打通隧道，从县城回独龙江的行程和时间都大减一半，1点从县城发车，5点就到迪政当啦。

妈妈和媳妇早就做好晚饭等我们回来，我没胃口，到家就睡了。7点醒来，妈妈和媳妇在厨房削葛根皮。15天不见，妈老了许多。妈说："这几天左手经常麻木，使不上劲。"我也就跟她说了一句："过几天到县医院检查检查，大哥给你买的电热毯已经铺好了，就早点休息吧。"8点，妈带着一瓶开水就回去睡觉啦，媳妇还不想早睡，就陪她看会儿电视。到10点我们也回去休息了。

2016年1月5日　星期二　晴

不幸的一天，妈妈病倒了。早上媳妇来叫我，说婆婆平常不会睡那么晚，你起来看看，我便赤脚跑过去喊。屋里没人回应，心一下子提了起来。叫媳妇把高凳拿来，从窗户望去，看见妈妈在床头向我们伸手。直接把门踢开，冲进房间问妈妈怎么了。她没说话，只是呜呜地哭。二姐也来了，换完衣服后拉到县医院，做CT检查才知道妈妈患了脑梗死。一系列的检查后，得知妈妈不仅患有脑梗死，还患有高血压、糖尿病。医院下了病危通知单，大姐和我们两口子日夜不休地守着妈妈，害怕稍不注意妈妈就会离开我们。不放弃的同时，我们也做了最坏的打算。趁妈妈清醒，四姐弟都到医院陪护妈妈。医院也没有十成的把握，只是说情况不容乐观，家属随时做好心理准备。

五叔来电话，说中午成骏建筑公司代表来医院看望妈妈，交代我们热心接待。1点半左右公司代表来到了医院，看完妈妈的病情表，从裤腰里掏出写有"成骏建筑公司，看望独龙族同胞李桂芳，2000元，望早日康复"的袋子交给大姐，说了句好好照顾老人，两人就走了。

晚上亲朋好友都来看望，五叔他们也来了，江可亮白天就来了。突发事情，我们没来得及买东西，江可亮把自家的热水壶、毛毯都拿来了。守到2点大姐先回去休息了，媳妇和我熬到天亮。

2016年1月6日　星期三　晴

大哥和姐夫从独龙江出发，3点到县城，没来得及吃饭，大哥直接到医院看妈妈。看到妈妈话不能说，哭着看大哥，握着妈妈的双手，大哥也痛哭起来。屁股没坐热，又搭着五姨的面包车赶往丙中洛，到普化寺算命，结果也不能让人放下心中的担忧。

自从爸去世以后，我们一家人都信仰藏传佛教，每年都去普化寺拜佛，求来年平平安安，事业高升。现在对于妈妈的情况，活佛也说：到此只能靠自己的毅力活下来，一个星期后，这个病还会复发，家人应做好两面的心理准备。这下更是把心提到嗓子边，但人在就有希望，大家还是平复心悸，日夜不休地照顾妈妈。今夜由大哥和大姐守夜，媳妇我俩守到12点就回酒店休息了。姐夫也是跑车劳顿，大姐叫他回去早点休息。

2016年1月7日　星期四　晴

再强的人，此时也抵抗不了熬夜的痛苦。早晨，媳妇和我带着早点上去，大哥早已倒在床边，他一夜没闭眼，始终坚持守护母亲。天亮了，大姐看他筋疲力尽，叫他去睡一觉，旁边躺着的傈僳族大妈见此情景都哭了……

我们房里有三张床，空床被我们包了，一夜20元。早点吃完后，大家也是分批去街上买东西，透透气，总是待在医院整个人都觉得死气沉沉的。熬夜，加上医院地方阴暗，一天不出来，变得阴气沉沉。

关于妈妈的病，作为孩子们也是束手无策。一天24小时，提供的氧气与输液，从来没离开过身体，看着就心疼，也许孩子们的陪伴是给她最好的后盾。

天黑了，今晚五姨也来了。还有一些老人，应该是我妈妈的亲友。大多数我不认识，在妈妈床边站立了好久，边说边用手背擦泪。招呼完大家后，在我们包的床边又铺起一张床，大家决定轮流守夜。

2016年1月8日　星期五　晴

今天妈妈稍微有些气色，我们弄点葛根粉喂给她吃，医生也说我们护理得很好，白天大家休息，整理大家挂来的钱（见下表）。

姓名	金额	姓名	金额（元）
李金荣	400	李赵英	200
成骏公司	2000	新雪芬	200
金明岳母	200	新雪花	200
木昭荣	200	李金光	200
村委会	500	高利军	200
乡党委	1000	高金萍	200
李金强	100	李金才	500
李珍英	100	李春秋	200
李翠萍	200	李仙花	200
陈秋兰	100	碧秀珍	200
秋妮	100	李金荣朋友	600
年代	100	啊妮娜	400
碧文良	200	黎英	200
高金文	200	李仙英	200
杨涛	300	郑明莉	500

续表

姓名	金额	姓名	金额（元）
李福英	400	陈医生	200
李秀兰	100	李秀江	250
李玉花	100	李自才	200
和芝秀	1000	李国志	200
李涛	300	李文英	100
李仙花	200	李雪梅	200
李春秋	200	肯国清	200
冷木当党员	300	高德荣	500
李金光	200	高德生	500
陈永群	100	马秀梅	100
李秀英	100	高世荣	300
李金强	100	杨汝珍	100
李兰花	200	迪政当村委会	500
李仙英	150	陈永华	100
李艳英	150	陈学华	100
李金才	200	齐江	100
李忠华	100	李金荣	200
李向英	100	龙建利	100

独龙心语　贡山县独龙江乡迪政当村独龙族村民日志

2016 年 3 月 21 日—3 月 22 日

2016 年 3 月 21 日　阴雨

准备去县城待产，今天去野外找了一篮子猪食。我们把家里喂猪的事托付给弟弟俩了。生大儿子时用的尿布和包布，媳妇干干净净地洗了，她取出其中一些崭新的包布装在了行李箱中。加上我和她换穿的衣物，行李箱鼓鼓的。因为是待产，考虑到二姐和弟弟两家这几天都要去山里挖重楼，大家都忙不过来，把两岁的儿子都带上。

2016 年 3 月 22 日　阴

一大早醒来，准备东西。打电话问斯建荣有没有出发，他说很快就到。我们喂完猪，便去到二姐家等候。昨晚我跟她说，这次去县城要把他们的牛黄卖出去，阿拜说那个东西因为存放时间久了，变得很轻。这是他们在卡雀哇节，帮村委会杀牛时发现的一大颗黑褐色的东西，之前一直帮他们联系买家。前阵子一位姓牛的先生在与我微信聊天时有意来村里看看这个东西，过了一周他又说不打算买了。这个东西一直就这样闲置在他们家。

催了几通电话，斯建荣还是没有下来。过了 11 点左右他才来，阿生也在等车去乡里上报村民种植重楼的误工补贴。

到了黑娃底，我打电话联系叔叔亚松。他说现在在忙，叫我们直接去他家住。到了县城的第一件事情就是办理母亲生前的出院手续，和取墓碑。跑到医院缴费处，医院的人说母亲还没有在系统上缴纳医疗保险金的记录。上一次来办理手续时，我明明已经缴纳了保险金，我很纳闷，就到县城了。

2016年4月10日—29日

2016年4月10日　星期天　阴　贡山

吃完早点，我跟叔叔婶婶开车绕了一圈，到街道农贸市场买了一条猪腿。又到他们的新家，叔叔说今天要安窗帘。叔叔的新房子在小区内的一栋六层楼，房间很宽敞明亮，客厅卧室都有落地或者半落地的阳台。窗帘布料都是婶婶从网络上订购的，通过邮政快递可以到达这里。

叔叔跟我说：你叔叔奋斗了大半辈子才买了这房子，还有贷款。估计十年内还完，不过也不怕，年纪也大了，先享受一下。

下午，两人去做客了。我们3个在老家里闲着无事可做，便去取前阵子装裱的十字绣。这是一个新郎新娘的十字绣，是当初我俩成家时买的纪念品，也可算是我们的新婚纪念。带着孩子下阶梯走到几百米外就是装裱店，摆满了各式各样的十字绣。装裱这个十字绣，老板要了60元。

返回到家，我弄着叔叔卧室里的电脑，刚才叔叔说这个电脑是送给我的。他允许我在里面写东西、玩电脑，等回家时就把这台电脑带回去用了。

跟着叔叔他们又绕了一圈，车子停在小区对面的家具店。他们在挑选着儿子卧室里摆放的衣柜，挑来挑去还是没有大小适中，又镶有镜子的衣柜。叔叔的新家本来是这几天要搬进去，考虑到他即将同一行人到缅甸去考察，于是就推迟到了5月份。

2016年4月11日　星期一　阴雨　贡山县城

在家闲着无事，我和媳妇提议到医院看望当巴，媳妇通过微信确认当巴还没有出院，在农贸市场买了点苹果去到了三楼7号妇产科。齐内也在，当巴躺在床上，旁边熟睡着前天才出生的婴儿。当巴的第一个孩子才一岁多，听说因为当时没有结婚证件，所以到现在给孩子上户口的事情也没有着落。现在的第二胎因为国家政策的放开，就轻松了许多。就在几天前，尚未到达婚龄的天巴和南可仁也生下了一个孩子，这是村里目前结婚生子年龄最小的夫妻俩，天巴和南可仁才十六七岁。而现在出台的关于计划生育条例针对未婚生子的罚款，对天巴和南可仁一家来说将会是沉重的负担。

当巴的丈夫和姐姐当干办理出院手续回来，一问得知，顺产的孕妇一般只让住院三天就可以了。如今生孩子都得到县城来了，很多人不是因为县里的医疗条件好，只是如果没有在县医院生，就开不了出生证明，没有证明就很难给孩子落户口。当然，另一方面又能保证出生婴儿的健康。拿着大小包，大家回到了当干租住的一间砖房，当干新的丈夫是泸水县人。听她说现在已经出去打工了，房间用隔板分离，稍大的作为卧室，靠门的一间作为厨房。这比她三姐江可亮租住的那间房宽敞许多，寝室里除了两张木板搭建的简易床外，还有两个陈旧的沙发，东西看上去有些凌乱地摆在地上。当干说：这房子是400元一个月租的，我们要到其他地方打工了，等他们（当巴一家）回去，就打算退回去了。当巴一家一直在当干的租住房里待产。齐内和当干、当巴是同母异父的姊妹。他们的妈妈是我的姑妈，齐内的父亲是我的舅舅。齐内说，她是昨天从丙中洛专门来看望她同母异父的妹妹。齐内嫁给兰坪县的傈僳族人褚杰华。褚杰华过去在我村设立的完小教书，两人相恋到今成立家庭。褚杰华在丙中洛教书，齐内在学校食堂做炊事员，他们有个6岁的儿子。齐内提醒当巴的丈夫丁光新和当干给当巴做饭吃。当干准备做饭，她按了按开关说停电了，丁光新只能到几十米外的江可亮家做去了。江可亮带着一岁多的女儿，也租住了一间房子。一个人在酒店打工，她丈夫是泸水县人，也出去打工了。

一会儿，丁光新拎着做好的饭菜给当巴。三个人又商量着去菜市场吃米线，我和孩子先出来，走前媳妇摸摸口袋，给当巴100元买只鸡补补。齐内让我们跟他们一起去吃米线，我们说还要回去叔叔家里做饭，齐内说:"那好吧,等你们生了,就发到微信噶!到时候我也下来。"说完他们从人流中挤进菜市场了……

回到叔叔的家,还是看电视、玩手机。媳妇有时候发闷地说道:"整天这样闲着感觉很无聊,回乡下又迟了。"

眼看现在临产期快到了,我们已经在这里等候了快一个月了。预产期已大大超过了。

下午,媳妇炖好了猪蹄。我自己在电脑旁整理着笔记,她说想吃草莓。我冒着雨,穿着拖鞋跑到菜市场。每当下午临近收摊时间,人流也多。菜摊上摆着各类新鲜蔬菜、水果,另一片区域是肉摊位,猪肉、牛肉、羊肉,甚至驴肉都在案板上。走到一位傈僳族大姐的摊位上,问问白萝卜一斤多少钱,她说3元。随意挑选了两个,刚好2斤。一斤新鲜苞谷粒10元,又逛到一老乡的摊位上买了一斤绿椒。据我观察,她是唯一一位在县城菜市场卖菜的独龙族同胞。这一点似乎和独龙江乡里的菜市场一样,卖菜的几乎都是外地人,只有几个当地村民偶尔来到菜市场卖菜。在乡里有一半的摊位都闲置着,政府也鼓励当地村民免费使用摊位,但孔目村民以害羞为由不肯出来买卖,即便给当地家家户户发放了蔬菜大棚。

在接近街道的菜市场入口,两边是水果摊位。走到两个傈僳族姑娘摊位前,她们面前摆放着山药、核桃、番薯等一些土特农产品,还有用塑料袋分放在小簸箕上的草莓,估计已经称过。一问价格一斤8块钱,就买了她已经称好的一小袋子,一上电子秤,刚好是一斤。前阵子也买过她们的草莓,说这是他们普拉底乡自己种的草莓。旁边外地人的苹果摊上一问苹果,好一点的7块一斤,其次的6块一斤。

贡山县城的肉价一般在没有浮动的情况下是这样的:牛肉40元、羊肉50元、土鸡26元、猪肉15元、蛋鸡10元、肉鸡8元。

2016年4月12日　农历三月初六　星期二　阴　贡山县城

这几天听说村里发放山药苗和漆树。才塞在微信朋友圈里抱怨道:

不要再发苗了，已经没有地方种了！像去年一样，今年政府还是投入了很多种苗，漆树、花椒、核桃苗，政府设想未来几年这将是迪政当村的主要经济产业。下游一带则以草果为主，考虑到迪政当一带不适宜种植草果，把种植漆树、花椒、核桃作为因地制宜的规划和投入，上游腊卡达（与龙元村村界为点）以上，纳入了与下游（龙元村至钦兰当村）一带不同的产业规划。

上游一带至今都是以挖重楼、生麻、三七、黄连、贝母为生计，在过去十几年中，这些药材几乎大量以廉价出售。如今随着中药材价格的攀升，引来更多的人来采挖，近年来怒江州以内的傈僳族、怒族、察瓦龙的藏族，土著的独龙族人将药材挖到所剩无几。村民采挖药材得来的钱越来越少了，独龙江流域近年几乎已找不到药材。在祖辈一代，人们开始翻山越岭到达缅甸，随着重楼价格的日益攀升，越来越多独龙江人踏足缅甸采挖重楼。随着"淘金者"数量的庞大，走的路程越来越接近缅甸土著部落。

2016年4月13日　农历三月初七　星期三　阴　贡山县城

中午，到当干家串门。她们三姊妹都在那里，碧秀连也在，我们去的时候他们正喝着雪花啤酒。

江格亮提议做点"霞拉"酒喝，我去百米外的商铺买了三瓶大麦酒。加上方才他们已买好做"霞拉"的酒，就是五瓶。

还没有喝多少媳妇就觉得难受，频繁地上厕所。大家猜测这是临产的征兆，没待一会儿松旺打电话过来，要我去取前天在京东网购的一套婴儿服。通过邮政，这个包裹到达了乡里，乡里不像县城一样有快递。除了邮递外县城有三家快递公司营业点，分别是中通、申通、圆通。

看媳妇很难受的样子，我们便回去做好去医院的准备。姊姊去拉客了，嘱咐我尽早做好饭菜。回到家，媳妇一直捂着肚子强忍着疼痛。一会儿，叔叔下班回到家，他知道我媳妇肚子疼痛厉害，便立刻打电话催促婶婶赶快回家开车送代松到医院。一会儿婶婶回到家,三个人去医院先做孕前检查,得知很快就要分娩了。又迅速打的去家里拿接生的襁褓和包布。在我电话告知下,江格亮和当干早已来到了医院。江格亮催促我用最快的速度把包布拿上去,我提着行李箱和提包快步走上去看,走廊尽头当干一个人坐着。媳妇已经进了产房,我慌忙从行李箱中取出包布做好准备。一会婶婶阿千和江格亮签字回来,大家坐在产房门口的躺椅上等待着,猜测着生男生女。此时,我的心里充满着喜悦与期待,一种难以言表的欢喜让我的脸似乎有些烫热。

十几分钟后,产房里传来了清脆的啼哭声,此时是下午6点48分。这时,大家都高兴地猜测着这是男孩还是女孩的声音。等了几分钟,护士出来了,把孩子抱到我面前说道:5斤6两,是男娃娃。我满心欢喜地抱着孩子,在护士的指点下走进了住院的房间。护士很快拿来了垫单和棉被,说11号床好,你们就睡这张床。说着手脚麻利地铺完了床单,把孩子轻轻地放在床上。

接下来就是杀鸡炖汤,给媳妇补充体力了。晚上,还要用漆油和鸡肉做"霞拉",这是本地人坐月子时首选的饮品。漆油具有止血、滋补之功效,酒则有益产后镇痛。

得知代松已经生了娃娃的消息,斯日家族的微信群里顿时热闹了一阵。

2016年4月14日　农历三月初八　星期四　阴雨　贡山县城

这几天连续下雨,给出行带来了很多的麻烦。在医院里,只能玩手机打发这无聊的时间。

2016年4月15日　农历三月初九　星期五　雨　贡山县城

下午,我去杀鸡。叔叔打扮了一会,就出发了。这是去缅甸考察的团队,听叔叔说有30来个人。

2016年4月16日　农历三月初十　星期六　雨　贡山县城

　　一早，去当干家做饭。只有丁光新和当巴一家，当干在旁边的床上睡着觉，因为旁边的床上睡着当巴一家，当干睡的那张床用一张床单遮挡起来。当巴说昨晚江格亮、当干等四个女人在屋里喝酒，十分吵闹。一直到凌晨两三点，丁光新无奈地说：昨晚她们又是唱歌又是跳舞，睡都睡不着，我现在眼皮很酸。也不知道怎么想的，屋里还有婴儿和小孩也要睡觉，应该到别处去玩。当巴说道：有一次我大姐才塞说，在县城，人都变废了。看来她的观点是对的，怎么偏偏都喜欢在县城，还不如在独龙江这个地方待的好。我怎么没感觉到县城有什么好的？

　　跟江格亮和当干不同的是，当巴选择嫁到了下游献九当村，她的三姐都娜也嫁到了献九当村。当巴嫁到献九当从某种情况看，跟她三姐都娜也有关系，都娜也算是当巴和当巴的丈夫的牵线人。当巴的丈夫也是基督徒，每到圣诞节，独龙江流域的各个教堂都会集聚欢度一堂。这也给同教的青年男女们搭建了一个相识的平台。当干是当巴的亲姐姐，当干和已故的丈夫阿自生有一个男孩。在阿自在世前，两人就已分道扬镳。不久，阿自在察瓦龙打工期间意外坠亡。如今孩子被阿自的父母抚养，拒绝当干看望和给孩子一切。当干提起自己的孩子，也是一脸茫然与无奈。

　　堂弟昆松在微信上发表了自己在路上的位置信息，他去照顾生病的婶婶南松。叔叔天巴和婶婶南松一家，今年春节是头一次回老家过年。不幸的是，还没有体会家族浓厚的团圆氛围，婶婶却突然发病，后送到县医院检查得知患有高血压、脑血栓、脑梗死。情况十分严重，在县城医院束手无策的情况下，叔叔带着婶婶转院到了昆明，入住昆明医科大学附属第二医院。今年我的母亲也是因为同样的病而治疗无效撒手人寰，基于我母亲病重的经验判断，婶婶的事件使家族的成员陷入了沉重的境地，加上高昂的医疗费用，给天巴叔叔增加了沉重的负担。让人欣慰的是，此消息一传，立刻在微信圈上引起关注。有些人并自发组织募捐活动，将募捐到的医疗款亲手送给家属，可谓感动人心。

下午，昆松已经到了县城。他直接来到医院找我们，我去楼下接他。他背着黑色的双肩包，右手拎着浅蓝色的布袋。跟随我上了3楼妇产科，一进4号房间见到代松就是一句"哈喽，好久不见！"挨近看着前天才生的孩子。跟着他又下楼回到亚松叔叔家给代松做饭热鸡汤。昆松对我说："武怒呢萨！"（准备头疼吧！）意思就是我有了两个儿子以后会因管不住他们，而头疼烦恼。

　　昆松从云南省民族中专汽修专业毕业后，在昆明某汽修厂和房地产公司打工很长时间。他说在昆明待惯了，回到贡山县城觉得很难受，他多次说：我感觉这个县城给我的感触是很陈旧。

　　我劝他20号左右跟我们一同回去，他说：我觉得在县城待不下去，很无聊，我还是回去吧！

　　下午，我和昆松背着孩子去农贸市场买两捆铁丝网，明天打算让他帮我带回家。雨水肆虐，走进农贸市场昆松也给自己的妈妈买了一双黑色的运动鞋。

　　他说想吃点东西，我们走到小吃店点了两碗盖饭，他点的是木耳肉丝，我点了青椒肉丝，一碗15元。店外雨声噼噼啪啪地打在房顶上，昆松一边吃着盖饭，一边微信聊天。他说有一个前女友，现在突然跟他联系了，他呵呵哼着，拿手机在我面前炫耀地晃了晃。我说：你跟她说，早知如此何必当初？他用很肯定、很认真的表情回答我：我分的，我分的！语句肯定而有力。接着他又说道：不过，我现在对她已经没有意思了。我现在喜欢护士，现在我在追一个护士。我估计他在昆明医院待久了，看到了护士身上特有的女性魅力。前女友给他发来了"我爱你"三个字，他嘚瑟地把"我爱你"的聊天消息晃到我眼前，并很快走去收钱的姑娘面前，结了吃饭的钱，此时还没有吃完。

2016年4月17日　农历三月十一日　星期天　晴　贡山县城

　　今天出院了，别人说生孩子的只需住院3个晚上，我们却住了4个晚上。跑到医生拿了办理住院手续的表，李鸿仙负责办理。她是我的初中同学，现在已经在医院当了一名护士。入院时交了200元押金，她给我退了30元。说明天要去行政科的四楼办理"减免卡"（俗称"降消卡"）的补贴。

前阵子当巴出院时给了400元补贴。今天是星期天，她让我明天来办理出院手续和出生证明。阿千娘娘让昆松来帮忙抬东西，回到了她们家。

昆松要回家了，我和他去找车。昆松去售票点打听去往独龙江班车的出发时间，说是12点发车。我和他去农贸市场取走昨晚买的两捆铁丝网，路边一位开车的老乡搭讪，就把东西装上了他的面包车，彼此留下了电话。那个老乡说大约12点钟出发，结果昆松回到叔叔家等候，屁股还没有坐热对方就打来出发的消息，昆松又急急忙忙地回家了……

2016年4月18日　农历三月十二日　星期一　雨　贡山县城

雨下个不停，跑到医院，见与我们一样生孩子，住在同一间病房的丙中洛乡秋那桶村的怒族兄弟李润生也在办理着出院手续。在医院结算窗口盖一个章，又跑到卫生局盖章才算好，住院只交了200元的押金。在保健所要了一张减免卡，在医院的行政科财务室就可以领到400元的农村产妇分娩补贴。所有的手续都办好后，最后一项就是在信息室里要一张出生医学证明，才算完成。

2016年4月19日　农历三月十三日　星期二　雨　贡山县城

打算回家，这几天通过微信圈和聊天群知道独龙江和贡山一样天天下雨。思前想后，回家的念头被我打消了。独龙江的公路一遇长时间的雨水，土质松软，公路很容易发生塌方和泥石流，到时候被困也说不定。加上中途还要照顾两个孩子，实在麻烦。

阿千娘娘的朋友圈里，发来了其他乡镇公路塌方的信息。

2016年4月20日　农历三月十四日　星期三　晴　贡山

明天要回独龙江了，我去采购一些必要的东西。媳妇坐月子需要买一些酥油，听说现在贡山的酥油大部分是假的，婶婶说在医院大门旁的一家藏族人开的小吃店里有卖酥油的，如果想购买就要跟店主熟悉，才会买到比较正宗的酥油。

路上碰见刚从独龙江赶到州府六库考公务员的丁同学，他是我的初中同学。大学毕业有些年头，现在在乡政府某创业办公室当一名临时工，跟他来考公务员的是他的同事小木。丁同学和他同事道别后，跟着我去小吃店买酥油。闲聊中得知，公务员考试通过他的意向是在乡政府岗位上找职位。丁同学得知我最近又产下孩子，啧啧称赞。反过来问他打算什么时候找对象成家，他却表示：我现在什么都没有，等以后找到稳定的工作再说！他告诉我今年是第一次参加公务员考试，能否通过他也似乎没有把握。丁一向不善言谈，面试对他来说是很大的挑战。走进藏味小吃店，保险柜里摆放着四五坨酥油。年轻的小姑娘走过来向我介绍了这个酥油，好的75元一斤，说是迪麻洛产的酥油；次的50元一斤。好的酥油用鼻子嗅嗅就有醇香、浓郁的味道。

一块2斤的酥油，花去了150元。酥油对于坐月子、哺乳期的妇女有很好的滋补养颜的功效。

丁同学随我去超市逛了一圈，买了婴儿推车等一大堆的东西，他负责帮我抬东西。在我的邀请下，他跟我到了叔叔家小憩，他堂姐的家就在山坡楼梯下去一段。一会儿，婶婶回来，听说他去六库参加公务员考试，大方的婶婶就掏出200元递给了丁同学，丁同学有些不好意思地接过钱。

2016年4月21日　农历三月十五日　星期四　雨

收拾好所有的东西，我到街上打车回家。早上和斯建荣联系好，他从村里出来有意要来贡山，但路上他只拉到两位客人，觉得不划算。他在电话上跟我说，让我打别的到独龙江的客车，他在孔目等我。

街上见一红绿灯面包车迎面开来。我朝车子看了看,挡风玻璃上写着黑色的三个字"独龙江",司机停了下来问我要去哪里,我说独龙江,他说自己要去福贡,在知道我们有两个大人和两个小孩并有一堆东西时,他表示去独龙江,车子在我的要求下开到了小区楼下。东西有些多,两袋衣服、一箱水果、一个行李箱、一架婴儿推车和一些零碎的东西。

我们一家坐在后驾驶室第一排的位置,后面还有一排位置,司机说还有两个人。他绕着县城开了一圈,停在粮食局旁的唯一的停车位。司机是一位傈僳族的老人,他说自己今年54岁了,他的孙女今年读到初二了。我接话问道:你有几个孩子?老人说道:有四个娃娃,女娃娃三个,一个儿子,儿子死掉了。女娃娃们都嫁出克了!现在只有我们两口子在一起。一会儿司机等的在独龙江做活的外地年轻人也来了,坐到我们后面。副驾驶上坐着一位年轻的傈僳族妇女,一路上一刻不停地和司机聊着什么。

2点多到了三乡。斯建荣果然在等我们,他说今天没有回去的人,我一打电话便等了。同他来的陈永全都回去了,三乡的街道停车位果然没有一张车子。从这一张车卸下东西又装到斯建荣的面包车上,下完东西,按照事先定好的车费给了老人150元,我和媳妇一个人的车费是50元,东西算去50元。这是自从有了隧道,缩短了路程以后政府制定的一般性价格。过去走老路一个人是100元,记得读小学四年级是2002年,我跟父亲去县城卖重楼,当时的车费是一人40元;2006年我到贡山县城读初中,车费竟然涨到了80—100元。当时没有运客的面包车,只有农用运输车。无论坐在副驾驶和第二驾驶室或是货厢,都收一样的车费。那时人们打车都抢先占着前驾驶室。后面的人,只能忍受着一天的颠簸和难受。如今里程也缩短了,公路也不再颠簸了,车费也不贵了,普通村民去县城也频繁了。

斯建荣并没有提前出发回家的意思,他和一位开摩托车的姑娘用傈僳话聊天。半个小时后,我们才出发。

下午4点多到家，又开始下雨了。叫松木来拿一些买给他们的东西，一只烤鸭、一袋水果、臭豆腐和鱼丸、一瓶董公酒（这个酒，从我记事以来就有）。弟弟和弟妹听说上山已经两天了，要在山里待十个晚上，因此就没有给他买。还有给隔壁的龙明光一些水果。

2016年4月22日　星期五　雨

雨淅淅沥沥下个不停，就在家里打扫卫生。我们离开家已经一个月左右，家里的锅都散发出生锈的味道。

龙明光一大早叫醒我，我迷迷糊糊起来。屋外下着大雨，龙走到门前背着小包说：我出门了，你冰在冰箱的猪肉要拿就拿吧！说着他把钥匙分给我一串。还说厨房门前的塑料桶里有猪食，拿去喂猪吧！我问他什么时候回来？"短时间内可能不回来了！"他说。

"这么大的雨，出去那么久吗？"我说。

"是的，走了！"说着他转身走了。昨天下午，见金光和阿华去了他家，估计是约他去挖重楼和下小野鸡。

2016年4月23日　星期六　雨

鸡已经吃完了，我便去买鸡。到金国叔叔家，婶婶把苞谷撒在地板上，结果一只鸡都没有出来。我只好去上面的人家询问，金国叔叔说：李跃飞家鸡很多，你去那里问问看。去到李跃飞家，他和母亲可仁巴及两个小孩子坐在厨房，似乎无奈地说：要卖的鸡一只也没有。如果有，一定会卖你的。我不知道李跃飞和可仁巴是不是有意不想卖给我而搪塞我，我就去了李文英家。李文英一个人坐在厨房的火塘边，得知我要买只鸡，起初她也是推脱地说："噶麦克鑫，腾没万徐"（没有鸡嘛，你买什么呢？）说这话时，厨房内外一群比较肥的鸡在觅食。

经我的一再要求，她才说道：有一只可以卖出去的鸡，就抓这只。

她用米粒引鸡到厨房，让我把门顶住，抓了这只鸡。

她似乎有些舍不得地说道：啊哟，我的鸡就这样没了！接着说道：是你，我才卖给你的。要是别人我才不卖，怕以后你"做了事"也这样对待我们也不知道！

我笑着接道：我能做什么事？

她说："这可不一定，你又有文化，这只鸡我卖给你的原因是希望你以后做了事，也要记得（我们的好）。"她似乎想表达这句话，却没有说出来。

她从房间里拿了一段线来缠住鸡腿，我说着应该是100元吧，就递给了她100元。这只土鸡比我在贡山买的土鸡小很多，却是100元一只，无论大小。

2016年4月24日　星期天　雨　买羊

我昨天跟阿生说了买羊的事。今天找他，他说：这得跟我爸爸商量，我爸上山挖重楼了。估计下午回来，下午再问问他。

下午，阿生叫我去领羊。阿生开着他妹夫的面包车，他爸爸也在面包车里，我们三个到他们村一公里外放牧羊的地方。"派久木"阿生和李自才父子合伙养羊。

"现在有30多只，有些莫名失踪了，有些被狗咬死了。"阿生说。

我们去时羊圈里刚好有稍大点的公羊。他们说那只羊已经"切"了，用盐巴吸引，拴住了这只羊。把羊拴在面包车货厢里带回家……

到家后，吃完饭，松木和阿拜来了，松木抱了一只鸡，送给媳妇做"霞拉"酒用。他们三个在家里，我买了两瓶鹤庆大麦酒去找阿生，算算羊的钱。阿生说羊的钱要跟他父亲说。他父亲在新农村厨房旁又加盖了一间木板房。除了睡觉和看电视，两位老人一般都在木板房。小儿子阿自今年不幸去世，留下一个两岁多的儿子，现在由他们来照顾。自才给我倒上了一小杯人参酒，说：这个是我女儿江格亮给我的。ani（独龙族对母亲辈非直系亲属的妇女的统称）从"黑木几"（悬挂在火塘上方，用来晒东西、或放东西的台子）上取了一把煮熟的芋头，烤在我面前的炭火上，嘱咐我吃。孙子乖巧地跟奶奶坐着，阿克跟我聊起了最近党员内部的选举事宜。我很久没在家，都没有参加会议，我就认真地听着他的讲述。边听边吃芋头，时间也差不多了，我准备回去。问他刚才那只小羊的价格。他说，在党员会议上，比这只大的羊，我的普（阿生）用1000元卖出去了，你就给500吧，我给了他600。他好几次摇摇头说：本！本！（多了，多了）并掏出100元还给我，我一再拒绝下，他才收下了。成羊的价格一般一只1000元。就像一只土鸡无论大或小，一只100元一样，这都是一个固定的心理价位。

2016年4月25日　星期一　雨　杀羊

昨晚，松木、阿拜、昆松在家里喝"霞拉"，到凌晨2点才睡下。今早，弟弟和阿拜来帮忙杀羊。

2016年4月26日　星期二　晴

久违的晴天今天终于来了。随着天气的好转，开始忙了。媳妇还在坐月子期间，所有的家务都由我来做。

在县城待产期间发放了山药。母亲在世时，我们一起种山药，已经两年了。弟弟一家把新发的山药也种在了空闲的地块，因为以前种过的山药地空闲处很多，弟弟让我们把新发放的山药苗也种在那里。我一个人带着大儿子先除草，还没除完草，儿子在田地间玩着我的手机，他竟把手机丢到了排水沟里。排水沟现在水流匆促，他做着手势向正在旁边拔草的我说："手机麦隆。"（手机不见了）看他说这话时看着排水沟，我意识到肯定是他扔出去了。8厘米左右宽的水沟，加上有些倾斜，转眼手机就被冲走了。想是找不到了就没有在意，儿子似乎很害怕丢了手机会挨打，可怜兮兮地看着我。我用柔和的语气告诉他丢东西是不好的，但我并没有在意。一会又去找它，在江边的卵石上我找到了手机，然后继续拔草。儿子又贴近我，哭哭啼啼。我回家把孩子交给媳妇，自己转身又弄田地了。刚才带了两根鱼竿，因为孩子在没办法钓鱼。这次找好蚯蚓，放了两根鱼竿。

我拔完草，开始挖穴。好大一会工夫才干完，已经是晌午了。一大片田地，只我一个人。我跑到江边看鱼竿，果然钓到了一条稍肥的鱼。

2016 年 4 月 27 日　星期三　晴

挖好的土穴，今天要种上山药了，一共三袋山药。媳妇告诉我要先去看看薄膜地里有没有苞谷出苗了。

今年的谷物甚是奇异，很多出苗的苞谷苗都被乌鸦糟蹋了。对此，自才的说法是："teiyonwan mvsengbaoke"（今年是衰年了）。自从村委会私下与荣华公司签订了养牛的协议，村里的谷物年年都被糟蹋。如今又有乌鸦来捣乱，今年的谷物恐怕又是收获甚微。去年我家的两亩苞谷地都被牛群践踏、吃光，导致颗粒无收。人们无处述说，村委会代表荣华公司说要赔偿农户们的农作物损失。可过了一年，此事不了了之。不知道其中的猫腻，村民也找不到诉说的对象。向村委会反映此事，得到的都是：公司会赔偿，这是公司的牛之类搪塞的话。

2016 年 4 月 28 日　星期四　雨

天晴了两天，今天又下雨了。最近总是在微信上看到关于怒江福贡等地泥石流、塌方的信息。

雨下得大，便无法开展很多农活了，除了早已上山的人们，每家每户或放音响，或看电视，抑或喝酒、串门。这是雨天常见的消遣方式。

2015 年的日志终于整理完毕了。

2016 年 4 月 29 日　星期五　晴转雨

清晨雨下得特别大，隔壁龙明光说昨晚上我送给他的洗发精，不知道被谁偷走了。昨晚整理笔记很晚,见窗外雨下得大,我很晚才起来。见我刷牙,龙说你才起来吗?

我在村子的附近找猪食。转了一圈田地,看到白忠平一家在地里挖穴,施肥,准备种苞谷了。

2016年5月1日—27日

2016年5月1日　星期天　阴

昨晚阿生在自己创建的微信群里说，今天10点左右要开一个简短的会议，但昨晚似乎没有人注意到这条消息。早上下着大雨，我去他家看看人是否到齐。阿生跟我说："昨晚上发的消息，大家可能没有看到，你去通知一下大家。"我挨个地通知金国、永明、越文，金国说他今早已经通知了张秀兰参加会议。我去的时候，她似乎不在家。大家陆续地集中到了阿生家的火塘边，张秀兰并没有来。阿生让金光打电话，也没有接。金国说张秀兰应该和年代一起在"木一"（供销社旧址）。我随意抓起一把雨伞去叫张秀兰。我朝"木一"和年代的家大声喊叫张秀兰。张秀兰在屋里应了一声："登？（什么）"

"叫你来参加党员会议，在阿生家。"我说。

"不去了，不去了，你们开吧！"她大声地说道。

我走到门口说道："人都到齐了，就等你了，赶紧去。"

"你怎么好几次都没参加？"她对我说。

"我的情况，你不是不知道，而你是闲着在家也没有参加。"我回答她。

坤松和我们以及弟妹的母亲、姐姐等来喝"霞拉"。他们家的小孩都来参加吃蛋糕。

才南松来坤松家里请他去修车，坤松到了后想动手修理。但一看陈永全不停地弄来弄去，他似乎也就没有兴致修理了。跟随我来到了村委会，玩玩电脑、传传文件。

见自己儿子家被这样入室盗窃，还损坏了东西，李秀兰不停地为儿子打抱不平。我只能告诉她："这事，只能等主人从山里回到家才好说，要不然主人不在家也不能贸然报警，至少我是目睹了整个事件的发生，到时候我会出面作证。"

2016年5月5日　星期四　晴

今早去弟弟家，李成刚也晃晃悠悠地来到弟弟家的火塘边。他跟弟弟说过几天他就要去缅甸挖重楼了，问我弟弟去不去？他还强调说，今天早上阿勇、安卓两口子和阿勇的姐姐李金莲也去缅甸挖重楼了。李成刚似乎没有意识到自己的劣行和所需要承担的后果。听说他们偷龙明光的重楼卖了350元，和李天龙瓜分赃款。李秀春说，李成刚多拿了钱，李天龙似乎比他拿的少一些。秀春猜测，这可能是李天龙意识到赃款分多分少的区别。李天龙是村里大家公认的小偷，他邻居的腌肉、鸡等都被他偷了几回。即便亲眼所见，但邻居都只对他怀有警惕却从未报警。

2016年5月6日　星期五

明天就要送二姐夫去阿拜了，今天做好安排，我们两个人分背口粮、酒、食盐等等。

2016年5月7日　星期六　晴

早上，大家已经叫好了李玉珍老公的面包车。

2016年5月8日　星期天　晴

继续赶路，终于到达最后一个营地。明天他们就要翻越皑皑雪山去缅甸了，一片茫茫的雪野里，大家硬是刨开厚实的雪整出一片干净可容纳16个人的空地。帐篷外面，是茫茫空旷的雪地。

男人们抢着做该做的事，砍松枝叶垫湿润的地面，劈柴火焚烧……

身子差不多暖和了，女人们开始打水煮茶。

2016年5月9日　星期一　晴

因为东西沉重,加上雪地徒步,异常艰难。前来送行的人昨晚已经商量好今天要送他们翻越哪座雪山。早上7点多,大家吃完饭,收拾好东西,开始向着那座绵延、突兀的雪山出发。

到半山腰,大家休息片刻。一部分人卸下篮子,轻身去先踩踏出一条雪路。踩踏到一半,其余的人开始背着东西向上攀爬。先去踩踏的人又返回背自己的东西。后面上去的人又卸下东西,轻身去接着踩踏下一段雪路。如此轮流,雪山陡坡弯弯曲曲呈现了路迹。

2016年5月13日　星期五　阴雨

今天坐上李永明的面包车去三乡给孩子落户口,另外金荣叔叔把我推荐到了乡里的污水处理厂,那边要我先去报到。听说先要进行为期20天的培训,培训合格就可以正式上班了。

从村里出发的只有我们两个,李永明有些闷闷不乐地说:"啊,今天只有一个人,来回一趟也不划算。"最近村里开车拉客的师傅们都去上山挖重楼了,只剩下李永明的一辆车了。

到了龙元村,果然有很多人在搭车。见拦车的人坐都坐不下,李永明脸上才露出满意的笑容。

在车上大家闲聊着,最近独龙江公路要招收10名公路养护员。这使得很多高中专毕业回家闲置的人有了机会。搭车的一对龙元村的夫妇说,他们也是去给自家儿子报名。这个就业机会让很多人看到了希望,李永明说:"我们村一个都没有去报名参加考试。有资格的全都去上山挖重楼了,只有阿强一个人去报名了。阿强是初中生,不知道能不能考上。"

到了三乡,我打电话给马春龙,让他来拿我卖给他的重楼。雨下得越来越凶,我买完一条鱼和一些水果去车货厢里拿重楼。马春龙在农贸市场的屋檐下躲雨等我,他掏出300元递给我,我只取了一张100元。他连连感谢,马春龙是我弟弟的同学,碍于兄弟面,我并没有多收。

回去的路上，我去水文站报到。里面的一个中年男子给我开了门，除了他还有一位年纪看上去与我差不多的人。我们问了培训的具体时间，他们说："这几天雨下得大，机械出现了故障。你再过两三天来吧！到时候会打电话通知你下来。"冒着雨他们把我送到了门口。

到了献九当村，姑妈也在女儿都娜家等李永明的车，随同她来的还有缅甸的两位姑娘，南塞和她的妹妹。南塞在我们村里待了很长时间，她帮和肖力老板卖杂货。对我们来说是再熟悉不过了，她妹妹在村里也待过一段时间。这次应该是来找重楼的。

下午，二姐松木跟媳妇在整理蔬菜地时发现了蜈蚣，她抓了两条用大麦酒泡了起来。

今天孩子满月，按照习俗这一天就要理发。弟弟坤用他的电发剪来给我儿子理发。一会儿，陈永华带着他的大女儿阿燕也来理发。今天我买的一条鱼，松木已经煮好了，一会坤松也来了。一大伙人吃一盆麻辣鱼。陈永华说今晚要参加选举。

傍晚，陈永华在村委会的广播上通知，在家的村民全部来参加选举。一会儿，会议厅里坐满了两个小组的村民。

2016年5月18日　星期三　雨

今天是第二天来厂里接受培训，雨天。

孙清华让我学习了各个环节的污水处理系统和操作。我买了一部手机，450元。后来才得知这部手机原来是3G网络，对于习惯了4G网络的我来说，多少觉得自己上当了。买也买了，也没必要更换或是追究。

尽管流程有些复杂，今天确实掌握了不少。孙清华在给我讲解每个环节的时候，用的都是专业术语，还好这些专业术语对经常写作的我来说，理解起来比一般人稍稍强了一些。

现在是采挖药材的季节，我却在这里学习，今年没有挖到一棵重楼卖钱。如果我能够在这次的培训中掌握所有的设备运作规程和操作，将会获得在这里上岗的机会。为此我也不敢怠慢地学习，这或许是我改变命运的最后一次机会，我过去错过那么多机会，导致后来的穷困潦倒。这一次，我为了我的家庭决定放手一搏……

2016年5月23日　星期一　大雨

昨天清华对我说，公司派了一名职员来辅导我培训的事宜，从他的描述中，我得知大概是一位年轻职员，说是学环保专业的。孙对我说道："他能让你学得更透彻，因为他所学的就是跟环保有关的专业，而我是学土木工程学。"孙是公司选派下来实习的，是本厂的技术负责人。

今天我和年轻职员两人一直在保持通话，听说从六库到县城的班车中途没油了，耽搁了时间，他在县城住了一晚上。今天到独龙江公路的路段又遇塌方，堵车时间很长。

近日，雨连续未停。江水渐渐暴涨、混浊。前天听说离乡里几公里外的献九当村民不幸坠江。白天无聊，便开窗欲蹭对岸亲戚家里辐射过来的WiFi，不经意见到江段有疑似人体的漂浮物漂浮下去……

孙师傅和清华叔侄俩与我三人在他们宿舍里打3p纸牌游戏，过了一阵，那位兄弟敲门进来了。消瘦的身形，戴着眼镜，右手拉着一银色的行李箱。见我们就迎面笑着进屋，把手里的快递交给了清华。清华这几天等学校快递过来的实习报告填表手册，焦急万分。本来可以两三天到达的快递，足足等了一周左右的时间，原因是贡山到达六库的公路因为连续降雨而经常发生泥石流、塌方等，导致公路无法正常通行。见到自己的快递，他才欣慰了一些，很快又说道："这下没工夫闲了……"

今天来的职员很健谈，跟我一起洗碗、煮饭。问他得知是云南永善人士，去年他也在这里住了一段时间。他说只去过下游普卡旺村，这一点跟清华一样，对这里基本不熟悉。昨天清华对我说这位职员比他大一点，清华现在是大学实习阶段，过几天就要结束实习回到学校交付和答辩了。孙师傅跟清华是山西人，这位年轻职员是云南人。通过这几天的观察，我发现孙师傅和清华喜爱吃面食，如包子、花卷、米线等，且平常吃早点也并未按时按点，或许跟这个工作性质有关。厂里除了设备故障，其他正常运作情况下显得清闲许多，有很多富余的时间做其他的事。

孙师傅手里有三本书，有夹批的学生版《红楼梦》《毛泽东与蒋介石》《做生意要学会算计》以及两本怒江文艺的刊物……

清华开始写报告，孙师傅偶尔出去又回来，说是在桥头旁一修理厂熟人住处蹭 WiFi。

6点，清华继续写报告，我和余金波忙着做饭。孙师傅不见踪影，不久他回来了，手里提着一些蔬菜袋。他说有个开车的师傅今天也来这里吃饭，他见小电饭锅里煮的米不够，又从米袋舀了半碗米淘净倒入刚刚才被我开电未热开的饭里……

傍晚，孙师傅跟他说的那位开车的朋友在他们的宿舍里聊得很热闹，那个开车的不停讲着垃圾处理的事，我估计他是乡里的垃圾处理托运垃圾的师傅……

2016 年 5 月 24 日　星期二　晴

天气又晴朗了，今天跟媳妇在微信上聊天。得知儿子普松旺总是提起我，想必是想我了。我跟她提议明天带小儿子打预防针时，把普松旺也带下来跟我在一起。现在培训的也差不多了，近日因出水泵出现故障，设备也在停止状态下，这样有很多空闲的时间。把孩子带过来，一则可以减轻媳妇照看两个孩子的负担，二来可以打发我无聊的时光。

中午，孙清华把我和余金波的身份证拿到乡政府去复印了，听说要办理相关保险……他把昨晚的实习报告也托给一位面包车司机快递了。

2016 年 5 月 25 日　星期三　晴雨交替

明天清华和孙师傅要回去了。今天，清华把最后一个没有好好教授给我的在线检测分析仪的操作，在我和余金波面前演示了一遍。有些操作上的数据有时候清华也是按照记录的流程来的。

2016 年 5 月 26 日　星期四　晴

早上，孙师傅和清华要走了，我听见收拾东西的声音。一会儿清华在门口对我说道："李林高，我要走了，车子都到了门口了。"我还躺在床上，怕孩子醒来哭闹，我就起来跟他握手，感谢道："谢谢你这几天教会了我那么多东西。"他只是笑笑，在余金波的陪同下下了楼，孙师傅好像早已下楼去了门口的车上了。

他们两个走后，只剩下余金波和我，还有我的儿子了……

2016 年 5 月 27 日　星期五　晴

李永明带来了昨天我托付媳妇的渔网和孩子的鞋子。媳妇说她培训核桃嫁接，得了 200 元的培训补贴。说村里用不到钱，寄给了我当生活开支之用。

媳妇说这几天村里空荡荡的没有几个人，除了在哺乳期的妇女们和年迈的老人们，人们都进山里挖重楼了。加上这几天也没有电，日子变得很难熬。

我清理着渔网，准备今天下午在厂附近下好渔网，明天就可以捕捞到鱼了。

2016年6月1日—29日

2016年6月1日　星期三　阴晴

独龙江乡九年一贯制学校，坐落在乡政府旁的街道处。听说今天学校要举行六一儿童节活动，孔当村的村民们陆陆续续地往学校的方向去了，一些上游村的家长都来看自家的孩子。

余兄和我们父子俩三个人去到学校时，学生们拿着几箱小纸片从学校出来倒入街边的垃圾桶上，瞄了一眼纸片是"钱票"。我才意识到活动应该结束了，活动上学校会买各种学习生活用品和零食饮料等，通过各类游戏诸如"钓鱼""盲人敲鼓"、投篮等游戏，获胜者会从"老板"手中获得一张盖有校章的票据。通过积累"票据"，学生们可以买到自己喜爱的物品，这样的娱乐方式通常是"六一"儿童节不可少的游戏了，这就像我儿时的六一节……

学校门口大人、学生进进出出。乡里较大的官员也出席了今天的会议，操场前排坐满了身穿蓝色校服的学生们，后面坐了一排家长在看着学生们领奖。

校长是一位中年女性，她提高了嗓门对着麦克风讲起了学校历来获得的喜人成绩。从这样的"报告"中，让人们感觉到了欣慰与期盼，也感受到独龙江未来在教育方面的希望。

操场上人很多，有些走动有些静听，有人出去有人进来……

颁奖仪式接近尾声，广播老师说："晚上的六一联欢晚会在7点半举行，各位家长要准时到校观看。"

6点多，我和金波在做饭，想尽快到学校观看晚会。

今天金波兄说，经理要了解一些我的情况。于是，我们按照公司招聘的简历表制定了适合我的简历，6月4日我的培训期满了。到时就可以咨询我是否正式上岗的问题了。

7点25分到学校，晚会还差5分钟。前来观看的人很多，有个老师拿了十几张塑料凳，瞬间被附近的村民抢光了。

晚会开始，四个小学生主持人被请上了舞台。两个男孩，两个女孩，身穿独龙族服饰。他们用稚嫩的声音，标准的普通话先讲了开场白，没有漏词少句，没有羞涩怯场，甚至让人怀疑他们不是独龙族小孩……

接下来，一位美女老师优雅地走到舞台中央，向大家介绍着本校新设计出来的校牌校徽，听她讲这是经过云南大学支教团经过四次讨论、修改后最终定下来的。

舞蹈节目开始……

操场上，学生方阵外围，站满了拥挤的围观者……

此时抱在怀里的孩子醒来大哭，抱到角落的躺椅上哄孩子。一对比当村的夫妇坐在右侧的椅子上，那位兄长给我递来一支云烟，说道："呐一乡额赞吗哎？"（你是一乡人吗？）我说"是"。

"你的孩子也在这里读书吗？"他问。

"不是的，我只是来看。"我对他说。

他"噢"了一声。

"你的孩子在这里读书的有几个？"我问他。

"有两个娃娃，现在初三还没有毕业就不听话，不肯去学校上学，怎么教育都不听话。你说现在的孩子也真是的。"他有些无奈地对我说道。

我对他说："现在的孩子总有那么几个很不听话，也不光是你家的孩子。我们村也有好几个这样的学生。"

"读完初中也够了，待在家里也好。读不读都一样，又找不到工作！"他说道。

他们似乎没有兴趣看表演而是在角落里坐着，我不知道他们是不是在喝酒，我闻到了酒味……

2016年6月3日　星期五　晴

我给余金波示范了一遍每个环节的机械操作和注意事项，接着余金波给我实地操作了一遍。明天就是培训结束的时间了。

2016年6月4日　星期六　晴

昨晚我带着儿子去到丁俊林的宿舍里闲聊，丁现在在乡政府的某个创业办公室当临时工。他说他想去前阵子招聘的公路养护队上班，因为一次性考的是事业单位编制的。考试通过就是正规的干部了，听说还可以转正。4月份他参加公务员考试，他说自己只考了190多分。他和我的年龄相仿，却没有对象。几杯酒下肚就敞开了话题，同学之间也没有拘束，什么话题都聊。不知几何，都醉倒了。

今天为期20天的岗位培训也结束了，我打电话咨询总经理，他说明天再做回复。我是想得到这份工作的，现在村里已经没有获取经济来源的方法了。昨晚听丁俊林说，他们村去下游缅甸境内的村民们都被缅甸的士兵赶了出来。有些人不肯走，继续挖重楼，听说被缅甸的巡逻士兵抓捕了。

2016年6月5日　星期天　阴间晴

丁俊林说他今天要回上游献九当家洗衣服，献九当离乡里只有几公里。他说每个星期要是没有什么事情的话，他都会回家。

我跟儿子顺道坐他的摩托车回到厂里。他和另外一个同村的小伙子一起在乡政府一个叫"创业办公室"的地方做临时工。昨晚在酒桌上他对我说道："我不想在这里上班了，工资很少，又没有升职的空间。我已经报名参加独龙江公路养护队的事业编制考试了，独龙江公路养护队似乎是从省会交通局下发的通知。我得知一共招聘26名养护员，其中有10个独龙族的名额。一次性以事业编制，工作3年后转正。"我听说独龙江流域的独龙族竟然有200多位报名参加考试。

2016年6月6日　星期一　晴　回家

从家里出来培训已经 22 天了，今天终于可以请假回家了。带着孩子购买一些蔬菜和肉后，我就等车来。等了一个下午的车，斯建荣才到三乡。又等他们做完事，才等到了回家的时间。

刚上升的木主任，坐在副驾驶位置。刚刚上任的李副主任坐在第二排，他的旁边坐着吕正华老师，阿勇和安卓还有他们的女儿。我们两父子坐在最后一排的位置，阿勇也挪到了最后的位置。在桥头，吕正华老师让李副主任从小卖部里买了一瓶 10 元的鹤庆大麦酒，在车上他用纸杯装着酒。阿勇坐在我旁边，走到一半他指着娃哈哈瓶子对我说："你喝那个嘛，那个是酒。"我刚才以为里面是矿泉水，阿勇买了很多东西，装在编织袋里。

我问他："你都买了些什么，那么多？"

他说："是腊肉。"

我："你是不是要去山里挖重楼了？"

他："是的，随便去。"

车内，吕正华老师讲述着自己的经历："我已经当了 10 多年的老师，现在已经被评为高级教师了，为了具备高级教师级别的条件，我上了大专、函授本科。我现在已经是本科学历。"斯建荣插话道："原来你是本科生啊！""是啊！我就是本科生嘛。"吕正华老师回道。

2016年6月7日　星期二　晴

我把小儿子带到田地里除草。他在田间的推车上熟睡着，我们家的苞谷长得并不理想。虽然今年薄膜地并没有被公司牛群踩躏损坏，苞谷苗却长势不好。媳妇认为这是种子的原因。

下午，下起了淅淅沥沥的雨。阿生和弟弟组织发放去年和今年种植漆树苗的误工补贴，弟弟说总共有 1 万多元，工数有些少，分到的钱可能很多。村里的妇女们早已在村委会会议室里等候。阿生做会议讲话之时，李天龙也插嘴说话。好像是说他去山里，有人把他锅碗都砸烂了。阿生生气地骂了他一句："人家在开会，你在那里说什么？"李天龙戛然而止。

媳妇去年和今年的工数有三天，一共得到了629元的误工补贴。

2016年6月8日　星期三　晴

我们在苞谷地除草，张爱军的媳妇李晓梅也来帮忙。李晓梅是媳妇的同学，张爱军是媳妇的表哥。媳妇说李晓梅知道最近只有她一个人在干农活，昨晚在会议上主动答应来帮她忙……

张爱军是新安排的乡村医生，平时不喝酒不抽烟。过去李晓梅的父亲也是村里的赤脚医生，李晓梅和张爱军似乎都信仰基督教，礼拜天都见他们去教堂做礼拜……

2016年6月9日　星期四　阴雨

早上下着雨，无法进行劳动，就在家歇息，下午我带着弟弟去滚木柴。

2016年6月10日　星期五　小雨

下午，我见到了派出所来的警察。听说LCG和LTL一起入室偷走了李玉珍家小卖部里的东西。在阿强和李玉珍丈夫的陪同下，民警在村里绕了一圈。最后，发现两人在LCG家一间房间里放着音乐喝酒。此时围观的人越来越多，民警走进房间里。房间里摆满了塑料桶装的白酒。从民警的审问中，大家得知了这些酒正是从李玉珍家的小卖部里偷来的。5月份，他们两人同样在大白天砸门偷走了龙明光的重楼。借此机会LMG也前来告了状，他叫我来帮他做个证明。同时，碧文英也前来告状，说LTL偷吃了他的一头小猪。对于民警当场的质问，起初LTL还不承认。碧文英对LTL说："不要骗人，听说是你。不相信的话可以问问龙忠祥和曾艳芬两口子。他们是亲眼看到你杀小猪吃的。"碧文英这么一说，

LTL 就无言以对了。民警提高嗓门再次问李天龙："小猪是不是你偷的，啊？"LTL 用汉语回答民警道："是，是我一个人偷的。"

房屋外站满了围观的群众，见到有人纷纷告状，屋外围观的妇女们开始叽叽喳喳说起自家丢失的腌肉、鸡、衣服等等。一时间，人们议论纷纷、交头接耳。

直到临近傍晚时分，民警才把 LCG 和 LTL 带进警车后厢里。车旁的妇女们纷纷探头透过车窗朝里看他俩。民警和李玉珍丈夫站在车旁，LQY 似乎还不知道刚才发生了什么事，自家院外有那么多人围观，还好奇地比画着手势问李玉珍等在场的人。大家告诉他，他的儿子偷了小卖部的东西，LQY 才知道此事。

LQY 一脸茫然和无奈地看着自己的儿子被警方带走。他瘦骨嶙峋，在警车旁无助与羞涩地站着，围观的人见此情景不停地发出怜悯 LQY 这位老人的感叹声。

警车走了，大家才渐渐散开，不停地说道："这下，村里再也不用提心吊胆的了……"大家你一句，我一语，在笑声中各自散去了。

吃过晚饭后，我们准备在弟弟家用小猪肉喝点酒。那只小猪是松木家母猪产下不久的乳猪，听说被母猪踩死了。听说乳猪"霞拉"是最补身子的。

2016 年 6 月 11 日　星期六　晴

搞了一天的柴火，从乱石堆里把切断的水冬瓜树一根根移到公路边是一件很费体力的活。每年这时，都要砍上一拖拉机的柴火供取暖、做饭之用，虽然现在电磁炉、电饭煲已经家家都有，但还是脱离不了火塘的生活方式，煮茶、炒菜、热水等都需要柴火。

下午，到傈僳族阿此老板家买冰冻的肉鸡，我们在松木家做了黄焖鸡吃。吃过饭后，龙明光来找我，叫我过去说一下他重楼被偷一事。走到龙明光家的小院内，有两位民警在那。LCG 和 LTL 站在一旁，年轻的民警向我问了一些当天的过程。我如实反映了当天自己的所见所闻，并把当天日记和时间也都交代清楚。

民警问："你为什么对这一天记得那么清楚？是不是特意把这个时间记录下来？"

我说："我平时有记日记的习惯。"

民警："你明天是否有时间来协助做笔录？"

我："我明天要回乡里。"

民警："回乡里？"

我："是这样的，我这几天是请假回来的。我在独龙江污水处理厂上班。"

民警："那更好，你明天有时间到派出所做一下笔录，有些情况我们要了解，因为你是目击证人之一。"

代细松去做礼拜，进来说："LCG和LTL好像是放了，刚刚见到他们了……"

2016年6月12日　星期天　阴间晴

这几天，地里的草也除了，柴火也准备就绪。今早媳妇得知阿生已经从山里回来了。我却因为请假时间已经到期，要回厂里了。昨晚李永明跟我说，今天要晚点出发。没想到9点左右他就来催了，只喝一杯媳妇打的漆油茶就跑到李永明家里。弟弟给了我700元和一张卡，他叮嘱我把500元存进卡里，200元买一袋170元的长粒香大米，剩下的30元给他的儿子买苹果。

车上坐了古路松的媳妇和张爱军。路上听张爱军说他今天是要跟随乡医院去县城一周，估计是培训。古路松的媳妇坐在副驾驶位置，我和张爱军在后排位置。走到一段路程见迎面开来了军绿色的警用皮卡车。李永明笑着说："听说今天LCG和LTL被罚打扫村道卫生。"

昨天下午，CG和TL两人，又被带回村里做询问，龙明光把我也叫了去做基本的询问。做完询问，警察并没有把 CG 和 TL 两人带下去。有一位警员知道我明天要回厂里上班，就请我今天到派出所协助做个证人笔录。

到了三乡，我并没有直接回到厂里，而是到街道商店购买弟弟一家的东西。昨天那位警员留了我的电话，说今天会给我打电话。我的手机卡今早坏了。我就动身到派出所做笔录。此时 12 点左右，很多所里的边防民警正在吃饭。见我来，一位年轻的民警放下筷子出屋向我询问来意。他叫我等一下，自己又进屋了。我坐在走廊的长椅上等了十几分钟的时间，他和另外几个民警才出来。他给其他民警打电话后对我说："你今天下午 3 点半过来吧，现在审理案件的人在你们村。"

我和余金波吃了点东西，就到对面的桥头修理厂蹭 WiFi。一直到下午，我也没有去到派出所协助做笔录。

下午，李秀英两口子叫我们一起吃饭。他们把炖好的蛋鸡肉和贺元家做的一碗川味摆到了陈医生家，我和余金波在他们的邀请下也一起共进晚餐。

陈医生从自家小卖部里取了两瓶鹤庆大麦酒，倒给在桌上的每个喝酒的人。余不喝酒，也不抽烟。今天李秀英家做的蛋鸡肉汤里听说还放了燕窝。燕窝是迪政当村里李秀英的哥哥采摘的。

2016 年 6 月 13 日　星期一　小雨转阴晴

9 点醒来，我和金波去菜市场买菜归来。见警察车在我身边，民警问我有没有时间去派出所做个笔录。我让金波先回去，自己上了警车，跟随那位民警来到了派出所。

他首先让我看看权利告知书，然后问我 5 月 3 日 11 点左右 LCG 和 LTL 入室盗窃的行径。

昨天金波跟我说："你去做证人，你不怕他们出来后找你算账吗？"

我："他们已经放了，我怕什么？"

金波："你倒是正直了，他们对你会服气吗？"

我："两个遭到所有村民戳背的人，你认为我会怕他们吗？"

在条理清晰地回答了民警所问的作案过程后，我才从派出所出来回到厂里。

2016年6月14日　星期二　阴雨转晴

明天余同事要回去了，今天我和他一起学习在线监测设备的操作。两个人弄了半天，都没有把在线监测设备的标定值调到合适的参数。为此余还给在线监测设备的提供商打电话询问了步骤，问题才得以解决。原来我们之前标定COD和氨氮参数值的方法是错误的，我们应该在标定设置界面，调整输出电流值来调度测量信号值，在绝对误差窗口调整参比信号值。

听说明天要培训了，弟弟也回来了。入党积极分子在乡政府举行培训，具体培训什么，主任并未说明。他只是在自己创办的冷木当工作群中呼吁大家前来报名参加入党积极分子的培训。

明天余要走了，他去工具店里要前阵子购买的水龙头。他说要拿回公司报账。一共30元的水龙头，老板说要报账单就多收5元。我们去时店门已经关闭，他问了对面的超市，超市的女老板冷冷地丢了一句话："他克贡山。"余又到另一家超市帮已经回去的清华兄弟要报账单，那家超市里也没要到，对余说道："已经完了，学校也经常来要报发票，2000多元的发票学校一直催促，我们也没有办法。"在清理着超市东西的老板的儿子认真给余解释，说过几天才能要到。

下午，松旺和姐夫去学校，顺便带来了今天杀的一点猪肉，今天松木给她寄了三七。松木也给我寄了昨天才找的煮熟的竹笋。

晚上，我和余吃竹笋炒肉、肥肠炒菌。我告诉媳妇要带大儿子下来，明天余走后，只有我一个人了，厂里并没有运行，平时也比较清闲，也就是守守处理厂罢了，孩子一来我也有个伴了。

2016 年 6 月 25 日　星期六　阴晴不定

早上简单洗漱完毕，我们一家去代松家吃早点。因为过会儿媳妇要带着两个孩子回家，我俩就把孩子委托给代松看管一会，跑到街上买一些带回家的生活所需品。媳妇与她姐姐通话得知姐姐还在读 5 年级的女儿生病了，嘱咐我们买一瓶克感敏去学校找她。我们在街道上的超市里顺便买了一些孩子喜欢吃的零食。此时在上课，问了周围的学生才确定是铁门紧闭的那间教室。我敲了敲门，老师确定要找杨兰花后把她叫了出来。杨兰花的脸上泛出几丝苍白的神色，面容憔悴。媳妇给她递了一小袋零食，并吩咐里面有一瓶药，还给了她 20 元零钱。

路上碰见李永明，他似乎有些醉意。听说他的朋友于忠全老师要请客吃饭，叫我们也一同去吃饭。于老师让李永明点菜，说自己还要招待一下云南大学的几位老师。李永明在昆明某教会学校读书的儿子和女儿也回来了，今天他带了大儿子，听说要在这里上初中。李永明跟于忠全老师要一些教科书，说今天和儿子下来要办两件事：一是给孩子提前找一些教科书，二是今晚小组有个换届会议。原来的冷木当小组副组长阿拜落选了，为了奖励他之前为村里做的贡献，李永明想花三四百元钱给落选的阿拜买一个电动打茶机。他说刚才跑了街道所有的小卖部都没有见到打茶机。

"林高呀，你觉得买什么好呢？"李永明对我说。

"给他们买个电饭煲吧，上一次来三乡时他们想买一个，听说钱不够没有买到。"我说。

李永明刚才点了四荤一汤和一斤自熬酒。只有我们和他们两父子吃。家人又回去了，我独自回到厂里上班……

2016 年 6 月 26 日　星期天　阴晴

1 点 30 分停电，7 点 20 分来电，最近迪政当片区经常停电。为此，有些人按捺不住地在微信里发牢骚，谩骂供电方。

2016年6月29日　星期三　阴晴不定

很快就要过七一建党节了，听说今年的七一节统一安排在独龙江乡政府中心。为此，乡党委要求每一个村民小组要搞一个表演节目。我们村党小组在村里找了较年轻的妇女们组成了表演队，这几天一直在排练。

大姐夫的家族昨天去白来村提亲了，大姐夫和姐姐把小儿子托付给了敬老院的老人，把外甥女给姐夫的妹妹代松带领。我和儿子去信用社取钱准备买一台小电视时在街上碰到了姐夫，他往车上装东西，说是要去送参加提亲的家人们回下游村的家。

我和儿子跟随姐夫来到了姐夫父亲的家，虽然老人的家离我们厂区只是江东和江西一江之隔，我却不经常去那里。

屋里人说话比较吵，而且在喝酒。松旺打开一瓶雪花啤酒递给了我。两个新人也都在这里。高金荣是姐夫的堂弟，是他去白来村提亲的。两人之前就相恋，这次提亲也就是通过女方家人这一关。听说非常顺利，高的家人也开开心心地回来了。听说下一次他们的家族准备到三乡给高金荣最小的弟弟说亲事。目前他们家到结婚年龄的只有他一个弟弟了，按照独龙族的习惯，家族成员的亲事就是整个家族的大事。

2016年7月1日—31日

2016年7月1日　星期五　阴

今天是建党节，听说在学校举行合唱比赛，我并没有去参加。今年的活动似乎很简单，也没有组织各村的基层党员们去参加活动，只是口头通知愿意参加的就可以去参加活动。村里来了很多人，李牧和曾明来厂里找我玩，他们带了一打雪花啤酒，李牧还带着自己的小孩。他们说今天早上村里的碧永生一早穿着喇嘛服装站在桥头大喊大叫，因为曾明开车去雄当村接乘客，并未留意。回来得知碧永生已经跳江了，今天早上同村的李忠荣也死在厕所。

我打电话向媳妇了解了情况，听说碧永生可能是和他的后爸吵架，曾明说："今天早上他的后爸见他跳江后竟然背着手若无其事地回了家。"碧永生还是一个小伙子，从小跟他妈妈和后爸在四川，早年他妈妈和他后爸先回到村里，前阵子他才从四川回到家，没想到这次回家却有一股"落叶归根"的意味。李忠荣已是中年男子，很早的时候他的爱人去世了，两个女儿都是他一个人拉扯大的，现在都已成家，听说这几天饭也没有好好吃，小女儿江格亮今天来代表村里演出的，听到噩耗哭着回家了……

小小的村庄，一天竟两个人去世，对很多人的触动十分大。李牧、曾明和我三个一边喝着啤酒一边谈论此事。一会儿，李秀英、大嫂子、碧文英等人也来看看我上班的地方。现在，宿舍并没有安置任何家具，让我有些难堪。

2016年7月2日　星期六　阴雨

宿舍门把坏了，我和儿子困在里面好半天，路边一个敬老院的驼背男子才来帮忙。他给我递了工具箱，两人里里外外弄了半天，这个锁还是没见开，我只好抱着孩子从窗户的梯子下去。

听说李忠荣今天下葬了，却没有机会参加。李忠荣和我是表兄弟，而我因为没有办法脱身，有些丧葬上的事宜只能交给媳妇。

连日降雨，江水暴涨，碧永生的尸体也没有找到。这几天同时死两个人，迪政当小组的村民可能都忙坏了，无暇顾及两家同时办理丧事……

昨晚上，和阿华一起喝酒。昨天他还说自己现在信仰基督教，不过昨晚阿华似乎犯戒了。阿华带着还在读幼儿园的儿子跟母亲一起生活，昨天他母亲跟我说阿华的媳妇让他去学医，后来整个人都变了。阿华和他媳妇只能分道扬镳了，孩子归父亲抚养。

阿华昨晚问我："你的微信上有没有女孩子？"我说有，他加了我堂妹的微信，说感觉这个女孩子应该不错，并要我帮他去问问说一下。

2016年7月9日　星期六　阴

媳妇和儿子回家了……

我在路边与李勇闲聊。李勇是很健谈的老人，他说他今年将近60岁。在等候客车时，他问起了我在污水处理厂的月薪，我说是3000元。他说现在上班的职工工资调整到了三五八，也就是3000到8000不等。

他还说："现在单位里上班的人很好，工资制度调整以来可以让很多家属也不用担心了，所谓一人高升全家无忧了！"

对于他的见解我只能默默聆听，我周围有四个大学生都在当兼职。通过这几天与他们相处我得知，他们在乡政府一个叫扶贫创业园的办公室里上班，丁俊林是其中一个。他多次跟我提到他的工资是1100元，工资很低不说，还要隔一季度才发放一次。为此，他经常跑到离乡政府10公里左右的献九当家里解决温饱问题。

李勇对我们说："新任的副乡长，是从村委会考试考进来的。工资七八千元。"他所说的七八千元应该是真的，旁边的听者都是村民，他们啧啧感叹工资的数目之高。七八千元，对于我们来说那真是天大的数目。李勇给我们仔细核算了一个乡副级干部一年拿到的工资，让旁听的村民羡慕不已……

可以这样计算，一个很能干的家庭，他一年之内或许可以找到1万至2万元（挖药材）。但今年，随着林业部门的严厉督查、没收、禁止，很多村民除非是进缅甸挖药材，不然谈何七八千，甚至几百元都难挣。今年下游一带村民去缅甸挖药材，听说还遭到缅甸林业巡察员的驱赶与殴打。通过挖药材获取经济收入的期望，一年更比一年渺茫了，为此大部分村民都感到了前所未有的压力……

正谈之间，熊当村一中年妇女凑过来。李勇见她过来给刚才的话做个尾声："就是这样的，老百姓的日子越来越难过了。"然后又对那位妇女说道："你叫你女婿少喝点酒嘛！"中年妇女无奈地回答："啊，自己不听劝。我们能怎么办？"

李勇的老家在白丽村，熊当村那位妇女的女儿也嫁给白丽村的小张。李勇和他们都是一家人。

李勇说："张国瑞天天喝酒，前几天身子都变得痉挛抽筋。到贡山也不见好转，现在到六库看病了。"李勇还补充道："哎哟，现在的年轻人是天天喝酒，早晚因为喝酒而死去，酒喝多了，也不会像我们长寿。我现在已经是64岁了。"

李勇又对我说道："你也不要酗酒，每天晚上喝2两就可以了。这样也不伤害身体。"

车子已经来了，李勇才缓缓起身走向客车装自己的东西。我顺便瞄了一眼，他说这是渔网和渔线。

媳妇和孩子已经走了。今天天气十分好，厂区内杂草丛生，我便利用空闲时间除草。厂区外围靠近江边有一些长满芦苇与杂草的空闲地，我想这个可以开垦出一片不小面积的菜地，于是里里外外用镰刀割干净。长期在这里上班，我和媳妇谋划找空闲地种点菜，盖一间猪圈。媳妇总是跟我说这里没有地、没有牲畜，下来能做什么呢？尽管我之前多次跟她提起一家人全部搬下来一起生活，她总是以这个理由拒绝我。

2016 年 7 月 21 日　星期四　阴

这几天，一直和电网公司交涉电费倍率的事情。上面的负责人孙清华，原来是在厂里实习的，现在已经进入了公司。他一直强调，电费超标计算是电网公司的失误。核算电费 2490 元，其中电网公司算表算错 850 元。听说这个可以作为预存款存入，即便如此，清华始终不相信上个月能用了那么多。他一直和昆明总部公司供电所交涉，一会儿又让我办理相关业务。

从供电所出来，我发现处理厂在幼儿园建设的抽水泵房被施工队夷为平地了。我先向清华回电上报，在他的指导下，我找到了施工队负责人了解了情况。有三个貌似负责人的中年男子在凉棚下休息。我走过去问你们这里谁是负责人，为什么要拆卸这个小房子。一个稍胖的额头上架墨镜的中年男子递给我一支烟说，你是污水处理厂的吗？我说是，他跟我讲解了这里要建设一个游乐场。

我问："拆卸这个泵房有没有有关部门的文件下达？"

他说："我只是负责监工的，具体我也不清楚，可能是教育局。"

我："什么时候拆卸的？"

他："昨天上午本来要拆卸的，我问了老板这个泵房怎么处理。老板指示我要给教育局局长打个电话问问，当时教育局局长正在开会不方便接听电话，我一直等到下午才接通了电话。经过他的批准，下午 6 点左右才拆卸了这个房子。"

他带着我在泵房附近查看了所占用的面积，他说自己只不过是监工，具体的要我找相关上级问问。

2016 年 7 月 30 日　星期六　晴

这几天，进山挖药材的人都回来了。村里妇女们都互相帮助把土豆也挖了，苞谷地也除完了杂草，就等待秋收苞谷了，一切都进入了清闲的状态。即便如此，村里很多男子都去察瓦龙打工了，听说是采挖土黄连。

有些男子同熟人去找药材，去到察瓦龙却没有期望中那样多，就失望而归。一些不去挖药材的人，过年的费用只能去打工添补。

2016 年 7 月 31 日　星期天　晴

休息。

2016年8月1日—27日

2016年8月1日　星期一　晴

今早听说曾闪光家杀猪，一些妇女背着孩子去他们家买猪肉了……

八一节虽然不是老百姓的节日，但每逢八一、中秋、五一，村里有出栏猪的人家都会挑日子卖出去，节日也就意味着打牙祭。

大家晚上准备掏蜂窝喝"霞拉"酒，我却没有闲暇的时光，只能回到厂里守厂区。加上这几天要忙于缴纳电费的事，我不敢怠慢。

回到三乡，打电话得知电费过几天才缴纳，我把厂区托付给附近亲戚巡视留意，就又原车返回到家里。一路上，天气闷热，我买了点啤酒解渴，到了龙元村与李永明各喝了一小瓶庆功酒。没想回到家，醉得不成样子……

2016年8月2日　星期二　晴

昨晚，酒醉门被损坏了，我叫阿拜来与我一同修门。天气很燥热，让人昏厥，加上并无农活可做，此闲暇时光正是人们以酒消遣、作乐的美好光景。

由于分开时间长了，我感觉我们夫妻关系发生了微妙的变化。有人说我们很有夫妻相，但遇事从来谁也不让谁。因此，结婚以来，吵闹屡见不鲜。这或许跟我们的性格有关系。

2016年8月3日　星期三　晴

步入农闲了，只有找找猪食、翻新一下菜地，播种菠菜、白菜、青椒等。

听说弟弟一行人从缅甸回到家了。几天前，听说乡林业站的人在熊当村尾设立了临时检查站，专等候从缅甸回来的村民，没收、罚款。得知此事，去缅甸的村民的家属，估算男人回来的时间后，便提前一天去休憩的固定点送干粮，并在干粮中夹放字条，提醒回家的人们有林业站人在固定点检查。

2016 年 8 月 4 日　星期四　晴

从村里回来，这几天回去，也没有重活可干……

得知我搭李永明的面包车回厂区，弟弟给了我一小袋干牛肉。今天李永明带着他的家人去下游钦兰当村游玩……

下午在李秀英家吃饭，这几天，厂区里因为没有电，吃饭睡觉成了一个难题。

2016 年 8 月 5 日　星期五　晴

没有电，晚上我只能到农技站的初中同学丁俊林处住。

2016 年 8 月 6 日　星期六　晴

李秀英家的女儿贺永霞明天会被送到电站的叔父家。听说叔父要去贡山办公事，顺便带贺永霞去学校报到。今天李秀英和贺元嘉夫妇俩请客吃饭。李腾龙一家、才松两口、大姐松旺也来吃饭。贺元嘉是四川人，他炒的菜辛辣而可口，很开胃。这几天我在他们家吃饭发现都是贺元嘉在炒菜。

2016 年 8 月 7 日　星期天　晴

昨晚李秀英家请客，喝了不少酒。天气闷热，我跑到桥头和才松又喝了一杯。昨天下午从桥头回厂区办事时在路上无意丢失了钱包。幸好是熟人捡到，听说是基督徒。通过电话，说是今天做礼拜时拿给我。钱包里面有两张银行卡，其中一张是工资卡，上次就给我打了 1000 元交电费。钱包里只装了 80 多元零钱，还有一张身份证。

一会儿，还真的有两个中年男子来李秀英家找我说："你落了钱包了，夹（给）。"说着递给了我。因为钱包里只有80元的零钱，我拿出一张50元递给了那位捡到我钱包的中年男子说："谢谢你还我钱包，这几天没取钱，钱包里就这么多，以后我再给你。"问了一下他们的小组，就在我上班的附近。

中午时分，天气燥热。我和才松喝了一瓶白酒去江边游泳。从江边回来，弟弟给我打来电话说他一会儿来找我，叫我准备啤酒等他。一会儿他有些醉意地来到厂区我的宿舍。

2016年8月8日　星期一　晴

昨夜，大姐夫、二姐夫阿拜、大姐还有一些乡政府上班的职员，在桥头的"藏迪"又是唱歌又是喝酒，到12点左右才回到敬老院。早上醒来，因为喝高了，有些打头。

今天大姐两口子跟随阿拜回去。因为住在丙中洛的两位表姐两家人来村里玩耍，为此他们约定在迪政当村吃烧烤。他们也让我回去玩，但这几天厂区里的事总是脱不了身，我就没有跟他们上去参加这次部分家族亲戚的聚会。

回到厂区，我又转身去购买万能充电器。在街上，姐姐们在购买东西。见到金国叔叔也在，他前些日子刚从缅甸回来，这次说是送堂妹李福艳去高中报到。金光大哥的儿子僧鲁原本是考上云南警官学院的，但在报表时年龄与户口不符，因此只能多交学费去读贡山一中。我身上只带了100元的零花钱，金国叔叔在乡政府大门口外等候女儿，说女儿去乡民政看看能不能要到点补助。我掏出带在身上的100元递给叔叔，让他给福艳妹妹。

买好了万能充，我回江西桥头的亲戚家充电。陈明的面包车也停在那里。微信上，家人们不断发一些吃烧烤、喝酒的小视频，甚是热闹，激起我刚才没回去玩耍的悔意。

2016年8月9日　星期二　晴

听说，家人们在村里玩得很开心热闹，今天也不见他们回来。我到桥头充电，才松两口子和李秀英三人，正坐在才松家卧室里看里约奥运会。奥运会播放的是中国队员孙杨等人获得奖牌的画面。一会陈明也开车过来，他从才松家的小卖部买了一桶方便面吃，还买了一打雪花啤酒，面色有些黯淡。他说自己昨晚喝酒喝多了，今天早上都没有胃口吃东西。过会儿，李腾龙也开车过来了，他说自己去接几个支教的大学生，说这些人都安排到他家住宿、生活一段时间。每晚一人收50元的住宿费用，一共有5个人，估计待15天或者是20天。我们三个正喝啤酒，李腾龙今天没喝，他说自己要接外地人，不沾酒，否则印象不好。

接了一通电话，李腾龙回去了。

陈明吃完方便面也喝起啤酒。刚要喝完，一起来的二堂哥金强给他打了电话，说刚才在街道上批发东西时，碧文英娘娘抽筋摔倒了，让陈明赶紧拉到医院看看。陈明叫我同他一起开车送碧文英娘娘到医院，他们在路边等候着。

我们扶着碧文英娘娘走到医院，很多人在输液。黎院长也在，他说恐怕抽筋会引起瘫痪。他给碧文英娘娘输了一小瓶液。输完液，碧文英向医院要一些关于此方面的药物，黎院长肯定地说没有这种药物。这下碧文英很是上火，迈开脚步丢下几句谩骂："你们这是什么医院，要这个没有，要那个也没有！干脆别开这个狗屎一样的医院啦。"从医院坐车出来，金强说要吃一顿饭，便去了他们前阵子吃过的"一日三餐"饭店。我们点了四荤一素一汤，一打啤酒。金强哥一家三个，碧文英、陈明和我。听金强哥说今天下来是批发一些东西，他们开的农家乐似乎收益不错。听说村里开农家乐、客栈和小卖部的家庭从乡里能拿到3万元的奖励，这让村民们很是羡慕。开农家乐的金强哥也同样拿到了政府的3万元奖励。

他们听说乡医院来了外地的医生做检查，据说缴纳50元的检查费就能检查身体，这也是他们今天下来的目的之一。不过，刚才黎院长说这些人今天检查的对象是服兵役的青年和派出所的民警。碧文英娘娘在饭桌上说她可能要瘫痪了，同时埋怨自己的儿子儿媳，丢下她和小孩去察瓦龙打工。现在她一个人又要喂养牲畜，又要照顾小孙女……

吃过饭后，我们原路返回去装金强家的一些货物。陈明的面包车后半车厢都塞满了酒水饮料，有些实在装不下的打算明天再取走。我跟他们回到桥头，金强说大家喝点酒再回去。二嫂张秀兰买了两瓶鹤庆大麦酒，一人倒一点。李秀英似乎又有些醉意，丈夫贺元嘉总是骂她喝酒，我在他家喝酒总是给她少倒或是直接不让她喝。她也喜欢抽烟，有些醉意的她跟女人们再三谈到自己女儿考上高中的喜事，这几天逢人便谈及此事，可见她有多欢喜。

2016年8月10日　星期三　晴

昨晚微信上问了供电所的阿香，她告诉我今天可以交话费了。早上起来精神抖擞地跑到供电所去交话费。听说公司的人今天到六库了，可能明天就到这里了。我缴纳了电费后，电网公司马上进行了发电。我已经有一个多月生活在无电状态下了。

这次公司经理等人主要是下来处理改造抽水泵房的事，昨天孙清华跟我说要让我代理公司这片区的业务。

下午，媳妇和我通了电话。媳妇说她姐姐的女儿明天要回家，让我买些孩子吃的米粉捎上去。这段时间我这里就要忙了，只有媳妇一个人照顾两个孩子。上次公司经理跟我说过等他下来，有人在厂区时就要给我放一个长假，不知能不能兑现。

2016年8月11日　星期四　晴

早上8点左右，代松打来电话说："都里，你过来安一下卫星电视接收锅盖，洗漱一下就顺便过来吃早点喝茶。"

昨天下午，我在值班，答应帮他调整卫星电视信号，却被我忘在脑后了。我赶忙起来随手穿上独龙马褂，跑到一楼洗漱完就顺着公路到他们家。

代松一家前阵子租住孔当村民的新房子，据说一年的租金就要花费6000元左右。现在联系到了农技站职工宿舍两间，听说不用租金，原来住在那里的职工都搬到了乡政府单位楼房了。我几分钟后就到了那里，代松和丈夫在厨房里。代松的丈夫是永胜人，比代松大十来岁。代松现在28岁，听说两人在工地打工时结识成婚，他们现在有一个7岁左右的儿子。代松还有孕在身，将近临盆，他们打算到县城生孩子。代松的丈夫老四在发动拖拉机，听说要去工地上搞木料。

代松问我去县城医院生孩子，需要带一些什么证件。她说老四的户口在永胜，想转到这里一直没有机会。现在只差一个老四地方派出所证明用传真传过来了。

老四开拖拉机去工地了，只有我和代松在喝酥油茶，代松炒了饵块、牛肉，她还摆了一小盆野百合粉。我好几年都没尝过野百合粉了，这是我最喜欢的食品。想不到这里的人也弄这个，我一问才知道这是当地村民摆摊销售时送给她的。代松还递给我半瓶装在娃哈哈纯净水瓶子里的自熬酒。

来到这里上班，我好久没享受到这样美味的早餐，酥油茶、百合粉、饵块、炒牛肉干。吃饱后我随代松上三楼房间调整电视，代松的儿子在用DVD看一部叫猪猪侠的动画片。关掉DVD，调换好闭路线，上到阳台对准微信。眨眼工夫，代松在下面喊："都里，好了，放出来了！"

代松一家新搬进来的房子，是三楼一条走廊上挨近的两间。一间做客厅，一间做卧室，一楼场地上的是厨房。

调好电视回到厨房喝自熬酒，一会陆续来了三个中年妇女。代松热情地让她们坐下来喝茶、吃饼。喝完3两左右的自熬酒我就回到厂区，遇见在林业站上班的老同学张敏。他开摩托，在我的要求下绕了一圈到宏达超市买一桶米粉，然后又把我送到了厂区。张敏告诉我这几天他要做的事情很多，也很忙。两人约定晚上在我这里小聚。他还说如果我想要的话、把他的摩托车拿到修理厂去维修。

今天陈明拉客，也下来，我拿着米粉跑到江西桥头让他把米粉拿给我媳妇。刚才媳妇跟我打电话时说孩子的米粉吃完了，要我再买一桶寄上去。

陈明和李腾龙两人都在那里，看天气闷热，我买了一打雪花啤酒大家分着喝。李腾龙笑着对我做了某人的搞笑动作让我猜：他把上衣塞进裤裆里露出皮带，左手拿烟，右手搭腰抖动着身子抽烟。然后对我说："'金得'（我的小名），经常这样抽烟的人是谁？"

"如果猜中，你给我什么？"我说。

"猜中再买一打啤酒给你。"他回答道。

"贺元嘉。"我说道。

他只好笑着对我说你怎么知道的，就给我买了一打啤酒认输。

我跟陈明说，我的朋友张敏想给我一张旧的摩托车让我自己修理。陈明认为这个是好事，于是开着他的面包车，去停车的农机站里提车拉到修理厂维修。

弄到大理三父子经营的叫"小杨车行"的摩托车维修站，才松跟我说："听说那个车的主人已经死了，这样的车你敢开吗？"

听他这么一说，我立刻给张敏打电话咨询了一下。张敏告诉我那个人是在山里失踪的，生前一年已经就没开了，一直丢弃在那里。后来他修理了自己开，买了新的摩托车以后他不再开那张旧的了。他跟我说："你要是不想修的话可以不修，但是别丢了，我来修。"

我回到厂区里，一会清华和另外一名年轻同事也到了……

放好东西，我们就去小吃店吃东西。他们两人各点了一碗面条，我点了一碗米线。新来的那位同事个子很高，戴眼镜，讲一口标准的普通话。大家几分钟吃完东西，我就去结账，老板收了25块钱。大家顺着原路返回，中途又绕过大路去幼儿园内查看之前游乐场施工队毁坏的泵房，他们这次下来的目的就是要改造这个。

清华看了看说："都毁坏成这样了，我还以为只是毁坏了一点点。"

之前泵房被毁坏的情况，他都是通过我的描述来了解的。

今天游乐场里没有工人施工。他们找到了单位楼下一个在洗菜的汉族老头，汉族老头也不知是哪里人，他说的地方方言，即便夹杂着汉语，有些是清华他们问了两遍才勉强听得懂大概。

火辣的太阳让人浮躁、闷热，回到厂区，进房间里才觉消停。

实在口渴，我冲完凉水澡，小步跑到附近的小卖部买了打雪花啤酒和清华喝起来……

下午4点左右，我们三个人去买菜。清华买了一打鸡蛋、几个西红柿、几块生姜、几根葱和一点大蒜，又从五金店里选购铁丝网，准备明天用来堵住进水口。选来选去，还是打算明天再来看看……

新来的那位同事说他是甘肃人，清华是山西人。他们说这几天吃米饭都胃痛了。我过去买的一袋面粉一直没动过，他们便用它来做了一锅面。甘肃的同事揉面，清华则洗菜、切菜。不一会儿，一锅面做好了。我觉得这个就像我们村里用大麦、小麦做成的"都噜都巴"。做法就是把面揉好，做成面片、面团，再在蔬菜汤里煮熟。

吃过东西，我便去江西桥头"小杨车行间"摩托车修理好了没有？老板的小儿子今年18岁。他告诉我，这张摩托车有很多地方要维修，今天我放在这里，但我一直没有来，他们还是要听过我的意见才能维修。他的父亲老杨也来跟我讲了很多摩托车内部的问题。大概是线路和电瓶坏了，需要更换，我问明了价格，老杨说总共310元。

我说："修吧。"

小杨笑眯眯地问我："修可是？（修是吗）"

我说："修。"

他们才开始动手修起来。

我说:"明天再来提车。"

他们一个劲地回答着:"好好好!"

傍晚时分,清华和新来的同事看见我的卧室能接收卫星电视信号,说看我的小电视不过瘾,不如把我的卫星电视接收线接到中控室那台大液晶电视上大家一起看。经过短暂的接线,我们三个人各坐在办公椅上看着过瘾的大电视……

2016年8月12日　星期五　阴晴

7点左右,我醒来,却没有起床。这几天总是睡不好觉,昨晚依旧是从梦里醒来迟迟不能入睡。我不知道这跟头朝北脚朝南贴近窗户的摆床方位和位置是不是有关系。以往在家,做噩梦醒来或是经常性失眠我都会很留意床的方位和位置摆法,这个也是我多年来的一个小"癖好"。

大约十多分钟后,清华推门叫我:"李哥,起来,我们一起上去看看了。"我才迅速起来,跑到一楼大门口的水龙头迅速地刷牙洗脸。大家一起徒步到幼儿园区内的泵房所在地,查看了两个池子,清华和新来的同事犯愁了。大水池和另一个小水池因为房子的拆卸,池子底下积下很深的水泥块和污泥。

此时,建设游乐场的工人开始施工。我和新来的同事拿工地的长钢筋测量了池子里积累的水泥石块的高度,大约一米六深,加上另外大水池所积下的石块,这样的工程让他们犯了难。昨天那汉族老头来到了跟前,跟他们聊了一会,我没有太在意他说了什么。只听清华对老头说:"上面给的时间是有限期的,所以我们要尽快在限期内处理完这些东西……"

钢筋工开始在原来泵房边角横搭钢筋,看样子是要浇灌混凝土了。这会很大程度上影响到我们从池底排出泥石的进程,虽然后期的事情听说是属于城乡建设局来改造,但前期的面积规划和清理,却是他们两个这次下来的任务。眼看今天也没有好法子,大家便回到厂区里,清华说要在这里附近请一些苦力来协同我们一起把池底的杂碎石块捞上来。

晌午，我们从五金店里买了一米铁丝网，用来堵住进水口的大块污物。回到厂区里，两人便开始按尺寸来给铁丝网做木条框边。今天看见陈明等人也来到了三乡，陈明的车上下来了金才和弟弟两家人。一会儿我打开微信，又看见他们发的在餐厅里吃着丰盛菜肴的视频。

下午，搞完了东西，本想写点日志，陈明打来电话说要我去江西桥头喝酒。我犹豫了一会儿觉得还是不要去。他再一次打来电话我才去，顺便去看看摩托车修理得怎么样。一到桥头那里，贺元嘉、才松、陈明三人坐在房前的坝子上喝着白酒。陈明见我来，又买了两瓶鹤庆大麦酒。我跟陈明说，我的那张摩托车不想要了，要退给朋友张敏。他承诺过如果我不想要的话，修理的310元让我先出钱他再返还给我。此时陈明跟我说："你是不是太傻了，人家白白给你。要不咱们一起搭伙把这张摩托车卖给上游我认识的人，钱我们平分。"于是，我和陈明来到了农村信用社取钱。陈明说修理的钱由他付，卖出去后平摊这个钱。陈明从取款机上拿了500元，我们回到厂区里，陈明让我拿400元付修理费310元。试了一下摩托车，发现有很多问题。于是陈明又觉得这个生意应该划不来，于是我打电话给张敏说这个摩托车有很多问题，何况我又没有驾照，还是他拿回去吧。张敏在电话那边说他现在在熊当村，回来后把修理钱退还给我。

天色渐渐暗淡，坝子又不知道从哪儿冒出来叫云飞的一个老头，车行老杨拿来他吹嘘了很多次的无量山上的酒倒给在座的每个人。之后他说这个酒是专从大理老家带来的，酒烈而味浓。

陈明说他今天拉来的客人全部跟别的人走了……

夜幕降临，我回到厂区，坐电脑旁写东写西，想到陈明便去电问情况。他说独自一人开车已经到了龙冲村了……

2016年8月13日　星期六　晴

昨晚媳妇把大儿子放在二姐松木家睡觉，而他们因为阿千娘娘下来到了金国叔家，几个大人让孩子一个人在家睡觉。在微信聊天时，媳妇因为我的追问就回到了松木家。后来两人大吵一番，她说对我早就没有感情了，只是因为孩子才跟我一起生活。还说虽然她嫁过人，但是没有像这次那样挨打过。我承认，上次回家酒醉打得她很重。这是我们生活四年以来，唯一一次出重手打她。昨晚我也很清醒，看得出来她也没醉。这次两人说的话都是心里话，不是气话。

早上7点，我醒来去请才松来厂区里干活。8点左右，媳妇给我发来了一段微信："你觉得你是一个好老公、好爸爸嘛（吗）？"

我回复："我从来不觉得我是一个好爸爸，不想在一起离婚算了！孩子各带一个，想好了就下来办手续，你那么想我也没办法。我不好，你去找更好的吧。"

媳妇回复："好的。"

话都说到这个份上了，我们的感情彻底崩溃了。

太阳十分毒辣，我们都像蔫菜苗似的没精神。既然这样，我想以后只能分居，各自照顾一个孩子了。既然都是在清醒的情况下，我们只能理智地选择有名无实的婚姻关系了……

2016年8月14日　星期天　晴

那位新来的同事不知道是今天早上何时走的。

才松、清华我们三个人还是重复着昨天的工作，将落入污水池的碎石、污泥一桶接一桶地往外捞出来。天气十分热，我们满头大汗，清华似乎很有干劲，实在忍不住了他才提议大家稍息片刻。

听说县庆有领导下来考察，清华便放下捞碎石泥浆的活跑回厂区，让我们把里里外外的杂草都割干净。厂区四周的杂草疯长，加上太阳火辣，我和才松好不容易才除干净。才松显得很不耐烦，偶尔抱怨道："啊，这样的活路，明天不想再来了。"

除完草，清华说考察的人今天不来了。他炒了土豆、西红柿炒鸡蛋、小黄瓜，今天并没有像以前一样煮面吃，因为他认为煮面比煮饭还要费时间。随便吃完便又去幼儿园区继续捞泥石的工作，一直持续到晚上8点半。清华觉得明天或者是后天可能有人下来视察，为了让领导看见厂区运行的场面，他特意安装了抽水泵。他和才松在池底里对好了笨重的水泵的位置，接着清华一个人上螺丝。路灯都亮了，清华才上紧好了每个螺丝。才松和我又气又饿，清华穿的防水外套不小心割破了。他艰难地从池底爬上来，脱下防水服，全是污水，清华满脸都沾满了污泥，他无奈地摇摇头苦笑……

今天大家都辛苦了一天，天又黑了，也来不及做饭了。回去的路上我说今晚我们下馆子吃点饭吧。他们两个先回去换衣服了，我则去路边的餐厅点菜。我点了一锅腊火腿杂锅菜，分外好吃。大家边吃饭边喝啤酒，刚才的沮丧，此时已忘得一干二净……

2016年8月15日　星期一　晴

清华今天并没有安排去捞泥石，太松家今天让我去帮忙杀猪。我和老四一起杀猪，他们明天准备去县城医院等待孩子的出生。太松养了很多猪，杀了这头还有6头。她说，已经吩咐给养老院的两位老人帮忙喂食。

农机厂的院坝上，几位官员摆了一箱红酒、一打小瓶装的白酒在喝酒闲聊。老四用刀插在了猪的肋板位置，猪始终没有倒下，他又在左肋板位置补了一刀，回房等了半刻猪才倒下了。我们两人只能一点一点浇水剃毛。此时旁边喝酒的男人们有了些醉意，云飞拿空纸杯当麦克向天唱着《再活五百年》《美丽的草原我的家》等经典老歌，换了一首又一首，旁边的妇女们在笑着听他唱歌……

猪杀完后，分成几腿，附近的熟人也买去了不少。太松说她那头猪是300元买来的，本钱已经拿到了就行了。其他的带去县城吃，或是带给她的一些亲戚。

老四用猪肝和瘦肉炒了两个菜，吃过后清华给我打来电话。他说今天定了到电网公司签订授权代理合同书，公司授权给我代理用电相关事宜的签字、处理权。

清华来时，跟我说孙叔已经下来了，在厂区里。听说孙叔过去一段时间在丙中洛打工。原来厂区里是孙叔管理的，自从我来后，他回去了一段时间，应该是在别处找钱……

下午，我去找才松。才松的媳妇青念说肚子疼，看样子很难受。估计是快生了，车子已经叫好了。才松满脸焦急地跑上跑下做去县城的准备。不一会就出发了，猪托付给贺元嘉喂食……

他们出发后，很快电闪雷鸣，下着大雨。

晚上看见青念的表哥发的微信，孩子已经生了下来。她表哥微信告诉我说：生了，4斤6两，是个男孩。

2016年8月16日　星期二　晴

今天还是要掏碎石泥浆，只有我和孙叔两个人在干活。

2016年8月17日　星期三　晴

昨天晚上，堂弟李福刚给我打了电话说明天带着他媳妇来三乡看看我，早上又打来电话说要借一张摩托车下来。早上我还在上班，中午时分李福刚说已经到了乡政府门口旁的广场，我徒步过去见他们。

远远看见李福刚和一女孩坐在广场边角。见我来，李福刚和他女朋友走过来。我问："吃饭了没有？"李福刚说："刚才下来什么都没有吃，饿死我了，你想请我们吃什么？""我们随便吃点饭吧。"我说。于是我们走到学校旁的神龙餐厅，李福刚点了三菜一汤，点了一打啤酒。李福刚的女朋友不喝啤酒，只点了一瓶加多宝。我让他们先坐下喝东西，我自己跑到农村信用社取钱。回来时只有他女朋友坐在那里，我随意和她闲聊了起来。

"你是哪儿的？"

"文山广南的。"

"来这里习惯吗？"我问。

她笑了笑说："习惯呢！"

"你来这里父母亲没反对吗？"我问。

"我来时，父母也同意让我来这边。"她说。

一会儿李福刚回来笑着说："哇，你们两个还挺聊得来嘛。"饭桌上，我对李福刚说你是我们村里第一个带外地汉族女朋友回来的人，李福刚得意地笑笑说："啊哟，到村里面很多人都好奇呢，盯着我看。好像是说，哟，这个人是从哪里来呢？以前从来没有见过嘛！"没过多久他们两个人都吃好了，我就让李福刚开摩托车到我住的厂区里看看。我顺便在小卖部买了一瓶青稞酒，回到厂区和李福刚边听歌边闲聊。聊到年龄，李福刚说他的生肖是牛，今年20岁。李福刚再问我："哥哥你今年几岁了？"我说："27岁，生肖属蛇。"李福刚惊讶地指着他女朋友说："唉，她今年15岁，原来你们都是属蛇呢，怪不得那么聊得来。"又对我说："你比她大12岁。"李福刚的女朋友也笑笑……

李福刚和女朋友这次从县城下来住在金国叔叔家，他们是下来搞下游他们家的草果地。前天他们请了村里很多人来帮忙搞草果地，回到迪政当村时，龙元村的公路塌方很厉害。他们在村里被困了将近一个星期，今天才修好了塌方路段。

下午5点左右，李福刚和女朋友回去了。临别我又给了李福刚100元抽烟钱……晚上，曾明打来电话，邀我去吃东西，他说有人用300元包车下来，回去的路上只有他一个人，硬拉我跟他一起回家。我只好请假说明缘由，再向媳妇打电话才跟他回家……

2016年8月18日　星期四　晴

坐婶婶的车又下来，媳妇也同婶婶一起带孩子去体检。二嫂子才塞也去做小儿子睾丸膨胀的检查，外甥女阿兰1岁多的儿子的头上、身上长满疱疹，她也带孩子去体检。儿子普松旺这段时间由我带着。

2016 年 8 月 19 日　　星期五　　晴

这几天没有什么事，我陪儿子在附近玩耍。村里也依旧是农闲时期，加上这几天天气闷热，夜晚也很难入睡。在厂区我的房间靠近路边，因此每晚都听到一拨又一拨的人们酒醉后大喊大叫地从"藏迪"回去。三乡这里鱼龙混杂，什么人都有，打工的、上班的、本地的，也有些是单位领导和职工……

2016 年 8 月 20 日　　星期六　　晴

今天的活并不多，池底只有一些碎石和泥浆了。早上儿子睡得熟，我并没有着急去工作，而是和孩子一直睡到了将近 9 点。醒来洗漱完，去位于幼儿园和学校单位宿舍楼下的广场上上工。儿子一醒来就嚷着要吃呐呐（饭），于是我背着他到"丽江小吃"买了两个馒头、一个酸菜馅的包子。"丽江小吃"的女老板是一位健谈的中年妇女，她的女婿、女儿也跟她经营着这个店面。平日里，本地拉客的司机、赶集的村民，或是外地的游客也不少见。原来的独龙江店铺都是木板房的时候她就经营着小吃店，直到现在。过去好几年了，期间雇佣过很多独龙族青年帮她打工。现在女儿、女婿成家了，似乎再也没有见到其他雇工了，只见三个家人在店里忙碌。

老板娘见到我儿子，给了他一根油条。我准备和儿子从中心学校门口绕到位于幼儿园和学校职工宿舍楼的厂区内，顺便在超市给儿子买了一瓶伊利牛奶和一瓶娃哈哈纯净水。此时太阳光已照进学校球场，学生们已经放假很久了。这几天，为了庆祝贡山县县庆的事从各村招了许多舞蹈表演队。我们走进时很多来自各个村寨的女孩男孩们正拢在一排晒太阳，聊天。

到了厂区，我让儿子普松旺坐在一旁的凉亭下吃早点、喝牛奶，自己走过去和孙叔、清华一起清理池底下的碎石和泥浆。清华穿着防水服在池底，我和孙叔在上面拉碎石和泥浆。没想到孙叔力气挺大，我想这是他以前当过兵的原因。47岁的他有一儿一女，听他说儿子20岁，女儿18岁。他说入部队是1989年，还考了大车的驾照。后来他媳妇死了，为了给媳妇办后事他把大货车也卖了。媳妇去世时他神情恍惚，货车驾照也不知道弄到哪儿去了。后来也没心情再开车了，只是一门心思抚养孩子……

池底不断地进水，又不断地用抽水电泵往外抽，好不容易才弄完。儿子在工地的沙堆里很乖地一个人玩耍。建设游乐场的工人们似乎还在派出所附近盖房子，今天游乐场并没有工人施工，昨天拉来的那些大大长长的铁柱子下午已经用吊车吊到了施工工地上。我们终于捞完了池底的碎石泥浆，缓了一口气，现在只需要把池底上方的碎石简单清理干净就可以。在学校职工宿舍一楼，工地上的人接了一根水管子，我们经常在那里洗净身上的污泥，今天也不例外。

回到厂区，孙叔炒了西红柿炒鸡蛋，他往里加了一点王守义十三香、一些花椒粉，然后再倒入开水。原来他们是为吃面做辅料。昨晚上我给儿子做了饭，还剩下些，于是让孙叔给我碗里倒入一点他炒的西红柿汤拌饭吃……

喂完儿子，我和儿子看孙清华拷给我的电影《万万没想到》，孙叔和清华在办公室看《神探狄仁杰》。我问清华："你也喜欢看这个吗？"他说："以前就看完了，只是听听声音"，此时孙叔不知道去哪儿了。

电影没看完，孩子就睡着了。屋外天气闷热，熟睡的儿子满脸都是汗水。到了下午4点钟，清华来，说要把池底上的那些碎块清理干净。我只能背着熟睡的儿子，但我给他打伞，遮阳遮热。儿子在背上熟睡，头随着我的走动晃来晃去，走到半路才想起把他托付给江西桥头表姐李秀英照看一下，免得工地上的噪声让他睡不好觉。我又退了回去跑到江西李秀英家让她看管一下熟睡的儿子，李秀英在家，她说5点左右两人去找猪食，我留了电话号码才离开。大姐去县医院看病了，外甥女可仁松叶也被托付在李秀英家……

下午过去时，游乐场的柱子已经用吊车竖立起来了。我们依旧清理着池面上的碎石，将近8点我才先行离开接儿子……

2016年8月21日　星期天　晴

陈明开车下来，邀我到小吃店吃米线。听说就在刚刚，龙元村的一辆面包车翻车了。在急转弯处直接坠落到独龙江里，6个人中只有一个人会游泳，侥幸生还，另外几个人失踪了。

今天看见很多车子都上去查看了，交警、救护车都来了。不一会儿，救护车就走了，把一个人送到了贡山县城医院。听说生还者是一个男的，据说开车的人和他儿子及村里其他人无一幸免。

顿时，微信朋友圈就疯传这件噩耗。昨天在福贡县马吉乡也传翻车死了5个人，今天是在独龙江……

2016年8月22日　星期一　晴

昨晚电网公司的朋友孔军醉醺醺地来到厂区里找我，此时孙叔和清华在看电视。我的卧室里还有半瓶酒，每人倒上半纸杯。孔军是我大姐夫的同学，家住在孔美小组，听说他有个女儿，身体消瘦，不知道得了什么病。上次他说自己有病，我再问他，他对我说道："我这个病，不好说。"我经常见他开摩托车上班下班回家。

见酒不够，我便提议和他去街道上买酒喝。他晃晃悠悠地开着摩托车带我到街道，结果街道上的店铺全部门窗紧闭，打烊了。他便带我到了附近隐蔽的KTV里，拿了一件啤酒。服务员带我们到了包间里，一会儿两个同村的小伙子也来跟我们玩。孔军唱了几首歌便躺在沙发上睡着了，只有我和另外两个小伙子唱歌喝酒。

凌晨3点左右，其中一位小伙子也躺倒在沙发上，另一位却跟一女孩子搭讪后不知道去哪儿了。茶具上还剩下许多啤酒，看着可惜，我便脱下内衣把啤酒全部装进内衣里，裸着膀子在蒙蒙发亮的夜里回到厂区里……

此时孩子已经熟睡了，刚才让清华照看了一下。

中午，媳妇打来电话说她们已经到了。我带着孩子，还有一些醉意走去见她们。今天婶婶、堂弟和他女朋友是因为房子封顶仪式来给施工队请客。

婶婶他们已经包了房间。媳妇带着小儿子和婶婶在一间房里，李福刚和女朋友在隔壁一间。白天一直在清闲，晚上婶婶把房间让给我们一家，自己又另外包了一间房。

婶婶一家在隔壁的饭店里请施工队吃饭，我和媳妇没有去……

晚饭后，李福刚提了一件啤酒回到他房间里，于是我们俩及媳妇打梦幻纸牌喝起来了。李福刚似乎不尽兴，他说要筹钱去吃烧烤，说着跑到母亲那里要了100块钱，4个人带着孩子又到街道吃烧烤……

2016年8月23日　星期二　晴

媳妇今天带着两个孩子回家了，听说碧文菊去世了。昨晚和李福刚喝酒吃烧烤，今早还有些醉意。李福刚又在米线店里拿了一打啤酒，我们和陈明三个一起喝，婶婶看见李福刚又在喝酒一脸的不高兴……

2016年8月24日　星期三　晴

媳妇在微信上告诉我，碧文菊今天入土埋葬，她也准备去观看葬礼。听说碧文菊是肝癌晚期，今年60岁左右，她丈夫去年去世，彼此只隔一年之久便离世，今年算上她村里已经死了三个人了……

碧文菊的大儿子碧志华前年因为杀死妻子而入狱，家里还有一儿一女未成年。女儿未婚生子，儿子在读初中。也许是没有人管教，平日里经常逃学回家。

下午，厂里并没事可做，孙叔看电视，清华睡觉，于是我也美美地睡上了一觉，直到太阳落下后才醒来。经理上次电话中告诉我，如果公司派人下来会给我放假回家一段时间。晚上清华跟孙总通电话后，清华说孙总准备让我回家休息一段时间。反正也没有重活可做了，泵房改造的事情都是派专人施工建设。

2016年8月25日　星期四　晴

本来今天准备要走的，清华和孙师傅去了县城，说是要采购厂区里用的物品，因为没人守厂区，我只好留下来。

下午，他们两个坐着一张面包车回到厂里。他们买了一储物柜、一张木桌。听清华说这几天因为县庆，有领导下来视察。上面说要清理公司的外部卫生，确保厂区正常运行，为此清华和孙师傅一点也不敢懈怠。

傍晚，我们打着手电去幼儿园内的泵房里取水泵。三个人用推车推到厂区。

休息一会，大家开始清除厂区内的所有杂草……

2016年8月26日　星期五　晴

昨晚一直没有休息，在厂区内除草到凌晨4点多钟。之后我睡了一会觉，早上早早醒来清理厂区内的垃圾、蜘蛛网。孙清华和孙师傅在清理着储泥池里的污泥，他们用水泵把池底的污泥抽到外面。我负责综合楼的室内外清洁工作。

中午时分，我们还在清理着储泥池底时，清华说来了三个人。清华过去跟他们打招呼，孙师傅也过去。几个人在大门前不知道聊了什么，后来孙师傅和那三个人不见了。清华过来跟我说："你换一下衣服，这几个人被我好说歹说才叫到饭店，让他们吃完饭再审查。"

换好了衣服，我和清华来到了神龙餐厅。来审查的是昆明的，清华和其中一个戴眼镜的年轻男子在聊天。

一会菜上齐了，应该是孙师傅点的。一看我就纳闷了，四菜全部是素的。最后上桌的才是一小锅土鸡。清华说这里的菜十分贵，特别是土鸡，卖100元。他始终弄不明白一只鸡能贵到这种程度。他向三位解释说："这里的人根本不种菜，都是从外面运进来的。"这样的解释让我对他有些恼火，恨不得立即带他去村民菜地看看。

吃过饭后，坐着那3个人的面包车回到了厂区，他们开始检测污水处理是否达标以及周围空气质量如何。

天气很闷热，清华掏出钱叫我去买5瓶冰冻的脉动饮料。好大一会儿才检测完，他们还要让清华填一张污水处理厂的合格审查表。

三个人回去了，清华才轻松地笑笑说道："唉，终于搞定了。"

2016年8月27日　星期六　晴

今天一辆车都没有来，我打电话给陈永全。陈永全说他去县城了，让我坐斯建荣的面包车。我打电话给斯建荣，斯建荣来厂区接我。昨天清华说我今天可以回家休息一段时间了，厂区里有他们照看。说好今早要清理窗户清洁，但他们还没有醒来，我便悄悄回去了。

2016年9月4日—30日

2016年9月4日　星期天　阴雨

连续未停的雨，让人养出了懒散的病。加上农闲，人们几乎都是躲在屋里看看电视喝点白酒。是否是星期天，对村民来说毫无相干，除非是基督教徒才可以在闲得几乎无聊的时光里找到一个聚会的理由——去教堂做礼拜。

去到弟弟家，弟弟在修理着他前天生气砸烂的茶具。今早他来向我借了电锯和推刨，小两口的冷战似乎也消了，一会还准备着去找猪食……

走进二姐松木家，姐夫懒洋洋地躺在沙发上看着中央13台新闻频道G20杭州峰会，姐夫似有阴谋地笑着对我问道："你知道G20是什么吗？这几天是电视热播话题。"我平时不喜欢关注热点新闻，这几天在家除了晚上看看恐怖片，白天两岁的儿子霸占了电视看国产动画片《熊出没》。但我似乎在哪里听到过20这个数字。于是，我骄傲地回答他这调侃的问题："20国集团首脑峰会，是不是？"姐夫肯定地答道："对了，这几天在杭州峰会，刚才听习近平讲了很多话。"松木说我明天要回去上班了，买两瓶啤酒喝，顺便去买肥皂。结果他买来了一打雪花啤酒，边看电视边喝啤酒，阿拜见新闻频道都是杭州外景的宣传片，说道："又没去过的地方，看了也没有意思。"调到了其他频道上。

2点左右，我和媳妇把孩子托付给江旺看管片刻，我俩去到隔壁旧村遗址地里的仓库里拿一些土豆和找一篮猪食。我们家的土豆被我媳妇保管在她叔叔未搬走的一间木板房里，这次拿走半篮子的土豆是送给她在献九当村的姐姐。我们家今年的收成不错，我俩也喜欢吃土豆，于是就那么闲摆在那里，想吃的时候来取走一些。等到时日，散地一片的土豆，就要划分留种和食用了。

我们在房子的走廊上歇息片刻，喝完一瓶啤酒，先去房子背后的苞谷地找猪食，媳妇叔叔的苞谷地和我们紧挨着，今年似乎有熊出没。她叔叔在附近石头围成的篱笆入口处放了好几个勒索。勒索是捕猎方法中最简单的一种，就是选定一个缺口，在缺口处按照缺口的形状围一圈套索，并将套索另一端紧紧拴在树根或其他牢固物体上。设置勒索，虽看似简易然有学问。围圈的大小和形状、步伐和体格要有针对性地拿捏得当，捕捉到熊和其他野兽的概率才大，这需要有扎实的捕猎技艺和经验。

明天收假时间到，我该回去继续上岗了。这几天也没有收到发放工资的消息，这个工作我分外珍惜，看村里没什么可以找到的副业，很多人都萌生到外面打工挣钱的想法。眼下，大米也不给了，找药材也一再受阻，很多人开始产生了危机感，我也在内。尽管政府一再努力搞产业，这次听说要种植。对于政府这样的项目很多村民不看好，很多村民认为盛产在雪山严寒地段的药材要在村里培育种植出来简直就是做梦！村里少部分人参与了种植的项目，未参与的家庭要么是没有劳动力，要么是持怀疑态度。参与种植的人，据说是听了专家的培训才抱着试试看的态度去种植，有人则是看中了项目资助金。

2016年9月5日　星期一　雨

早上，屋外雨声呼啸。伸手跨过熟睡的媳妇和小儿子看了看昨晚插电源的手机，7点45分。

昨晚和李腾龙预约的时间大概在9点半左右，看时间还早，虽没睡意却还是懒洋洋地赖在床上。大儿子普松旺一早醒来就嚷嚷着要撒尿，带他走到门外，雨下得稀巴烂。儿子解完手，直接跑到电视面前装作可怜兮兮的模样喃喃地对我说道："我要看光头强。"只好依顺着他。自己又跑回床上缩进暖和的被窝里，至8点十几分才下床。

烧了火，媳妇往火炭里丢了一些土豆。我煨茶烧水准备打茶，不多时浓香的漆油茶打好了，土豆也熟了，一家人享受着这雨天早上最简单的生活趣味……

9点多，听到车喇叭呼啸。昨天下午行李已经收拾好，背上双肩包挎上摄影机包就往车的方向走去，媳妇抱着儿子和儿子最喜欢骑的儿童玩具车。李腾龙打开后备厢等候我们，李自才也在他旁边，估计也是去三乡。李自才笑着问我们是不是儿子也要带上？我回答是的。

　　上了车，媳妇再三叮嘱一定要好好照顾孩子，少喝酒。我回答好的、好的。昨晚和松木和阿拜小喝了点药酒，松木一直强调这几天不知缘由地感觉恐惧。听她说起前几天晚上，两个人同时被鬼压床。今天早上媳妇醒来后在火塘讲述着这几天自己的梦境总是不好，要格外注意孩子的安全。

　　二嫂春兰和永才媳妇也上了车，他们原本是叫上了同是教徒的斯建荣。听说斯建荣的车今天已载不下人了，方才才给我打了电话让李腾龙也带上她们到三乡。

　　到了迪政当村与龙元分界线上，自才见到属于龙元地段的龙元人种植的草果，惋惜地说道："啊，多好的一段草果地，被龙元人给霸占了！这块地的使用权本来是属于冷木当村民的，龙元人在前七年划分地段时硬是抢夺了一大段。真正的地段应该在那里。"他指着悬崖路边的一处说道，他指的也正是悬崖路段的中间位置。

　　在白来村的路边有个中年妇女上了车，也去三乡。媳妇代松的姐姐今天也在献九当村等候这辆车。早上代松还寄给姐姐一袋土豆。到献九当村，除了姐姐两口子外还有另外一个男人，李腾龙说人已满了，不敢超载。那个男人只能等后面的车了……

　　车子直接开到农村信用社，"咦，今天太好了，人不多。"车里的二嫂说道。听说前天发低保，信用社来取钱的村民排成长队。今年年初发放低保我也遇见了那样的场景，农村信用社人流涌动，黑压压一大片。

　　二嫂这次是来存钱，她似乎带了一笔十元面值的存款。有个男子十分热情地告诉她外面的存款机不接受十元面值的人民币，二嫂只好去营业厅存款。

我给媳妇寄了 200 元零花钱，我们两父子留 300 元。这里上班需要用钱的地方很多，不知道为什么，这个月的两份工资都没有打过来，一个是公司的，一个是学校的。相比之下，学校的工作压力十分大，但工资少得可怜。促使我一再坚持的原因只有一个，那就是使命感。虽然听上去这样的理由常人不理解，但我不愿听任何人的反驳，我确实这样想。

回到厂区，见半掩着门，清华兄弟在睡觉。我一头扎进整理笔记的事上……

2016 年 9 月 6 日　星期二　雨

和孩子 10 点钟才醒来，此时见清华还躺在屋里。他和他叔叔孙元国同住一室，他叔叔早已醒来，在中控室看电视。

昨晚公司发了 9 月份的工资，让我沮丧的是，扣除了 500 元。这应该是我昨天才回来的原因。公司的工资制度，我无从知晓。

雨下勤，人变懒。下雨天，给偷闲提供了最佳的理由。

孩子感冒，去最近的江西桥头药铺里买些止咳药。原来是陈医生的店面，现在陈医生和儿子阿华、孙子一家搬到了六库镇的老家，留给侄女青乃和才松两口子照看家门。如今青乃和才松也有了孩子。

父俩去时，才松一个人在家。才松家里还有坤南松，他说自己是跟李腾龙一起来的，方才想吃个米线，不知道为什么感觉头晕目眩。他认为可能是晚上喝了酒，早上喝了煨茶的原因。

他买了一瓶农家乐，想驱除头眩胃翻的痛楚。才松取出纸杯，三人各倒了半纸杯酒喝起来。今天发现对面杨师傅的媳妇也来了独龙江。杨师傅上次告诉我，他的媳妇在大理老家，两个儿子跟他一起做摩托车修理厂的维修生意。大儿子 22 岁，小儿子 18 岁。他们都在陈医生购买的一片地基范围之内。

一会坤南松、青乃、李秀英打着雨伞去街上了。李秀英说她已经好几天没去学校给儿子换装衣服了。李秀英从兜里摸出十几块的零钱说：

"给孩子10块钱。"坤南松对她说道:"多给点,10块钱能买什么东西呢?"秀英的儿子在九年一贯制学校读小学一年级,平时都住在学校里,只有周末放假才回到家里。

坤南松说,李腾龙在交警大队开会。自从上次龙元村发生车毁人亡的事故后,交警大队严格管控与执行车辆合法行驶,以确保不再发生惨案。

一会儿,李腾龙也来了。他笑着说:"今天乡党委、交警、派出所联合组织了会议,重点说交通安全问题。开会时,我坐在第一排。昨晚喝了点酒,连头都不敢抬高,怕让人看出我喝过酒,哈哈。"

李腾龙说媳妇的哥哥江红生病了,媳妇也随哥哥去看病了,他说江红得了肝硬化。医生对江红说再喝酒就会死。李腾龙媳妇今天从贡山回来,看见他一个劲地跟媳妇打电话却始终打不通。

才松一边照看屋里的孩子,一边跟我们聊天。曾明也骑着摩托车来了,今天他没有开车,说是借了李牧的摩托车下来。古如松的媳妇也跟他一起来,他们买了两打V8啤酒。古如松的媳妇是基督徒。旁人劝她喝点酒,她说自己头有点疼不想喝,我却发现她好几次有意瞟过桌上的啤酒。

下午,我和儿子回到厂区。我正写着笔记,才松在窗外叫我:"金得,过去喝'霞拉'吧!你姐姐她们也来了。我们一起喝,我去买点酒,你快下来!"

几分钟后,才松直接来到我的卧室叫我,我和儿子跟随他去喝酒。姐姐、姐夫带着孩子在喝"霞拉",李秀英也在。姐姐和姐夫是来看才松的孩子,大家围坐一桌喝酒……

2016年9月7日　星期三　阴雨

早上醒来,发现在敬老院里。姐夫说昨晚醉酒,他怕我照顾不了孩子,于是就带我们回到了敬老院。

喝点漆油茶,父子俩便同姐夫回到了厂区。昨天在微信上跟我的同学定了一个小蛋糕给孩子吃。微信上那位女同学说蛋糕已经做好了，要我去拿，去时她正在蛋糕店门口玩手机。其实她只是来这里帮忙做蛋糕，老板是另外一名独龙族女孩，叫阿英，我去时没见到她。

我的初中同学迪玉芬的家，在靠近缅甸的下游马库村。据我所知，她还没有嫁人，身材苗条、面容娇美的她到了这个年龄还没有谈婚论嫁，让人不解。

2016年9月8日　星期四　阴雨

污水处理厂因为是自动系统，平日里除了观察机械设备有无故障外，大部分的时间都处于休闲状态，私下不免为自己感到侥幸与得意。加上工资待遇不错，又有时间扩展我余外的兼职，我想这个时期，就是我创作的最佳阶段。

眼下有个难题困扰着我，如何将家人带到我这里生活。总是处于分居状态，我认为不能忽视这个看似正常而实则潜藏着危机的问题。

2016年9月9日　星期五　雨转阴

父子俩一觉睡到12点左右，打着雨伞去给孩子买炒饭。山西人孙师傅和清华两位叔侄一日三餐没有规律，或一整天全是面食，肚子饿了，才弄点吃的。吃什么？什么时候吃？对他们而言，就如工作一样毫无规律。只要有事做，不管深夜或凌晨，狠劲坚持到底。这股死劲，像极了我见到酒决心喝完才罢休的固执。

独龙江做点什么事情来钱快，利润高呢？我可以肯定地回答："餐饮业！"拳头大小的米饭，随便撒上几根肉丝与青椒，就是青椒肉丝炒饭，10元一碗；一个馒头里只有塞牙都不够的馅儿就是2块。独龙江搞餐饮的外地人很高明地将本地的土鸡身价抬高了一倍。土鸡一只100元，走进饭店，丢进鲜料汤煮一煮就是180元的天价。独龙族人对土鸡的心理价位标定，外地人却在其中找到了某种商机。

对山西人老孙与小孙而言，让他们最困惑的不是菜有多贵，（他们每次在外地新来的人面前讲述：这里的人不种菜，菜都是从外面引进来的）而是一只瘦小如柴的土鸡竟然 100 元一只。这让他们很恼火。

据老孙师傅自己讲述，他当过兵，1989 年服役。厂区拿到公司代理运营权以后，老孙是第一个在这里管理运营的人。他说话，在我听来有些吃力。有时用不太地道的汉话跟我交谈，却掺杂几句山西方言。看到我狐疑的表情，他又用汉话重复一遍，我才弄懂他的意思。老孙和小孙叔侄俩交谈，都是用山西方言。这几天仔细一琢磨，能听懂个大概。相比老孙，小孙与我交谈就简单了。他今年刚从武汉某大学毕业，读的是土木工程专业。上一次来这里，是实习生；这一次却是公司的委托负责人。

下午，我们在试验着自动抽水泵。原来从厂区到百米外的幼儿园区抽水，都是人工徒步来操作按钮开关抽水。现在带来了一个悬浮式浮力标，能自动完成抽水与停止进水的工作，这样就省去了很多人工来去开关的麻烦。

清华穿着剪去一半的牛仔裤和浅绿色的 T 恤衫，看着浮力标接线说明书，依次接上水泵的三相线。接好浮力标电源线后，又在现场配电箱里找到空闲的三相开关接了总电源线，孙师傅和我在一旁观摩。

三个人协作实验了自动水泵，结果让人满意。只等明天安装，厂区就会进入正常的营运状态。

做完实验，清华说 1 号 CASS 池有一污泥回流泵出现故障，需要检查维修。他们两个穿着连体防水双肩衣下了池底。我和儿子在池外等候到时按开关。路灯都亮了，才勉强检修完……

2016 年 9 月 10 日　星期六　阴晴

清华和孙师傅似乎还在睡。我带着儿子来到了厂区对面的姐夫哥家里，他们准备去下游孟底村老家玩。姐夫哥对我说："走，我们一起去下游游玩，下午回来。今天是教师节，节日嘛，怕什么！"我只能委婉地谎说厂区里还有事情要处理。

转到才松家，才松正在抓鸡杀给坐月子的青乃补身体。才松的表弟也在那里，我问他是不是专门来这里住几天？他说道："我是跟妈妈一起去的六库，昨天下来没见到车子，明天回去了。"他发给我一支云烟。

听说他母亲的新丈夫江红生了病，肝癌。医生也多次劝他不能喝酒，一喝酒只能等死。

才松撒了一些米粒在地上，那只公鸡始终没来觅食。才松在木屋后的坡地发现了它，他命我们两个站着准备抓这只狡猾的公鸡。他自己从另一处把公鸡驱赶到我们这里，我用干竹棍挥打了一下鸡腿，它左颠右晃地扑哧着翅膀脱开了，我再一追赶，胡乱一棍，公鸡"咔咔咔咔"叫着无力起身，被才松的表弟抓住了……

我帮才松脱鸡毛，才松问道："金得，你老婆坐月子时你杀了几只鸡？"我说："我媳妇坐月子是在 4 月份，那时候村里很多人家的鸡都得鸡瘟死了。我只在贡山县城的时候给她吃过鸡，回家后很多人都不肯卖给我，于是我买了一只羊。"

才松做了称赞的表情随着说道："啊啧啧，可是？"

现在看来羊是稀奇珍贵，独龙族人给羊和土鸡一样标上价格标签，1000 元一只，这跟土鸡 100 元一只相比增长了 9 倍。我记得 2010 年 5 月份我第一次跟阿生、志华、金华三个人去找重楼归来，当时的重楼一市斤 42 元，我卖了 342 元。这是我第一笔从山里找来的血汗钱，为此，从山里回到家举行了盛宴，买了一只羊庆祝。当时那只羊是阿生和志华爸爸李自才推广繁衍的羊种，三个人每人凑了 50 元，买了一只半成年羊，三家人一起庆祝。如今，吃羊已经成为奢侈。

晚 7 点左右，电话铃响，是阿千娘娘。她的汉名是新雪兰，家人包括我都习惯了叫阿千娘娘。

娘娘在电话那边对我说道："你在哪里？"我回道："我在厂区呢。"娘娘说："带你孩子过来，我要看看他，给他 200 块钱。"

我不敢违背，只好用黑色的布围长巾背他到了独龙族博物馆，此时天渐渐黑了。阿千娘娘递给背上的儿子普松旺 300 元钱。她跟我说前天买 3D 中了 14000 元，她说给我儿子和侄子（李斌的儿子）每人各定了三套冬服。

　　我脸色发红，不知该怎么答谢。我跟娘娘阿千徒步从独龙族博物馆广场走小路到街上，有两个人似乎是返回来叫娘娘，我随娘娘一起跟她们走。娘娘说要给我儿子普松旺买玩具，付钱给碰面的中年妇女。娘娘私下跟我说那个人是老板的媳妇。

　　买完玩具，我跟娘娘一伙人到老县长家里。老县长跟金荣叔叔和他的老司机在聊着什么，没注意。老县长见到我，倒了一纸杯茶水给我说："恰，加呢嗯。"（来，喝茶）叔叔打岔道："别让老人家帮你们倒茶，自己倒着喝。"看到这儿，我心里莫名的一种感动。

　　有一次，老县长坐在副驾驶位置问我："迪政当一年一户收多少苞谷？"我回答："大概一两百斤吧。"老县长接道："你们那儿，木素牧是原来你们老家的地基，我听天巴说过这个事情。另外我也知道那一块地是你们祖辈居住的地方，那个是你们的地方。"

　　今晚在他老家里见到他，此时，老县长拔出类似缅甸傈僳族的长刀。这种刀常见于缅甸南部以及怒江傈僳族。南部独龙人以此为刀具，其背厚而刃薄，以锋利、刀长而闻名于怒江。此刀在上游，则视为纳鬼、笼魂之物。凡属下游缅南之物，不得轻易取得。

　　我在小学时，经常在李勇家里。跟我的兄弟孔元荣一起读书，我们彼此互相照顾。孔元荣小时候比较调皮，有次晚上，隔着木板的那边睡着几个斯拉洛的同学，他居然透过小洞把尿尿到人家身上。为此，斯拉洛的同学半夜气走了。夏老师走到我面前，把我拽到了地上，再想拽孔智觉，他有力而恶狠狠地站起来指着孔元荣对老师说："撒尿的是他，凭什么拉我们？"此后，我对夏老师很烦。

2016 年 9 月 12 日　星期一　晴

1 点左右,才松打来电话说要我帮他修改一下申请书。我让他过来,很快他和曾明闯进我卧室里。才松递给我一张白纸写的申请书。大概是变更原来药店的法人代表。

一整天清理着厂区的窗户……

2016 年 9 月 19 日　星期一　晴

昨天终于结束了为期四天的中秋酒宴。媳妇带着孩子也回老家了,想来真是不易,各自带着一个孩子。大儿子我带领,很不听话。今天下午我做饭还弄坏了清华放在厨房板凳上的带回昆明报账的发票。为此,清华和孙叔十分气愤地出去了,我猜想是去电网公司补办发票。

天色渐黑,刚才煮的一锅肉我却没有心情吃。越想越气,刚才孩子被我打了几下,惶恐地哭了……

他害怕我愤怒的表情和咆哮,一个人躲进办公室看电视。我去看时,他已昏昏欲睡地趴在桌子上……

屋外的路灯亮了,孙师傅和清华想必在更换风机的皮带。我便走过去看有什么帮忙的,顺便抱歉我照看孩子不周。清华埋头修理着,见我进来,一脸生气样,孙师傅回头瞄了我一眼也埋头松着螺栓。松完螺栓,清华跟孙师傅聊了几句,两人都上去了。只剩下我一人空落落地在房子里,等他们再回来。

明天准备把孩子交给阿千娘娘带回家,听说明天他们来独龙江搞草果地。我在微信上跟媳妇聊着,这几天由于带孩子,我不便跟他们一样做事情。这几天,清华和孙师傅的脸色告诉了我,我来这儿不是带孩子的。

2016 年 9 月 22 日　星期四　雨

9 点左右清华开门进来,说李哥我要走了。我起身眯着眼,上次我借余金波的 150 元红包,答应让清华兄弟带给他。他大概算了一下过去几天内买的一些菜，三人是166，他说一人平均分担50元。我钱包里只有200多元，全拿给了他。清华叮嘱了几句厂区要做的事情，他应该是昨天晚上被总部叫回昆明了。

清华徒步到街上叫了一张面包车，我和孙叔装上了他带回昆明的电动阀门装置。

面包车装上东西回去了，清华跟我们讲起厂区应该做的卫生工作，他要我把值班时间表制定出来。因为孙师傅对电脑不熟悉，关于制作表格、文件等的事情他都交给我负责。

清华交代完这些，自己徒步到街上回去了，孙师傅也同他一同出去了……

2000平方米的地块，只剩下我和孙师傅两人。我开始打扫办公室卫生，整理文件，制定轮流值班表，外面下着雨……

2016年9月24日　星期六　雨

昨晚，从村委会的小超市买了一瓶7块的青稞酒。

我陪着孙师傅一直在看着那些夸张的抗日战争剧，我发现像老孙这一辈的长辈，都喜欢看那些剧情夸张、又有年代感的抗日剧。我平时不喜欢看电视剧，我所看完的电视剧只有《神探狄仁杰》《大宋提刑官》。

老孙一直在看着，有时又看看微信……我自己躲进宿舍聊微信。我平时最大的习惯，就是醒来睡前都要看看家人有没有发什么文字或语音消息。此类人现在被称为手机控，我很难想象如果没有通讯聊天软件，将会是怎样的难过。

我喝着那瓶青稞酒，对着电脑玩一些游戏。孙叔告诉我要在早晨6点钟换另一台风机。为此我也没有睡意，对着电脑玩一款无聊的游戏——《侠盗猎车》。

早晨6点，孙师傅来叫我。我在睡意朦胧中告诉他我已经换好了。其实我在5点多就去换了另一台风机，回到被窝倒头就睡。他似乎没有听到我的话，我12点左右才醒过来。他来到我跟前对我说："才起来吗？我让你换风机，怎么叫都叫不醒？""我6点见你来叫我，我不是跟你说好了吗？"对他这一句质问，我很愤怒。我详细解释一遍他才说这个算了。

  这几天，我一直为是否租房而困扰。媳妇和孩子收完苞谷就准备下来与我一同生活。我们打算把大猪杀掉卖钱，再把小猪和鸡群带下来养。媳妇屡次跟我说没有猪和鸡养，没有地种菜，她下来也没有意思。为此我微信上商量了姐姐隔壁的一间老木屋，吃住安排在我公司。

2016年9月30日　星期五　晴

  早上，媳妇打来了电话，说要下来过国庆节，本来是预订了李腾龙的车子，说等了半天李腾龙又说不来了。

2016年10月2日—17日

2016年10月2日　星期天　晴

昨天资渔兄弟跟我说，今天要来独龙江参观独龙江举行的活动。一大早附近的村民们陆续上博物馆了。媳妇背着小儿子，带着大儿子去桥西桥头的老乡家里。

初中同学唐玉成打来电话，说要来我上班的地方找我玩。一会云南大学的两位朋友桑坤和侯蕊也来找我，他们已经驻我们迪政当村做社会调查很长时间了。前些日子回家，跟他们闲聊中得知桑坤调查村里的婚姻网络，而侯蕊调查村里的宗教情况。今天他们下来观看国庆在乡镇举行的活动。侯蕊和桑坤进到了我宿舍，媳妇在窗外喊我要一张纸尿裤，侯蕊说她也要跟嫂子一起去玩。侯蕊总是很拘礼的喊我媳妇为嫂子。她接过纸尿裤要出去，桑坤也跟着她出去了。

屋里，我和唐玉成闲聊。孙师傅也进来，我寥寥几句向孙师傅介绍了唐玉成兄弟。尽管我认为没必要让他知道我朋友的来历，以及和我的关系。我说："孙叔，这是我的同学。他是马库村的武装干事，跟你一样也当过兵。"孙叔很快说出唐玉成的兵种："他们是民兵，我是国防军。"又问唐："你们是不是民兵？"唐玉成说道："是的。"接着跟唐玉成聊起了下游去过中缅边界41号界桩的经历。我没有留意他们聊的事……

资渔打来了电话，得知他已经到了独龙江，说他在学校旁边的酒店门口等我过去。我和唐玉成上去找他，唐玉成跟同村的男孩去小吃店吃米线了。我老远就认出跟酒店老头聊天的资渔。2012年至2013年因为跟随欧阳斌导演拍摄纪录片，使得那位既开超市也开酒店的老头对他很熟悉，多年未见，老头也很有兴致地跟资渔聊天。资渔是《都市时报》的摄影记者，这次能够下来也是受到贡山县的邀请。

去年年底，我受邀参加云南大学举办的少数民族研究基地负责人的培训。他请我们两兄弟吃烧烤、喝酒，甚是怀念。

来之前，他问我需要带些什么东西，我说：我在昆明读书时，一种叫狮牌的雪茄，挺好抽，我很怀念那个味道。你若能找到就替我买来，另外还有一个 DV 的三脚架。

这些东西今天他都带来了，他从双肩包里取出了一条狮牌雪茄。我一看正是那个，一种难以表达的情愫涌上心头。我们坐在墙角躲避火辣的太阳，老头很快给资渔送来了条凳。

资渔告诉我说："昨晚我去找福英，福英带着我去金荣叔叔家，搞得我措手不及，礼物也没带就进金荣叔叔家里。"说完傻笑了。

短暂地闲聊了一会，资渔说他这次一个同事是新来独龙江的，我要向他介绍一下这边的情况，免得让他觉得冷落了他。我们两个说好一会再见就各自忙去了。今天或许会有人来参观污水处理厂，为此我做好了迎接观客为他们解说的准备。

听说活动在 2 点钟举行，我们去时，博物馆的广场里聚集很多人，有本地的观众、游客、记者、表演群众、学生等等。

资渔打来电话，穿过人群，资渔兄弟给了我他给我买的三脚架。我刚好也做个记录。

第一幕是学生跳舞，第二幕是表演织独龙毯，第三幕是模拟剽牛仪式。不知道是什么材料做成的硕大的牛的骨架，用黑色的布料做包皮。

下午，资渔兄带着他的同事来采访我。主要问一些实在的问题，诸如：在政府扶贫开发的前景下，我们的生活怎么样？有哪些问题？扶贫开发能给农民带来多少利益？你认为目前具有引导性的事业是什么？

我首先向他谈了我们村目前的窘境，我大致是这样告诉他的："政府在独龙江的扶贫开发确实让群众欢喜，不过以我目前的观察看来，现在有一个趋势越来越凸显，那就是整个独龙江流域村民人均经济收入越来越拉开差距了。以我村迪政当村为划分点，以下的村民都种草果而增加了经济收入，而迪政当村过去都是以采挖药材获得一年的主要经济收入，目前因大量采挖导致药材数量稀少。又因禁止采挖药材规定的出台，使得迪政当一带农民收入越来越少，增收的途径也越来越狭窄。尽管政府费了很大心思来解决迪政当村民未来产业发展的问题，将种植花椒、核桃、漆树、重楼等作为主导产业，但从投入到实现收益这段时间，将是漫长的等待过程，这些投入的项目少则5年多则10年才能见到效益。因此迪政当村在这漫长的时间段里，将会陷入最大的困境之中。"

晚7点，举行县庆闭幕晚会。广场上人头攒动，一些近年出名的歌手也在献唱。

人又拥挤，站着看晚会。我和媳妇各背着孩子，站久了腿又酸，晚会也不吸引人，就走到街上等资渔，今晚说好找个烧烤点聊聊天。

我和媳妇去农村信用社取了600块钱。各背着孩子在李新强老板超市门前的靠椅上歇息片刻，此时李新强从旅行社里出来开了超市的铁门。据我所知，李新强和他媳妇是贡山迪马洛乡藏族，2000年之前都在乡政府中心开小卖部，后来搞大了。现在他是独龙江乡文化站的站长，开了旅店和超市，有两个女儿。

"哎呀，累死了，在你沙发上歇歇。"我说。

"别坐，别坐。"他笑着逗我们。

2016年10月17日　星期一　晴

昨日，从阿拉代松家里的满月烧烤席早早回到厂里。

早上7点，睡眼蒙眬中媳妇给我递了手机，说有一个人打来电话了。乍一看，我以为是公司给我打的电话。回拨过去原来是LH，LH是媳妇的堂弟。

电话那边支支吾吾地说道："是金得吗？"我说："我是，你有什么事吗？"

LH答道："哦，我想问你一下下面有打工的地方吗？"

我回道："村子里现在不是加盖猪圈吗？你怎么不到那儿去打工，

我这边只看到一个工地在搞林业站的职工楼。我打听了里面的工人都说快封顶完工了，已经不再要小工了。"

"我呢，是去盖猪圈打工了。你知道是怎么一回事吗？那天我癫痫病发作了。人家说不要我来做工了。"他答道。

"你是不是又喝酒了？既然你想打工挣钱就应该少喝酒，克制一下自己嘛。"我说。

LH在电话那边结结巴巴地说道："啊嘞！我现在像爸爸一样了，不喝酒就觉得浑身不舒服，家里嘛，我要是死了他们肯定很开心。"

我说："我最近看了几家招工的地方，有些是饭店，有些是超市，不过他们都不要喝酒的人。"

LH在电话那边说道："哦，那算了。我想去工地上干点苦力活。"

和LH通完电话，起初有些怒气的我气也消了。没有睡意，此时天空渐渐明朗，我下楼到伙房，用电饭锅煮了一点苞谷扁玉大米混杂的稀饭。昨晚上媳妇提议要吃这个东西，淘米、洗净、上锅、开电，对我来说再简单不过了，媳妇孩子还在睡觉。我去开设备处理乡镇污水……

设备运行正常，回到卧室孩子们渐渐醒来了……

媳妇跟我说，阿拉代松给她打了电话，要我们过去吃昨天满月没吃完的烧烤。我和媳妇喝了点粥，她带领大儿子，我背着小儿子到阿拉代松家里。媳妇早已在我操作机械的时候把猪也喂完了。

一家四口人跑到阿拉代松家里。今天是她孩子的满月，阿拉代松和我是同龄人，据她说她的老公比她大13岁，是永胜人。现在他们已经有第二个儿子了。在我印象中，阿拉代松是一个勤劳、能干的女人。她每年养猪、卖猪、熬酒所挣的收入是他们家里的主要收入。她老公老四偶尔也开拖拉机到工地上拉东西，今年还考了汽车驾驶证，代松准备让他买车开。代松在一楼用200元一个月从熟人那里租了一间店面，听她的打算是要卖饲料。生完孩子的她并未放弃手里的活，她还打算在卖饲料的同时，自己养猪酿酒熬酒卖钱……

农技站的广场,遮阳的顶梁下代松的大哥和一个男人围坐在烧烤桌边,旁边还有一个独龙族的女孩。代松的大哥很有兴致地跟她开着玩笑……

天空明朗,气温渐渐升高。一会代松的大哥高金文开着他的小车去电网公司接阿香去了,好半刻才来了,带了一件柔红葡萄酒。我猜测这酒应该是阿香买来的。后来陆续来了几个女人……

陈永全打来了电话,说要我跟他们一起去斯拉洛村玩一转。他们到农技站接我过去,开车的是他的安徽朋友马卫笑先生。前年他来过,听说原来在北京,现在在上海,留着一头长发。他跟陈永全去超市里买了一套砖茶、一桶十升的香油、两瓶白酒。路上陈永全对我说,今天去看一下斯拉洛村一户住在山里不愿搬下来的人家。从他对我的询问中,我得知其实陈永全也不知道这户人家的具体位置。

到了斯拉洛村,路边有一户人家。只有孤零零的单独远离村落的一户新农村安居房,屋外还有几个外地工人模样的人在抽烟休息。下了车,我和陈永全直接走进建在安居房旁边的老旧的木屋子,两个老夫妻在火塘边吃饭。中间摆放了一碗青菜汤,还有几块午餐肉罐头。陈永全向老头问了那一户人家的方向与路,老头告诉我们那一户人家在江东的村落里,从第一村落的村尾沿着山爬上去,到竹林茂密的地方就是了……

告别老头,开车继续下去。江东老县长的草果基地粉红色墙皮、瓦蓝的屋顶,在山脚的一块平坝子上十分醒目。只不过今年 6 月份雨季,江西的小沟水因连续的降雨突然爆发了严重的泥石流。巨大的冲击力从江西到江东,老县长的草果地冲垮了一半,另一栋砖房也被摧毁了……

到了江东,走进村寨找人家询问。斯拉洛的新农村几乎都是开着客厅的门,但没找到一家人。原路返回想再次找刚才的老头,车开回一小截路段,迎面走来了一当地女孩。在她的带领指路后,我们三人沿着排水沟往上爬。我走在前头,马先生走在我后面。陈永全慢悠悠地爬上来,爬到一处往外延伸的树前,停下来取出 DV 顺着延伸的树干,找一个位置拍摄风景。马先生气喘吁吁地上来了，满头汗水，见我还精神十足地欣赏风景，马先生对我说道："想不到李林高你爬山这么厉害。"陈永全也慢腾腾地上来了。小憩一会，我背着马先生约 10 公斤重的双肩包又爬上去。好大一会又到了一个休息点，我卸下我的 DV 包和三脚架，以及马先生的包，停下来拍些视频。等了十多分钟他们才到了，马先生问我关于我做云南大学少数民族研究基地记录的事⋯⋯

见到竹林了，不远了。一会看见一片芋头地，还种着山药、小米、一些芝麻。

三只狗吠着下坡来了，安静的只有蛐蛐叫声的山林被三只突然狂吠的土狗吓了一跳。山林稀有陌生人，狗一般会十分凶恶，还好我拿了一根干竹棍。三只狗被我用土话"考嘞拉罗"（回一边去）赶走了，但还是不停地望着我们狂叫。

爬到稍微平缓处，见到一竹子搭建的低矮又简陋的棚屋。见一男子在屋外狭窄的走道里拽拉着竹篾做成的小门。他戴了一顶牛仔帽，穿着一件破旧的浅绿色的仿军服，仔细一看腿脚似乎不便。我挨近跟他搭讪："这里除了你之外，还有其他人住这儿吗？"他喃喃地回答着什么，我并没有听清楚。再接近他给他递了一根烟，他才用病弱的语气对我说道："上面还有一家，是我兄弟。"他颤抖着身子快快地走进连一米高都没有的屋子里。他说道："烟也抽完了，好久没抽烟了。"说着在屋角找着打火机点烟。脏乱不堪，只有 3 平方米左右的小屋里，我看见只放着两个煮饭的小铁锅和破旧的两个碗，火塘也没有铁三脚。火塘两边的屋角，各自堆了些肮脏的破棉絮。

由于屋里光线十分阴暗，也十分低矮，我只能退到小屋外，隔着漏洞朝里屋问话。他回答的声音十分微弱，我并未完全听清楚。只确认了这就是我们要找的目标。不过据他说，他的母亲今天下山去村里了，隔壁有他的哥哥在。

在相隔几十米之外的山坡上，他的哥哥用地膜塑料搭建了人字形的帐篷。走过去一看，只有一平方米的小地，只能容一人。我首先走过去，递给他一支烟，陈永全跟他搭讪起来。在他们谈话的时候，我仔细打量了他住的地方，三个小锅，一个破碗，装满水的塑料桶4个，还用竹子做了一个约有一丈的晒台与储物合并的竹台。

  他座前，一小包掀起的被窝，露出一点脏兮兮没有被套的棉絮。他看上去约40岁，瘦骨嶙峋，面色焦黑，凹陷的眼眶里露出木讷与迟钝的眼神，表情麻木，双腿就像枯萎的小树枝。在与他的交谈过程中，得知他是今年从上面的山里搬下来的，一个人，没有跟母亲与弟弟一起生活。对于新农村，他也渴望搬下去生活。他说新农村听说是有，不过都被村里的人占了。生活长期都是靠挖一种叫"么黏"的野生植物，盐、茶，基本上很缺。偶尔会有人来送点油茶之类的，包括穿的衣服都是别人不要的救济衣服丢给他们一两件。与他谈话中，得知他连今天是2016年10月17日农历初十都不清楚。现代的时间算法观念，他们一概不知……

  与这位叫萧楞金的男子聊到太阳落山。临走前，陈永全从10升油桶里分了他一小桶油、两块砖茶、一瓶白酒。马先生还给了他100元。回到刚才他弟弟的家，弟弟叫萧楞兵。竹林中天色阴暗，把他叫到他们的小屋前闲聊了几句。马先生给他的烟，他一口未停地疯狂抽起来。他说自己肠胃方面有问题，他嫁出去的姐姐曾经带他去乡医院输了6瓶液，也不见好转。腿脚也不便，下山或是干农活都是母亲一个人来承担。马先生向他问及是否知道老县长这个人，萧楞兵疑惑地问我们：不知道，他是谁？问及是否有民政部门或是村委会的领导上来过，萧楞兵说："这山沟里，除了村里干活的村民，没来过其他什么人。"天色渐渐黑暗，剩下的东西全留给了他们母子两人。同样，马先生还留给他们100元。

  快要到山脚村寨的时候，一个戴着帽子，拄着拐杖的老人十分吃力地一步步爬上来。我让她把篮子停靠在山坡上歇息片刻，老人白发苍苍，满脸皱纹。她很健谈地与我们闲聊了几句，我走过去掂了掂她背的篮子，大约30多斤。篮眼里露出一些苞谷，见状我们也不忍心耽误她回家的行程。告别她后我们回家……

傍晚，马先生、陈永全和我们一家四口到羊肉店吃饭。陈永全把贺元嘉也带来了……

吃完后，我们回到厂里。马先生和陈永全今天说要在4公里下游的普卡旺村下榻……

2016年11月11日—12日

2016年11月11日　星期五　阴晴

这几天因为公司的事，弄得我焦头烂额了。一边公司催，另一边又无法交涉。

今早，贡山县城乡建设局李寿龙副局长给我打了电话。之前，我给他发信息，告诉了他独龙江污水处理厂现在面临的抽水泵房停电问题。期间，我多次去电询问独龙江供电所，时至今日也未得到答复。前天供电所应我请求，派人来接电，却因断路器烧坏了而延迟。我听电网公司工作人员我的朋友孔军说："如果想安装，需要通过所长的批示。"至今仍然未接电。我通过孔军得知，想要尽快接，有一个途径很快，只要所长能批示，可以不上报上级。而上报到组装则需要走程序，至少一个月时间才能下来。污水处理厂显然不能等到那个时候，收纳污水的水池污水渐多。而今电又无法解决，我只能等待供电所的回应与行动。

今早9点，在李局长之后孙总给我打来了电话，让我尽快启动关系解决问题，让我倍感压力！

2016年11月12日　星期六　晴　（12月30日笔记）

向上级汇报了这几天的情况。昨日下午，马所长带着一名属下让我带领到收纳污水点的地方看看是否能接线。到了后，马所长一脸苦闷地告诉我："哎！接是可以接，但是要走程序，你想尽快接电安装断路器我们可以私下给你解决，但是这也有问题。"马所长似犹豫不决的话，让我想到了"请客"两个字。马所长撂下几句话就走了："可以接，但要等一两天。"

我们一家四口在这里，托姐姐借了永胜人杨道家空闲的水泥砖块盖的猪圈。从家里带一头小猪，姐姐又让媳妇养了一头小猪，长肥一起享用。

一天两顿的两只小猪，虽不在话下，入冬以来猪草却渐少。周围当地农户也家家养猪，为此，乡镇里的大小饭店成了养猪户们收集猪食的最佳场所，饭店里剩菜剩饭都被养猪户们洗劫一空。

三乡食宿兼有的酒店有6家、客栈4家、饭店4家、KTV1家、藏迪1家、烧烤店2家、中等店铺6家、中等杂货铺1家（主要经营衣鞋、玩具等）、小型店铺8家。

同事老孙每次上街办事，都提起到这里怎么没有赶集日的事。他看见贡山县城和丙中洛乡也有赶集日，唯独独龙江地方没有这样的赶集日。他说独龙江乡镇最热闹的只有每个月中心学校的学生放假和收假的时间，这时候上下游的家长都来送孩子或者是接孩子。还让这位山西人苦恼的是这里的高物价，每买点东西都在我面前跟他老家的比起来。诸如这里的白菜是3块钱一斤，他老家山西10块钱能买一大堆。他说这里的物价太高，即使上班也攒不了多少钱。山西人在这里上班工作，这点让很多当地人都不解地问我。我告诉他们他是公司经理的家族亲戚。

快年底了，迪政当村小组的某些人也来到三乡工地上打工了。听才松说有些在乡镇新建的小型加油站施工地里。有些则被包工头安排到了钦兰当村建设去往缅甸的便桥。能够来三乡打工的大多是迪政当村迪政当小组的村民，因为其中的某些人认识这位姓张的包工头，他们管他叫张老七。一个看上去60多岁的男子，平日里经常看见他开着青黑色的皮卡车从工地去乡镇收购民工物资，然后回工地。村里来的男人们通过才松的介绍才在这里找到一份活干，挣点过年钱。

入冬以来的独龙江，清晨寒气逼人，晌午阳光普照，黄昏就又得添一件衣裳了……

同事老孙一直在跟我抱怨他工资从10月份开始就没发。我告诉他公司总经理是你的亲戚，你应该跟他在通话中当面说清楚这个事情。老孙笑着对我说："自家人，就更不好开口了。"老孙这几天也都是跟我们一家四口"混饭吃"。自从媳妇来了以后，伙房这片天地就像是我们家的,老孙从来都是被我们做好饭、煮好猪肉或者是鸡肉又或者是其他的家常菜叫吃饭,才下楼跟我们同餐。老孙因为是山西人,平日里喜欢煮点面,近日或许是因为兜里没钱用,很少见他买面粉或者是米线团之类的。

12月6日,我们从单位回到家,因为要收拾地里的苞谷秸秆再制造成农家肥。从农贸市场杨道家的摊位上买了些鱼丸、鸡尾、火腿肠之类和一些蔬菜当作请二姐、弟弟两家,犒劳他们帮忙盖猪圈时下砖、拉沙子。

去年我们争取到了一栋60平方米的平房,岳父虽已经将他户口名下的房子转让给我们住,但却被他弟弟一家夺走占为已有。岳父去年与我们同吃同住,他在他弟弟李新明、弟妹木桂兰的面前亲口将老家两块地转让给女儿经营,迪政当铁桥旁和另外一块地送给他们一家经营。去年我们多次从村人口中听闻木桂兰扬言要把岳父转让给我们经营的两块地"收回来"的消息。

第二天,我们将大儿子普松旺交给弟媳看管,我们到媳妇老家的田地里除草。发现位于媳妇老家附近的一块田地已被他们收拾得干干净净,并在田头挖了化粪坑,此事让我和媳妇大为恼火。又转到第二块地时并没有动过,媳妇恼羞成怒,打电话和木桂兰辩论。

木桂兰在电话那边说道:"你一个嫁给别族的女人,不要天天吃娘家的地。"

媳妇回应道:"这两块地是我父亲在世时就在你们面前说过给我们经营的,我父亲在世时你赡养了他吗?你又有什么权利?父亲的低保也被你们吃了,退耕还林的大米也都是你们一直吃。你们这是什么野心,是不是都快成精了?"

"拿了,拿了!"木桂兰说着挂完了电话。之后我们便清理着另外一块地的苞谷秸秆,龙明光带着碧远龙也来帮忙。起初媳妇把孩子让碧远龙带,我们三个人收拾田地,后来轮流带孩子,一直到下午才弄完这块地。

独龙心语　贡山县独龙江乡迪政当村独龙族村民日志

　　两人随我们一起回家，炒了点家常菜，喝酒。龙明光现已经完全信教了，他是我的邻居，彼此几步之遥。过去他信仰基督教，当中又破戒律喝酒，也没有去教堂做礼拜。对此我之前也问过龙明光，他告诉我，做不做礼拜或者喝不喝酒，他都是将信仰放在心里的。从他的叙述中我明白了其大意就是：只要心中笃信，一些规则也不必完全遵循。这次回去并未问及他为何又做礼拜又为何滴酒不沾。

　　自从有了通信，尤其值得一提的是有了微信后，山里的日子不再那么寂寞。这也让很多类似"新闻"的事件有了一个传播的平台，父辈们的夜晚是围着火塘讲故事，到了我们这一代就是坐在电视机旁边看别人的故事。有关叔母争地的事件，也迅速在微信群里传播开来……

　　地被占用也让媳妇苦恼不已，想通过法律途径解决的问题却在亲情问题上被困扰了。我的侄女嫁给媳妇的堂弟，只是木桂兰的贪心，导致现在两家人成了冤家。媳妇除了姐姐外，并没有什么亲人。如今小叔一家也来摆明欺负人，这让她很伤心……

　　第三天，一家人又回到了乡镇里上班。媳妇说她替人打扫大街，下个星期就结束了，可以拿到2000多元的薪水。她感到很欣慰……

　　同事余兄早在我来到乡镇上班的时候，他就谋划开网店做微商的事。他是昭通永善人，大学毕业两年后一直在公司上班，他觉得自己一定要创业做点工作之外的事，回到昆明后我看他开了一个微信公众号。在微信朋友圈里得知他在网上出售家乡的"昭通苹果"，他说很好吃。看价格不贵，自己也订了两箱，过了两天快递到达了县城，托面包车司机带下来。打开一看颜色很丑，却很好吃，多汁又留香。大儿子普松旺见到有一箱苹果分外开心，不停地吃，没两天就所剩无几。

　　污水处理的工作并不多，只要设备不出什么问题，污水在每个环节都有时间规律，处理好流程中该处理的问题，其他的时间就是富余的。村里偶尔有人来到厂里找我，他们见我很清闲的样子都以为这个工作不用做什么事情，就是看看机器，守守房子。有文化的当地朋友认为污水处理就是要用手去弄肮脏的混着屎尿的水，殊不知这是技术工程活儿。

有朋友向我请教关于独龙族的巫师送魂的"指魂路"调子。据我所知，巫师针对死法不同的亡灵，利用他的"神通之术"与亡灵"沟通"，将其送到阿细木里（阴间），其所说的路途也不同。五年前针对自杀的村民举行送魂时也收集到了这个，自己将其原意翻出来，细细一读别有趣味：

指婚路。
接下来，你要通过一扇呼啸寒风的石门，你通过了这里就算顺利了。
刚启程时，你不要朝着太阳升起的方向看，好吗？
接着走向南方，然后再回绕到东方。
走到东方，有一座人们走过的梯形的山坡。
上方和下方都流淌着水，
你要从中间走，
双脚不能失足沾到流水，
沾到流水脚板会腐烂而影响到赶路。
过了山坡，你又绕向东面再往南走两三步又转向朝阳的地方走去，
你的左右两边有茂盛的树林，
你的左边会有一大片松树林，
有一座类似鸡冠的山坡。
沿着山脊一直往上攀登，
走到一半沟壑处，有形似拳头、光滑油亮的石墩，
这是你屁股坐下的地方。
到了这里，你就吃这些带去的干粮了，
你要吃东西、喝酒。
同时，你要听听你的身后传来什么声音。
是不是"嘶哒木布就"鸟鸣声？还是人养的鸡声、猪声？

独龙心语　贡山县独龙江乡迪政当村独龙族村民日志

　　接着，你要把这"塞秋拉凯拉达儿"取出你中意、喜欢的一根，插在先人插过的地方，这里有插旗帜"塞秋拉凯拉达儿"的角落，你要把它也插在那里。
　　插完旗帜后，你要尽快吃好干粮，顺着山坡一直走。
　　但不要走到山坡的最顶端，那里不可通行。据说那里有像竹尖一样锋锐的陷阱。
　　你要在那个山顶下，转向到南方，一直往下走到山沟里。
　　走进山沟里，再往前走一些路，从东方流淌着一条河流。
　　这里你就要通过为你准备好的"乌达"来渡过这条河流的溜索。
　　你要把今天你的亲友给你送行的干粮，还有今早你的母亲送给你的这只鸡，也要拴紧，安全渡到对岸。
　　渡完河，你要朝着南方，沿着山沟的老路一直走，因为经常有人从这条路回去，路面光滑而平坦。不要走错！
　　再到了前方一段，你要是通过这里，意味着你就会顺利到达。
　　那里很可怕，
　　这里也不是流着水，从底下会有刮风的地方。
　　这里有这样的土穴（双手做着洞穴的笔画），时而会冒风，时而又吸到洞底。
　　这时你要留意对面，
　　对面有三颗排成一行的石头。
　　你看见这三颗石头，这时，你的这根拐杖就发挥作用了。
　　你用拐杖选一颗合适的石头做支撑点，用力跳过洞穴。你不用害怕！通过了这一关，你就顺了。不要害怕，你生前并没有杀人、打人等罪孽的事，就不用惧怕这个无底洞穴，因为这里风会把人的魂魄吸到洞底。
　　过了洞底的对岸，你要顺着山沟往南走下去，走到一处穷尽的地方。
　　不要一直走下去，反而你要转向到东面，沿着悬崖脚下一直走。
　　差不多走到平坦、光溜溜的没有长任何草木的地方之前，你的头顶上空会有人跟你说话。

这时，你要停步，站着听听那个人怎么说。

听到人说话，注意要往上看。

那是人，分成两半的人。

一半是人，另一半是鬼精。

那里有这样的一个"人"，

他是负责命令你该走向哪条道路的。

他让你出示手。你要伸出左手掌心，让他过目。

然后会显现你要走的路。一条路，最后分叉成三条道路。

上面一条是"南陀木隆"（婴儿、儿童未被世俗侵蚀的纯洁无瑕的灵魂，认为能够通往天堂"格蒙木里"）、中间的是"丘哇哒木隆"（亡魂得到安息的正道）、下面是"丘哇穆哒木隆"（亡魂因为生前作孽多，而不得安息，堕入恶道）。

你要看他手指伸向何方。

看他是指向上一条路，还是中间的路，或是下面的路。

他所指的地方就是你应该走的路。

那时，你不用沮丧或是托梦哀怨。

这是命令你该走哪条路的人。

你只能按照他的旨意去走。

现在，你要启程了。

不要落下你的东西，鸡和酒，还有食品和衣物。

愿你在通往阴间的道路上，灵魂获得安息。（此时巫师双手为亡灵铺开一条白粉（白粉、面粉）线路，将魂灵送到安葬点）

孙师傅一大早醒来去县城了，据说是见一个朋友。孙师傅对我提起，他在县城打工时跟一位朋友合租了一间房子。后来回到独龙江上班，那位朋友去其他地方打工了，钥匙一直由他保管。前阵子，儿子普松旺调皮地将搁在他宿舍的唯一一把钥匙藏在了我的音响孔里，前几天我清理电脑时才发现。那阵子，孙师傅一直在生气。

独龙江的天气，一到这些月份都是晴天。由于农活少，女人找找猪食织织布，并无重活；村里的有些男人为过年打工挣钱，有些则在家里准备过冬的柴火、捕鱼、上山下石板捕山鼠，既是乐也是生活的一部分。

晚上，见一批男女生们去到桥头附近开的"藏迪"，而后在凌晨2点左右又搂搂抱抱、吵吵闹闹地回去了。单位的综合楼恰好在路边从二楼开窗往下看路人举动尽收眼底。后来才知道，原来是开毕业晚会。

江西桥头死了一个人，第二天从我办公楼里看见众人将尸体从山脚的新农村抬到了半山腰的老家里安葬。后来那个村里的人告诉我这是死者生前常唠叨的事，为此家人依从了。

2017年1月1日—23日

2017年1月1日　星期天　晴

昨晚，资渔兄弟跟我挤在一张床上，他并没有回酒店跟他的两位同事一起，还是像过去县庆来的时候一样跟我们挤在一个小屋里。

昨晚与他喝了很多酒，早上醒来有些打头。资渔对我说拍摄上需要我的协调，请我跟他们一起上去。加上今天是元旦，给姐姐和弟弟两家分别买了烤鸭、鱼肉、酒之类的，一家四口挤在他们的车里上去。

我和媳妇与他商量好了，向他借一万元人民币的事。我们跟他说这一万元是我媳妇代松回家创业的资金，用来养猪、酿酒、熬酒。资渔说这次下来现金没有带够，待拍完片子回到昆明再转账给我们。他说自己在昆明还要买一栋房子，不过因为我们要创业，他愿意出这笔钱作为对我们创业的支持。

资渔的两位同事开车来到厂里接我们，在乡镇里买了些东西就上村里了。

与资渔的交谈中，似乎他有意娶堂妹可仁巴为妻。他几次提到城市女孩子的价值观让他很不爽，只看重利益。想找一位单纯、善良的乡下女孩。原因是他也是从农村出来的孩子，价值观、人生观相对接近。今天到村里他坐也没坐就跑到金国叔叔家里看望可仁巴。

2017年1月2日　星期一　晴

等了老半天，才见斯建荣的面包车。一家人又回到乡镇里，资渔和两位同事去向红一带拍摄视频了。知道他找的是向红一带的老房子，本来的主题是拍摄建设老房子的片段，可惜他们没那么好运气碰到。包括独龙族的传统年节"卡雀哇节"，前年两个小组的群众大会上已经讨论出结果，要在去年两个小组统一过节，一直推迟到今年也没有任何消息，没透露过节的事儿。或许是作为独龙族学会会长的叔叔李金明家里出事的缘故,去年金明叔叔一家唯一一次回到村里过年团圆,哪知婶婶第二天就病倒了,后转至贡山人民医院、保山人民医院再到昆明。如今快一年了都未见好转,都是家里的弟妹们轮流去照顾,高昂的治疗费用让金明叔叔陷入了困境。

下午,资渔来到厂区里找我。今晚只喝一点小酒。他有些犯愁了,没能拍到他所要的镜头。

2017年1月3日　星期二　晴

早上,去"丽江小吃"买点馒头,碰见资渔兄,他们在对面的神龙酒店下榻。听说我有几个葬礼视频他就跑来跟我拷贝一下,但因为格式和像素不符合,他只能扫兴而归。

2017年1月4日　星期三　阴

这几天,路上的人们都穿着棉衣,寒风呼啸,落叶飘飞,一派荒凉、残败之象。白酒最是让人依赖之物,一则驱寒,二则农闲消遣,聚会必备。

一栋楼里,就我们四口子和孙师傅。这几天孙师傅老是说大腿发寒,晨阳一出,便跑到阳台晒他那双发冷的大腿。今天没有太阳,他把双腿贴近电烤箱烘烤。

晚上,我提议他多喝点白酒驱寒。这几天他似乎也慢慢爱上了喝酒,但三两酒下来就变得面红耳赤。不胜酒力的他即便买了酒一起喝,他只是沾二两,其余便给我们两口子喝。

2017年1月5日　星期四　晴

一家人跑到街道信用社里取钱,见李腾龙、代松的小婶木桂兰和其他一位今天也下来。自从木桂兰占地一事后,我们两家便反目成仇,互相不搭理。我和李腾龙聊天,买了一打雪花啤酒在李腾龙的车子里喝了点就跑到高金萍家里。高金萍见我来说:"刚好你们过来,帮忙和缅甸普阿杀一头猪。"跟着缅甸那位在菜市场和家具店老板那里打工的缅甸人普阿与高金萍的丈夫老四上去,普阿几分钟就把猪捅死了。听说他杀猪从来只是一个人。

用拖拉机拉死猪到高家,此时水已开,普阿手脚麻利地刮猪毛。几分钟下来大概弄干净了,听说是整头卖给人家。高金萍和老四准备买一辆面包车,高金萍还把租住的一间15平方米左右的房间整改出来做门脸,出售大米、苞谷面等猪食、酿酒面。

2017年1月9日 星期一 晴

媳妇孩子三人明天回老家了。东西有些多,加上有孩子,我只好也回村里一趟。这里养了7只鸡、一头小猪都要带回家养。

春节快到了,媳妇回去打理好家里的事,包括犁地、翻新土地等。

今天就提前准备好带上去的东西、衣物等。因为两边都要照顾,我们只能处于两地分居的状况。她在家里养养猪鸡,照顾孩子,我在这边工作上班。

2017年1月10日 星期二 晴

村里开车的人都去了县城,恰好碰见木当村的龙德成。他说自己是新手,别人不敢坐他的车,都抢着坐老司机的车去了。我让他跟我来到厂里装东西,提包、衣物、鸡、猪,一大堆东西,所幸只有我们一家四口跟他回去。龙德成原来在乡边防派出所当警察,后来回到家里创业。经我一问他说,原来驻扎的几个民警都调回去了,包括他最好的老乡当协警的也回去了,觉得很寂寞自己也回家了。现在他的计划是开农家乐,他对村委会干部的意见很大,认为村委会领导没有认真听取百姓意见的习惯,连书面文件、证明等都写不好,有些还没有正常在村里值班。他跟我说下达的项目基本无望,想不通政府部门是怎么想的,竟然把长在高寒地区的也拿来做项目，他认为如果能把种植三七作为重大项目投入到我们村的话，将会给村里带来不错的收益。

村里没有电，好长时间没在家里生火，家里的生活用具都发锈了，甚是荒凉。

清理打扫卫生之际，孙总从昆明打来了电话，要我明天立刻回去做好年终检查的准备。据说环保督查部门的人要来污水处理厂检查。

2017年1月11日　星期三　阴雨

清晨被屋外的雨声惊醒，还没来得及喝茶就听说李勇明要去三乡。抓起外衣就跑到他家，后排坐着李玉梅、陈闪光媳妇等人。

回到厂里立刻开始做手工台账，孙师傅不懂电脑，只能由我来操控整个局面。和总部人员余金波、孙清华对接，找出可能出现的问题和对应措施。

近日，因在线监测设备药剂不足，又禁止物流流通，虽每天按照周期运行，此环节却让人犯愁。

打印好的报表要完整记录污水厂的运行情况、处理的水量、出现的问题等。我因2016年6月1日才上岗，之前的就由孙师傅来填写。数据量大，孙师傅又慢，拖了几个小时，他还是停留在那个月里没填完。上面一再催促，神经顿时紧绷起来。

2017年1月19日　星期四

孙师傅对我说今天他要回普洱过年，我和他到街道上打车，他搭了乡镇红绿灯小班车走了。厂里只剩下我一个人运行机械，也不知道我什么时候回家，我预定的是24日，与媳妇到贡山县城买些年货与家里所需的家具。

见有人在微信上发送求助书，一看是缅甸的人。据我所知，这是缅甸独龙族同胞第一例在中国独龙江流域发布的求助书，其求助文如下：

求 助 书

　　本人叫孟恰，今年26岁，日旺族（在中国称为独龙族），是一名缅甸葡萄县傲叁果村村民，在本县木克嘎村任乡村教师，育有2个子女，最小的还处在哺乳期，丈夫也是木克嘎村村民，全家4口人的生活全靠本人每月不足300元人民币的微薄工资收入。天有不测风云，人有旦夕祸福。2017年1月5日早晨，本人到独龙江边捡拾柴火时，不幸被滚石砸成重伤（左胫腓骨开放性粉碎性骨折，右胫骨粉碎性骨折，双下肢严重软组织挫伤），当场失去了知觉，过2个多小时后，被本村的渔民发现并得到全村人的帮助。由于缅甸木克嘎村没有基本医疗救治条件，加之距本国具备医疗救治条件的医院路程很远，且租用救护车辆费用昂贵，所以不得不送往邻近的中国独龙江卫生院救治，但我被送到卫生院后，因本人伤势十分严重，卫生院不敢接收。当晚，我被直接送到了贡山县人民医院救治。经贡山县人民医院医生初步诊断认为，本人的伤势相当严重并有随时被深度感染的危险，急需实施一系列手术治疗，才有可能保住我的右腿，医疗费用将高达5万元人民币以上，这对于像我这样一名家庭经济困难的人而言，身处异国的亲戚已经给予我许多帮助，但他们也无法为我筹足所需医疗费用，在实在没有办法的情况下，特向社会各界爱心人士发出求助，希望能得到帮助。对此，我深表感谢！

　　联系方式：孟先生　139********

　　　　　　　唐女士　139********

　　　　　　　何先生　186********

　　捐款账号：开户行：农业银行贡山县支行　开户名：唐晓芳

　　账　号：622848 ********

　　求助人：孟恰

　　2017年1月17日

2017年1月20日　星期五　晴

跑到西边一号桥头的才松和青乃家，才松从家里拿出一把藏族弦子，拉起藏族调子。才松说，这把藏族弦子是酒醉时候从迪麻洛藏族人李新强处买来的，价格500元。李很多年前就在独龙江乡里，他是文化站站长，也是独龙江乡众所周知的商人，负责农村流动数字电影的放映，偶尔会跑到各个村里放映少数民族题材类电影，或是现代农业科技类普及片。

才松告诉我他买的时候没有试音，结果这把弦子音色不行。无论他如何努力调音，都带着杂音。不过对二胡、吉他、笛子类从小就会的他，还是把这把弦子拉得有声有色。才松说他只是好久没有拨弄笛子了，到现在已经快忘记吹笛了。

晌午，看微信迪政当村里有人发来了浓烟漫天冲的画面。一问得知是迪政当小组的几个小孩玩炮仗失火，火焰向丹达力卡山方向蔓延。顿时，微信群里炸开了锅，乡里消防车、派出所、林业部门、乡政府统统出动，村里调集村民灭火。太阳火辣，到2点左右都没有灭火结束的消息。只能让村民在下午天冷后再去扑灭火势。傍晚，终于在村民的努力下扑灭了一场大火，平息了一场可能导致危机的灾难性事件。

2017年1月21日　星期六

见十几辆车从县里前往上游去了，估计是查看事后情况。当晚发布了政府森林防火令。

2017年1月22日　星期天

我托婶婶帮忙买的茶具今天到了。他们一家从县城下来看自家酒店施工情况。婶婶和李福刚与他的女朋友，开车来厂里给我送了这些东西，还有媳妇的快递包裹。

2017年1月23日　星期一

明天就是去县城购买年货的日子，媳妇带着小儿子从家里来。我在乡里等着他们，大儿子和侄女留在家里。

2017年2月7日—22日

2017年2月7日　星期二　阴雨

昨日，微信上得知献九当村有两兄弟因白天喝得不省人事，他们居住的安居房失火，兄弟双双被埋葬在火海。

10点左右，按邻居龙明光的嘱咐，到农村信用社取走了他800元低保，还给他买了一打卫生纸和一瓶洗发露。遇见大姐一家四口也来信用社存钱，购买敬老院的蔬菜肉品。乡镇上的菜市场只有杨老板一家开业，其他摊主都回老家过年未回。平日里人流涌动的摊位，变得空落落的。除了杨老板池塘里的草鱼和肉蛋鸡，以及一点看上去将要变质的水果和蔬菜外，并无其他。这些看上去几乎变质的水果和蔬菜，应该是年前未能卖出去的了。

跟随大姐一家四口走进"一日三餐"饭店坐下来。大姐夫提议要吃饭，他点了四盘肉、一碗青菜汤。姐夫的妹妹代松路过也被姐姐叫了进来。

一会饭店里来了一个中年人。中年男子走进店里抱怨道：准备回去，又不让回去。

二嫂春兰让我到邮政所提取她的包裹，她两口子到下游帮金荣叔叔家除草。他们家草果地很大，听说今天下午才能除完。包裹是一个袋子，寄货地址从郑州某地。一看就是衣物。

回厂半路上，余金波也来买菜。把寄回村的包括媳妇、龙明光、二嫂和二姐的东西一起放在了超市里。两人跑到菜市场，余兄是这几天公司总部派来指导年前未做好的工作，还有对我们进行技术培训。

余兄走进菜市场买了些土豆、几根葱、几个西红柿。他感叹独龙江的物价比昆明高好多，如果外人来像我们只有3000元的薪水在这里生活，肯定死活不肯。余一边在我的洗衣机里洗着借给他的被套，一边跟我聊着关于独龙江的生活、物价。他之前在微信公众号做了一个商城，并争取到了创业园区项目的 20 多万元资金。这几天他一直跟我谈他想要从独龙江挖掘一条渠道，把独龙江独龙族的农产品、农家乐、民俗文化融合起来打造对外传播与销售的模式，他认为我是独龙江点的最佳人选。尽管他所说的模式并未成型，还处于一个草案与构想的阶段，但我觉得余是很有事业心的人。他跟我说他不会仅仅局限于在公司上班做一名职员，那样太单调，在业余应该多做些事，丰富自己的生活。

下午下着毛毛雨，屋外十分寒冷。下去帮忙除草果地杂草的家人们回来了。满满的一车人，我小跑到今天放东西的三岔路口超市，将东西各自盼咐好。回到厂区里，孙师傅赤红着脸和余金波吃他们今天弄了几乎半天的饺子。孙师傅做吃的总是需要花费大半天的时间，经常让人忘了才做出来。尽管并不是很丰富的菜，比如炒一锅杂烩菜。山西人不爱吃辣，在我的印象中北方人应该是最能豪迈地大吃辣椒，大碗喝酒。孙师傅的表现让我失望，或许是他 47 岁的年龄，使得日常微不足道的事，在他看来不得了。我两岁多的儿子在办公楼里一活动，他都显得特别不耐烦，儿子稍动点东西他就朝我儿子大喊大叫……

去帮金荣叔家的人，是他弟弟金国叔叔两口子、堂二哥金才和二嫂、姑妈秀江的傈僳族老伴老胡、二姐和二姐夫、金荣叔的儿子李福刚小两口（李福刚从文山第二次带他女朋友来独龙江老家）。金荣叔因为上班，娘娘阿千带了儿子外地的女朋友开车来独龙江下游一带。

厂里滗水器突然失灵，余金波对照线路图纸查看，折腾了一番功夫也没找到问题所在。我和孙师傅只在旁边观看，孙师傅偶尔跟余插几句话发表自己的观点。眼看下雨了，并无结果。余只好表示观察一段时间，开了周期，让机械自己自动运行，看能否自行恢复，待明日再检修。

2017 年 2 月 8 日　星期三　阴雨

余兄喊着很饿，于是两人在厨房里打算包昨日剩下的饺子面。见小锅里还有一些发酵好的面团，余兄说他是学孙师傅怎么包饺子学着来的。

见他拨弄着面皮，显然有些生疏。余兄还煮了饭，准备炒西红柿鸡蛋。

三乡乡镇离我迪政当老家有35公里的路，偶尔才能回家，来回的车费是60元。家里只有媳妇照顾着两个孩子和田地里的活，除了这些还要找猪食、喂鸡。家里的杂事只能由她一个人包揽，甚是辛苦。

2017年2月9日　星期四　晴

闲暇时光，随手翻阅李恒教授的《独龙江和独龙族综合研究》，此著作除了开章叙述了独龙族的民俗外，记载了独龙江大量的动植物药材，包含之广之大让人欣喜。历代生活在独龙江的祖先们对植物药用价值的认识十分狭隘片面，让人惊奇的是，此书所记载的田草在村民眼里就是杂草，更甚者被视为猪草。

翻阅书籍，照此浏览网页查阅相关药草让我大吃一惊。

余金波、孙师傅和我三人在检修着滗水器的故障。复杂的线路让余金波感觉头晕，在旁观看的我也觉得头疼，余金波照着线路图纸只能仔细地"研究"，一一排除问题。

2017年2月10日　星期五　晴

给孙总打电话请假回家，我向他说明了远在省城昆明父亲的老朋友要来家里了，眼下父母不在人世了，我想回去接待他们。孙总爽快地答应了。

回到家，得知因郭叔叔一家开车从六库来到贡山，他们要在贡山县城住一晚，明天才能到独龙江乡迪政当村里。

弟弟和二姐夫合伙下大网，他们今天早上打了一条7斤左右的大鱼。这样的鱼，在独龙江上游十分罕见。迪政当村头有一段两岸为悬崖的江段，过去我也目睹过这里有成群的大鱼。据老一辈们说这里的大鱼种，是1973年独龙江大洪灾时幸存下来的，因两岸为悬壁，岸边江底大小洞窟繁多，给鱼提供了一个安全的庇护所。这里的鱼，村里只有少数的几个男人才能捕捞到。

我在三乡街道买了只烤鸭、一条草鱼、一些蔬菜和给孩子的苹果。今天坐李永明车回家的有很多人，李中华和李越飞两口子、李小梅，他们两口子买了很多东西，化肥、薄膜等。李永明后排座位只能折叠起来放东西，李越飞又拿了一桶薄膜想装进车。李永明呵斥道："不是你的东西就不要装在我的车里，东西是别人的要另付车费。"李越飞无奈地抱着薄膜走进了方才出来的地方。

改嫁的李玉花跟着两个中年男子来到车前给了李永明一瓶酒，见我在副驾驶，也给了我一瓶蚂蚁酒。李中华和他媳妇在后排休息，李玉花在车前跟她丈夫和兄弟说话。她从口袋里掏出抽过的半截烟叼在嘴里，示意丈夫给她点烟。她丈夫笨拙地在口袋里摸来摸去找打火机，李玉花急了，呵斥道："快点嘛，你是！"李玉花向她弟弟洋洋飞驰开过去的车喊道："等一下，我们也坐！"洋洋从车窗里瞟过来一眼丢下一句话："坐不下了，你们走路过去。"就开过去了……

快回家了，李越飞不知去向。他媳妇抱怨着出去到街道上找他，好大工夫李越飞才摸着头回来……

第二排驾驶室坐着李忠华和李越飞四口人，副驾驶上坐不下，我和李晓梅只能拥挤在一起，李永明说刚才李玉花给我们的蚂蚁酒一瓶卖20多块。对此李永明说道："今天是不是'格蒙'（天神）交配日，李玉花伸手给的东西今天才见到，以前是够抠门的，改嫁以后人大方了许多。"他说完后边喝酒边开车，他让我替他拎那小瓶蚂蚁酒。李忠华开口说道："人家免费给的东西，这也应该算不错了。再说自己也没给过人家什么。"言下之意就是反驳李永明的说法。

到了龙元村，李永明让我给他买小瓶的荞麦酒，说今天忘记带钱了。村里人都知道他这一套占便宜的喜好，今天似乎确实没有带钱。我取出来的被他借了100，又管李忠华借了100元还给了我。

龙元村河段，前些日子被泥石流冲毁一大片，住在河岸边的人家也险些被泥石流冲走。此段沥青柏油路毁坏，至今未见铺路。又一昆明牌照的车缓缓开过来，跟李永明搭话：

"我问哈，上面可还有村子？"游客问道。

"有呢，有呢。"

"这点上克，有得多少公里？"

"8公里就到我们村子了。"

"你们村克有得文面女？"

"我们村是文面女多嘛，我们小组就有三个。但是照相要给钱呢。"李永明说道。

"这个我们认得呢，你给我带路哈。我们在后面跟得你可要得？"

"好好，OK。"李永明说道。

李永明转头向坐在后排的李越飞说道："你看，给你找钱了。还可以吧？"李越飞调侃着李永明："老人家找不找钱是她的事。长这么大游客给她的钱我一分都没用过。"大家哈哈大笑，车里充满了笑声。李越飞，村里的男人都喜欢叫他阿飞。无论是丧葬、嫁娶、开会、集体劳动等众多场合里，阿飞总是善于用他的玩笑来逗得大家开心。迪政当村众多群众的场合有了他，妇女们便多了与他调侃逗趣的机会。

这几天忙着干农活，媳妇本来有些黝黑的肤色因每天日晒显得越发暗。见我路上并未沾酒，她分外欣喜，忙着给我热了茶，堂姐的女儿南可仁也在火塘边喂着孩子。媳妇说这几天他们两个都是同吃同住在我家，她丈夫也跟着婶婶去打工了，家里只有她一个人和孩子，婆婆去贡山县城几天了也没有回家。南可仁的儿子跟我的小儿子出生只差几天，但她的孩子看上去比我家孩子发福多了。南可仁和村里的天巴都未成年就有了孩子。

大姐夫阿拜家里挂了一条大鱼，今天早上看他们在微信里转发这条鱼。天空下着蒙蒙细雨，跟郭老师打电话问到了哪儿。郭老师说63公里雪太大无法前行，只能等到把雪铲除才能进行。

二姐松木和弟弟昆已经安顿好了郭老师的住宿问题，我们姐弟三家一起讨论着郭老师来后该如何安排饮食问题。蔬菜缺少，今天从三乡菜市场买了些蔬菜我拿到了这里。

下午，郭老师来了。今天是元宵节，郭老师开着一张黑色的轿车，除了他们一家三口外还带了两位母子。

我和弟弟把郭老师五个人请到弟弟家的火塘边。江旺已经准备好了煮熟的山药、土鸡蛋、芋头。

跟郭老师闲聊了几句，他问及最近村里的状况，我和弟弟都一一回答给他。

元宵节，大家围坐在昆家的院坝，过着这不同似乎又相同的节日。这应该是郭叔叔第二次在家里过元宵节了，第一次在我小时候，住在我们家做田野调查。记得那时候他还和我父母包饺子，跳传统独龙族舞。如今世事变迁，两位老人都相继去世了，对于这样的变化他或许会有很多感触……

夜，喝些酒，在松木家的火塘边烤火，聊着家常……

2017年2月11日　星期六　晴

郭叔叔的孩子和他的同学读五年级，昨天没来多久就结识了侄子李亮高。郭叔叔说这个寒假他们有一个任务就是做社会类的调查问卷。李亮高和他的弟弟李亮松、李嘉，三哥金强的儿子李俊四人都开开心心地跟着郭叔叔的孩子和他的同学到处玩耍。

因李亮高也是五年级，翻译和找同学的事情就交给了他。郭叔叔说李亮高陪自己的孩子和他的同学，每天给他5块钱的报酬。李亮高分外开心。

2017年2月12日　星期天　晴

郭叔叔一家吃完早点就带着李亮高兄弟四个去熊当村找他同学。

2017年2月14日　星期二　晴

回到厂里，余金波和孙锋并没有修好滗水器。厂区不能运行，两人各自玩着手机。听说才松一家要回村里办孩子落户的证明。昨天说好了要买油上去供他们砍柴。松木今早给了我一个10公斤容量的小桶。我跑到新开的加油站用36元钱买了一桶。年轻时嫁出去的江英今年也带着孩子回家过年，听说明天要回去。都有了一男一女两个快成年的孩子。李秀英说男孩是跟前任丈夫生的，女孩是跟后任丈夫生的。

见厂里也没什么事可做，我又跟才松他们回家。古如南松买了一瓶纯米酒，大家用纸杯分着喝起来。到了龙元村，洋洋又买了一瓶土坛酒和一打雪花啤酒给我们喝。几个人歇息一处喝一点。到了家里已是打头了。

2017年2月17日　星期五　晴

听说新来实习的大学生今天到了。本想吃过午饭去接他，没想到他自己就到厂里了。个子不高，肤色黝黑。听他说他是大理人，住在老挝边界的农村。

看上去比较健谈，时不时地跟我们搭话。吃过午饭，他说要买棉被。我和金波带着他到店铺里去，他选了一阵，买了两大袋棉被、床垫，给我们每人买了一瓶饮料。

在菜市场买了些五花肉和一只烤鸭，今天第一次学习做红烧肉。新来的同事叫段学忠，傈僳族人，我问他时，他说自己也爱喝酒。我提议买点啤酒喝，他出去了一会扛着一件雪花啤酒回来。

做饭。

2017年2月18日　星期六　晴

余金波说要我给新来实习的同事讲解一下污水处理厂的工艺流程，我带着他从头到尾讲述了一遍，又给他一本《独龙江污水处理工艺流程》

的书看。

考虑到他是大学生,又学的是电气工程,应该不用过多地讲解,这也省了我很多的工夫。

2017年2月19日　星期天　阴雨

宿舍的电脑启动有问题,只好将键盘和鼠标移动到中控室的另一台电脑上整理着前几天的笔记。

办公室外,雨丝毫未停地下着。电烤箱被我从宿舍挪到了中控室,同事似乎感觉有些冷,见我写东西,他也就没有说什么,偶尔过来跟我闲聊几句。

余金波兄弟对写诗的人很欢喜,他向我要了我搞文字的那些朋友的联系方式。在他看来,工作之余还要自行扩展一些个人爱好,让自己的生活变得丰富起来。他除了本身的工作外,还做电商,做了一个微信公众号。

雨一直未停,收工整理笔记完毕,见三个人睡得很香……

2017年2月20日　星期一　雨

又是雨天,在设备运行正常的情况下,几乎一天都很清闲,可以做很多额外的事情。大雨天,即便是在农村,也无法开展任何农活,人们便在微信里发表喝酒的视频或是图片。

雨天学习诗词也是余兄的喜好,我见他写了一篇五言,始终觉得写得很不押韵,文辞不工整,一直在琢磨如何修改……

无聊,自己也写着玩了一把:

（1）

背后一张空白,
只一根蜘蛛网悬浮。
黑影让你探索的欲望,

（2）

窗外,
湿润了的大地,
黏糊糊。

给你想象的空间。
此刻，
你如同它，
摸索着，
仿佛它也猜测着你。

一只寻找避难所的蚂蚁，
古树，
没有它的容身之地
洞穴已被占领。
在这雨中，
仿佛世界成了海洋，
我窥视着，
它的绝望与无助，
人流涌动，
它渺小的身影难于被发现，
蚂蚁挣扎着寻觅，
那一个小小的容身之所。

2017年2月21日　星期二　雨

得知村里的雪下到了丹达立卡山顶下，今天又一场滂沱大雨。

设备也十分善解人意，这雨天并无大碍。这给我们足够的时间去做业余的趣事了，说是趣事无非就是躺在床上懒散地翻翻微信朋友圈，阅览几条引人注目的新闻。小段的谈兴很高，每当闲聊之际都喜欢引用他家乡的人或是朋友为案例。

2017年2月22日　星期三　雨

办公楼隔一条公路就是孔当村委会。村委会每隔两三天清晨就广播播放用三乡口音翻译的《道路交通安全法规》，一大早就如往常一般被嘈杂的广播音吵醒，让人烦闷。

听微信上说迪政当村里下雪了，村里人个个都发表在微信里，看阵势雪下得纷纷扬扬，而孔当这里只有大雨。南北两边的气候差距十分明显。

吃过方便面后，余金波、孙师傅、段学忠我们四个准备调试在线监测设备。在线监测设备上监测进出水的 COD 与氨氮。此设备的调试需要化学药剂，去年大半年药剂一直没有备齐，前两天孙师傅去县城维修电机时带了下来。

进出水的有四台设备，备足药剂后余金波按着操作说明书测试起来。去年 5 月份他从昆明派下来培训我的时候也按着操作说明书来示范给我，如今他说自己也忘记了，只能按着操作程序说明书来。我们把电烤箱都搬到这里来，屋外气温低下。

调试的时间有些漫长，下午 4 点左右看事情差不多了。老朋友欧阳斌导演打来电话告诉我他已经到了独龙江，他说有一段航拍镜头拍完后就邀我到乡政府酒店吃饭。

5 点左右，我在独龙江乡政府的大门内侧见到了他。2 年不见，并未显老。他还是操一口昆明方言："走，我四个克羊肉火锅店吃火锅，我还叫了陈永华和王玉英，这点我带起两瓶红酒，等吃饭时候喝。"见陈永华跟一群人在春满园饭店吃饭，我问欧阳斌："欧阳老师，陈永华是不是来开会？"他说："陈永华是克珠海打工呢！"原来上次报名参加珠海打工，他也去了。叫上了火锅，陈永华也来了。欧阳斌导演让我给王玉英打电话，让她过来跟我们一起吃火锅。方才欧阳斌带了两瓶葡萄酒，一瓶被我们喝了，一瓶留给了王玉英。等了好久。打了几通电话王玉英才冒着大雨来了，听说她在交警大队帮助姐姐替岗给交警们做饭。方才交警们去封堵往贡山县城方向的路了，饭已做好，等他们交警下班了才来这里……

王玉英的家在下游巴坡村，看得出她是一位贤淑勤快的姑娘，人又长得水灵。她姐姐在交警大队负责炊事与杂物，弟弟在云南民族大学读书。26 岁的她有一个 2 岁的儿子，据说她前男友是外地人，后来离婚，孩子归她了。

席间，欧阳斌导演问我现在村里可好，我告诉他现在村里日子越来越难过了，药材也采挖光了，低保也退了。过去退耕还林还按人均补贴大米，现在这个也退了，上游村里没有什么主要的产业，找钱更难了。目前外出打工挣钱的趋势越来越明显了。听完我的话，欧阳老师低头默默地吸着水烟筒，然后又抬头问我："低保大米也不给了？""是的，听说独龙江现在已经实现脱贫，奔小康了。"

晚8点左右，吃够喝足。欧阳斌导演说要回去弄点今天拍的视频，他付了260元的饭钱。

陈永华说要跟他一起睡觉，欧阳斌跟随我们来到了陈永华住的独龙江宾馆。陈学志跟他一个房间。欧阳斌站了一会跟陈永华闲聊了几句就走了。听说这一次上游迪政当村去珠海的一共有15个人，其中陈永华和陈学志是队员中年龄最大的两个。

酒劲上来，陈学志与陈永华喝着白酒在闲聊。陈永华告诉陈学志，到了出发前贵重的物品不要放在行李箱里，要带在兜里。陈学志问他独龙毯放在行李箱里应该没问题吧，陈永华笑着告诉他："这个东西没事的，我说的是现金、身份证之类的东西。"陈永华和陈学志是堂兄弟关系，陈永华在迪政当村当了几十年的村委会主任，其间外出参观、培训、学习的机会繁多，退职后有三个孩子的他说要去打工养家糊口。而陈学志不像他阅历那么深，也不识字。是村里很棒的猎手，他说去了缅甸几十年挖药材、打猎，现在年纪大了力不从心了，决定跟陈永华去外地找份不必花费力气的活干一干。

窗外雨势凶猛，学志打开窗户愁闷地说："明天这种雨天，怎么出发呀！""明天去不了，后天去，反正吃住是由他们安排的，怕什么？大不了，不让通行的话回家两三天再说嘛。"陈学志应了一声"额泄（也是啊）"。

2017年3月2日—9日

2017年3月2日　星期四　雨

厂里准备招聘一名本地的独龙族管理员了，孙师傅被炒了鱿鱼。起因是他在年前并未与孙总请假，回到普洱过年。而新来的小段这次实习是让他来历练，等时机成熟就调到昆明总部。厂里还有一件事情因雨天而拖延。大家烤着电烤炉，余金波一边给孙总微信发过去了我个人2月份的考绩表，一共是8天。如果除去周末只是4天。但孙总告诉余金波说独龙江污水处理厂没有周末，这样的话就意味着我扣去800元工资。余金波将写好的招聘启事发过去给孙总过目：28岁以上，中专及以上文化。余金波在要求上填写上"有强烈的责任感，有吃苦耐劳的精神"几个字，但段学忠在旁说你这样写是不是有些不对，给人一种压迫感，工作一上任大家都会自觉地遵守职业道德的，我却认为此写法给人的印象是制度森严、艰苦。孙师傅虽已离职，却迟迟没有回家。他在工地上做了两三天的短活。这几天都是余金波和段学忠买菜做饭，我工资卡里只有难于启齿的两位数。孙师傅说他上回没被开除，钱扣得只剩下800元，现在只有20多块了。

2017年3月8日　星期三　阴晴

起得很早，三八妇女节打算给媳妇孩子寄钱过去。从厂里到信用社走了几百米的大路，信用社取款机故障并未恢复。一问在信用社当保安的三乡老乡，得知山里雪大，电信网络线杆毁坏甚多，估计短时间内不会恢复。加上这几天贡山县政府发布了公告，暂停独龙江至贡山线路。

从微信朋友圈上得知，独龙江公路此时已是大雪覆盖。一些游客被堵在了独龙江隧道附近，县里派人组织挖雪营救自驾游游客。几天后公路就公示被封堵。

余金波、段学忠加上孙叔和我，正面临钱粮穷尽的地步。网络断后我们就彻底陷入困境了。余对我说这两天孙清华被公司派下来安装监控设备，分明就是监控厂里的管理人员是否按时间上班、巡视等。因为独龙江公路的封山，清华或许只能等到开山以后才到这里。

妇女节到了，我并没有敢私自回家。领导电话跟我说我的请假有些频繁，如再屡屡请假，我就有被清理的可能。

这些天，我都在思考着该不该回家务农的事。考虑到媳妇带着两个孩子独自劳作农事，我思想十分矛盾，处于"两难选择"，却无法让两者达到平衡状态。回家务农，找副业赚钱养家对我来说只能是不理智的做法，村里没有什么固定产业，找副业途径狭隘。如果贸然辞职回家，或许我和我的家人在长时间内肯定会陷入穷困潦倒的境地。我过去报名参加了扶贫贷款，也将会为此承担一笔不小的利息，若失去家里主要的经济来源，会因贷款而增加更多的经济压力。因此我和媳妇商议的结果是做到今年年底，然后辞职回家创业……

近来一些已婚村民，迫于村中无副业、无经济收入，开始外出务工了。"留守妇女""留守儿童""留守老人"在不久的将来会越来越多了……

2017年3月9日　星期四　阴

乡里有一所小规模的农村信用社，用的是电信网络。按照那位在信用社当保安的老乡所说，电杆线毁坏了几根，所指之处便是通往县城方向的公路段。余金波也是用电信网络，他的手机好久没信号了。问他为什么选择电信，他给我的回答是电信相比移动要便宜好多，但在连接宽带支付方面电信就要比移动高很多，一年就要1400元的费用。而移动只是300多，甚至有些时候是免费安装，只要安装户主的话费每月保底在30元。

没有信用社网络，我们四个人都成了身无分文的穷光头。我和媳妇种了好多青菜，段学忠和余金波什么也没有，依然弄一个干炒土豆、一碗青菜汤。四个人只能每人夹一点，勉强小饱。

一袋20斤的长粒香大米很快没了。金波和段学忠出乎意外地预言苞谷殆尽后我们所陷入的情境。

时常梦见已故的父母和儿时老家的画面，昨夜亦是如此。

第一个梦境：

母亲在家里卖东西（父亲在世时，在村里唯一一家的小卖部，父亲先于母亲离世。相隔十年，母亲也去世，按照母亲生前的嘱咐，她的安息地与父亲的坟墓在一处，相隔只差半步）。梦境里我是从三乡的现工作地回到家，母亲说现在生意不好做，本村人也不来买东西。我看见小卖部的柜台里满满的东西，白酒、啤酒、饼干等，墙面上挂了很多腌制的猪肉。母亲对我说："现在村里人都很少买东西，包括外地来打工的人。"此时我想起方才从我家出来到母亲家时，有一些外地人正在用看上去十分厚实沉重的木料搭设木房骨架，我认为他们是在建设新农村。梦断……

第二个梦境：

村里很多人纷纷跑到江边乱石里寻找宝石。听说我的发小普塞捡到了一块值钱的石头。此时见他已在江边离我们相距不远的石滩里转悠，我搀扶着母亲想过一个激流江面，母亲挂着拐杖身子摇晃地准备渡过去，我急忙劝阻她江面激流危险，当心被冲走，母亲依然不听劝阻摇摇晃晃地渡到了对岸石滩里。我心生胆怯不敢渡过这段激流江面，绕道从下游跑到了对岸。此时环顾四周，江面上母亲不见了踪影，焦急地等了半天，母亲才从光线幽暗的悬崖峭壁的林中小路缓缓下坡归来，还背了一篮猪草。我怜爱地接过母亲身上的猪草篮。母亲一边卸下篮子给我一边埋怨最近家里猪草用尽，小儿子昆两口子却懒得去找。我从母亲那里接过沉重的猪草篮子，沿着陡峭的山坡爬山回家。跟着母亲还有一个要回家的陌生妇女，她见我爬不上去，在后面使劲往上推我……不知道何时才爬完，到了一个貌似下游巴坡村的地方。此时已不见母亲，我和媳妇准备回上游老家，经过村里人家缠绕交叉的小道，到了一个木屋里，一些人在吃牛肉（记忆里我认为他们是缅甸人），似乎是几个人，给了我们一些牛肉吃。我和媳妇从这破旧的木屋里出来准备回上游的迪政当老家，媳妇告诉我再走几段就是一个上坡路，她很害怕走上坡。梦断……

在独龙族老一辈们的观念里，有些梦境有一定的预兆。但也认为梦境所现之象与现实悖逆，尤其是外出打猎的男人，如果翌日出门前梦见顺利打到猎物，往往空手而归；相反如果梦见自己哭着，空手而归就会达到目的。我自己也有这样的梦境体验，从8岁我学会打渔起，下午每下课，经常跑到江边下渔网，第二天清晨收网。至今都能用梦境来猜测有无收获，下网的当晚，如梦见捕了大鱼不计其数，第二天清早收网一定收获惨淡。倘若我梦见自己的渔网全都滑脱沉石，空无一鱼地漂浮在江面、渔网被人偷了，或是一条鱼都没有捕捞到，定是所获不小。过去，老一辈们出门做事也会通过梦境来解释吉凶，梦境不好不出门，梦境显现吉象，无论天气是否恶劣也无所顾忌。

对于梦境里去到一个如同现在生活环境一般但有陌生感的村寨，认为是灵魂到了阴间"啊细木里"，老人们笃定地相信一个人的灵魂比他本人有着更多的面貌，有的人的灵魂顽皮、凶险、狡猾、多疑、抑郁、好色、好酒、好吃、残忍……梦境里显现的画面就是这个人灵魂的体现。老人认为有的人的灵魂比较顽皮，四处游荡。那些梦境里似曾相识的村寨就是他们的灵魂去到阴间所看到的东西……

2017年5月1日—5月14日

2017年5月1日　星期一　阴

唉……算算日子，今天刚好是五一劳动节，也可以好好地休息一天了。早上起来还是得做一些事情，比如喂喂鸡、猪，还要做早饭，并且要喝酥油茶，吃东西。

现在每当到了"劳动节""建党节""建军节"之类节日时，村子里几乎都做一些活动，动员村子里会打球的组成一队打篮球赛。村民们也喜爱看球赛，一边比赛激烈，一边喊着加油助威……比赛结束后，颁发一些奖品。人们身上满是洒汗水，但却露出喜悦的笑容。

不知不觉就到了下午，球场上刚刚还热热闹闹的人群都回家做晚饭去了。吃完饭后，村民们到了球场，晚上还可以跳跳舞之类的。围着圈跳八套民族舞，大人、小孩都会跳，成为村民们喜爱的舞蹈之一。

天渐渐地黑了，村民们陆陆续续地回家了，相互打着招呼。愉快的一天过得可真快，回家看了一会儿电视，就休息了。

2017年5月9日　星期二　多云

今天又是新的一天，新的开始、新的心情。虽然每天的农活都类似，但总会在不同的地点、不同的人，劳作就会有不一样的感受。

清晨起来，又是生火、烧水打茶喝，还有做些香甜的粑粑吃。吃完早点，又得喂猪和鸡，看着它们每天都在长大，心里也是一番"美滋滋"的感受。每当逢年过节可以当作收入来源，就是自家的几个人来帮忙，之后背着新鲜的猪肉围着村子卖，全村人也过来买，不一会儿就卖完了。有时作为与亲戚之间的互赠品。

今天要做的事情是去找猪食，这个季节是猪食最多的，很多猪喜欢吃嫩草，就等着我们给找。我们背上篮子，拿上镰刀去到较远的地方或

陈永华、陈建荣、李志忠、龙睿超日志

2017年5月1日—2018年12月31日

者地里，总之是到处都可以找，勤劳的人会找得很多。装不下时，就在篮子的一边系上一条细小的绳子，这样装不下的就可以放在篮子上，不会掉下来。外出还得注意安全，路上可能会遇到蛇之类的，得有所防备。

今天算是很充实的，虽说做的事情不多，还是觉得挺愉快的，回家还要做饭。

2017年5月14日　星期天　晴

这段时间不冷不热，早早地起床，先喂鸡，一个人在家里做早饭、打漆油茶，另一个人在煮猪食。在家里的人做好饭，另一个人也将猪喂好。之后，将镰刀和挖地的"恰卡"放到包里，到山上挖重楼，同时准备些当天吃的干粮，还要背上茶水。

约着自家的亲戚一起去山上，迈着沉重的脚步一步一步往山上走。挖重楼是辛苦活，每走一步都会留下汗水，有时到了半山腰才能挖着几根。林子里小蚊子总是叮咬自己，如果去山上怕蚊子叮，就找不到重楼了，而且当天的收获也很少。累了，就找一处阴凉的地方休息，吃饭。找了一会儿，太阳就快要落山了，这时慢慢地下山，回家。

今天是辛苦了一天，但找到了一些重楼。辛苦后内心也有些说不出的喜悦，吃完饭后，天也渐渐的黑了下来。

2017 年 6 月 1 日—30 日

2017 年 6 月 1 日　星期四　晴

今天是"六一"儿童节。

现在的生活渐渐好转,吃穿住行都很方便,小孩子也接受了比以前更好的教育。每当到了儿童节的时候,小孩子们最开心、最兴奋,因为这一天的乐趣很多。

学校举办了许许多多的活动,早上有开幕式,学校的校长、老师、学生代表发言;同时也会颁发奖状,这是对过去一年以来做出努力的肯定,也是希望孩子们再接再厉。

下午有跳绳比赛、击鼓比赛等各种各样比赛。如果赢得前几名,老师就会给小孩子一张票,用这张票可以到学校买东西的地方买一些自己想要的东西。同时还会邀请家长来参加,发现孩子们玩得很开心,家长们打心底里感到高兴和幸福。

到了晚上,就会举行"六一儿童节"晚会。这一天晚上孩子们累坏了,也开心极了,一个个开心的笑容展现在小小的舞台上。在看台上,在脑海中也是不断地浮现出小时候的事情,回到家已经很晚了。

2017 年 6 月 12 日　星期一　雨

6 月份草是长得比较快的季节,今天不得不在大雨中去地里除草。先是喝漆油茶、吃早点,然后准备去地里,除土豆、苞谷地里的杂草,背着篮子、带上镰刀,还得带上恰卡(工具)。

在地里除草时,还得要割猪草,这样可以一举两得。一边在地里除好草,一边割好了猪草,之后就可以背着满满一篮筐猪草回家了。

回到家,还得忙着煮猪食、喂猪喂鸡,之后再生火煮饭做菜。吃过饭后,一天的忙碌就这样过去了,明天还得继续今天的劳作。

2017年6月30日　星期五　大雨

到了6月，已是进入雨季，中下旬开始下雨，下了十几天，独龙江江水渐渐地涨起来。无论是晚上还是白天，那段时间人们都在江边勤快地捞着江水中浮来的柴。人们说，江水中浮出来的柴，多捞的人多得。

不管雨下得多大，人们都披着雨衣，戴着帽子，在江边捞着柴。不怕累的就没有休息，休息的人也只休息一会儿。肚子饿了回趟家，填填肚子又再去捞柴。之后看见没有柴火漂来了，人们也陆陆续续地回了家。江边处处放满了柴，一堆一堆地堆着，等柴火干了之后再来背。

这一天又冷又累，再者是冒着大雨在江边，回家之后换了湿衣服和鞋子，家里人也备好了可口的饭菜，心里觉得美极了。

2017年7月1日—19日

2017年7月1日　星期六　大雨

今天是"七一"党的生日，每到这个日子村子里也会举办一些活动。让全村子的人参与到活动中来，比如在村子里球场上分成小组打打篮球、乒乓球，跳跳舞。有时候因为设备不齐全，也没有多少活动可以办，但也可以看到人们脸上露出笑容。

天气有点阴，在农村生活，无论天气阴晴，都有自己的劳作要去忙。今天早上一家人就一起去田地里除草。中午和家人去找猪食，就在这个时候，下起雨来了，找了一个小时左右就回家了。这时候全被雨淋了，回到家已经是湿漉漉的，马上就换了衣服和鞋子。为了避免自己感冒，喝了热的漆油茶，这时身子暖和了，心里也感到暖暖的。

吃完中午饭后，雨还是没有停下来。家里的人还是忙去了，我一个人留了下来洗洗碗、打扫房间、做晚饭，这样忙着的人回来就不用太累了，也可以吃到热腾腾的饭菜，可以好好歇息了。

2017年7月18日　星期二　晴间阴

今早起来，晨雾弥漫，炊烟袅袅，生火打茶、做早饭，上个月弄的柴火现在已经干得差不多了，准备去江边背柴火。到了江边，一堆堆的柴已经干了，可以先背一些比较轻的柴火。这样来回背好几趟，不会太累，也可以将干了的柴火先烧掉。

六七月的天气总是让人捉摸不透，说变就变，还好能背回家的柴火也差不多背好了。吃好午饭后，休息一会儿，之后去地里找些猪草。找到一篮子之后，将一些草喂给猪吃；另一些要准备等一下煮，等煮好了喂给猪。

今天的劳作完成了，吃完晚饭后，看了一会儿电视，之后便歇息了。

2017年7月19日　星期三　晴

早上早起，农村的生活都是日出而作、日落而息，这个季节很忙碌。但受雨季的影响，有时做活做不成。这个季节家家户户的土豆都成熟了，人们就要去田地里劳作，挖土豆、除杂草。苞谷也长得与人一样高了。

在挖土豆时，一些人负责除草，一些人负责挖土豆，挖土豆真的是一种技术活儿，用的工具是"恰卡"，而且稍不注意或者是找不到土豆的苗，就会被"恰卡"挖烂掉，或者弄出一个洞来。同时，在挖土豆时挖出的肥料就要放在苞谷的根上，这样也是为了让苞谷吸收营养，让它长得高高的。

吃午饭后休息一会儿，又继续早上的劳作，太阳快要落山了就可以回家啦。

2017年8月1日—15日

2017年8月1日　星期二　晴

七八月虽说忙碌，但是也有休息的时间。而且，这段时间学生也放假回家了，村子里能够看到大学生、中小学生的身影。回家了还是得帮家里的人做一些活儿，背着篮子去找猪食、去背柴，能够减轻父母的劳作。这段时间父母不用太辛苦，也是因为他们的孩子做着一些农活。

今天是建军节，村里参过军的人，就去村委会聚在一起聊聊天、打乒乓球等。到了晚上，吃完饭后就回了家。

今天也是挺快的，在这里，祝节日快乐。

2017年8月15日　星期二　中雨

今天的天气就像是天上的雷公在哭泣一样，天空下起了倾盆大雨，这么大的雨天想着会没有事情做。6月、7月、8月是独龙江江水上涨的时期，这段时期时不时地会有柴火漂下来。如有柴火漂下来就不会停下来休息，人们会带上捞柴火的工具去捞柴，这个工具是形似弯钩一样的东西。

这次漂下来的没有上个月多，但还是捞了一些，这样就可以减轻后面一段时间的劳作，不用再去山上弄柴火。在江边劳累了一天，还忙一些别的事情，之后就回家去了。

2017年9月3日—19日

2017年9月3日　星期天　晴

今天早上起来，想想今天需要做些什么。对了，眼看桃子不是熟了吗，那就去有桃子树的地方，其实，桃子树离家的距离也不太远。

吃完早饭后，便背着篮子、镰刀，拿一根竹竿出发了。到了目的地后，先在桃子树下把杂草除掉，以免有蛇出没，同时也是为了桃子掉下来捡起来方便一些。先在较近的地方敲打着，之后够不着的话，还是要爬上树。一边要注意安全，一边还得把桃子敲落下。

这真的是技术活儿呀，也可以边吃着桃子边干活，差不多树梢上没有桃子了就可以下来了。捡起地上掉的桃子，不到半个小时就捡了差不多半篮筐。

到家之后，这些桃子就可以喂猪了。看着猪吃得挺开心的，也可能是饿了。喂好了猪鸡，回家就去做饭啦。

2017年9月11日　星期一　晴

9月份，到了收成的日子，田地里变成了金黄黄的一片。虽说种的不多，但至少能够维持半年的生活。大家都去地里收苞谷，然后将苞谷秆喂牲畜。

之后腾出来一小块地，就是重新开垦土地种蔬菜，等过冬的时候给家里的鸡、鸭、猪等做食物。因为冬天的时候一般没法外出找猪食，便用这些种的菜作为食物。

2017年9月19日　星期二　晴

早上起来，一直在收苞谷。收好了后，一眼望去，田地里几乎已没有苞谷竖立着，倒是看见南瓜之类的还在地里。

今天打算去地里多找几篮筐猪草，首先是今天下午要煮的，其次是将找好了的猪草晾干，备冬季的时候用。开始干活后，都是汗流浃背，汗水一滴一滴地流着，中间累了就休息一会儿。

枯黄的南瓜叶可以割了，有一些小小的叶还是留着。口渴的时候可以摘一个黄瓜吃，这时候就感到了美味。现在猪草就在自家地里找，也当是为自家地里除草，这样也算是一举两得啦。

不知不觉太阳也快落山了，再回家忙些家里的事情，不久就到了晚上。看看电视，便休息下了。

2017年10月1日—23日

2017年10月1日　星期天　晴

到了国庆假期，村子里也能够休息一两天，有些村民在这时候卖猪肉。但如果买的人很多，有些人就买不着。肉大概是一斤20元，虽然贵，但依旧会有人买，因为这是本地饲养的猪。

村里组织了一些活动，比如射弩比赛、投篮比赛、篮球比赛、弹弓比赛，很多很好玩而且有趣的活动。要比赛的村民先是到小组长那里报名，之后小组长就会列出名单来，一个一个地进行比赛。同时，为了安全起见，在射弩比赛时，不能拿有毒的箭，而且要有一定的距离，大家也会互相提醒着。开始比赛了，一个个感觉是要大显身手。瞄准，射击，陆陆续续地一个接着一个上场。比赛结束，大家都在等着小组长公布名单，射出高分的前三名颁发奖励，并且得到了大家的掌声。

活动渐渐地进入尾声，村民一个接着一个回了家。刚刚玩嗨了，现在就得备一下晚饭。可以先煮着今早买回来的猪肉，然后再炒一两盘小菜就可以开吃了。玩好了、吃好了，先去公路边走走，之后回到家，就可以休息了。忙也忙了、玩也玩了，今天感觉累中却有一丝丝的乐趣；看了一下电视，然后就休息了。

2017年10月13日　星期五　晴

9、10月是收苞谷的季节，收好苞谷之后还要将苞谷秸秆收在旁边，有的人已经喂了猪，有的人现在田地里还有些南瓜要去收，收了后把南瓜放在通风的地方。

然后就是收地里的南瓜叶子。将南瓜叶一筐一筐地收好，也是放在较为通风的地方，等着把它们晾干，到12月下雪下霜时用，就是备用着喂猪。

独龙心语　贡山县独龙江乡迪政当村独龙族村民日志

2017年10月20日　星期五　晴

　　我和木春龙主任从迪政当出发去巡查43号界碑。木春龙主任骑摩托车，我坐在后面。到了熊当村民小组后，在李文伟家里休息了几分钟。李文伟媳妇说："来吧，喝茶。"我俩说不用了。休息几分钟后继续往前去。开了几分钟后，斯小东书记开着车子下来了。然后我坐书记的车，木春龙主任开摩托跟在我俩后面。开了十来分钟就到了斯小东书记家。

　　书记媳妇给我们泡茶，给我们吃自己弄的苞谷扁。我们也分配到了山上需要的物资。我们一共有四个人，村书记斯小东、村主任木春龙、村民兵陈永华和南京华。每人分配到了一个军用背包、一个水壶和一双靴子。吃的有20市斤大米、15市斤自熬酒、30市斤火腿、10个午餐肉罐头和10个红烧肉罐头。药有红花油、克感敏、云南白药、风湿膏和牛黄解毒片。每人背的物资有15公斤以上，我背的有20公斤左右。

　　斯小东书记家住在向红那里，车子可以从书记家开到龙秋都。书记开车，我坐在副驾驶，木春龙主任和南京华坐在后排。车子上放了一件瓶装的澜沧江啤酒，我们三个人坐车时每人拿了一瓶喝。书记不喝酒。差不多两个多小时才到达龙秋都。

　　到达龙秋都后，我们把车子里的行李拿下来，每人背了一包，往43号界碑走。龙秋都上去都是上坡，路也很难走。第一天到普啦汉（地名），那天的上坡路十分危险，"天梯"上上下下转身360度才走得过去。我们走了2公里后遇见了背黄精果的村民。我们正在休息，他们背着一袋袋黄精果，全身都是汗。那天遇见的村民有好几个。他们问我们去哪里，我们告诉他们去巡山。休息了好几次，才到达第一天的目的地普啦汉。一到普啦汉，就看见一顶人家搭好的帐篷，那里放满了黄精果。我们到了那里才现找今晚搭帐篷的地块，找了不久找到昨晚有人睡过的地块，于是就搭在那里。

　　我们先起火，找柴火，火燃起后烧水。我去煮饭，南京华和木春龙主任去做菜。我们上山一天太累了，吃完饭后全躺在地上。到了晚上12

点，下雨了。那时我们心里很着急，怎么下雨了？明天的路要怎么走啊？

2017年10月21日　星期六　中雨

　　最早起床的是斯小东书记，他把火烧好了，然后我也起床了。起床后先洗脸，再烧茶水，茶水开了吃点冷饭和方便面。早点吃完后，我去煮饭，饭熟了后木春龙主任和南京华做菜。吃完饭后准备好行李，出发。我们盖着油雨衣上路，我们的前面是背着黄精果的村民，他们比我们早出发两个小时。路不好走，雨下得很大。路上很难找着休息的地方，只能在别人搭好的帐篷里休息。没人住的帐篷里放满了黄精果，我们只在那里休息了几分钟就继续赶路了。我们四个人一路上休息了四次，河边一次，继续走了四五公里后，又遇到搭帐篷的人，帐篷里放满了黄精果。第二次休息时，每人抽了两根香烟就出发了。走啊走啊走累了，很少讲话，全身都是湿淋淋的，油雨衣不起作用。有个石洞可以休息，刚好坐得下四个人。休息时每人又点了两根香烟，两根香烟抽完后继续上路。

　　我们走了3公里半左右，又遇到村民搭好的帐篷。帐篷里有背黄精果的村民龙世平夫妇，还有两个小伙子。龙世平跟我们说："这么大的雨，你们要去哪里？"我们说："我们去巡山看43号界碑。"龙世平又说："来里面休息，外面下雨。"我们听他的，高兴地走进帐篷里休息啦。

　　龙世平先上去了。他们说每天送下来两趟，一趟背4袋，两趟就8袋了。我跟他说："今晚我们四个人跟你们一起睡啊。"龙世平跟我们说："没有问题，我们的帐篷大得很啊。"我们让龙世平他们先走，我们四个休息几分钟后再跟上来。

　　我们开始出发了，一路上都是泥巴，好难走啊！走啊走，终于到龙世平搭帐篷的地方了。这个地方叫龙秋山口，龙世平在这里搭帐篷、烧火。龙世平有两个帐篷，一个放晒干的黄精果，一个是专门烧干黄精果的。我们到了那里又冷又湿的，龙世平把柴火烧得大大的，我们四个全身都是暖暖的，好幸福。他们打好茶，给我们每人一碗。一碗茶喝下去，全身都是阳光的感觉。

1点半到那里，一直休息，什么都没有搞。快要到4点时，我去煮饭啦。木春龙主任和南京华去做菜，他们四个人回来才一起吃饭。龙世平夫妇睡觉的地方让给了我和斯小东书记，他俩睡在地上。虽然山上下雨，但龙世平的帐篷里火红红地烧起，像家里一样温暖。

2017年10月22日　星期天　中雨

龙世平早早起来烧火，左边的火已经灭了。昨晚雨下得大，火塘变成了泥巴。龙世平把泥巴清理干净后起火，火才能燃起来。火正常燃起来后，我们开始做饭。煮饭和做菜这两件事都是我做的。

饭吃完后我们要去看界碑。木春龙主任和南京华背着军包，军包里有一小桶红漆，还有一面五星红旗。我和斯小东书记每人背一个水壶，书记的水壶里装茶水，我的水壶里装山上喝的酒。龙世平的儿子叫龙志明，他们三个人一起走到半山腰，他们的黄精果放在半山腰上。黄精果是他们从43号界碑那里挖过来的。

我们到半山腰上时，雪花飘飘，每个山顶上都有白白的一层。龙志明、李文昌、孔学强他们三个人到了半山腰放黄精果那里，就背着黄精果原路返回啦，我们四个人继续爬山去43号界碑那里。路上都是雪，走一步滑下来两步，而且很冷，风越来越大，都是冷风。

到了43号界碑，斯小东书记拿起红油漆写了国字，我写了中字，木主任和南京华写了1960。我们四个人站在界碑两边用手机拍了照。结束后又回到龙世平的帐篷里。龙世平他们也在休息，我们回来时火大大地烧起，打好茶给我们喝。龙世平说："你们辛苦了，这么大的雨还要去看界碑。"我们说："没办法，可能我们运气不好吧。"龙世平又说："不是运气不好，这段时间是雨季。"我们又说："噢，是吗？"

我们四个累了，睡着了。我们早上9点钟出发，中午1点半到帐篷里。下午4点开始煮饭、做菜，6点钟吃饭。饭吃好了就休息睡觉啦。

2017年10月23日　星期一　中到大雨

龙世平今天也早早起来烧火，6点半左右就起来了，因为他们每天要背两趟黄精果。后面我也起来了。龙世平的妻子烧茶水，我煮饭。我们煮饭做菜时，他们用塑料布把黄精果一袋一袋地包好，不然的话就淋湿了，重量增加，黄精果又坏了。今天雨太大了，一起吃完饭后，我们四个先下去。南京华帮龙世平背了一袋黄精果，那一袋有80市斤左右。背了6公里，就到了龙世平他们放黄精果的帐篷那里。南京华把黄精果放在那里，又继续往下走。

我们走到白忠平放黄精果的帐篷后，又继续休息。白忠平的妻子也守在帐篷里，她烧茶给我们喝，拿苞谷扁给我们吃。在那里休息了一个钟头后我们继续往下走。一路上都有背黄精果的村民，有些人往上拿黄精果，有些人往下背黄精果。走了一公里左右，我们又遇到了一个背黄精果的女同志，看起来她背的很重。南京华又帮她背了5公里左右。这个女同志叫丁秀珍，她弟弟来接她后，南京华就把黄精果交给她弟弟。南京华轻松地走了一段路，又遇到背黄精果下来的小姑娘，南京华又帮她们背到帐篷里。已经到江边啦，叫龙秋都。那个小姑娘叫龙花英。她叫我们喝茶，但我们没有喝茶就走了，在河边冲了脚上的泥巴。斯小东书记的车停在这里，车里有3瓶啤酒，我们三个人喝着啤酒。斯小东书记开车，我坐在副驾驶，木春龙主任和南京华坐在后排。坐着车，我们说安全到达就行啦。

差不多开了一个小时多一点，才到书记家里。我们在书记家里喝茶，吃肉、苞谷扁、面粉粑粑，书记妻子搞给我们吃。吃饱喝足后，我们三个人拿起酒杯祝福我们自己平安归来。喝着喝着南京华就喝醉了，那时我和木春龙主任还没有醉。斯小东书记又开车送我和木春龙主任回迪政当。回到迪政当我妈妈家里时，妈妈和弟媳已经把饭搞好等着我了，我和主任就在家里吃饭。吃饱了饭后，妈妈拿了5斤自熬酒给我们喝。我和主任刚喝了一会，迪政当工作队就给主任打了电话。知道我们回来后，余队长拿了两瓶自熬酒过来。队长说："你们辛苦了，平安到家就好！"后面又来了两个工作队员一起喝酒。木春龙主任告诉他们我们的行程辛苦艰难。工作队说："是啊，你们辛苦了。"相互敬酒喝。差不多的时候我们散了，回家休息了。

2017年11月1日—23日

2017年11月1日　星期三　阴

越来越临近冬天，我们这个月的主要任务是把草果地整顿好。主要是因为冬天会下霜，为了避免草果基部受霜害。我们务必要把这个任务做好，如果大意的话会造成很大的损失。

我们的草果地有些远，大部分都是在山上种植。种植草果也是很辛苦的一件事情，以前我们种植草果的时候要把草果苗背上山，还要带着沉重的工具，比如锄头、刀啊之类的工具。当然还要带上一些干粮，到时补充点力气，这样就有力气干活。每年草果地都需要除草，到时就用镰刀砍去草果旁边的草，除此之外还会带上割草机，这样我们的效率就提高了不少，省时又省力。去整顿草果地的时候，不需要带上所有的工具，就带些刀以备用。刀的用处很多，大部分情况下去哪里都得带上。整理草果就是用旁边已被割的草盖住草果基部，这样一来草果就避免了受霜害。

这个月的任务差不多就是这些，偶尔有时间就去重楼地背一些儿枯叶盖在上面，这样重楼也就避免了霜冻。总之，冬天的农活不算太多，但是也挺辛苦的。

2017年11月12日　星期天

这个月主要还是准备过冬的柴火，还要准备过冬的猪食。柴火一般是去山上或者江边找，已经干的木头是大多数人的选择。现在水冬瓜树大都不能随便砍，都是被保护着的。

江边的木头是夏天的时候江水涨的时候捞上来的，现在干了，这个月就可以砍好背回家了。

猪食现在比较难找，地面也光秃秃的了，以前种的芭蕉就可以派上用场，最好的就是去砍芭蕉。快要入冬或者是到了冬季，芭蕉是最好的选择了，因为已经别无选择。芭蕉这个月还是一直生长在地旁边，所以就要先去砍几根，然后用篮子背回家。回到家了就生火烧水，切好倒入锅里，将它煮熟就可以喂给猪吃。

今天劳作就这样结束了，到了傍晚，却有一丝丝的凉意。

2017年11月23日　星期四　晴

今早起来天气微微的凉，因为即将入冬了，早上还是穿的保暖衣服，一个人在生火、做早茶，另一个人便去煮猪食、喂鸡，等早饭弄好了就来吃。早饭就是做一些面粑粑，喝着漆油茶，这时身体就暖了起来。

今天就去采蜜，还是要备好一些用得到的工具，如一个干净的桶、戴上防蜜蜂蜇的网、刀、烟、火机等等。每次采到的蜂蜜都是不一样的，采蜜的时候难免会被蜜蜂蜇几下，之后就能吃到甜甜的美食。这是勤劳所得来的美食，心里有说不出的喜悦。

采完蜜之后就回家了，当时会吃一些，有些会保留起来等以后吃。

2017年12月1日—25日

2017年12月1日　星期五　晴

12月万物都在沉睡着，等待春天的时候被唤醒，这个冬天蛰伏着一年的希望，蕴蓄着一年的心血。

12月的清晨格外的冷，我们还是会拖着慵懒的身子起床。也许还会有寒冷的冬风向我们扑来，但是不怕，因为我们有取暖炉一样的火塘，一早起来就生火，可以烧水，等水开了之后就可以洗脸了，这样就不会太冷。

12月，年关要到了。乡村的话题很多，备种、坑地、储肥，这个月我们要做的事情还是挺多的。我们地里留下了种苞谷的秸秆，因此我们得把苞谷秸秆拔掉。之后把它们堆在一处，等到它们晒干了，就可以把秸秆根烧掉。到了第二年又可以坑地，这样也就方便了许多。

寒冷的冬季，最主要的是树木都已经是光秃秃的，只能看出树杈来。在来年播种土豆之前，一定得要充分准备好枯叶。然后，树叶倒到猪圈里面，这样猪也就温暖了。这些枯叶被猪踩之后也就变成了天然的肥料，来年就可以利用这些肥料，对农作物也是"营养""健康"，又"安全"。在我们农村大部分的肥料都是自然的，没有加入别的混合物。

这个冬天寒冷，但是心里面觉得既充实又温暖。

2017年12月11日　星期一　阴

到了冬天，天亮得较晚，而且整个人都变得懒洋洋的了。早上起来生火烧水、做早点，同时要去喂鸡。喂猪的话，早上需要生火热一下才去喂。冬天不喂给猪热一点的食物，猪就会变得瘦小，总觉得长不大。

早上一个人在家忙活时，另一个人便去山上背一些儿树木的枯叶。虽说在家会热一些，但是外出干点活身子也暖了起来。而且是背着大的篮子去半山上，有时候需要戴上手套，不然不小心会被树木刺到手。有时带上树木做的"恰卡"，这样就方便在树木四周捡起枯叶。等装满了一大篮子之后就可以回家了。这时候太阳也渐渐地升起来，照亮了脸庞。

慢慢地下山，到了家，先把枯叶倒进猪圈里，这样猪们就可以保暖了，就不用再受冻。吃了早饭之后，又去忙碌其他的事情。

总之，每天所做的事情细微之处都要带些细心，又是忙碌的一天。

2017 年 12 月 25 日　星期一　晴

早上起来总是那么的冷，想想总得要抽出时间来去看看牛。如果特别冷的话，就得让它们下山避避寒。这需要搭建一个帐篷似的地方，用木头搭建，这样让牛也可避寒。同时还要喂给它们苞谷粉做的汤，这样的话它们的身子也就温暖了，不用挨饿挨冷。对了，还要带上它们喜爱吃的盐巴，但也不能喂给它们太多。

当它们吃盐巴时，就会发觉这些牛太可爱和友善了。大人们总是告诉小孩子们说："当接近牛时，不能穿红色的衣服，还有跟红色相关的颜色。不然的话，会被牛追着，用牛角刺伤。"小孩子们一直把大人的话记在心里，小孩子们自己长大后，也会告诉自己的孩子。

同时在一些地方也要围上栅栏，要牢固一些。这是为了防止牛进到别人家的田地里。当然，牛也是认主人的，一看到主人来了，便会过来，像和主人打招呼一样。

今天的任务差不多完成了，这些也是辛苦的劳作，但是想想牛儿们住得好好的，心里觉得也是值得的。回家了，做一些好吃的饭菜犒劳自己和家人吧。

2018年1月1日—31日

2018年1月1日　星期一　阴

今年的冬天依稀还是觉得格外的冷，早晨起来还是不得不穿上厚一点的大衣。对了，今天是元旦节耶！今天是2018年的开始，大家都祝愿着幸福健康、开开心心的，最重要的还是希望家人身体健康，万事如意。

大家都起来得很早，喝了早茶，吃了早饭，并且喂好了猪和鸡，之后就是去村子里走走，看着村里人打篮球。在去的路上，看到亲戚、朋友、邻居们的时候也相互寒暄，打打招呼，互相道新年快乐。就这样，心里面感受到特别的愉悦、开心。

到了下午就开始忙活了，全家人要忙着准备吃的饭菜了。现在一个人先要去菜园子里拿些蔬菜之类的，忙碌一两个小时之后，差不多到了5点半就开吃了。今年的饭菜比起小时候真的是很让人感慨，而且饭菜是色香味俱全。这时候一家人围着桌子坐着，大人们拿着酒杯子，不喝酒的大人和小孩子倒着饮料。举起杯子，家里的男主人说着："希望来年还可以这样开开心心地过好年，一年比一年好，全家人身体健健康康，孩子们读书越来越好、学习进步。"

到了晚上，一家人坐在一起看元旦晚会，一边交谈着，一边吃着东西。有人在村子里跳着舞，不知不觉到了睡觉的时间。

今天稀松又平常地过了，但是很开心。

2018年1月5日　星期五　晴

今天早上准备先去外面拾一些儿柴火，所以今天家里人都起得很早。1月份还是冷的，元旦过后，总觉得都是新的一样，万物充满复苏的气息。

今早上家人到山上去拾柴了。路程有点远，而且还是小路。总体来说路况不好，坑坑洼洼的，走起路来那可真叫一个难啊。

看到一些已经倒的木头就把它们砍断，砍的也是要有一定的长度，那样装篮子的时候会方便一点。木柴装到篮子里后准备回家，回家还是用了不少的时间。

2018年1月15日　星期一　晴

今天早上像往常一样生火、烧水、做早饭，喂猪、喂鸡。太阳还没有出来就去地里面挖地了，挖地得先把大的石头移到空地，然后就是捡小的石头。同时也将一些枯草收拾干净，之后就可以挖地了。

在没有挖地机器时，传统的挖地一般要用大锄头。大锄头比较适合于挖空旷的田地，可以挖得很快、很深。而且举得越高挖得越深，以后庄稼长势就越好。挖地是体力活，挖一点就流出汗来。用大锄头挖地可能要挖上一个星期左右，现在如果有人有挖地的机器的话，就可以跟他们借，之后再给他们一些费用，三两天就挖好了，这样也省了一些时间、精力，但是也有些还一直用锄头挖地的人。如果是自家亲戚没有挖完，还会相互帮忙。

中午到了，我们放下手上的活儿先去补充能量和体力。吃了午饭，休息一会儿，就继续挖地了。如果没有挖完的话，明后天还得去地里。

2018年1月31日　星期三　晴

2017年已成为过去式，而我们从这个月开始迎来新的一年：2018年。不得不说时间过得很快，仿佛就在一瞬间，犹如坐火车一般。

此刻家乡的云是洁白的，天是蓝色的，家乡的江水又是格外的碧绿而清澈。虽大地还未苏醒，但也要慢慢地睁开眼睛，美景依旧。

1月份，有些人开始忙于挖地，但还没有到种土豆的时节。每年所种的农作物有土豆、苞谷、冬瓜、黄瓜等等，每种农作物都要在不同的时节种。这里的人们最喜爱吃的是土豆，土豆有许多吃法，可以烧吃、煮吃、炒吃。

马上快要到 2 月份了，也渐渐地接近春节，有些人还是得要好好为过年准备，也得清洁好家里的卫生，收拾得干净、整洁。

今天的任务也是挖地，可以说是体力活儿，感觉是很累啦。

2018年2月2日—28日

2018年2月2日　星期五　阴

看起来今天又是阴天啊！像雾霾一样，不是好天气。随着天气的影响，心情也不好。没办法，还是要去劳动的。我准备去背柴火或者掰苞谷。一天里准备做的工作很多，但不一定每一件都能做完。

我吃完午饭准备去掰苞谷的时候，赵蔚平打电话过来说："今天有什么安排？我过来找你啊。"我说："好的，那你先下来，我家在教堂旁边。"然后我就挂了电话。不到20分钟，她和陈老师就到了这边。陈老师问我："你大哥呢？"我答道："我大哥去下面了。"说完陈老师就下去了。

不一会的工夫，我大哥就回来了。赵蔚平问我大哥："陈老师不是去找你了吗？"我大哥说："陈老师他不去了，我说今天没有时间。"

差不多11点了，我妈说去老房子那边掰苞谷。苞谷被老鼠吃得快要没有了，再不把苞谷掰完，就要被老鼠吃完了。我说："好吧，天气也不是很好，那就去打苞谷吧。"我大哥也同意了。

好冷啊！11点半左右我们上老房子那边掰苞谷，从我家出发没走多久遇到赵蔚平的同学。他们刚从我二哥家下来，我不知道他们叫什么名字。他们互相打着招呼，其中两位同学跟我们一起去打苞谷。

大概走了五六分钟，我们就到了以前我和爸妈住的老房子。到了老房子，我喂鸭子，妈妈给羊喂盐。羊不喂盐的话，吃草吃力，也就是说吃不饱。

我大哥开始收起苞谷，准备要掰苞谷了。今年的苞谷不多，因为我们三兄弟只有三亩多一点地，不是很多。而且我们的苞谷也被狗熊吃掉了差不多有五分地。可气的是林业局那边也没有补被狗熊吃的苞谷，说是照相的时候没有照好。到最后就不照了。

别的事就不说了，我们打苞谷打了两个多小时。赵蔚平和她的两个同学打得非常卖力。他们边聊天边打苞谷，不知不觉中时间也过得很快。到了2点钟，苞谷也打完了。我和大哥背着柴火下来，到家后大哥煮茶打茶，然后我和大哥炸了苞谷，炸得不是很好。我们和赵蔚平还有她的两个同学一起喝茶吃炸苞谷。其中一个同学说："我太感动了，你看感动得我都流泪了。"其实他们是被烟熏得流泪了，因为他们坐在火塘旁边，烟熏得很厉害。

差不多3点半左右我和赵蔚平去接我媳妇。她们去挖葛根了，是前天去的，今天才回来，不知她挖的多不多。我走了半个小时左右就到了我二哥建的简房，我让赵蔚平等在这里。因为前面的路不是很好走，过小河水都是冰冷的，而且很滑。我再往前走了半小时就接到他们。她挖到的葛根也不多。

回来的路上赵蔚平在后面拍照，我们就走在她前面。来回走了两个多小时，6点钟才到家，赵蔚平也跟我们分别了。到了家后吃饭，过后喝了三两白酒就休息了。

2018年2月3日　星期六　小雨

今天又是雨天，我们只好休息了。我起来后喝喝茶，然后喂猪。

到了11点左右赵蔚平的两个同学拿来了电脑。不过这台电脑用不了，因为主机不显示。不知是什么原因，他们也不知道，说是以前是好的，他们也搞不来。不过摄像机是好的。摄像机我以前没有用过，只能是边学边拍摄了。

我用摄像机拍了一下，还是好拍的。只不过我没有技术，而且手也抖得厉害，所以画面不好。还是慢慢学吧。

今天下雨，什么都没有做，喝了中午茶后就到了4点钟了。我与赵蔚平和她的一个同学，我们三个一起去熊当方向拍摄。我带着我的女儿陈谷歌，她说："爸爸我累了，你背我吧！"我就和女儿说："小孩要多锻炼。"后来她就没有说背我。她上去的时候一共被石头绊倒了两次，还没有哭，可能是害羞。要是以前，她肯定哭着说："爸爸你背我吧！"

走到熊当的过程中只拍了两段，画面也不是很好。赵蔚平和她的同学说："还可以啦，你慢慢拍吧，以后会慢慢变好的。"

快要到熊当了，我问他们俩要不要去熊当，他们说不去了吧。我说不去也可以，我们就回来啦。他们俩回我二哥家，我和女儿回我家。到家的时候已经是6点啦，我妈和媳妇把饭做好啦，到家后直接吃饭啦。

晚饭后我又喝了白酒，喝着喝着有点醉意了，看着电视有点迷糊就休息了。

2018年2月4日　星期天　小雨转小雪

昨天晚上下雪下到了半山腰了，看来今天要下雪下到这里啦。

到9点钟了，我和媳妇喂猪。果不其然，不到10点钟就开始下雪啦，也是2018年的第一场雪吧！今天看起来室外温度有零下5到6℃。我们今天10点半才吃饭，因为今天下雪，晚一点也不怕，又干不了活嘛！我说："妈今早吃饭吃得晚也没事嘛，你看外面下雪啦！"她说："好嘛。那你去上面老房子那边喂鸭吧！顺便到菜地里采点白菜过来。"我就上去喂鸭，鸭子喂好之后采了白菜下来。回来路上快要到家的时候遇到陈老师，他们才回我二哥家里吃饭。

我到家的时候已经到10点钟了，到家后吃饭。我们农村和城市不一样，菜也简单，一般我们做个汤就可以吃饭了。我想城市里来我们独龙江的不会习惯吧！

差不多11点左右赵蔚平也过来啦，我们就坐在火塘旁边聊天，聊聊挖药材的事。外面的雪一会停一会下，下得也不大，有3到4厘米厚吧！过了3点半左右就停了。

到了4点钟赵蔚平也走啦，听说冷木当小组组长家里搞"霞拉"，他们下去啦。

到了6点我也去组长家拍摄，只拍了两三分钟就回来啦。本来想好好休息的，没想到龙元村的朋友上来找我堂哥，堂哥不在家，他们就在我家喝了酒。之后回去了，我也休息啦！

2018年2月5日　星期一　晴

今天早上起来，我们全家人自个儿忙自个儿的。大人们要忙的是重一点的活儿，小孩们主要忙的就是剩下的轻活儿。喂猪、做饭主要是大人们的事情，但是有的时候小孩不得不去学学喂猪、喂鸡、做饭，的确是农村的孩子早当家。

有时候在父母不在家的情况下，就得靠小孩自己做饭、生火、烧水等等，都可以自己去主动做，然后慢慢地去学。如果做得不好，父母就是告诉：饭做不好只是一顿，人做不好就是一辈子。

今天准备种土豆的，女主人会去小粮仓里准备土豆种子，男主人会先去地里挖好坑。挖到一半之后，孩子们过来往坑里放肥料，在这个过程当中一个人负责把肥料装到篮子里，两个人负责将篮子背去地里把肥料倒到坑里面。有的时候一不小心会溅到自己身上，或者是眼睛里，特别难受的。

午饭过后，就可以开始种土豆了。几个人负责种土豆，几个人负责填坑。填坑是讲究技巧的，不能埋得太深，也不能埋得太浅，也不能将肥料露在外面，不然会被鸡掀起来，把土豆种子吃掉，这样对后期的收成就不好啦。而且，弄好之后时不时地要去地里转悠。

忙完之后，拖着疲惫的身子回家了。

2018年2月6日　星期二　阴

今天天气有点好转。每天都重复着，没有吃饭前先喂猪，然后去喂鸭子。时间过得真快，离春节只有10天左右了。

从老房子回来就11点过了，我在计划今天的劳动。今天要在地里挖线盖地膜，如果明天天气好的话种土豆。赵蔚平也和我们一起挖线，虽然她不是很会挖，她还是要求自己挖，而且很努力地挖好线。上午我们没有挖完，虽然我们家的地不是很大，但是要挖好线也没有那么快。我看了一下时间，已经到中午了，我们就回家喝中午茶。

喝了中午茶后我又上地里挖线，因为上午没有挖完。挖线的时候侄子说："今天下午我们去下渔网吧！"我说："好！看有没有时间，如果有时间我们就去。如果没有时间就不去。"他说："那我们线挖快一点就有时间了。"说着我动作加快了一点，2点半挖完了，我们就回来准备去下网。

3点钟的时候我们俩就开始去下大渔网。我们两个的网也不多，看起来两个多小时可以下完。我们去江东那边下网，过桥之后开始下网。下网的时候我就跟他说："要是我带摄像机来就好啦，拍一下下网的过程。"他说："拍什么啊，还是快点下吧！下完好回家吃饭。"

下网的时候，时间也过得蛮快的。我看一下时间已经到5点钟了，还没有下完。然后我跟他说："我们快点，已经5点了。"他问我还有多少张没有下，我看了看还有十多张，我们就更快地下了。

下最后一张的时候已经到了6点钟，下完我们就回家啦。他说："明早我们9点去收网吧！"我说："可以，那我明早9点过来，你等我啊！"

我到家后背了一篮柴火送到赵蔚平同学那里，她的同学在下面。放柴火时她出来说："谢谢三哥！"我说："不用谢。"吃了晚饭后，我在家看电视。赵蔚平和她的一个同学过来看我的日记写得怎么样了。我给他们每人倒了一杯白酒，小杯一两的杯子。赵蔚平的同学没有喝。

赵蔚平他们走后我看了一会电视，也快到10点啦，我们就休息了。

2018年2月7日　星期三　阴

今天又是阴天，是第5天没有出太阳了。离春节还有9天，过节的东西我什么都没有准备，因为我回来的时间不长。像昨天吧，和侄子一起下渔网，但是鱼也没有下到多少，应该是水里的鱼一年比一年少的原因吧！有一点收获，但是不多。本来预想多一点收获的，没想到只有七八条鱼。因为我下的渔网有30多张，才收获七八条，收获得很少。

因为以前用电来触鱼，还有炸药炸鱼，所以鱼才越来越少。如果不好好保护，以后就看不到江鱼了。江里鱼本来就不多，不要说是冬季，连夏季也捕不到鱼。

今天早上我们俩9点钟就去拉网了，拉一张、两张都没有鱼，非常失望。像人们说的一样，希望越大，失望越大吧！拉着拉着就9点半了，快要拉完了还是没有想象中的那么理想。到10点就收完了，今天早上的收获只有十多条鱼。分了后一个人只有8条鱼。

回到家已经是10点过了，妈和媳妇把饭都做好了，我们吃了饭后准备去上面种土豆啦。我妈和媳妇她俩先上去啦，因为我早上去拉网的时候衣服全都湿了，所以我先换鞋子，换好后才上去种土豆。今天种土豆的是二嫂、妈、媳妇，还有我。种了两个小时左右我们都种好啦。我2点回家，理了理渔网，将近用了半个小时我才理好。今天又下了十多张渔网，有没有鱼很难说。

今天4点多才去下渔网，江水很冷啊！将近零下10到12度。下了两天水，我都有点感冒了。下了一个多小时，才下了十多张渔网。到家已经是5点40啦。到家后我在火塘烤火，因为下水真的太冷啦！烤了半个小时左右我们就吃饭了。晚饭后我在家看电视，今晚又喝了一点白酒。到了9点半准备休息啦。

2018年2月8日　星期四　阴天

今天早上我很早就起来啦。我起的时候才7点钟，因为我准备8点半去收渔网。我起床后烧火、烧水。茶水烧了20分钟左右就开啦，开后准备打茶。打茶的时候放盐、漆油、酥油、猪油，这样放了以后打的茶才好喝。我打完茶后，大哥就起来了。他洗脸后我们一起喝茶，吃粑粑。

我喝了两杯。喝完茶后差不多是8点过了，我就准备去收网。

水是冰冷的，冬季的水温一般零下7到8度。如果毅力不够坚定的话，一般人不敢下水，因为真的太冷啦，水下真的一分钟也不想待。我拉了一两张渔网都没有鱼，我下的渔网也不多，只有十一张，所以今天早上就没有多大的希望啦！收到五六张渔网没有一条鱼，太失望啦！而且水是那么的冷。收到第九张渔网的时候才有一条鱼，而且是条小鱼。最后全部收完只有4条鱼。

回到家时已经是9点多了。本来今天准备下渔网的，可是他们说要搞重楼基地。重楼的种子是国家的吧？听说是一百多万的项目。今天上去种重楼。我们上去的时候已经是11点啦，而且我们小组的村民也集中得很慢。我带着摄像机上去了，拍一下种重楼的画面。我们小组的地种得也不是很多，看起来三亩左右吧！我们种重楼小组是十户一起的，也不多。我们整个迪政当小组，一共才三十一二户。

我们到了重楼地后先围上了安全网，然后才种重楼种子。种子种好后，上面盖上山基土，山基土上还要盖农家肥，其实农家肥只是树叶而已。今天他们背来的重楼种子不够，所以没有种完。如果真的种完也是不可能的，因为三亩多的地不可能一天就种完。种的时候行与行之间很短，排与排之间也不长，最多有三分左右吧！

今天种了一亩一左右吧！如果他们多背上来20斤种子，今天可以种两亩左右。我们中午2点半上去种，下午5点半就回来啦！

我和媳妇回到家后喂猪，然后做饭。饭做好后已经是6点多了，我们6点半才吃晚饭。农村就是这样，连吃饭时间也不是固定的。

吃完饭后我们一家人一起看电视，我就写我的日记啦。妈看电视看到10点不到就睡啦，我看电视看到10点才休息。

2018年2月9日　星期五　小雨转大雨

今天下雨啦。虽然不是雨季，但是雨下得非常大。每年的冬季都会下这样大的雨,而且每一年都不一样。今年的冬季和去年的冬季差不多一样,雨下得比较大。

今天早上我起得不是很早,8点半才起床。因为下雨嘛,所以起得不是很早。起来后母亲打了早茶,茶打好后,我媳妇和我的两个孩子都起了。喝完早茶后我和媳妇准备喂猪,妈就去织独龙毯。妈说:"我这张毯子放的时间很长了。"

我和媳妇喂猪,这是每天早上必须做的一件事。那时已经是9点过了。喂完猪在家里烤火的时候,张爱军来电话,说是今天帮忙杀猪。10点40左右我去张爱军家帮忙,过来帮忙的人有三个,我、米成林、曾学芝。雨也下得越来越大啦,我以为快要下雪啦!

我们到张爱军家坐了半个小时后才去杀猪。今天张爱军不在家,听说是他的同事去世,他去孔当那里啦。他的媳妇在家,他媳妇把水都煮开了,我们就去猪圈杀猪。他家的猪还是蛮大的,好像是养了两年左右吧!因为我们这边养猪都不喂饲料,所以长得很慢,肉也好吃,也香。

我们三个杀猪的时候,一个人用绳子套住猪脖子用力拉,一个人抓住猪脚,一个人用20厘米长的刀捅到心脏位置。但是今天米成林没有捅到心脏位置,不过猪也死啦。猪死了之后我们三个把猪拉到小房旁边,用烧开了的水浇在猪身上,好让猪身上的毛脱干净。

我们把猪弄干净以后,砍成两半,把猪肉全部交给主人。他们怎么安排是他们的事。我们整个过程用了一个多小时。张爱军媳妇把猪肉烧烤了一斤多吧!我们就围在火塘旁边坐着,边吃烤肉边聊天。差不多2点左右赵蔚平的一个同学来了,她来的时候我们的烤肉都吃完了。

我和曾学芝边烤火边喝酒,喝着喝着我都喝醉了。我怎么回来的也不记得了,到家之后我就睡着了。

到了晚上7点多才醒,8点40左右赵蔚平来电话说下来烤火聊天吧!我带着我女儿下去啦。到那边他们在火塘边烤火,陈老师还有高老师都在。聊了半个小时左右我就抱着女儿回来了。赵蔚平送我回来,她在我家坐了五六分钟就回去了。到了10点半我也休息了。

2018年2月10日　星期六　中雨

今天也下雨，心烦啊！每天都是雨水真的让人心烦，今天又要在家休息一天啦！今天下雨我们起得有点晚，早上8点钟才起床。跟每天早上一样，打茶喝茶。

到了9点钟喂猪，在家里烤火。我们喝茶时，大哥和大哥的儿子、女儿回来了。他们睡在安居房那边。春节就快到了，想下个渔网，但今天下雨真的没有办法啊。如果下渔网的话，江水太冷了，而且石头比较滑，所以只能在家中休息。

我下午带我的儿子看看电视啊。没办法嘛，天要下雨，所以我们只能在家里待着。我放着音乐哄儿子睡觉。下午3点半，儿子睡着啦！儿子是在我怀里睡的，所以我动都没有动，只能坐着。

儿子睡到5点半，差不多睡了两个小时。今天晚上我猪都没有喂，因为我抱着孩子不好去喂，是我妈和我媳妇去喂的猪。今晚我们7点才吃晚饭。

吃过晚饭后我们在家里看电视。这几天下雨所以觉得蛮冷的。到了8点半，我和女儿洗脚。边烤火边洗脚，因为真的温差很大，相差十多度左右吧！洗完脚之后我们继续看电视。我看着看着就在沙发上睡着啦。醒来一看时间都已经是9点半了。妈也在看电视，所以我没有关电视就去睡觉。我跟我妈说："我先睡了，您看完后帮我关电视吧。"妈说："好，那你休息吧！"

2018年2月11日　星期天　多云

这个时候独龙江江畔每家每户都在忙碌，这时一般都是在田地里种土豆，而且得种上好几天。有时也种一些洋丝瓜、黄瓜等瓜类作物。

这时候还要准备烧蜂窝桶。烧蜂窝桶一般选择在适合的阴历时期，每个月的初三到初九，在这段时间烧蜂窝桶的话，后期产的蜂窝特别好吃。取蜂蜜的最佳时期是在 11 月份。

2018 年 2 月 12 日　星期一　小雨

今天又下雨啦，好像不想晴的样子。像昨天一样喂猪，去上面老房子那边喂鸭子。时间过得真快，回来的时候已经 11 点过了。老百姓嘛都这样，每天都是重复着一样的劳动。

我准备去下渔网。我媳妇她们做葛根粉，我没有搞。她们从上午 10 点开始做，因为做葛根粉是比较麻烦的一件事。要先打成碎末，然后用水泡，泡了以后再用手搓，最后才做成粉。

我用线穿渔网、好下渔网，会不会下到鱼就另说啦。我从早上 10 点开始，用了五个小时才穿完。我用的是缅甸渔网，网眼也大。

虽然今天还下着雨，我还是准备去下渔网。到了下午 2 点钟，我们准备喝中午茶，妈就煮茶、打茶。因为我媳妇她在做葛根粉，所以我妈才煮茶打茶。喝完茶已经 3 点过了，我就穿雨衣准备去下渔网，雨还是没有停。我 3 点 40 分去下渔网，风都是冷风。我下了三张渔网觉得很冷，心里想着要是没来下网就好啦。雨又不停，而且水也是冷的，好像今天的温度比昨天还要低。

我下到 5 点钟，雨还是没有停。我觉得越来越冷，但我背的渔网还没有下完，我还要坚持。因为这几天都在下雨，江水上涨了一点，跟前几天不一样，水位也高了一点。水位上涨的话，很难下到鱼。到 6 点钟，我下了 20 张渔网，明天有没有鱼就不知道了。

我回到家，我媳妇她们还没有弄完葛根粉。我也去看了一下，快要弄完啦。她们也辛苦一天啦，好像她们边做边喝酒。因为天气的原因吧，不喝点酒真的太冷了。我也喝了一点。她们弄完已经是晚上 7 点钟了。我们过 7 点才吃晚饭。侄子和他媳妇也跟我们一起吃饭，吃饭的时候我们又喝了一瓶酒。最后快到 9 点钟他们俩也回家啦。我今晚电视都没有看。

因为喝多了一点，所以不到 9 点就睡了。

2018 年 2 月 13 日　星期二　晴

今天出太阳了。下了一个星期的雨终于天晴啦！上午 10 点一过，我去老房子那喂鸭子，顺便背了一篮柴火。本来今天要杀猪的，不过今天重楼种子又拿过来了，所以今天要种重楼。今天会不会种完就不知道啦，如果可以的话今天应该种完吧！

10 点半左右，我们小组的村民都集中到重楼基地，人看起来比第一天还要少。不知为什么，也许有村民不知道今天还要种重楼吧！我们先到的人先开始。如果没有下雨的话我们前几天就种完了，都是因为下雨，所以才拖了那么久。我们种了四个小时才回家喝中午茶。在家里只休息了半个小时，就又上去种重楼。他们技术人员早就在重楼基地那边守着村民，但村民来得不集中。我们小组不是一起种重楼，女人们种，我们男人们施农家肥。像前面一样先施山基肥，然后上面又盖一层树叶。这样对种子好一点，下大雨的话种子不会被冲走。

我们正种着，搞重楼项目的老板过来啦。他看了看我们种子上面盖的农家肥。好像走了一圈，他就发现了问题，他叫我们过去看一下问题出在哪儿。我们就去看了一下，原来种子没有盖好。他说这个重楼种子上面用农家肥盖得越多越好。因为到了夏季的话，草也长得比较快，以后除草除不赢，所以盖得越多越好。

最后到了我们 10 户的重楼基地。我们收集的山基土还可以，能盖完一亩地，只是我们十户没有收集农家肥（树叶）。我们的基地种完以后已经是 5 点多了，我们村小组的村民一起回家。到家后我都喝晕了。因为白天种重楼的时候跟我堂哥他们一起喝了两瓶白酒，我都醉了。到家后又喝了一瓶，只记得喝了二两左右吧！到了 7 点钟就睡了。好像是 8 点多吧，赵蔚平和她的一个同学过来啦。我好像 9 点钟又起的吧！起来后和她俩一起聊天，不到一个小时她俩就回去啦！我是写完日记后才休息的,那时差不多有11点吧!我没有注意时间。

2018年2月14日　星期三　晴

今天是第二个晴天。昨天我们村小组的重楼种完了,所以今天准备杀猪。差不多养了两年吧!因为是本地猪,所以也不大。而且她们喂的不是饲料,猪养一两年只有一百多斤吧!我们养猪都是为了自己家里吃,不是去卖的。

我们之所以养猪,是为了改善家里的生活。如果说是为了钱的话,没有这个本钱。我们这边杀猪的时候,叫亲朋好友过来一起杀。每年都是杀猪的时候一起聊聊天,也会给来年的事做个安排,也可以计划来年去哪里找事做啊。

今天的准备工作就是煮水,等着他们过来。我堂哥、二姐夫、侄子、我大哥陈永华,还有我一起杀猪。我们杀猪的时候都是用手按住猪,然后对准猪的心脏捅一刀,刀有20厘米左右长。我们今天杀的是一公一母,也是我们本地的土猪。土猪虽然个子不大,可是肉好吃。

大概下午1点开始杀猪吧!差不多用了一个小时左右就搞好啦!主要是把毛脱干净嘛,然后取内脏。脱毛的时候我二姐夫李春荣、碧天华、李运春他们弄一头猪,我和大哥还有侄子昌安我们三个弄一头。分工弄,还是我们快一点,先搞完。今天高老师也过来啦,还有她的学生。她过来的目的是了解一下我们杀猪是怎么杀的吧!差不多2点钟就弄完了,也搞了一点烧烤,让他们尝一下本地土猪的味道。

3点过了,基本上都搞完啦。我和妈准备分肉给亲朋好友。我妈指挥我砍猪肉,这个是看人数而定的。因为别人杀猪的时候也会给我们猪肉,所以好像是还的一样。如果今年不还的话明年要还。今年还不起的话你就只能记在心里了。

今天虽然杀了两头猪,但是家里剩不下多少。为什么呢?亲戚多啊!分得也多一点嘛。我们家每次杀猪都差不多一样的,左分右分家里只剩下五六斤肉。

今年准备去老岳父家里送一点肉，去岳父家看看老人的身体情况。老人在的时候多看看，以后心里也好过一点。给老岳父家的猪肉也不多，差不多一半而已。给老岳父家的东西也没什么好准备的，除了猪肉以外，烟酒都是必须有的东西。今天嘛，杀了猪，中间也喝了酒，所以今天又醉了。好像是晚上9点钟左右吧，赵蔚平的同学就来啦。她吃饭后回去拿问卷，不到一个小时又过来啦。她拿了份问卷问我，我也答题嘛。她的问卷里的答案，有些不是我想的那样，但我还是答了她的问卷。我答题的时候我们的理解有些不一样，应该是文化水平的关系吧，反正我也说不出来。最后我还是坚持答完嘛，毕竟是晚上11点啦。答完后她拿到问卷也回去休息了。她走后我关门关灯睡觉啦。

2018年2月15日　星期四　晴转多云　除夕

昨天傍晚总觉得好像快要下雨的样子，没想到今天天晴了。这是不是山神在安排呢？以前我们农历初一开始祭山神，是因为这个原因天才晴的吧！2017年今天就过去啦。我的2017年是没有记忆的。人的一生有多少个去年，有多少个今年和明年？所以我在回忆2017年，盼望2018年。今天是2017年的最后一天。

今天我去二哥家帮忙杀猪（年猪）。我们去帮忙的人有二哥的老岳父李香红和侄子李安龙。我们去的时候已经差不多11点半啦，二哥家里水都煮好了。他家的猪也是本地猪（土猪）。我们杀猪的有四个人：二哥、李香红、李安龙，还有我。赵蔚平在用手机拍照。我像以前杀猪一样，用绳子套住猪脖子用力拉，李安龙按住猪的后腿，李香红按住猪的前腿，二哥用刀捅猪的心脏位置。

猪死后我和李安龙把猪拉到水壶旁边，好用水烫猪脱毛。我们没有用一个小时就脱完毛了，然后就取内脏，比如猪肝、猪心、猪肺啊那些。然后我们取了一些瘦肉做烧烤，让大家一起吃。今天一起吃的有高老师，还有她的学生。

我们今年除夕准备在二哥家过，还有高老师和他们学生几个。我们2点钟就开始炒菜了，虽然我们准备的不是什么好菜。她们炒菜的时候我没有拍摄，因为摄像机没电了，我还没有充满电。

到了4点半我就下来拿他们给我的摄像机。我到二哥家的时候已经5点钟了，摆好了菜和饭准备吃饭。我用摄像机准备拍我们一起吃饭的画面，我边拍摄边吃饭，给他们拍吃饭的画面。吃饭的时候我们举起酒杯相互说着祝福语。

到了8点半左右，我们亲戚朋友一起跳民族舞。我们跳舞的时候是边跳边喝酒的。跳舞的时候，我也用摄像机记录了下来。我们也唱了歌。歌唱的是我们今年的收成，还有来年的祝福和收成，也祝家人和亲朋好友身体健康！我们跳着唱着时间就到11点半了，我们就回安居房了，看看别人放的烟火。

到了12点钟，村里的村民开始放烟花了。今天我家没有买烟花，只能看别人放的烟花。我也用摄像机拍了别人放烟花的过程，我们也准备休息啦！我拍完就休息啦！

2018年2月16日　星期五　多云　春节

今天早上早早准备去木当，跟老岳父老岳母拜年。虽然准备得很早，但是到了早上11点才出发。不知道今年上去岳父岳母高不高兴。11点20才出发，到熊当的时候差不多12点。带着女儿和儿子，打算就这样上去。

去木当看岳父岳母，送点猪肉，猪肉不多，也就二三十斤。猪不大，不像外面的专业户养得那么好，是因为不想浪费家里的粮食才养的。记得上一年我跟老婆结婚，送去的礼品不像今年的这么简单。不但有肉，还有好酒、饮料、三脚架（烧火用的）和锅。

今年去看岳父岳母在上面过得怎么样。去的有我、老婆、儿子、女儿，还有赵蔚平和她同学。一路上聊聊家常、新鲜事。现在是冬天，可以沿江上去。去年夏天，都是从山腰走的。有时候过独木桥，赵蔚平和她同学过不了。今年走的沿江路与往年不一样。到熊当彩虹桥的时候是12点。到布尔小组休息了12分钟。当地好像在杀牛，有三四个好像在洗肠子。我不认识，不敢打招呼。之后，继续往木当走。不知不觉3点过了。离木当老岳父家差不多还有1公里，但还是休息了会。木春明的媳妇今天早上从木当下来去熊当，听说她10点到熊当。离木当还有三四公里的时候，她又上来木当，追上了我们。我今年背的东西又多又重，但是因为赵蔚平和她的同学一起去老岳父家，所以不敢走得太快。我们走得快的话他们追不上我们。而且我们还带着小孩，越往上孩子走得越慢。我女儿哭着说："我累了，走不动了。"因为我也背着东西，所以走得真的很慢，也没有办法。

4点过终于到木当了。老岳父在家里准备明天要带到熊当的物品。

因为我们的到来，老岳父家人开始忙碌起来，煮茶、打茶、打水酒。水酒就是我们独龙族这边一种自己用苞谷做的酒，度数不是很高，但喝多了就会醉。

到了6点钟老岳父他们把饭做好啦，做了三个菜。我们就一起吃饭，吃饭的时候也喝着水酒。因为我三四个月没有喝水酒了，所以吃完晚饭时我已经喝了2斤左右。

吃完晚饭后我们围着火塘边喝酒边聊天。喝着喝着不知不觉过了晚上9点啦，我们还没有停下来的意思，我都已经开始醉啦。好像不是我一个人醉了，老岳父、大舅子、云龙和蔚平也好像有点醉了。最后我去睡觉的时候已经是12点了。

2018年2月17日　星期六　晴　初二

今天早上起得比较晚，因为昨晚喝多了。我过8点才起来，我们起来的时候茶都打好啦。我岳父岳母睡得晚、起得早。我们起后洗脸，然后喝茶。我们喝茶的时候想去叫赵蔚平和云龙，没想到我们开始喝的时候他们就过来啦。他们睡在以前的学校里,离我老岳父家有10多米吧。我们喝茶的时候吃着粑粑,还有鸡蛋。

喝了早茶后,他们俩去小组里逛逛,看看以前的老房子,了解以前的老人,好像10多分钟就回来啦。他们回来以后我们就吃午饭,吃饭的时候差不多是10点半吧。午饭的菜里有炒牛肉,牛肉是干的,是昨晚上煮的。虽然昨晚煮了一晚,但是像没有煮熟一样。除了炒牛肉,还有西红柿炒鸡蛋和猪肉。吃饭的时候赵蔚平说她不想吃了,因为早茶吃饱了。我说:"不行。大家辛苦做的,必须吃一点。"最后她也吃了。吃饭后我又喝了水酒,我老岳父他们又忙着准备东西去熊当。他们准备完东西才下来的,我们下来的时候已经12点了。我们下来的时候走一公里休息一次,因为有小孩子,他们走不动,所以才这样。路上休息时我们也喝了水酒,一个人一杯。我背着女儿所以不敢多喝。

我们走了两个多小时还没有走到熊当。走到普尔那里时下起了小雨,但不大,我们就加快了脚步。我们4点钟才到熊当,到了熊当后又在我老岳父家休息。我老岳父他们是下来在新房子里过年。新房子是政府盖的,平时他们没有在新房子这边住,一般都在老房子那边(木当)。而且这边也没有地,种不了土豆、苞谷啊那些,所以一般都在木当住。

我们快到5点钟才回来。我们在熊当那边休息了半个小时左右,然后我老岳父叫了一辆车。熊当到我家2公里而已,如果走路下来也可以。我们到家后吃了饭就休息了。

2018年2月18日　星期天　晴　初三

今天是大年初三。天气还是可以的,我就上去老房子那边喂鸭子了。我们今天不去二哥家里吃饭啦,想在自己家里过。今年的春节也没有觉得像小时候那么好玩,以前天天盼着过年,现在不是啦。因为长大啦,所以也觉得不好玩。

今天我什么都没有做,在家里待着,看看电视啊,好好休息一下。

因为之前在外面打工,所以过年的时候要好好休息,过年之后可能又要去县城那边打工。

到了11点钟左右,我去老房子那边喂鸭子,顺便走走,反正都是休息。我妈和媳妇在家里看电视,12点我就到家了,我们也准备了一点菜。

到了2点钟开始煮饭洗菜。虽然菜不多,但也有白菜、青菜、豆芽、酒、鱼、猪肉、木耳,虽然不是很多,但准备工作还是要做的。3点左右二哥打电话说去他家那边吃饭。我就说我这边饭都好了,我们今天就在家吃了,而且二哥家有高老师她们。

到了4点钟,我和媳妇开始炒菜。我用电磁炉,媳妇用火。我这边炒的菜是容易炒熟的菜,她炒的菜比较难一点。5点钟左右差不多炒完。我们准备吃饭的时候,李胜荣骑着摩托车过来。叫他和我们一起吃饭他也不吃,说他已经在家里吃过了。媳妇给他倒了一杯白酒,他只喝酒不吃饭。他在我家坐了半个小时左右就回去啦,我都有点害怕,他好像有点醉的样子。他在我们这边喝了2两左右。

他回去以后我们就看看电视,到了9点钟我也休息啦。

2018年2月19日　星期一　晴　初四

今天是大年初四,天气还可以。今天准备去熊当那边看一下,他们打弩弓比赛。我9点半的时候去喂猪,我妈和媳妇在家热饭热菜。我吃过饭,又去老房子那边喂鸭子。差不多10点半左右吧,我就从老房子那边回来了。回到家后我在准备摄像机和三脚架,今天准备拍比赛的画面。

听说我村也准备搞比赛,本来是去村里看比赛的,但是熊当有人过来接我们,所以我和媳妇还有女儿去了熊当那边看打弩弓的比赛。我们到熊当的时候,他们还没有开始。我们在老岳父家里等了一个小时左右才开始比赛。比赛有男子打弩弓和女子打弩弓。

听说得奖的男子有五名,女子有四名。男子各名次的奖金分别是

150元、120元、100元、80元和50元。女子各名次的奖金分别是120元、100元、80元和50元。男子射靶距离有20米，女子有15米左右！

男子比赛12点半开始。先是熊当小组，没有想象中的那么厉害，也是十多环，没有打到二十、三十环。两人一组，打了五组也没有一个人打得到三十多环。打到第六组的时候，有一个人打到了四十二环。我也没有到靶子那边去看，也许他就是第一名吧。熊当小组打完后是普尔小组，越到后面风越大，所以打得一个比一个差，都没有打中。最后是木当小组，木当小组打的时候风也比较大，所以打不准。男子比赛2点钟才结束。男子比赛结束后没有休息，接着是女子比赛。

到了4点钟还没有结束，我们就先回来了。因为今天家里只有妈一个人在家，所以我们回家做饭喂猪。我在喂猪，媳妇在做饭热菜。做了半个小时，到了5点钟我们开始吃饭。虽然没有很多菜，也没有什么好吃的，但是今天早上吃了一点后一天没有吃东西，所以觉得好吃。

吃过饭我就去看冷木当小组和迪政当小组的友谊赛。我去的时候已经快打完了，后半场两个小组打得没有那么卖力，最后还是迪政当小组输了五个球。他们打完后，我回家看电视。

到了8点半左右吧，我开始写今天的日记。我写到9点左右准备休息。9点半儿女都睡了。我先让她睡，然后我就去洗了脚。洗完脚后关了灯关了电视，我就睡了。

2018年2月20日　星期二　阴　初五

今天又是阴天，看着好像要下雨的样子，而且今天还是大年初三。我今天也是像往常一样，早上喂猪，去老房子那边喂鸭。回到家才吃早饭，我们的早饭一般是10点左右。早点就是起来后喝了茶吃些炒面啊那些。

今天我7点半起来之后就煮茶，茶开后喝茶。这样就过了一个多小时。快要9点了，我就去喂猪，媳妇热菜热饭。我喂完猪后去老房子那边喂鸭子，回到家已经9点半了，我们就吃冷菜冷饭。

10点左右媳妇去村公所那边看球赛,听说是女子比赛。昨天是男子比赛,今天是女子比赛。赢的话好像有奖金吧!虽然不多,200元左右吧!昨天男子比赛输了,不知道今天女子比赛会不会赢。今天我没有去看比赛,我就在家里看电视。快11点,二哥和二嫂下来啦。他们带着15日那天杀的猪头,说是今天在这里过。他们放完就去看球赛啦,我没有去。到了12点我就开始准备煮猪头肉,今天只有我一个人在家里。

到了2点钟,我就开始洗菜、烧开水、洗碗,做好准备。因为我媳妇和二嫂还没有回来,所以我一个人在家里忙着。到了3点她们才回来,后来她们也来帮忙。我们一起做好后,也差不多到吃饭的时间了。

到了5点左右我们准备吃饭了。今天我们人有点多,有二哥的三个儿子,大哥的两个儿女,还有我家的五个人和云南大学的两个学生,今天是我们一起吃的。孩子们一桌,我们大人一桌,饭菜都是一样的。我们大人边聊天边吃,小孩们光吃,所以他们先吃完了。他们吃完后就出去玩啦。小孩就是这样爱玩。

我们也吃好了,云南大学的学生也回去啦。我就在家收剩菜、收东西。收完东西后就在家看电视,看到8点半我也休息啦!

2018年2月21日　初六　星期三　晴转多云

今天是大年初六。今天又是多云天气。今天我8点半才起来。喝完茶后我就去了老房子那边喂鸭子,从上面回来后再去喂猪。我妈和媳妇在家里做饭、热菜,我做我可以做的。

已经10点半了,二哥他们还没有下来吃饭,昨天说下来吃剩菜剩饭。云南大学的两位学生准备去献九当,他们两个也还没有过来喝茶。到了11点多吧,那两位同学过来喝茶,他们喝茶的时候只吃了一点粑粑。他们喝完茶就回去了,说是要收拾他们自己的东西。

到了12点左右,二哥饭都没有吃就去送云南大学的两个学生。我们饭是做好了,就因为二哥不在,我们等二哥回来才吃饭。我们就喝喝茶吃一点粑粑、都在家里看电视。

　　直到3点二哥也没有回，也许他还没有忙完吧！我们在家开始热饭热菜，做着准备，等二哥回来的时候就可以吃。就这样时间一点点过去了，到了4点半二哥回来了。今天等了大半天，我们都饿坏了，觉得终于可以开饭了。

　　我们吃完饭后已经是5点半了。我大舅子打电话过来说他们明天想回木当，如果没有什么安排的话上来玩。6点钟，我和媳妇带着孩子去熊当那边的岳父家。我们是坐车上去的，我叫了侄子曾明的车，他没说什么就送我们上去。我们10分钟左右就到了熊当。我岳父他们都在家看到我们过来，岳父就叫我们进家里坐，然后给我们一个人一口缸水酒。我们喝着酒聊天。侄子曾明也喝了一口缸，他开车不敢喝多。他喝完一口缸就回去了，我们继续喝着水酒。我们喝到12点就休息啦。

2018年2月22日　星期四　阴

　　今天也不怎么样，像昨天一样没有天晴。我们在熊当岳父家。昨晚水酒喝多了，所以起得有点晚，我9点钟才起的床，我们起的时候岳母都煮好茶啦。岳父岳母、大舅子和他的媳妇还有他的孩子，我们一起喝茶。我们吃粑粑时差不多10点半左右，喝完茶岳母又给我一口缸水酒，我又喝上啦。不到半个小时我喝了一口缸水酒。到11点半左右岳母开始热昨天的冷菜。菜热完后我们就开始吃饭，也可以说是午饭吧！

　　吃完饭，岳父和岳母他们准备回木当了。岳父岳母说上面是人家在帮忙，他们家里的事不想太麻烦人家。他们在准备要背到木当的米、油，还有其他东西。准备完了休息了半个小时左右，因为他们回木当用不了多长时间，走习惯了。大概两三个小时就可以到。12点半岳父岳母就回去了。岳父回去的时候说："女婿你们多待一会吧，我们先回去啦。上面家中没有人，都是别人帮忙喂猪喂鸡。"

　　岳父岳母走后，我和媳妇没有回去。大舅子说要去老向红那边，我们就跟他们一起去了老向红那边玩，去上面的人有十多个。我们在那边买了两只鸡，鸡不是很大，差不多一斤左右吧。因为是土鸡，所以比较小！我们买完鸡后继续往向红方向走。我们都是坐车的，如果走路的话，需要一天的时间。坐车上去一个小时左右到了，1点半的时候我们就到了向红。到了后我们开始生火，因为我们要吃点东西，必须得生火。大舅子在生火，我们其他人在捡柴火。

火烧旺后他们准备杀鸡，我就在旁边看他们怎么搞。龙远刚说："我们没有干活的人在这边玩扑克吧！"我也和他们一起玩扑克。我们玩猜扑克牌，猜对的人不用喝酒，猜错的人才喝酒，一杯就是二两。玩了半个小时，我醉晕了，什么都不知道，连鸡肉都没有吃着。

等我酒醒，我已经坐在熊当岳父家了，待了一会就回家啦。到家的时候已经6点半了。我到家后休息啦，也没有看电视。因为还没有完全酒醒，所以早早休息了。

2018年2月23日　星期五　阴

今天也是多云，没有出太阳。天气也有点冷，风也很大。今早起来后喝茶，喝完茶后去喂猪。9点左右他们打电话过来说今天要去半山腰上收集农家肥。因为我们前面搞的重楼基地上面盖的树叶不够厚，所以今天每家要收集20袋农家肥。我10点半左右就上去了，人也没有集中，所以我先去喂鸭子。等了半个小时左右，他们就来了。

他们想去收农家肥的地方也不一样。有些想去近的地方，而我们去的算是远的。米成林、张爱军、孔秀荣他们三家去了熊当方向，我、二哥、大哥、曾学芝我们四家去江东那边，还有李远龙、李桂香、曾桂秀他们去江西这边。就是我们四家去的地方远一点，而且要过溜索。我们今天是四户，组里人也不是很多，只有二嫂、大哥、曾学芝夫妇，还有我和媳妇。我们走了一个小时左右才到江东的半山腰上树叶多的地方，到了目的地后我们休息了十多分钟，顺便喝茶吃点粑粑。

我们喝完茶差不多是12点10分多，开始收树叶。任务比较重，我们四户一共要收80袋。一户20袋嘛，所以必须要收80袋。我边收边休息。好久没有劳动啦，觉得有点累。他们收集的时候，我把收好的装进袋子。树叶要收集80袋也不是那么容易的事，到了2点钟，我们才收集了38袋。大哥说："饿了，我们先吃点东西喝个茶再收吧！"我们就休息了十多分钟。

因为我们没收满80袋，所以休息完后还要继续收。终于收到了80袋。装是装了80袋，但是还是有十多袋没有扎完袋子。

快到5点钟了，我们开始把装好树叶的袋子往下滚。有些袋子在往下滚的时候爆了，所以到下面平地的时候没有80袋了。我们6点钟才滚到平地，但是今天没有运到重楼地。因为还要过江嘛，明天再用溜索溜到江西那边。

我们6点钟回来，6点半才到家。妈把饭都做好啦，到家后我们就洗手吃饭了。吃饭过后我看电视，到了8点半就休息了。因为今天真的太累啦，所以早早就休息啦！

2018年2月24日　星期六　阴

今天我7点就起床了。今天我们要去江东那边运农家肥。我起来煮茶后煮饭，茶水开了之后开始打茶。然后喝茶，吃点炒面。就这样到了8点半了，我准备去江东啦。

到了9点钟我们就出发去江东了，我们走了20分钟才到昨天放农家肥的地方。我们到了之后没有休息，直接运肥。我们把农家肥运到溜索边，运完后再用滑轮滑到对面江西那边。我们一个人背三袋。也不远，就150米左右，我们五个人运了40袋就休息了十来分钟。喝喝水，休息好后又开始运，一个小时左右就运完了。

二嫂、我媳妇，还有曾学芝夫妇用滑轮滑到对面去接农家肥，我和大哥在这边用滑轮把农家肥滑到对面去。滑到对面后，他们又运到有公路的地方，他们运完后我们再滑过去。好像后面二哥家的孩子在背农家肥，老二和老三还有曾学芝的两个小孩都在背。虽然他们一次背一袋，但是也帮了父母嘛。我们又第二次滑过去。15袋滑过去后，我们也休息了一会。因为对面他们还没有搬运完，所以我们休息，等他们搬运完再滑过去。三次、四次、五次，终于滑完了，我们也回去啦！但是我们没有搬运到重楼地。虽然不是很远，但是还是要点时间。因为我都是两三袋这样背到重楼地。背的时候人也不多，只有我们六个人而已。二哥他又不在，他每天都开车来回在乡村之间拉客人。所以我们四户只有我们六个搬运农家肥，到1点钟还没有背完。80袋嘛，也不算多。但因为前几天下雨，所以比较重。我们背了两个小时才背完。到了2点钟，我们就回各自的家吃午饭。

  吃午饭的时候也没有休息多长时间。吃完准备一下，又去重楼地盖农家肥。因为前次种完后没有盖农家肥，所以今天有时间就会盖农家肥。我们本来可以一个小时左右盖完的，没想到二嫂说："陈江龙不见了，去哪里也不知道。"所以曾学芝和他媳妇、二嫂还有我媳妇都去找陈江龙，找了将近两个小时还没有找到。最后他们准备在家里等的时候，陈江龙回来啦，听陈江龙说他在草丛里做作业时睡着啦。真是把我们都吓坏了，还好他回来啦。

  已经是4点半了，我想回家。可是又觉得有点早，所以我和媳妇去挖地。挖了半个小时就5点钟了，于是回家。到家后我媳妇做饭，我就准备喂猪。她煮好饭后喂鸡。到6点钟什么都做好了，就准备吃饭。吃过饭我就在家里看看电视，差不多到了10点钟我们就休息啦！

2018年2月25日　星期天　中雨夹雪

  今天又下起雨啦，不知是什么天气。今年好像没有过十多天的好天气。今天早上妈也起得很早，她7点半就起床了，起床后煮煮饭。我8点过才起床。本来我大哥准备去昆明看他的小女儿陈马香，可惜今天去不了啦，像今天这样的天气不可能出得去。我起床后，妈把茶都打好了，我洗完脸后就喝茶，吃一点炒面。那时已经是 8 点半了，我大哥还没有回来喝茶。他一般回他的安居房那里睡觉，早茶、午饭和晚饭都在我们家吃。

8 点 40 左右，我去老房子那边喂鸭子。虽然鸭子不多，只有 15 只，但是每天早上都要去喂一点。如果不喂的话，它们就找不到吃的，也吃不饱。冬天嘛，草也没有。我喂好鸭子后，回来就看到大哥在洗头。虽然下着雨，但是他还是得准备一下。要是万一通车的话，今天就到贡山。他洗完头后准备衣物，准备好后他就背着包去看有没有车。不到半个小时他就回来说今天这么大的雨肯定出不去。说完后大哥又出去啦，不知是去哪儿。

到了 10 点多就开始下雨夹雪。下了半个小时不到就不下雨了，只下雪。虽然雪下得不大，但是半山腰开始白茫茫的一片了。如果我大哥今天出去的话，肯定得在半路上折回来。雪下得也没有停，一会小一会大。落到村子上的雪不厚，只有一至两厘米！今天我又在家里休息，哪儿都没去。已经是中午 12 点了，这雪还是没有停下来的意思，还在下。大概 1 点半左右慢慢停了下来。

到了 2 点钟就只下细雨。我准备喝了茶后去挖一下昨天没有挖完的地，准备种一点去年挖的重楼。虽然不多，但是每年种一点的话，慢慢会多起来。喝完茶，我和我妈、我媳妇去老房子那边，我挖地，我妈和媳妇种重楼。我就挖了一个多小时，到了 4 点 50 我先回去了。她俩没有回来，因为重楼没有种完。我先回去煮饭、喂猪、喂鸡，我把饭都煮好啦，猪和鸡都喂好后，她们俩才到家。那时已经 6 点钟了。她们俩洗手后，我们开始吃饭。饭后我们一起在家看电视。看到 9 点钟，我妈就先去休息了，我也没有多待会就跟着休息了。

2018年2月26日　星期一　多云

今天也是多云。虽然是春季,但是雨水比较多,跟去年不一样。

昨天我和妈、媳妇种重楼,有一点没有种完,所以今天准备接着种。重楼是去年挖的,不多,大的都卖掉了,小的留着自己种。每年都种一点。地也不是很好,能不能长得好就不知道了。因为地的原因,也许长得不好,也许长得好。

我们12点钟种完后休息了十多分钟,就去收农家肥了。我妈收树叶,我和媳妇背到重楼地上,我们每人背了三次,重楼地就盖完了。到了2点钟,我们就在老房子那边生火、煮茶、煮土豆。土豆是去年种的老土豆,煮熟后我们就开始喝茶。虽然没有菜,但是用茶水吃土豆还是蛮好吃的。我们喝完茶,吃好土豆后,又去收树叶。

我们后来收的树叶、背到今年准备种苞谷的地上,这些树叶发酵后就会成为农家肥。也可以把收来的树叶放进猪圈或羊圈里,粪和树叶一起发酵后成为农家肥。

到5点钟我们就回家了,因为家里还要喂猪、煮饭。到家后生火烧饭,水开后煮饭,然后去喂猪。喂完猪后媳妇准备做菜,菜也像平常一样,一菜一汤而已,没有什么好菜吃,饭吃得下去就可以啦。到6点钟,饭就吃好了,今天也累了一天啦,我们就看看电视休息啦!

2018年2月27日　星期二　晴转多云

今天又天晴了。准备去收树叶,也就是农家肥。今早起得有点晚,8点过后才起床。起床后一看妈早就起了,把茶都打好啦,我就洗脸喝茶。在我喝茶的时候,二哥的车喇叭响了,我放下茶杯后出去看了一下。二哥说今天建档立卡户要开会,具体什么时间开会,在哪里开会,他也不知道。9点半左右我们就吃饭了,饭后我去打听今天在哪里开会,最后听到前次开会的人说应该在活动室那边开会。今天开会的建档立卡户不只是我们两个小组的,人应该很多,因为整个村的建档立卡户都要参加。

开会时间定在了中午 12 点。今天开会的小组有熊当、普尔、木当、新向红、迪政当、冷木当 6 个小组，有些小组的路程比较远，如木当、新向红和普尔这三个小组。

现在还不到 12 点，所以我在家里洗小孩的衣服。我洗完后看看时间已经 11 点半了，我就带着女儿去听会议。

到了 11 点 40 就准备开会啦！人还没有到齐。今天只有木当小组一个人都没有来。村书记斯小东说："不管了，时间也快到 12 点了。我们每次开会都是 12 点人员必须到齐的，今天我们就开始吧，就不等他们了啊！"

11 点 50 我们就开会了。斯小东书记首先讲话，内容是：我们村的资源不多，不要把外村人带到我们村挖药材。另外要保护好原有的资源和树木，因为本村的资源没有那么多，而且重楼也快挖完了，所以保护好资源是首要的。还有，国家投放了很多项目，只是现在还没有到而已。所以，每个小组的每家每户都要做好接项目的准备。

最后讲话的是龙得成。他讲的话和书记一样，还有每月 25 号要在这里开会，请大家记好。12 点半会就开完了。我们就回家啦！

回到家后我就带小孩。今天我什么都没有做。我妈和媳妇 5 点钟才回来，她们今天去收农家肥了。我今天 9 点半就休息啦！

2018 年 2 月 28 日　星期三　阴转小雨

今天又是阴天，天气还是没有好转。今天早上我 8 点过了才起来，起得晚。我起来一看，今天又没有出太阳。我妈早就起来了。我起来后洗脸，然后喝茶。今早 6 点钟我小儿子好像生病了，又吐又拉。

9 点过后，我去村医那边说："儿子生病了，帮忙打个针。"村医说没什么好药，最后还是打了一针治拉肚子的药。然后我叫媳妇带儿子去乡医院那边去看一下到底是怎么回事，她就坐着侄子的车去三乡孔当医院那边啦。

我和妈还有女儿陈谷歌到上面老房子那边收树叶。我们到了上面喂了鸭子，就去收树叶啦！收的树叶不多，因为只有两个人在收树叶嘛，我们收了五个小时也不多。前几天也来这里收过，所以树叶也不厚。我们2点半就回来了。

3点钟就开始下雨。我们到3点钟才喝茶。而且今天的风也大，有四五级，又是下雨又是吹大风。媳妇和儿子还没有回来，我在3点半的时候打了媳妇的电话。她说她们在乡里还没有回来，还说乡医院那边给儿子打了一针治拉肚子的药。而且儿子下去的时候吐得比较厉害，乡里的医生也查不出是什么原因。我在家里煮饭，还煮了稀饭，因为儿子生病，稀饭好喂孩子。

他们4点半才到家，儿子的病也不见有好转。儿子不吃稀饭，只喝水。而且喝了以后又吐，拉的也是稀的。到了5点半我就开始喂猪，猪喂好后我们就开始吃饭，吃好后我们就看看电视。儿子和媳妇先睡了，我10点钟才休息。

2018年3月1日—19日

2018年3月1日　星期四　多云

　　今天是在医院的第三天。儿子的病虽然有点好转，但是高兴不起来，因为还没有完全好。今早也是像前两天一样，值班医生6点钟就过来量体温，6点10分过来取体温表。医生看了以后说："没有发烧，但是喂孩子的时候不要喂冷的东西，要喂温的。包括喂药的水都要温水。"

　　到了9点钟就开始准备打针。要打针之前问我孩子昨晚上的情况，有没有吐啊，拉了几次，有没有发烧啊。这些问题问完之后他们就准备药，完了之后开始打针。今天孩子打针的时候哭了，医生说情况好转了一点。但是哭的时候没有泪水，这说明孩子身上的水分还是不够多。还是要多喂水，这样才能补充水分。打吊针的时候孩子没有睡着，他总是动。所以打吊针的手要一个人来扶着。媳妇扶了半个小时左右，然后换我扶，就这样扶到药完为止。今天的药也许打到晚上9点左右吧！

　　到了11点钟，媳妇看着孩子的时候，我去买了些吃的过来。太饿了，我们早点都没有吃。本来9点钟想去买早点，但媳妇说她不会说汉语，要不然也不会饿到快12点吧！我去买了两份米线，一份在面馆吃，一份打包。我打包一份给我媳妇，到医院后我看着孩子，她吃米线。

　　药打了一瓶后又换一瓶。到了6点钟药还没有完，今天药还有三瓶左右吧！像今天中午一样，媳妇看着孩子的时候我就去买快餐。我把我的那份吃了之后，打包一份带回医院。回到病房，看到儿子的药还没完。这时候已经是7点钟。今天一天都坐在病房里，药也是9点钟才完。药完后医生量量体温就走了。我们也准备睡觉，儿子也好转了，今天就放心休息。

2018 年 3 月 2 日　星期五　阴　元宵节

　　昨晚睡得还可以，晚上没有醒来。儿子的病也好转了，今天是今年春节的最后一天——元宵节。元宵节我们独龙族人以前不过，但是生活条件慢慢变好后，独龙族人也开始过元宵节。

　　今天也一样，早上 6 点钟医生过来给每个病人量体温，过了十分钟后来取体温表。今天我起来后去买早点，因为昨天早上饿得太难忘了，我不想像昨天一样饿着肚子待在医院。而且每天都这样饿着的话，对胃不好。今天还好，给儿子打针之前吃好了早点。儿子也开始吃点东西了，我给儿子买了一袋用开水冲的米粉。虽然儿子吃得不多，只吃了十克左右，但这是好的现象。

　　给儿子喂完米粉后，已经是 9 点钟了，医生也过来准备给病人打吊针。像昨天早上一样，医生问我孩子的情况。孩子晚上有没有发烧，有没有拉肚子，有没有喝水这些问题。

　　问完后开始打吊针。今天儿子见了医生就哭了，应该是怕医生打针吧。不管哭没哭都要打针，因为病还没有好。打针的时候我扶着儿子的手，媳妇扶着儿子的双腿，儿子哭得厉害。打完针后没哭，到了 12 点药打完了。我们想去吃饭，但是医生不让我们带着孩子出去。我只好去堂哥家里煮饭，1 点钟饭好后我带去医院给媳妇。下午我问医生今天下午打不打针，医生说："今天下午你儿子没有药了，但是你们不要出去，待在医院。"我们只好听医生的话待在医院。

　　到了 4 点半，我又去堂哥家里煮饭，媳妇和儿子在医院。6 点，饭和菜都做好啦，我就带着饭菜来医院。吃过饭后也一直在医院，到了晚上 9 点钟我们休息了。

2018 年 3 月 3 日　星期六　小雨

　　今早也如往常一样，但是医生说："今天下午你要转到普通病房。因为孩子的病并没有完全好，所以在普通病房观察几天后才可以出院。"

这对我来说是好事，因为重症病房人有点多，晚上也休息不好。

今天早上我就带着好心情去买早点，媳妇在病房里喂儿子。买了些包子带回医院，媳妇吃包子的时候我看着儿子，我在吃的时候媳妇看着儿子。今天医生也是9点钟过来。医生的工作一方面是为了他人，另一方面是职业选择。生活就是这样，不管刮风下雨都得工作。不仅是我们，他人也一样。

儿子看起来好了很多，精神也不错。今天一样看见医生就哭。今天的药也不多，只准备了三瓶。三瓶完后应该没有了吧！但是没有想象的那么快，这三瓶药12点才输完。输完后我们转到普通病房。普通病房里人不多，只有三张床，病房里面有两个小朋友在输液。一个小朋友是怒族，另一个小朋友是傈僳族，他们的年龄也很小。

转好病房后我们去堂哥家吃饭，堂嫂把饭菜都做好了。我们吃完饭后坐了半个钟头就到2点钟了，然后我们又回医院。虽然下午没有药，但我们还是在医院待着。

到了6点钟，堂哥打来电话说："回来吃饭，我把饭菜都做好啦！"我说就回来然后电话就挂了。过了6点，我们三个回堂哥家吃饭。虽然儿子的病好转了，但是不敢在堂哥家睡。我们在堂哥家待了一个多小时就到8点半了，准备回医院睡觉。堂哥说："在家里睡吧！"我说："谢谢。我们还是回医院，要不然医生找不到我们了。"走五六分钟的路就到医院了，我和媳妇喂儿子药后就休息了。今晚终于能安静地休息啦！

2018年3月4日　星期天　阴转小雨

今天是阴云天气。我、媳妇和儿子还在医院里。昨晚休息得很好，儿子也睡得很香。昨晚医生没有来看病人，今天早上6点钟才过来量体温，又过了十分钟来取体温表。医生看了体温表后说："孩子的体温正常，没有发烧。病情好转，你放心。"

今天也有药，但是到了9点钟还没有过来打吊针。我去问医生怎么今天没有药。医生回答说:"药是有的,但是还没有配好。"又过了10分钟医生叫我去一楼取药,取药回来后我把药拿给医生。今天9点半才开始给儿子打吊针,第一瓶药40分钟才输完。药快要完的时候我去叫医生,但是医生没有过来。药输完了医生还没有过来,我又第二次去叫医生。医生说忙不过来。就因为医生忙不过来,今天输液的时间晚。

药全输完已经是下午1点钟,我们去堂哥家里吃饭。中午12点的时候堂哥打了两次电话,我因为药没有完,所以没有去,到1点才去。到堂哥家的时候他们都已经吃好了,但是饭和菜都给我们留着。看我们来了,堂哥帮我们把菜再热一次。真的是辛苦他们俩。

今天下午我们没有回医院。因为下午不用打针,所以今天下午我们在堂哥家里坐着看看电视,喝喝茶水。堂嫂12点就去上班了,堂哥2点钟也去上班了。他们6点钟才下班回来。

今天他们回来后我们一起吃饭,我们吃饭的时候已经是6点半了。吃过晚饭,我们就看电视,但是今天还得回医院病房睡觉。我们7点半回医院,在医院里也看了一个小时左右的电视。电视的遥控器是其他病房借的,所以看的时间不长。关掉电视后,洗洗脚就关门睡觉啦!

2018年3月5日　星期一　小雨

今天也下雨。在医院里有点烦,但是为了儿子没办法,必须听医生的话。今早也是一样,6点钟就过来量体温,又过十分钟来取体温表。今天也是像昨天一样吧!上午打药,下午就没有药。7点钟我就起来了,起来后洗脸,然后去买早点,买完早点后回医院。媳妇吃早点的时候我抱着儿子,她吃完后我再吃。

今天也是像昨天一样。我去一楼取药,然后拿给医生。到9点半才给儿子输液。今天药也不多,只有小的三瓶。这三瓶输完就没有了,今天和我们一个病房的两位小朋友都出院了,一间病房里只有我们三个,他们出院后病房里安静多了,因为两位小朋友在的时候很闹腾。

儿子的药也是 12 点过才输完，药输完后我们就去堂哥家吃饭。今天本来想吃过午饭后出去走走的，但是下着小雨，所以一直在堂哥家里待着。下雨天不敢出去，因为儿子的病刚好，要是冷着儿子的话会感冒更严重的。更何况这次的病也是感冒引起的。医生也说千万别让孩子再着凉。

他们去上班后我们就在家里看电视，待了一下午。下午 4 点半我开始煮饭，饭煮好后我去菜市场买点菜，5 点钟从菜市场回来后洗洗菜、洗洗碗。洗完后休息，等堂哥他们回来。我看着时间快到 6 点钟了就去做菜，等他们回来就可以吃饭了。

吃过晚饭后，我们一起看电视。我和堂哥看电视时喝了一瓶白酒，边喝边看电视，不知不觉时间也到了 9 点钟。喝得差不多了，我、媳妇和儿子回医院病房睡觉。到了医院后我去打开水，打好开水后洗脚然后就休息。

2018 年 3 月 6 日　星期二　中雨

今天可以出院了。一大早，医生就过来抽血做化验，大小便也要化验。可是取大小便要等。医生说："你们取了大小便后送到一楼化验室那里，等化验结果出来就可以办出院手续了。"我和媳妇等了很长时间还是没有大小便，于是给儿子喂饭喂水，等到 9 点钟还是没有大小便。媳妇在医院待着，我去买早点。今天早上一直到现在都还没有吃早点。

等到 11 点钟，儿子才有大小便。我把儿子的大小便取样，赶紧送到一楼化验室。到了 12 点钟，医生就过来问我大小便送去化验没有，我说已经送过去了。医生说："那你的户口本送去复印了没有？"我就去复印户口本，复印的是户主和患者的，复印件要交到医生那里存放。我把户口本复印好后交给值班医生，外面雨又大，我来回都是跑步去的，以免打湿身体。

因为 12 点医生下班休息，我们只有下午 2 点半才可以办出院手续，所以我只能在病房里等。外面又下雨了，出去走走是不可能的。雨又大而且又带着儿子，不方便。我们等了两个半小时，终于到了2点半。我去一楼收费处办出院手续，没想到排队处人很多，有将近20个人。这些人里有些是交住院费的，有些是办出院手续的，还有些是交药费的。我在收费处排了一个小时，轮到我的时候已经是3点半了。办完出院手续后还要交医药费，医生说一共是2400块。但是我是建档立卡户，民政那边能免掉一些，所以没有收那么多，一共收了148块钱。医生说是免掉了90%左右吧！

从医院出来的时候雨停了，我们回堂哥家。到堂哥家后又下雨了，好像雨只停了十多分钟。今天我们连中午饭都没有吃上，堂哥在家看到我们来了就倒茶给我们喝。真的感谢堂哥的关心！到了5点钟，他开始煮饭、洗菜。我想帮忙，但是他不让，我只好坐着看电视。

到了6点钟堂嫂下班回来了，我们开始准备吃晚饭。晚饭过后我就找车子，不到半个小时就找到一辆车。开车的师傅是我们村的李永民，说好明天回独龙江。

找车回来后就坐着看电视。我和堂哥碧文良喝了一瓶白酒，堂嫂碧秀兰也喝了一点。到了9点钟我们就休息了。因为明天回独龙江，所以今天早一点休息。

2018年3月7日　星期三　中雨

看来今天是回不了独龙江了。半山腰全是雪。肯定是昨晚下雨，所以山上才下雪了吧！正想打个电话问今天回不回独龙江，李永明就打来电话说："今天回去，你们准备好没有？"那时才8点钟，我们还在喝茶。我就说："回吧！如果路不通我们再转回县城。"他说："好，不过车子坐不下了，我帮你们说了另外一张车。9点出发，你们赶紧准备。"我们喝完茶后就收拾行李去坐车，真的是到了9点就出发了。一路上车开得很快，只用了半个小时就到了检查站（16公里）。检查站停了三辆车，说是昨晚就停着了。因为雨下得大，不让进独龙江。我们的车也停在那里。检查站的人说："警车去看路了。等警车探路回来说可以，你们才可以进独龙江。"我们只好等。

我们从9点半开始等。车里一共有四个人，一个是孔当村委会工作组的，还有我们和李国志。李国志也是从医院回来的，听说他是去医院复查。因为他的身体不是很好，所以每隔一段时间去县城复查一次。复查完后带医生开的药回家里吃。

我们在检查站里等了四个小时，下午1点半才放行。1点半出发，到了24公里处，路边开始有积雪。越往上雪越厚，到了32公里处，我们的车追上了推土机。推土机在前面慢慢推着雪，我们的车在后面慢慢跟着。到了42公里处的隧道前，已经是4点钟。推土机就停在了42公里处。

到隧道之后，车开始加速，我们后面的车一辆也没有追上来。从隧道到孔当只用了一个小时的时间。车子在孔当停了半个小时，方便我们去上厕所。

5点半从乡里出发，用了一个小时就到了迪政当村，我们到家了。从贡山到村里一个人收了100块钱的车费，也不算贵。有些人有雪的时候会收一个人130块钱。到家后吃晚饭，吃晚饭后没坐多久就休息了。今天太累啦！

2018年3月8日　星期四　晴　妇女节

昨天一整天坐车，真的觉得有点累了。今天又看到太阳了，晴天真好，又温暖，又舒服。今天起得不早，8点过了才起床。但今天也没有太重要的事要做。因为今天是"三八妇女节"，女人们都要休息一天，所以不用起得太早。今天妇女们的节日就让她们好好休息吧！

听说今天村里组织打扫卫生，10点钟要集中到村委会那边。妈和媳妇吃完早点后准备去打扫，我嘛带着孩子在家。女儿陈谷歌也跟她妈妈一起去啦，只有我和儿子陈俊辉在家。

到了 12 点她们就回来了，但是在家里待的时间不长又要出去。今天是妇女节，村里也拿了一点钱买了饮料，她们要去喝饮料，儿子也带去了。到了下午 2 点钟，我就开始烧火烧水煮饭煮茶洗碗。

她们到 3 点钟又回来了。她们回来后在家休息，看看电视、喝喝茶。我在家里开始准备做菜。先准备好刀，然后抓了一只鸡，今天有鸡肉吃了！鸡杀完后要用开水泡三到四分钟，然后开始拔毛。毛都拔好后取内脏，取好内脏后用水洗干净，再切成一小块一小块的，然后炒上五六分钟，再倒水煮半个小时就熟啦。

5 点半的时候茶都做好了，准备开始做晚饭。人不多，大哥、妈、我和媳妇，还有儿子、女儿。吃饭的时候我喝了点酒，妈和大哥都不喝。6 点钟晚饭吃好啦，我看了一会儿电视，然后就写今天的村民日记。虽然我上过学，但是不让我写作的话我不会动笔，一动笔就不知如何写，写些什么之类的就在脑海中想。今天的日志就写这些吧！

2018 年 3 月 9 日　星期五　晴转多云

今天又有云，会不会下雨就不知道了。今天也起得不早，8 点钟才起床，然后洗洗脸，之后就吃早点、喝喝茶。到了 10 点钟就吃饭，饭后我和妈去老房子那边，我们准备去收农家肥。到了老房子后我们先喂了鸭子。喂完鸭子，我和妈去收农家肥，媳妇在家里带孩子。家里没人带孩子会不放心，因为孩子太小了，他自己不会小心，所以要有一个人在家带孩子。我和妈去收冬瓜树叶。因为昨天天晴，树叶也干了，不是很好收，干的容易脆。如果有点小雨的话，就好收了，树叶没那么脆。我和妈收了两个多小时也没有收多少。到了 12 点我和妈回家喝中午茶，媳妇已经在家里把茶打好了，就等着我们回来喝。喝茶的时候吃点炒面，吃好后就休息一会。

到了下午 1 点钟，我们又继续去收树叶。这里收一点，那里收一点，然后再收到一堆放在一起。一天收的树叶不用背一天，半天就能背完。虽然我们收的不多，但是跟肥料和农家肥拌在一起，可以盖五六分地。

我和妈收到5点钟才回家。到了老房子我就喂鸭子，喂好后把鸭子关起来，到了明天再打开。今天羊回来了，也给羊喂点盐。每天回来喂一点盐，这样羊就不会在外面过夜。它想吃盐就会回羊圈，好管理。

到家的时候已经是6点钟了，媳妇把饭都做好了，就等我们回来吃饭，猪和鸡也都喂饱了。我和妈到家后洗手准备吃晚饭。今天的劳动可以说是都结束了，但是明天还有一天的劳动。吃完晚饭后我看了一会儿电视，休息一会，然后洗脚。洗完脚就写日志，今天的工作必须完成。到了9点半就准备休息了。因为明天还得累一天，所以早一点休息。

2018年3月10日　星期六　多云

一天的忙碌开始了。我们老百姓每天都在忙着，除非是下雨或下雪，但是一年忙下来也没有忙够一年吃的。挖药材也一样，一年挖下来的药材卖出去之后，钱也不够用一年。

今天的劳动会有明天的收获，但如果收成不好，未必有明天的收获。所以劳动者是不计后果的。但在一天的努力劳动后，会安心一点，也可以说是心里好过一点。如果一天什么都没有做的话，是零。你干活干一天的话，或多或少会有点收获。所以说是不计后果。

今天的天也不怎么好，又是阴云天气。今天准备去拌农家肥。家里开始忙起来了，早上嘛做饭，喂猪喂鸡，每天早上都要做重复的工作。要是没有做这些，单单做饭吃饭的话，也许会快点。出去干活的时候，每天都是9点半到10点钟。还有两个小孩要喂饱，不是大人吃饱就可以，还要照顾小孩。

今天又是10点才出门。因为有零碎事，所以出门有点晚。我们把昨天收的树叶装进袋子里，然后背到要种土豆和苞谷的地里。种苞谷需要把农家肥埋在地里，然后再把苞谷种在埋农家肥的上面。今天拌的农家肥是没有化肥的，都是猪圈里的农肥和外面收的农肥拌在一起，然后用塑料布盖好，让它在里面发酵，不让它漏气。发酵要十多天，或者20多天也可以，时间越长越好。

今天到4点钟就搞完了，背树叶与背猪圈里的农肥一次到位。妈和媳妇先回家了，我去老房子喂鸭子。喂好后像昨天一样关起来，以免晚上弄丢掉。所以，每天晚上喂好后都必须关起来。我到家后她们把饭菜都做好啦，等我回来吃。今天5点半就吃晚饭，晚饭过后又要写作。真的觉得累啊！

今天我们做的写的也不多，但是一天的疲劳只有通过休息才能恢复。所以今天也早点休息吧！9点半就睡觉啦！

2018年3月11日　星期天　晴转多云

春天的气候就是这样变化无常。绿草发芽，开始吸收春天的光。农忙季节到来，人们都在地里干活。为了生活，农民们每天都在辛勤地劳动着，也盼望着来年的丰收。忙碌的人们都在渴望着自己的庄稼多一点收获。

今天我们准备种土豆，但10点半了二哥和二嫂他们还没有来，我和媳妇只好先去地里做准备。我在地里画线，种完土豆后好盖地膜。大哥在忙些什么我也不清楚，他也没有来地里干活，每天在做些什么也没有跟我们讲，吃了饭后就不知去哪儿。我画了五六分钟李红花才过来，但是过了十多分钟又回去啦。二哥说有做什么的人来，要做饭，所以打电话叫回去了。

已经是12点了，妈和媳妇种好了一半的地，但我的线还没有画完。可是觉得肚子饿了，所以我就回家烧茶水，准备喝中午茶。水开后我就开始打茶，打茶的时候放适当的盐、油、奶粉，打的时间越长越好喝。打完茶后，妈和媳妇都回来了，我们喝茶的时候已经是下午1点钟。我们为了赶时间只吃了冷饭，还有苞谷炒面。也没有休息多长时间，又去地里干活了。我继续画线，我妈和媳妇种土豆。土豆快要种完的时候李红花又过来了，那时是3点半了。之后种了半个小时就种完了，种完土豆后回家休息。我在家里看着儿子，妈和媳妇在忙着。

我看着儿子的时候，她们在准备猪食、做饭，还有洗碗。到了6点钟饭菜都做好了，就等大哥回来吃饭。没等多长时间，大哥回来了。吃完饭，大哥回他家，我们回屋看电视。妈和媳妇看电视时我在洗脚，洗完开始准备写作，到9点钟就准备休息。我写了两个小时，但不知如何下笔。这是今天的结果。好好努力，好好休息。

2018年3月12日　星期一　多云

今天的天气就像清水中的石头一样，如何才能看清另一个世界中的阴影？谁能看透其中的奥秘？这是用眼睛看的看法。如果用天文望远镜的话就不是一个世界，而是浩瀚天空中有多个世界。云没有在天空上，而是在半空中飘来飘去，离地面只不过两三千米而已。人也是一样，看上去很高尚的人，其实你只是被他的外貌所迷惑，他的内心是什么样的，或者他是不是你所看到的那么高尚，你也不得而知。

如今的世界，人们的想法和工作有很多层次。有些人天天在外工作，有的人只动动脑，有的人只是动动手，就获得很好的收益。而对于像我们一样的农民就不一样啦，天天在劳动，面朝地背朝天，早出晚归。比如今天，今天我和妈又去收农家肥（树叶）。因为地不是一大块，而是一小块一小块，所以又收了一次农家肥。要不然用什么肥料种苞谷呢？

有一个人必须在家带孩子，所以媳妇在家带着儿子，我和妈去收农家肥。中午1点回家喝中午茶。今早出来的也算早，9点钟就出来收农家肥。我们回来的时候茶已经打好了，就等着我们回来喝。

喝茶只休息了半个小时，到2点钟又去收农家肥。我们今天收的不是很多，用一块地是可以了，但是今天背到地里是不可能的了。因为今天没有时间背了，马上快到5点钟了，要回家了。老房子那里还要喂鸭子、关鸭子。虽然鸭子不多，但还是要关起来。

到家是6点钟，我们休息一会就开始吃晚饭。晚饭过后我们一起看电视，看一会我就准备做今晚的工作，到时间后正好休息。妈和媳妇看电视看到10点钟，到10点时我也完成今天的写作，准备洗脚了。洗完后可以好好休息啦。今天也觉得有点累，10点30休息。

2018年3月13日　星期二　晴

今天的天空就像大海一样蓝。可惜我没有亲眼见过大海，只在电视里见过。也许我们抬头看见的天空就是大海吧！也许是陆地或者山川。许多年也是这样吧！如何才能知道我们抬头看见的天空是什么？如果我们在天空上会不会我们所在的地方也一样是蓝色的呢？我们换个角度来看今天的天空，会看到一样的深蓝色吗？也许会，也许不会。

地球里的人和动植物生存的法则是什么？应该是保护动植物，不能破坏生态食物链，减少对环境的污染，减少排放对人和动植物有益，不会有害。但是对我们农民来说，在自己的地里面除草啊不会影响到地球的表面，我们所做的不会影响动植物的生存。

今天我们在只有四分的地里拌点农家肥。土豆是种好了，但是还要种苞谷，所以拌农家肥。农家肥拌好后要用塑料布盖好，以免漏气发酵不好。塑料布要盖得严实一点。看起来简单，但你没有好好做的话，以后庄稼就长得不好。下午1点半就拌好啦，然后就是喝中午茶，休息一个半小时左右。

2点半又来地里松松地，让土豆长得好一点，快一点。顺便除了草，要是草长得太长或太多的话，对土豆的生长不好。所以没有种下苞谷之前，要看情况松地一到两次，种下苞谷后就盖地膜。盖好地膜后，草就没有那么多啦！今天完成了两件事，一是拌好了四分地里的农家肥，二是松了一块土豆地。看时间已经到6点钟啦，可以回家休息啦！回到家休息了三四分钟后开始吃晚饭。晚饭过后看电视休息，但孩子闹得很厉害，电视里说话的声音也听不到。到了9点半开始准备洗脚，洗完后关电视关灯，然后好好休息。也可以说是累了一天了，晚上好好休息，明天还要劳动。

2018年3月14日　星期三　晴转多云

昨天晚上通知今天要去保护区那边巡查，要去两天。今天晚上要在野外露营，所以要准备好塑料布、吃的和睡袋。当然，还少不了带瓶酒。

今天我早早地起来准备我需要的东西，准备好后才开始喝茶吃炒面。当然要吃完饭才出发，现在才8点半，还有1个小时左右。9点钟吃完饭，我就在家里等着。巡查的人员还没有到齐，所以要等他们。

9点40人员还没有到齐，还有三个人没有到，可是大家都等不起了，所以他们算是缺席。今天去巡查的人员有曾学华、陈兴光、碧文生、碧远龙、碧天龙、李花兰、陈桂香、孔秀菊、李桂香、李新月、李远龙、李向红、陈学才、陈荣全、碧自辉还有我，一共16位。碧江红、李文新和碧建荣没有来。

今天我们去的地方是江东那边，有点远。走了一个小时后就休息啦。因为我们走的是上坡，虽然背的东西不重，但也觉得累，所以必须得休息。要不然女人们就跟不上我们男的步伐。

2点半就到了营地，到营地后准备生火、烧水、烧茶。一些人去找干柴火，一些人去打水。因为人多，不到半小时火就烧得很旺，水也开了。然后喝水喝茶，吃点东西准备去看保护界碑。留了三个男的四个女的在营地做饭菜和找柴火，我们其他人就走了。走了一个小时就看到了保护界碑91号。

看完后我们就回营地。到营地后我们开始准备吃晚饭。到营地休息了十多分钟才开始吃晚饭，这时已经是6点半。吃完后我就开始做睡觉的地方。有些人在坐着烤火，有的人在玩扑克。我没有去玩扑克，到了8点我先睡了，他们玩到几点钟才睡觉就不知道了。因为我是第一个睡觉的人。

2018 年 3 月 15 日　星期四　晴转多云

今天又是多云天气。记得昨晚上我醒的时候是没有的，但是到了早上怎么会有一朵白云呢？昨晚睡得不是很好，我凌晨零点醒了一次。

今天早上起得很早，因为到了早上 6 点钟冷风就吹来了，我是被冷醒的。醒后马上起来，然后开始生火，火生起来后加柴火。不加柴火不行，今早太冷了。我衣服穿得也不多，只穿了两件衣服。一件外套和一件内衣，而且内衣也不厚，冷风一吹就发冷。到了 7 点钟他们才开始起来，他们起来前我已经把茶水都烧开了。等他们起来洗手洗脸后就可以喝茶水，吃昨天剩的粑粑。喝完早茶后，女的开始准备煮饭，我们就再添加些柴火好让饭煮得快一点。

到了 9 点半开始吃饭，虽然有 16 个人，但是依然会有剩饭菜。吃完早饭后就把我们自己的东西收好，放在没有牛的地方。有些人的东西放在树上，牛来了也找不到东西。这样放的目的是万一牛来的话，不会让牛嚼到睡袋。把东西放好后，我们开始再往上走三四公里。到三四公里的地方去看看有没有人打猎啊！说真的现在谁敢偷猎呢？

然后我们上去有三个地段是危险的。有一个人到了一个没那么好走的地段就不敢走了，所以决定把她留下来看营地，陪她的人李桂香和陈桂秀也留下来，其他人上去。

到了 3 点钟我们就准备回家了，下坡路很快，我们两个小时就可以到家啦。回去的时候中间休息了一次，时间不长，有 20 分钟左右，然后继续回家。我们到家时是 5 点半，回到家媳妇和妈把饭都做好了。晚饭后在家里休息看电视，到 8 点钟就洗脚准备休息了。

2018 年 3 月 16 日　星期五　中雨

幸好昨天我们回来了，要不然非冷死不可。而且每个人都没有带雨衣，要是昨天不回来的话，肯定每个人都会感冒的，那多划不来。为了巡山感冒，这样一来不是没有人去巡山了吗？要是走三天的话，今天才能回来，幸亏没有说是去三天。

今天我起得不早。因为下雨天都是在家休息，所以起得晚一些，到了8点过才起，起来后就洗漱。妈早就起了，她在烧茶水，准备打茶。我起来的时候茶水还没有开，妈在准备打茶用到的油、奶粉和盐。我在火塘边烤火，外面下雨，觉得冷。虽然是春天，但3月的天气一下雨就冷。如果3月份雨下大了时间也长的话，也会下雪的。茶水终于开了，茶打好后我就喝了一碗，然后打着伞去老房子那喂鸭子。雨一点也没有要停下来的意思，如果真的是长时间下雨的话会下雪的，我记得小时候3月份下长时间的雨后就下雪，那年好像人家的黄牛也冻死了五六头。因为已经过去很长时间了，记得不是很清楚。

我喂鸭子回来时媳妇已经把猪都喂饱了，我又回到家里烤火喝茶，然后回客厅看电视，媳妇在煮饭。今天下雨，9点半了我们还没有吃饭。到了10点半才吃饭，饭后又在看电视。

到了4点钟，媳妇在做猪食。我边看孩子边看电视。妈在织独龙毯，前次放的线还没有织完。妈老了眼睛不是很好，所以织得有点慢，要是以前早就织好了。

到5点钟我又去喂鸭子，发现鸭子不见了五只，是不是老鹰抓走也不知道，喊了十多分钟也不见回来。我喂完鸭子回到家后，跟妈说鸭子不见了五只。妈说："你没有喊叫吗？喊叫了就会回来的，找食物也应该回来的。"

6点40，我们吃饭。晚饭过后在家看电视，一整天都在家里。雨下到现在还没有停。8点过我就开始休息，说不定明天会天晴出太阳，那就有事做了。所以早休息为好。

2018年3月17日　星期六　中雨

我们这里就这样，每年都是3月份开始下雨，很少有晴天。而且不仅今年这样下雨，去年也这样下雨。我们也说不来这样下雨是什么原因，也许明天就不下雨了，也许还会下雨。

今天早上起来后烧茶水，然后洗漱，洗漱好后就开始打茶。我打茶的时候妈就过来了，然后是媳妇。我们喝茶吃点炒面，茶喝好后妈说："儿子，我们去老房子那找一下鸭子，看一下昨晚回来了没有。要是真的不见的话太可惜了，都养那么大了，白浪费粮食喂它们。"

我和妈9点钟就去找鸭子。到了老房子那里我们就边喊边找。大约找了20分钟找到一只，然后又去找其他的四只。我和妈找了三个小时也没有找到，方圆500米左右该找的地方都去找了。我们回来的时候在小溪旁边找到一只，怎么也叫不回来。没有办法就追它，追了一会终于抓住了。这只鸭子也跟其他的鸭子关在一起，然后我们回去吃饭，那时已经是中午12点钟。

吃饭后在家休息。因为下雨，衣服都湿了，所以饭后我和妈在火塘边烤火。在火塘边坐了一个小时，到了下午1点钟又去找鸭子。我和妈分开去找了半个小时左右，我找到了一只，追着鸭子追了五分钟左右就抓住了。抓住后也带回去跟其他的鸭子关在一起。

到了2点半我们就放弃了，不找了。我和妈没有回家，而是去找猪食。我背了一个篮子，妈也背了一个去找猪食。大概找了一个多小时，我和妈每人找到一篮的猪食，然后背着猪食回到家里换衣服。因为衣服全都湿了，不换干衣服会感冒的。换好衣服后喝热茶暖暖身体。

到了7点钟我们就吃晚饭，晚饭过后看电视。我喝了一点白酒，因为今天衣服湿了两次，我怕风湿，所以喝了2两左右，喝得也不多。到了8点半我就用温水泡脚，泡了差不多15分钟。今天的工作结束，准备休息了。女儿陈谷歌早就睡着了，我也该休息了。说不定明天不会下雨，早点休息为好。

2018年3月18日　星期天　阴

昨天下了一天雨，看来今天会好一点。也不算太好，是阴天。今天准备去江东犁地。二哥陈荣全准备种土豆，所以要把地犁深一点，这样的地种土豆收获会好一点。今早吃完饭我就上去二哥家，准备去江东犁地。耕地机是开不了的，因为江东以前修的马路路面不宽。更难的是这边到江东还要把耕地机滑到对面，需要两个人先用绳子把耕地机拴到滑轮上，然后一个人先滑到对面去接耕地机。如果不接的话，耕地机会撞坏的。溜索很陡，所以我先滑到对面去接耕地机。等我到了江东，耕地机再滑过来。接完耕地机后我把耕地机下好，二哥也滑溜索过来。二哥到了江东后，我找了些木棍，然后我们俩用木棍把耕地机抬到上面要犁的地里。

到了江东的地里，我先去看耕地机坏没坏，然后倒汽油看能不能发动起来。如果没有坏的话，肯定发动得了。果然没坏，发动得了。调试好耕地机后，休息了十分钟，然后开始耕地。那块地硬得耕地机也转不动，很费力。如果没那么硬的话，20分钟就犁完了。但是这次不行，我用了一个多小时才犁完。中间我还休息了两次，因为地太硬了，耕地机也自然地停了两次。机器停一次，我就休息一次。

到了1点钟，我们吃中午饭，中午饭后休息了半小时才开始犁地。因为地的原因，犁得不是很快，也不敢加油，只能让耕地机慢慢运转，开得快的话对耕地机的零件损害也比较大，所以开得慢些比较好。

5点钟我们终于犁完了地。从2点钟犁地犁到5点钟才犁完，犁了三个小时。要是地不硬的话，一亩地只要半个小时就能犁完；而且杂草也多，不好犁，所以就慢了下来。

5点钟犁完后收拾好耕地机，我们就回家了。一路上，又是抬着耕地机回来的。就像今早上一样，我和二哥陈荣全抬着走了十多分钟就到了溜索那里。也像早上一样，用滑轮把耕地机溜到江的西边。

到二哥家时快要到6点了，我放好耕地机后，二哥说："弟，吃了饭再走吧。"我说："不用，我回家吃。"说完我就回家了。今天我很累，因为一天都在开耕地机，而且地又硬。我今天手掌都疼，身上也很疼。

2018年3月19日　星期一　晴

今天的天气不错，有阳光。看天空有白云，但也有阳光照射到大地。春草在阳光的光合作用中发芽，又是一年春暖花开结果的季节了。如今的春天像往年一样有阳光、绿草、春雨、春风和各种植物，还有辛勤劳动的人们。

今天我和媳妇背柴火，妈在家里带儿子陈俊辉。儿子太小了，没有人带不行。因为他不会小心，容易受伤，必须要有一个人带着孩子。

今天我和媳妇9点钟开始去背柴火。这些柴火都是干的，是10月份砍了后劈开放了三个多月的，干了很长时间，背一篮子也不重。但是路有点远，来回20多分钟一趟。一个小时只能背两三趟，背到10点才一共六趟而已。而且两三趟后还要休息十多分钟，要不然太累了。太累了不行，因为太累了的话背不了一天。所以背了两三趟后要休息一次。我们俩的柴火只能背到老房子那里，没有一次性背到安居房这边。

我们背到12点后，又把背到老房子那边的柴火都码放好，就像放柴火一样一根根码好。背了4个小时的柴火，用了1个小时才码好。码好后我们就开始喝中午茶，喝完中午茶后休息了一会。

休息好后我们去背柴火，背了4次，但是还没有完全背完。远一点的柴火背完后背近一点的柴火，因为这些柴火今天必须要背完，不然以后雨下太大的话，柴就重了。而现在是干的，还没有湿掉。

我和媳妇背完后，她先回家休息，我抽了会儿烟，抽完烟后我开始码放柴火。我看看时间已经是5点过了，所以我要加快码放速度，要不然我用一个小时肯定是码不完的。我在码柴火时中间没有休息，直到码完了才回家。

2018年4月25日—29日

2018年4月25日　星期三　晴转阴

明天是一个相当重要的日子，明天要巡山，今天在村委会开一个护林员和护边员的集体会议。

并不是每次都这样，但是有些事情还是要不停地重复，去巡山的不只有青年，还有一些是上了年纪的，记一些事不是特别清楚，当然年轻人也会忘记。所以，多次进行强调还是不能少，毕竟山上的积雪已经开始融化了，什么自然灾害都会有。每次巡山说的都差不多，并不会说它这次巡山比上次有多难，这次会议也是。

会议很简短，内容一样很丰富，每次该有的一样也没少。每次会议结束后都会想明天的巡山任务会不会碰上意外的事情，回想会议反复强调的话，相信牢记在心就不会有什么意外。

白天时间总是很短，总是感觉什么都没有做，一天就结束了。

2018年4月26日　星期四　阴

又到了一个月一次的巡山任务，每次上山都是意义非凡，这是护林员和护边员的工作。

大家伙儿吃完饭，9点钟就穿好了特定的制服，点名，准备进行巡山任务。身为小组长的我必须要统计到位，有哪几户人家有巡山任务，但是没有来的，要将这些报告给上级。当然这个任务一个月也就一次，除了特殊情况，人基本都是会到齐的。巡山的任务，不是在山路走一圈就完了，而是要观察水土流失情况，森林覆盖的情况，当然还有是否有野生动物。总会有不法分子乱砍滥伐，击杀野生动物，我们要做的就是将这些事反馈给上一级。

上山路上，路边小草沾着露水，每次走在前面的都会把小腿和鞋子沾湿，但是到下午就差不多干了。毕竟巡山任务不是一天两天的事，现在还好，蛇、狗熊还没有完全苏醒，如果是夏天的话还有蛭（蚂蟥）。好多女护林员都非常害怕，毕竟这玩意儿是吸血的，而且吸到一半的时候才有痛觉。

很多人员在家一般都是非常忙的，每天在家都很累，但是还是要上山的。这个没有特殊情况，不能找人代替，因为已经有人出了意外。每次这样上山都当作是一次历练，巡山任务才不会觉得枯燥。

晚上回来大家伙儿都非常累，但还得把今天拍的照片进行统计，和上一个月的进行对比，把发现的情况发给小组长，最后也是我完成后续的工作。

2018年4月29日　星期天　晴

巡山任务总体来说很顺利，但是我的脚扭伤了，也就意味着今天出不了远门，就在家休息。

休息嘛，总不能一直不动，只是脚扭伤，又不是整个人瘫痪，该帮家里人干活的就得动手，也是两个孩子的父亲了，总是要树立榜样的，同时也要为接下来的行程做安排。在家活重一点就做不了了，只能帮媳妇看着孩子，洗洗衣服，看看电视，实在无聊就理一下渔网。

没有事情忙，感觉时间过得很慢，但是就是这样还是度过了这个漫长的一天，农民的生活就是不能缺少活，手上没有事情就浑身难受，也许是人入中年的原因吧。

2018年5月2日—12日

2018年5月2日　星期三　阴

今天天气不怎么理想，整个天空都是阴沉沉的，只好在家帮着媳妇看孩子。

孩子也到了很顽皮的年纪。作为一个家庭的顶梁柱，要在孩子童年就给他们树立一个严厉的形象，当然也不会随便吼孩子的，当他们犯错误的时候就给予纠正。如果说是言语上不听只好使出一些手段，有句老话讲得好："棍棒底下出孝子。"小时候对他们严厉点，长大后他们就不会说是当初对他们要求再严厉一点就好了，避免不必要的后悔。

在家看孩子无非就是不让孩子玩水，注意公路上来往的车辆。一般我就在卧室看电视，无聊的时候就带孩子出去转转。孩子实在是哭哭啼啼应该就是要睡觉了，背在身上哄一下子就睡着了。真的没有办法的时候，也就只有我媳妇出马了。

一天就这样过去了，没有惊喜也没有意外，天也是有点不开心。明天也许是忙碌的一天。

2018年5月4日　星期五　阴

昨天去了一趟乡里，今天要在迪政当村我们老家下面的那一块地里种绿豆，种这些东西必不可少的要进行除草。

来的人不多，就只有我、我妈、我媳妇。做这些活，孩子总是哭哭啼啼的，让他在地上自己玩耍，一小段时间有可能会自己玩。但是时间久了，就没有耐心玩下去了。太阳一直躲在乌云后面，不肯出来，这对农作物不好，好不容易除草，太阳不出来，这些杂草就不容易彻底死掉，这些杂草就会和农作物抢土里面的营养。

天气阴沉，感觉土都是黏黏的，我的小锄头都不好使了。

今天是青年节，好多年轻人都来球场打篮球，比平常都要多。也是，一年也就这么一次。青年齐聚在一块，进行一些增进友谊的活动。

想着自己的生活虽然每天都不同，但是每天的生活大致是一样的，没有惊喜，没有意外。

2018年5月12日　星期六　小雨

今天已经是来找重楼的第6天，没有出意外还是有雨。这个也没有办法，要想生活过得好一点，就要在生活中经历一些磨难，难上加难呗。

重楼这个药材，真的是越来越难找了。以前不值钱的时候没有理它，等发现它的药用价值的时候，大家都上山找，真的是太难了。要想让别人能够另眼看待你的话，就必须提升自己的价值，发现自己的优势并加以利用。

今天也是个特殊的日子，今天是母亲节，全世界的母亲都在庆祝自己的节日，但是我们这边也没有那么多花里胡哨，只是想给母亲带点东西吃。又不知道给她带什么，毕竟真的是上了年纪，口齿也没有那么好，胃口也是。

到家了，就叫我媳妇做点好吃的，软一点的。有时候真的觉得一路过来不容易，过去真的是太难了。希望以后能够越来越好吧！相信明天会更好。

2018年6月5日—23日

2018年6月5日　星期二　晴

今早上早早起来，一个人忙着做早点，另一个人忙着煮猪食并且喂猪、喂鸡。吃过早点和饭之后，准备好除草的工具，比如镰刀、恰卡等，去苞谷地和土豆地除草。辛辛苦苦忙活一上午，到2点左右也到了喝茶的时间，休憩一会儿。下午也是除草，在除草同时也是找猪草，这样也是为了明天煮猪食时用。忙忙碌碌的时间就这样过去了，农村的生活每天都是这样忙碌。地里除草是能够让地里的农作物长得更好，后面有好的收成。

2018年6月17日　星期天　阴

今天也是阴雨天，但是田地里头的苞谷不能就这样不管，要进行除草，不然苞谷不能健康成长。

苞谷地不大，但是这块地还种着土豆，算是高效利用吧，但是我感觉地力还是有点供不应求了，对土地来说，土地的承受能力应该就只有苞谷能长出来，再加上这个土豆的话就有可能两个都长不好。

太阳不辣，对我们好。但是呢，我们除草目的就是为了一段时间不再有草。虽然说是太阳不辣，没有像平时那样脸马上发烫，但是身体还是很快就热起来了。现在的辛勤劳动，都是为了秋季的时候那份收获的喜悦。为了那个时候的喜悦心情和收获，现在的努力都是值得的。

现在不像以前大范围种这些了，政府现在对这边的扶持力度很大。想着一起脱贫，好多地都用来种植一些值钱的草药了。改变的真的不仅仅是村里的地形地貌，还有地里生长的各种作物，我们正在变得越来越好！

2018年6月18日　星期一　阴

6月是忙碌而收获的季节，而这个月也是雨水较多的季节，这时候地里的土豆开始渐渐地成熟了。这一天一家人计划着准备去地里挖土豆。晴天的话我们挖完一块地里的土豆，如果下雨天挖土豆的进度会慢一些，或是选择不挖。挖完之后回家去烧火、做饭、喂猪喂鸡，到了晚上感觉到很累，不一会儿就睡啦。

2018年6月23日　星期六　阴转晴

到了雨季，早上做早点、喂鸡喂猪。有时候是早上下雨下到11点左右才放晴，这时已经准备好了挖土豆的工具，之后是去地里挖土豆。同时我们也准备了雨衣和塑料，以备下雨时用来遮雨。快到中午时，我们放下手上的活回家，准备生火、烧水、打茶、煮土豆，一家人其乐融融，之后再去地里挖土豆。挖土豆很辛苦，但是通过自己的劳动得到了满满的收获，心里有说不出的喜悦。

2018年7月3日—22日

2018年7月3日　星期二　雨

今天雨下得还是特别大,洪水还是像猛兽一样地席卷着这里。一大早吃完饭,就先去江边捞柴了。今年的江水涨的没有去年厉害,不过今天的收获也颇多,想想还是可以减少一些去山上背柴的负担。之后到了午饭时刻,我放下手里的活儿回家了。到家里我先生火、烧水,之后打些酥油茶来喝,煮了些土豆来吃。

到了下午就准备去煮猪食,然后再去江边看看有没有木头在江中漂着。雨还是下得很大,一刻也不停地下着。时间过得飞快,眨眼间就到了晚上。

2018年7月14日　星期六　雨

这个月一直都在下雨。早上起来睁眼就听到雨下得越来越大,之后就生火、烧水、做早点。我们一家人都起来了,吃完早点,大家都做自个儿的事情去了。我自己忙着去找猪食,因为下雨的缘故,找猪食也只能在附近随便找找看。还好夏天这个季节草长得特别快,我才得以快速地找满了一篮子,然后我使出全身的力气背着篮子回去了。

到了下午,还是去江边看看木柴,看看水位的升降情况,捞捞柴火就回家了。

2018年7月22日　星期天　晴

今天天气终于晴了,心里特别高兴,终于可以去挖前面没有挖完的土豆。因为天晴,早上匆匆忙忙的吃过早饭,就快速地去地里挖土豆。太阳真的很辣,但是还得先挖6月份没有挖完的土豆。所以一家人全部都来到田地里,儿女们放暑假也来帮忙,感觉今天的速度比以往都快一点。

到傍晚时分,基本上挖完了,收拾收拾地里的工具以及挖完的土豆,就这样背着沉甸甸的篮子回家了。

2018年8月10日—28日

2018年8月10日　星期五　晴

今天早早地就起来做早饭！今天天气晴朗，心想可以去山上背些猪窝草到猪窝里。我们一家人都动起来，很快吃完早点，匆匆忙忙的上路了。去山上的路是小路，有点崎岖，还有点坑坑洼洼的，路程也比较远，走起路来有点困难，在路上花的时间自然就长。

中午到了，我们一起背着砍好的猪窝草回家了。看着捆绑好一列一列的草，心里面涌出一股暖流来，瞬间感觉自己在替小猪高兴着。这也是为了备用明年种土豆、苞谷的肥料。

2018年8月20日　星期一　阴

在我们这里，到了8月肯定是少不了编篮子的工作。而且这个时段是竹子长得最好的时候，今天打算好好在家编编篮子，以便以后干活的时候有篮子可以背一些东西。

编篮子的话，首先得去砍几根竹子。然后一根一根地破开，之后把竹子平平的一片一片削开，最后准备一个模型就开始编了。一天下来已经编了好几个，再也不用担心干活时篮子不够用了。

2018年8月28日　星期二　晴

早上起来，准备生火、烧水等家务事，然后就吃早点。今天是要去草果地里除草，先要准备一下劳动工具：刀子、小镰刀。一般男的用刀子，女的用镰刀，有时候有割草机也带上。之后就去草果地了。今年的雨水特别多，杂草长得很快，预计这次用的时间会很长。

不出所料，到了草果地里，杂草真的很多，真的愁死我们了！想想还是赶紧行动好好除草吧！干了一天终于把草果地里的杂草除完了一半，接下来的活只能等到明天再来。这天也黑得很快，我们赶忙回家了。

2018年9月4日—21日

2018年9月4日　星期二　晴

早上起来忙于做早饭、喂猪、喂鸡，眼看地里的苞谷也到了成熟的季节，这个月份是家家都忙于收苞谷，用篮子一筐一筐地背到空地上（如遇到下雨则用塑料布搭个帐篷）。掰好的苞谷用篮子放到小仓库里，忙到1点或是2点就到了喝茶的时间，之后也是忙于收苞谷。自家人一边劳作一边说笑，看时间已到了五六点，我们就放下手中的活回家，辛苦劳作之中这一天时间过得真快。

2018年9月15日　星期六　晴

早上起来做早饭、喂猪、喂鸡，吃完早饭后，收拾好工具（如男的一般用刀子、女的一般用镰刀）到地里。

这时候已经收完苞谷了，开始收苞谷秆。收好后，放在地里的某个地方，离猪圈近的苞谷秆会堆在一处，这样就方便将苞谷秆用刀子砍成一截一截地扔到猪圈里，最后成了肥料。忙碌的一天就这样过去了。

2018年9月21日　星期五　晴

早上早起做早茶、喂鸡、喂猪。之前我们忙碌着收苞谷、掰苞谷、收苞谷秆，接下来一段时间就是将堆在一处的苞谷秆切成一堆，这样是为了后面和猪草（山上背的树叶）一块弄成地里的肥料（为来年种土豆准备的肥料）。到了一二点依旧是喝茶、休憩的时候。今天也是劳作一天，在农村的生活都是这样的忙碌，但是辛苦后知甘甜。

独龙心语　贡山县独龙江乡迪政当村独龙族村民日志

2018年10月8日—26日

2018年10月8日　星期一　阴

今天起得比平常都早，赶忙去做早点，生火、烧水、打酥油茶。吃好了早饭、首先要拿好劳动工具，还需要准备中午吃的食物，如煮好的土豆、酥油茶等，有时候路远就不回家吃午饭。直到10月份这个时间段我们才可以把芋头挖出来，然后埋在一处。到了明年一二月份再挖出来种，也是准备过年过节的时候吃。挖出来的芋头是要分类的，主要分种子芋头、吃的芋头。

接下来，将挖好的芋头分好类放到篮子里边，以便之后不会再搞乱。到了中午，我们一起吃午饭，又接着理好挖完的芋头。我们忙完了也就背着已经挖完的芋头回去了。

2018年10月19日　星期五　晴

今天要去收一下草果。先准备要用的劳动工具：刀子、小镰刀，还得要准备填饱肚子的一些食物，比如土豆、酥油茶等。收草果不单单是拿草果那么简单，最重要的还要砍下来不好的部分，特别是枯萎的秆。不然不利于以后草果的生长，影响草果的生长进度。

到了中午，因路途遥远无法回到家里吃饭，只能在草果地里随便填一下肚子，之后就又开始干活了。到了回家的时间，将成熟的草果一筐一筐地背回家里。之后将草果晒干，有人收购便拿出去卖。

2018年10月22日　星期一　多云

在独龙江，花椒的产量不多，人们仅仅就是在家附近或者是在地的旁边种着几棵花椒树，到了摘花椒的时期便去摘。摘花椒是"棘手"的事情，一不小心会被花椒刺划破手。在摘花椒时要处处留心、时时注意，还是会被刺到手。

摘花椒时要准备大的袋子、小点的包，还要准备剪刀、砍刀、镰刀等工具，工具准备好就出发。先摘花椒树较低的地方，之后够不着的再用形如弯弓一样的工具将它拉下来，直到能够到为止。要注意不能将花椒树弄断，花椒成熟时，变成红色的，特别好看，而且香味十足。

独龙江的花椒很好吃，由于一些原因就没有卖到外边，主要是用于自家吃，或者是送给亲戚朋友，当作一点点心意。满载而归，还要在太阳光下晒干，或者是放在自家较为通风的地方晾干。干了之后稍微加工一下，就可以存放很久了。

2018年10月26日　星期五　晴

今天天气这么好，还是要去砍些柴火来的。准备一下篮子，还有斧头，先去江边看一下有没有柴火，或者是去自家的林地看看，然后把湿的那些全部都破好放在太阳底下暴晒，等以后来背。在江边没有多少柴火，那只能去山上看一下有没有。但是现在山上也不能乱砍、乱伐，所以只能找找看能不能找到倒下来的木头，然后将木头带回去。

2018年11月2日—21日

2018年11月2日　星期五　多云

今天早上早早起来,太阳公公还没有起床,我就已经起来砍柴火了。家里面的事情也要有人照料,所以趁这个时间段去干活是个不错的选择。我准备了一把斧头,还有一个篮子,把斧头装在篮子里就出发了。我加快步伐,不过,我的速度比起当年还是慢了不少,唉!年纪大了,算了,先去江边吧。

不一会儿就到了目的地,江边的木头非常稀少,这个季节还是这个样子。放下篮子,拿起斧头,砍向大木头。这个家伙可大了,用尽了"洪荒之力"才将它砍成一根一根的。砍完了木头休憩一会儿,擦擦汗,这汗一滴一滴地流淌在我的脸颊,暖暖的感觉,一下子身子没有早上起来那么冷了。

休息好了,我将砍好的木头装进篮子里面,好好地放起。整齐划一地放的话,可以放得下特别多的柴火。一些放不下的就搞个标记放起,将柴火暴晒在太阳下,这样就干得特别快了。我将篮子放在比较高的石头上,这样的话,就可以方便我将篮子背上来。我一步一步地迈着沉重的步伐回家了,想着等会儿就可以喝到滚烫的酥油茶,吃到热热的荞麦炒面就好开心。感觉一下子又有力气了,速度更不减当年。

到家了,第一件事,就是将篮子里面的柴火放在固定的位置,好好地排列好,这才算是真正的完事了。等会儿又有事情要做了,得去找过冬的猪食,一般要去弄干枯的芭蕉芋。但芭蕉芋得从土里挖出来,根是要喂猪的。到了11月的话,草都枯萎了,所以现在也只能收枯叶子作为猪食。劳动工具要带篮子、镰刀、小锄头,镰刀要砍芭蕉芋根,小锄头要挖芭蕉芋。这个不会费多大的力气,所以一下子就全部搞完了,芭蕉芋不能全部都挖出来,芭蕉芋种子还是要继续埋在地里面,而需要吃的就可以拿回家煮了。充实的一天就这样过去了，我还得回家去做晚饭。吃完饭之后还得将芭蕉芋洗好，然后再将它煮熟。赶明早儿，好的芭蕉芋就可以吃了。

2018年11月5日　星期一　阴

进入冬季，早上也渐渐冷起来，觉得水好像都结着冰一样。早上是天微亮才起的，烧火、做早茶、喂鸡喂猪。今天的任务是去地里拔或是除苞谷秸秆，这也属于辛苦的劳作。收苞谷秸，有时候需要四五天，甚至一个星期左右。这也是为了来年耕作做准备，这样便于来年挖地。等到苞谷秸秆干了之后，有的人会选择烧掉苞谷秸秆，有的人会把它们放在一处。

2018年11月14日　星期三　阴

渐渐的入冬了，人们担心后面会下大雪。这时候需要开始准备些柴火，上个月我们备好了一些柴火，这个月将干的木柴背到家里当柴烧。如果路途远，一天最多能来回十几趟，中途也会在路上休息一会儿。可以在冬天下雪时用于烤火取暖，这样下雪天真的来临时，也不用害怕寒冷了。

2018年11月21日　星期三　晴

早上早起也是很冷，不得不裹上厚一些的衣服，生火、做早饭、喂猪喂鸡。入冬后，我们需要准备喂猪的食物。然而在冬季猪吃的食物很难找，一些猪草早已经枯萎，有时候需要到很远的山上去找，或者离家十几公里的地方才能够找得到。入冬前我们准备了一些猪草，但是还远远不够，找好之后便回家了，生活总是不停地在忙碌，不断地在奔跑。

2018年12月1日—23日

2018年12月1日　星期六　阴

今年的冬天格外的冷，虽说没有下雪，但已经下着霜。在房顶上、在地上的每一个角落，都是白白的一片。太阳公公升起来照亮整个村子时，是最让人赏心悦目的。此时阳光照亮，烟雾弥漫，看着总是有说不出的情感。

记得小时候冬天常常下雪，这时最让人兴奋的是拿着弹弓打鸟。也是要穿上厚一点的衣服，穿上雨鞋。有时候跟在大人的后面去布捕鸟网，总有跟不上的时候，路上磕磕碰碰都是难免的。跟着的时候学着大人们的样子，大人们也非常乐意教一些打鸟的技能。从而可以从中获益一些、学习一些生存之道。然而，现在生活条件改善了，当然也不让打野味了，冬天也不用再惧怕寒冷了。

2018年12月12日　星期三　晴

今天是忙碌的一天，早上起来生火、烧水、打茶，做一些粑粑当作早点。吃好了早点之后要去喂猪喂鸡，要忙活着去地里给羊肚菌浇水。有时候太阳特别晒的话，羊肚菌会枯死，要盖上遮阴网，同时还要定期为它们浇水。

先是拿着小桶装满水，一排一排地浇水。我觉得这是个体力活儿，来来回回的可能要跑好几趟，但是要弄成小沟一样的也不行，因为也不能浇得太多，只能是慢慢地一点一点地浇，一排浇完再接着一排。之后是等着它们长大，能够有所收获。再然后能够卖个好价钱，也对得起自己的辛勤劳动。

今天的浇水任务完成后，我又要去做另外一件事情，就是去砍柴，在我们农村可以说柴是万能的，它可以照明、取暖、烧火做饭，特别是在寒冷的冬天，我们要储备很多柴以做备用。

2018 年 12 月 23 日　星期天　晴

冬季已经悄悄地临近，万物都收起了自己的光芒，默默无闻地将自己埋在土壤里。现在这个时间段的任务就是盖一下地里种的重楼。早上早早起来生火、烧水、喂猪、喂鸡、忙忙家务事，之后再喝一下茶水，差不多就出发了。

首先我们去山上找枯叶，然后要用大号篮子装枯叶。这样能装的多一些，不用跑好几趟。我们拾枯叶时一定要找根木头，木头一定要搞成像"恰卡"一样的，那样才能拾到特别多的枯叶。还要戴上手套，不然会划伤、割破手。

装好后回家，坑坑洼洼的山路会让枯叶从篮子中跳出来，最好的办法就是要走得稳、快。之后我们会将枯叶倒在重楼的上面，将枯叶好好地整起来，要匀称一些，要有空间、空隙，不能一些厚，一些薄。将枯叶放在上面，一是可以防止冬天的霜冻伤到重楼；二是可以阻止重楼地里长出来的杂草，帮助重楼更好地成长，吸收营养成分。

今天一天我们都在盖重楼地，除了中间休息一下外。休息的时候我们也会唠唠嗑，讲讲以前的故事。就是这样，一天会变得很精彩。

2019年1月1日—31日

2019年1月1日　星期二　阴

今天是2019年的第一天，我和家人们起得都特别早。今天特别的冷，不得不穿上厚一点的衣服，之后看见村里的人陆陆续续起来了，见面就相互寒暄着。

起来之后我先烧火，发现柴火不够了，就去抱了些柴烧着，整个伙房就暖和起来了。等火烧旺了就可以做早点、打茶了。妈妈就在厨房里做早点，我这时候就去煮猪食、喂鸡。我弄了半个小时，之后爸爸喊我回家喝茶吃早点。我们一边喝茶，一边说着：今天就休息了，今天过节，到了下午3点左右回家做晚饭就行。吃好之后我就去喂猪了，忙完之后又可以安排自己的时间。

今天和同村年轻人一起打打球，又去亲戚家坐了一会儿。时间过得可真快，一下子就到了回家的时间，我跟他们打了招呼就回家了。回到家看见父母在忙着，我就放下手上的东西，到厨房帮忙去了，洗洗菜，或者帮妈妈搭把手。差不多忙活了一个小时左右，香喷喷的饭菜就做好了。一家人围着饭桌坐着，真的是开心极了。

逢年过节都可以吃到可口的饭菜，品种也多了起来，心里想一定要吃得饱饱的。等我们吃好之后，可以去球场看村民们跳舞。等到了天黑时，回家可以看看元旦晚会。

今天过得可真快！新的一年新气象，我希望家里的人健健康康、和和睦睦。

李志忠、龙睿超日志
2019年1月1日—9月30日

2019年1月8日　星期二　晴

今天得去山上弄些木头，用来做什么呢？当然是为了做羊肚菌的围栏。父母、妹妹、妹夫和我早上吃好了早点，先是准备了砍刀和一些能够用到的工具，之后就从附近的山上砍一些木头回来。

我们忙活了一天，一人扛着十几根。扛下去还特别的重，中途我们走一段休息一段，之后才慢慢地回到家里，这些树枝是为了明天搞围栏的时候用。到了晚上整个人都觉得腰酸背痛，今天太累了，电视还没有看就想着去休息了，明天又得忙活呢。

2019年1月9日　星期三　晴

昨天可能太累了，今天早上起晚了一些。洗漱好之后，看见爸爸去喂猪，妈妈在厨房打着茶，我先跟妈妈打了招呼，之后我去帮爸爸。我们喂好了猪以后，妈妈正好说早点做好了快回来吃吧！我们一家子喝着热腾腾的漆油茶，吃得饱饱的，感觉身体都暖和了许多，已经精力充沛了。

昨天扛下来的木头，今天先抬到羊肚菌的地里。等木头扛好之后，就得插木头。插了一半的木头时，差不多也到了休息的时间，坐在地旁边，妈妈和妹妹先回家做茶。爸爸、妹夫和我留下来继续插着，做好就可以回家吃饭。我们忙碌了一会就回家了，有时候我帮帮爸爸，或者跟着学。

到了家里，我们喝了茶，之后又去忙碌一会儿。今天我们插完得挺早的，不到下午5点就完成了，我们就回家了。

2019年1月10日　星期四　阴

早上起来呀，真的是冷！

今天的任务是给羊肚菌盖遮阳网。我发觉早上动一动就不会冷，比如做做家务、洗碗、做早饭等等，有时候在厨房烤着火，就是有很冷的感觉。

我们做好了家里的事情，准备好用得着的工具和东西，大概10点半就出发了。到了羊肚菌的地里，就盖遮阳网。这也是为了羊肚菌不被晒，同时也能够保护好羊肚菌生长，等它收获了，就能够卖个好价钱。

昨天做的围栏也是可以的，这样盖遮阳网就方便了一些。而且，遮阳网与地面也有一些距离，方便我们查看羊肚菌。扛木头、插木头、盖遮阳网都是体力活儿。

我们一边盖着一边唠嗑，或一边休息。等弄好了就可以休息一天了，忙活了几天感觉还是挺累的。盖好之后，我们就回家了，我感觉很疲惫，我想父母也是如此。

2019年1月18日　星期五　晴

今天我跟朋友约好了要去背柴火。我先是在家里像往常一样烧火、做饭，妈妈去喂鸡喂猪了，爸爸忙活着其他事情。之后喝了茶，吃了早点后，我就跟父母说，我今天去背一些柴。父母去地里忙活了，之后我跟朋友打电话联系，约着一起去了。背着篮子、拿着砍刀，或者是斧头。

先用斧头把木柴砍成一截一截的，这样以后干了之后就好背一些。之后，我们就拣一些不重的柴火放在篮子里背回家中。今天来来回回去了好几趟，还是特别的辛苦、特别的累。

到了7点钟，我们就回了各自的家。我先是在院子里坐了一会儿，玩了玩手机，之后我想着父母回来肯定特别饿，我就开始忙活着家里的事情，做饭、洗碗、打扫、喂猪喂鸡，等父母回来就可以吃饭了。

之后父母回来了，我们就吃了饭。发现今天太累了，今天就早早地睡觉了，因为明天还要忙活其他事情。

2019年1月21日　星期一　晴

昨天我与弟弟联系，说他已经到县城了，今天可以到家了。跟父母说了，他们也很开心。弟弟先去找了车子，差不多是12点才从县里出发，大概下午四五点到家里。

我们今天还是去忙活了,等到了下午三四点回家,煮饭、做菜,等着弟弟回家。

下午弟弟回到家里,我发现弟弟比我高了。与家人聊天其实真的有许多的话题,感到很开心。

2019年1月24日　星期四　阴

在我们这边,冬天特别的冷,而且山上会下起小雪。如果晚上下得大的话,第二天村庄里都会变成白皑皑的一片。穿上大衣出门都觉得很冷,同时会想着种着的项目会不会被雪压着?会不会被冻死。

我记得每次下雪的时候,信号线都会断,有时候会一个星期左右断电断网,路也不通,就觉得与世隔绝一样。这时候我们会约着朋友去打雪仗、堆雪人,或者回忆着小时候用弹弓打小鸟的场景。现在不能打,现在很多动物都受国家的保护。

在下雪或者下雨时,有些村民会在家里织独龙毯。如果有人要就卖给别人,有些会装饰在家里。

到时间就回家了,回家去烤烤火,之后忙活着……

2019年1月29日　星期二　晴

今天,天气终于晴了,也看到了许久不见的太阳!虽然是晴天,但地上还是白茫茫的雪,很辣的太阳光加上地上的雪,那就是两个字——刺眼。不过呢,今天是最适合去外面打鸟的日子。这个日子这个活动,也许就是村里的男人们在雪地上的一种娱乐方式吧!10点的时候,约起村里的朋友就出发了,我们边走边观察哪里有大鸟,走了很远。

路途中,我们还玩起了打雪仗。一天的收获也是不少,我们还看见了许多野鸡,但是我没有打那些野鸡。我们知道那个是受国家保护的,是我们这里很少见的动物,就远远地用手机拍了几张照片,就把它们赶走了。差不多 5 点的时候，我们就已经在回来的路上了，过了一个小时就回到了家里！吃完饭后，我又准备起了明天要做的事情。

明天打算去乡里了，因为大雪天里都不能出行，家里的柴米油盐酱醋，都已经不够用了！明天准备去乡里采购生活用品！

2019 年 1 月 31 日　星期四　晴

今天我们家打算挖地，等到了 2 月份左右就可以种土豆。

先是在家里忙完再去，比如烧茶、做饭、吃早点、喂猪、喂鸡等等，之后准备一下篮子、锄头。如果有机器的话，或者从别人那里借到的话，挖地就比较快。如果没有，就只能是慢慢地去挖，这样就得挖上好几天。

到了中午，父母、弟弟，还有我先休息，到了 1 点左右就去喝茶、吃东西。休息好了之后，我们再去忙，很快就挖到一半了。小时候跟着父母劳动时，总不愿意做，现在知道了父母原来是这么辛苦。我们现在慢慢也懂事了，也能够帮父母做一些事情。

到了下午 5 点左右回家，煮饭、做菜、喂鸡、喂猪，之后吃了晚饭，父母就去看电视了。而我去活动室看了看，过一会儿回家跟父母聊了聊天，就去睡觉了。

2019年2月15日—27日

2019年2月15日　星期五　晴

今天的天气非常好，晴空万里，适合出门干活。于是今天早早地起来吃完饭，快要9点的时候，我们一家人就去老家种土豆了。背起今天要种的土豆，徒步一个小时左右就到了老家。到老家休息一会儿后就开始种土豆，到了12点已经种到了一半。

休息吃午饭的时间到了，一家人在老家高高兴兴地吃起来了。早上老妈弄的爆米花，因为在独龙族习俗里，不管是种什么，休息吃饭的时候，都要吃爆米花，这意味着来年的丰收像爆米花一样丰富，心情也要开开心心的。信基督教的家庭，在种土豆这些东西的时候都要好好地祈祷。

休息吃饭一个小时以后，我们又继续干活了，在5点左右一家人把土豆种好了。忙完回到家已经快要7点了！

2019年2月22日　星期五　晴

再过不久春天就要到来了，天气也渐渐暖和起来了，也没有以往那么冷，自己已经感受到了春风吹在脸上的那种不冷不热的感觉。说起春天这个季节，也就想到了要去山上挖草药的日子！大部分村民的经济来源是靠去山上挖草药，当然我们家也不例外。

现在作为家里的男人，主要任务就是要把柴火给收集够了，以便在我们去山上的时间里家里的柴火够用。无论从前，还是现在，柴火是我们独龙族用来取暖做饭不可缺少的生活用品，家家户户在这个时间段都会去收集柴火。说了这么多，今天的任务很明确——捡柴火。差不多捡了一天的柴火！但是，目前捡的数量还不够用，明天还得继续捡，直到够用为止！

2019年2月27日　星期三　小雨

2月的倒数第四天也是下起了细细的冬雨，想必就是要迎接春天的小雨，要提前给刚发芽的小草浇点水。

下雨天是不能下地干活的，因为下雨天去干活会影响种子吸收水分。所以今天没有出远门干活，在村里休息。借着下雨天干不了活，就约起几个朋友去了普尔太的奶奶家里，这也算是陪奶奶聊天谈心吧！奶奶是独龙族中为数不多的文面女，我们在一起闲聊时，奶奶给我们讲了好多她以前经历过的事情。我和几个朋友听得非常入迷，听得感觉自己已经是身在奶奶讲的故事中。讲完故事，奶奶又给我们说："以前的生活很苦，你们现在的年轻人很难体会到我们当时的那种苦。"

其实，我们都知道奶奶这样说，是因为她看到现在有些年轻人无所事事整天偷懒喝酒闹事，她不希望我们也这样，她最想看到的是现在的年轻人积极奋斗，珍惜现在的美好生活。不知不觉，在奶奶家里已经休息、闲聊到了5点，奶奶的很多话也给了我们很多的启发。

2019年3月1日—23日

2019年3月1日　星期五　晴

今天是农忙的一天，村里大部分人都赶着收土豆，我家也不例外。早上吃完早饭就去收土豆了！忙了将近4个小时，到喝中午茶的时间，休息了两个小时，后又继续开始今天的工作。下午，天空下起了雨，我们放下手头上的工作，赶忙回家了。就这样，一天的工作就结束了。

接下来就是晚上的时间了！黑夜将至，我与我的同伴去球场活动了几个小时，随后同伙伴一起进入了梦乡。

2019年3月5日　星期二　晴

今天已是3月的第五天了！今天同样也有一些事情要做。今天我起得比较早，村里略显热闹。早上8点左右阳光就洒落在了大地，好似在提醒人们，要出门去干活咯！早上同家人一起吃完早饭后，便同往田地里，今天要做的事情是除田地里的杂草。

庄稼长势旺盛，但杂草也不甘落后。过了不久大家便开始动工了！动工之前我老妈一再提醒注意四周，小心有蛇！我们就是在这样小心翼翼的情况下动了起来，从上午9点，一直除到下午2点。

此时已是下午时分，到了喝下午茶的时间。我们停下了手头的工作，喝起了下午茶。过了一个小时左右，我们便又开始进行手头上的工作。直到6点左右，一天的工作就这样结束了。

此时已到了傍晚时分，天空黑云四起，一会儿，就下起了大雨，我在雨中进入了梦乡。

2019年3月7日　星期四　雨

3月是一个降水比较多的月份。昨天接到村委会的相关通知，要每家每户派一个人到村委会进行培训。培训的主要内容是：电子商务的基本知识和使用等。刚好我赶上了那个时间，于是接过一家之主的命令后，我便代表我们家，跟同村的人一同前往村委会进行培训。

冒着大雨来到了村委会，此时已是中午时分。看似领导的一个老者，看人差不多都齐了，就开始了今天的培训。培训主要分为两个部分进行，先是进行大讲学，了解电子商务的基本知识、基础运用知识等；第二个是实际运用等，所用时间为 5 个小时左右。最后，培训组采集每个培训人员的信息后便给每个培训人员 30 元的路费等。

结束培训已是 6 点 30 分，同村的人便纷纷回家。我跟同村村民一起回去，到家已是 7 点多。这样，一天的工作就结束了！

2019 年 3 月 9 日　星期六　晴

今天是礼拜天，今天我起得比较晚，早上 9 点才从睡梦中醒来，阳光显得格外刺眼。我伸伸懒腰，进行着洗漱。今天可以说是什么事情都没有的一天，只有一个目的，就是闲。

起来不久，家人就去教堂活动了！不过一整天是闲不下来的，到了下午 2 点半，就准备去背柴火了！就这样背了将近三个小时，之后进行休整。

不过一会儿就去向红送来做礼拜活动的老人，一路骑车走了 30 分钟，在老人家休息几分钟，便回家了！到家不久后开始洗锅煮饭，今天到这里就结束了。

2019 年 3 月 10 日　星期天　晴

今天深知任务繁重就不敢贪睡，早上起得很早，今天的任务是种树。3 月是巡山的季节，也是一个繁忙的季节，今天赶往老家向红去进行植树造林工作。

早早地吃完饭就出发了！今天要种的树种类繁多，有核桃树、松树、五角枫等，不久我们就到达了目的地，便开始种起树来。时间将至2点半，还没有种完一半，便开始准备休息喝下午茶。休息到3点半，休息的也就差不多了！便又开始种树。

已是5点过半，完成今天的种树任务便要回家。回家路上，顺路捡了些柴火。到家后已是6点，此时村中饭菜的香气扑鼻而来，就这样结束了今天。

2019年3月12日　星期二　晴

今天是12号，起的还是同往常一样的早。因为今天的任务比往常的更重些，早上7点就开饭了！因为今天要上山去巡逻。

吃过早饭后，跟随村里的护林员准备上山。巡山的方向是木当、麻必落一带。走了两个小时后我们到达了木当村，此时正是喝下午茶的时间，我们便在木当村暂停休息。吃东西休息了一个小时，我们便开始进行巡山工作，抽问村里的人一些情况，村中抽问工作做完后，我们便开始前往预定的目的地进行实地抽查，确保没有什么问题后我们便要往回走。

此时已是4点过半，我们开始回家。差不多过了2个小时，到了家里，此时已是6点，今天的任务到这里就结束了。

2019年3月15日　星期五　晴

15号的今天，显得格外的重要，同时也是新的一天。当然没有起太晚，时间刚刚好。8点就起来，今天也有事情等着我去做，今天要去地里干农活，翻土挖地。

吃完早饭后就开始准备了。要在田里种一种叫葛根的农作物。是政府的扶持项目，每家每户要用三亩的田地。不知不觉干了三个小时多，便要准备休息。吃吃东西休息好了，就又继续。到了4点时分，终于忙完了。

回家的路上，顺路捡了些木柴。到家后，休息了片刻后接到村长的通知，晚上要到活动室开会。就这样一天结束了。

2019年3月17日　星期天　阴

3月份已经过半，不过今天的早上没有阳光，天空被黑云包裹着，看不到太阳。今天要跟随我爸去造蜂箱。

在去之前，我去迪政当送了我的一个朋友，一路骑车到了迪政当，到后我便回家了。到家后就去造蜂箱子了，跟随我老爸到了目的地，便开始了今天的任务。到了3点半，我们就回去了，基本上已经结束了今天的任务。

2019年3月19日　星期二　晴

今天没有强烈的阳光，一切都显得很安逸。如同往常一样，没有睡得太晚，今天也有一些事情要做。

吃过早饭，就要去田地里收羊肚菌了。收了3个小时，就收完了。之后不久，就去叔叔家帮忙搬东西，到了4点多，在叔叔家忙完就回家了。之后去迪政当村办了点事情，今天就这样结束了。

2019年3月20日　星期三　雨

今天早上一起来发现是个阴雨绵绵的天气。看到这雨，就准备雨停了找点事情做！

吃过早饭，就准备下到乡里面了。准备片刻后便开始出发了，坐了两个小时车子后终于到了乡里。今天主要是到乡里的集市买点日常用品及柴米油盐等，逛了3个小时后，我就把所有东西全买好了！之后在集市随便找了个饭馆吃了点东西，不久就到了5点，就准备回去了。到家后，开始收今天买的一些东西，就这样今天就结束了。

2019年3月21日　星期四　晴

3月份的日子不多了，还是尽量想多干些事情，3月想说过得充实。今天起得比往常还要早一些，因为有重要事情需要今天完成。

吃过早饭就准备上山了！上山的主要目的是巡山，当然不是我一个人，还有我的同伴。准备片刻就出发了，这次巡山的方向是向红、南代一带，路途比较远。我们先是骑车到了向红，然后徒步到山中了解山中的情况。我们了解山中的情况后便开始回家了！不久后就到家了！今天就这样结束了。

2019年3月23日　星期六　晴

23号的早晨，显得格外的特别，早晨阳光四起，是个好天气，是个好兆头。村里头显得有些热闹，好天气下出来干活的人不少。

吃过早饭，我也准备跟随我老爸去忙了。今天要做的事情是搞柴火，扛起油锯就出发了！不久就开始忙了起来，在油锯的轰鸣下，一车柴火就开始产生。这样一忙就是7个小时，到了5点就准备收工。随后我老爸和我一人背起一筐柴火就回去了，这样今天就结束了。

2019 年 4 月 10 日—30 日

2019 年 4 月 10 日　星期三　阴

今天天气很不错嘛！昨天我们准备了东西，今天打算上山挖重楼去了。我们的行程很远，到目的地需要两天左右。我们一起的有我和我父母，还有我弟弟。父母背的东西挺重的，他们主要背粮食和挖重楼的锄头，还有就是搭帐篷的东西。我们两个背点衣服、被子、鞋子和菜，还有打猎的弩弓，我们家的猎狗也跟着我们一起来了。

今天一路上天气还是挺好的，沿途风景也不错，鸟语花香。大概走了七八个小时才到我们第一个休息的地方，搭了帐篷，今晚我们就在这里将就了一晚上。

2019 年 4 月 11 日　星期四　阴天

第二天，我们早早地收完帐篷准备出发去我们的目的地。我们一般是在 10 点钟左右吃饭然后出发的，这是我们的民族习惯。爸妈早早地起来做了饭，喊我们两个起来一起吃饭。爸妈说今天我们的目的地是山上，你们两个多吃点饭，等下还要爬山的。果然如他们所说的，一路走过来都是坡，而且爬得还很费劲。我们爬了一个钟头就感觉不行了，没有力气，只能边休息边努力地爬上去。

当时在想钱真的是一点都不好赚！差不多我们又走了 4 个小时才到了目的地。我和我爸，还有弟弟负责搭帐篷，妈妈负责找水和做吃的。今天我们一路走上来后，感觉视野很开阔。今天休息完就去附近找重楼去了，晚上回来吃完晚饭一天就这样结束了。

2019 年 4 月 12 日　星期五　阴天

感觉天气有点不好，天天阴天，真是有点受不了！今天我们的分工是这样的，我和我弟弟去一个地方找，爸妈去一个地方找。我和我弟弟差不多下午3点的时候回来吃点东西，然后我们两个就准备去打猎和弄夹子。准备丰盛一下我们的菜品，同时也去找野菜来吃吃。我们两个都认得以前我们吃过的野菜，所以爸妈才叫我们两个人弄点回来。我们差不多花了两个小时就回来了，爸妈也都回来了，饭也做好了，收获还是挺多的。爸妈他们两个挖的也挺多的，我们两个采的也挺多的，爸妈还夸我们两个能干呢。今天就这样度过了，晚上我跟我爸学点东西做做，听他们两个讲故事。

2019年4月13日　星期六　雨天

今天怎么突然下起雨来了呢？真的让人扫兴啊！今天我和弟弟早早地去看昨天我们放的夹子，收获还是挺多的，夹了好多只山鼠和其他野味，今天的早餐和晚餐总算是有着落了。我们心底里还暗自高兴了一下。我们吃完了早饭就去挖重楼，今天我们四个都要去挖重楼。挖重楼的地方离我们搭帐篷的地方有1公里远，我们要走20来分钟才到，雨下了一会就停了。这雨下得一点规律都没有，在山上一般都是这样的。

我们挖了8个小时左右，收获还是挺多的，感觉自己挺热爱劳动的。我觉得跟我爸妈这种去山上的日子不是很多，所以我这次是尽量帮爸妈多干点活，体验一下他们的辛苦。今天就这样结束了，一天收获满满的，可以安心睡觉了。

2019年4月15日　星期一　雨转晴

昨天的天气预报说今天会晴，于是昨天就开始打算着下地干活的。不过呢，今天早上起来的时候就看见下着雨，这个雨几乎打乱了我所有的计划。早上9点吃完饭后等起天晴，到12点的时候还真的天晴了，想想现在都已经快要1点了，去老家干活也是来不及了。经过半个小时的思想斗争后，我决定今天下午去下渔网，给明天早上饭桌上加点菜。

我收拾完渔网后，就去彩虹桥方向的江边下渔网了。到了快4点的时候书包里只剩下两三个渔网了，我快快地把剩下的那些下完了后就回家了。在回家的路上我背起篮子，一边捡柴火，一边走路回家了。快到6点的时候我已经在家休息了，心里默默地想着希望明天运气好，收获多多。

2019年4月16日　星期二　小雨转晴

今天早上起来还是下雨。独龙江的雨水季节就是这样，在一个月里半个月以上都是下雨天。早上起来后洗完脸喝了点茶，就穿着雨衣去收昨天下的渔网了。到了江边后发现江水比昨天涨了好多，可以看出昨天这个雨是下了一个晚上，不然江水不会涨得那么明显。收完四张渔网后，我已经收获三条鱼了，这个收获已经算不错的了。9点的时候我已经收完所有的渔网了，总的收获还是很满意的。

到家的时候已经快要10点了，家里饭都已经做好，家里人也等着我到家吃饭。吃完饭后天气也慢慢变晴了，我们一家人也就早早去老家干活了，今天的任务是要给土豆地里除草。快要到5点的时候，我们就准备回家了。6点的时候我们一家人已经在家准备吃饭了，今晚吃的是原生态的江鱼，吃起来果然跟菜市场上买来的不一样。

2019年4月17日　星期三　晴

今天的天气总算是晴了一天。早上9点吃完饭，家人们早早地去老家干活了，他们要除昨天没有除完的草。全家人一起去的话人有点多，于是我就没跟他们一起去除草，我去附近的山上挖草药去了。10点的时候，到了附近的山里开始找草药。在找草药的时候看见了许许多多的小动物，也看见了雪崩时留下来还没融化的雪。看到雪就觉得冬天还没过去，觉得一直是个冬天！看到好多美美的风景，差点忘记了自己是来找草药的，一直沉醉于其中，心情也变了好多……快要6点的时候我已经在回家的路上了，今天的收获是满满的。欣赏到了风景的同时，还找到了好多草药！

2019年4月18日　星期四

今天去了一趟农家地有遮阳网的地里，发现遮阳网没有弄好的都被风吹烂了。本来不想搞的，但是心里想着不然种的种子会被晒死，又是白忙活。就没有成活的，以后就没有好的收成，之后不得不赶快修补。

先回了一趟家，吃了点东西，拿了工具就去地里修补了。心里还是有点庆幸的，没有全部弄烂掉。到了四五点钟，我补好了之后就回家了。同时看看种子开始长了一些，回到家的时候饭已经准备好了。

到了晚上家里的事情也忙活完了，就去客厅看了看电视。晚上得好好休息了，明天又得忙活其他的事情。

2019年4月19日　星期五　晴

今天，天很晴，很蓝，似乎是在照顾着去山里赚钱的村民们！4月，是村民们去很远的山上挖草药的季节，而且一去就是半个月一个月！村里留下的都是老人和孩子，年轻人都去山里挖草药赚钱去了。一年之计在于春，村里大部分家庭的一年收入，主要都是在这个季节挖草药那些得来的。

我们家也是一样，后天我们家也要去山上挖草药了。今天一早去乡里买在山上吃的用的东西，毕竟在山上要待很长时间，柴米油盐是我们必须带在身上的。到了乡里后，吃了一点东西就开始买东西了。刚好1点的时候所有的东西都买齐了，我也就快快地打车回家了。回到家就是要好好休息，毕竟后天要去山上，路上还要背很重的东西。所以呢，今天明天就是要好好休息养足精神！

2019年4月21日　星期天　小雨

早上7点就醒来了，外面还下着雨。今天是定好要去山上的日子，怎么还下起雨了呢？当然，我和爸爸已经在昨晚就说好，今天下雨也要出发。吃完早饭8点左右我们就穿起雨衣出发了，因为去山上的只有我和老爸，背的东西也很多，今天打算要走一半的路程！

到了12点，雨也就停了，还看见太阳公公出来了，我们两个也是正好在这个时候准备休息吃点东西的。刚一坐下来就在旁边发现好大的一条蛇，我边打蛇边问老爸：现在我们不是已经到海拔很高的山里了吗，怎么还能见到这么大的蛇？老爸就回我说：这个蛇可能是见到太阳出来晒太阳的吧，你把它打死就是了。我狠狠地打死了那条蛇。说到打蛇这个事，可能在外人眼里，我们独龙族人是不爱护动物的民族。但是，在我们这里有很多人都是被蛇咬过而落下残疾，或者是由于不能够及时医治而离开了人世。所以，我们每个生活在独龙江乡的村民都会习惯性的一见到蛇，不管有没有咬到自己，都要直接在那把蛇打死。

休息吃完饭后，我们继续出发了。差不多快要到7点的时候我们就走了一半的路程，就开始搭起帐篷，准备在野外过夜了。

2019年4月25日　星期四　小雨

今天是在山里的第三天了，早上早早地醒来，发现外面还是下雨。山里的天气可真是不能跟村里的比，而且还有点冷冷的感觉。但是，再冷再累也不能睡懒觉，因为这是在山里赚钱的日子，要鼓足干劲，就这样心里一直给自己打气。早早地起来做饭了，准备着今天挖草药的任务。

9点左右，我们吃完饭就开始出发找草药去了。路上还下起小雨，但是走动起来，感觉这些小雨跟没下一样。还有就是，边挖草药欣赏风景，可谓是一举两得，满足感是满满的！

2019年4月30日　星期二　晴

今天天气还是好的呢。早上准备好了早点，我们一起商量着今天的任务是做什么呢？刚好地里的土豆长大了要去除草啦。吃好早点后，我们先准备了篮子、锄头、"恰卡"（劳动工具），之后我们就下地干活了。

到了地里，土豆渐渐开始露出来了，嫩绿嫩绿的，长得很好。我们一边除草，一边将石头捡起来堆放在一处，一边谈笑着。

到了1点，父母喊我先回去烧火、打茶。我回去时父母还在除着草，等我弄好茶就给父母打电话过去，他们回来就可以喝茶了。我弄好了吃的东西，父母也回来了。我们就开吃了，吃好之后休息了一会儿，又去地里干活了。

差不多是除到4点左右就可以回家，等会回家得喂猪喂鸡，并且开始准备做晚饭。

2019年5月1日—31日

2019年5月1日　星期三　晴

今天阳光明媚，而且是五一劳动节，村里面昨天就下达了通知：每家每户要打扫住房周围的垃圾。吃完饭换好了劳动服，就开始干活了。平时没发现，这一认真打扫起来垃圾真的很多。打扫了一会儿，整个人都是汗流浃背，坐在阴凉的地方休息了一会。休息过后，又经过三个多小时的努力终于打扫完了。此时已经到吃饭时间了，吃饭期间听到村里面的广播响了，就知道村里面的人在跳舞。吃完饭，我换好了衣服，到球场转了转，发现有人在打球，于是又跟他们打了几场球。时间过得很快，转眼到了9点。回家吃了点消夜就睡觉了。

2019年5月4日　星期六　晴

今天又是一个大晴天，一个特殊的日子——五四青年节，今天村里面组织青年篮球活动，从10点开始。当然我也参加了比赛，结果可想而知啦，没有拿到奖，但把汗水挥洒在球场上我觉得拿不拿奖无所谓。活动1点就结束了。后来吃了点午饭，洗了洗衣服，在客厅沙发上躺了一会居然睡着了。到了晚上约了几个朋友买了点肉，吃了顿烧烤。烧烤吃完就已经差不多12点了，之后洗了个澡就睡了。

2019年5月10日　星期五　阴

今天一起床，打开窗户发现是阴天。本来应该是开心的一天，但却被这个天气影响了不少。今天老妈给我下达了命令，让我去背柴火，所以妈妈早早地就做好了饭。吃完饭，带好刀、斧头，背上篮子出发了。走了大概30分钟终于到达目的地，找了几根粗壮的干树，就开始劈砍。差不多两个小时终于砍完了，就背着柴回家了。到家老妈给我做好了晚饭。我吃了点晚饭就回寝室听歌,差不多到点就睡了。

2015 年 5 月 12 日　　星期天　　雨

今天是一个雨天,所以我起得有点晚。起来的那一刻,我环视周围,发现卧室已经很久没有打扫了。起来喝了碗茶,用茶拌了点饭吃就开始动工了。我先把桌子、椅子、衣柜等所有的东西,通通搬了出来。在整理的过程中发现,有两件衣服被老鼠咬了几个洞。唉!这可恶的老鼠。整理完已经到 5 点半了。之后约了几个朋友打了会儿球,洗完澡舒服地睡了一觉。

2019 年 5 月 15 日　　星期三　　雨

今天又是一个雨天,心情非常不好。让我想想今天应该干什么,对了!最近发现摩托车刹车不怎么灵了,修修吧!起床洗完脸漱口,发现妈妈煮了肉,顿时胃口大好,吃了两碗饭。吃完就开始动手了,我先检查了一下,发现刹车片磨得差不多了,于是就去小卖铺买来一片。买回来就开始装了,发现好难拆。过了一会终于拆好了,费了九牛二虎之力才装好新的刹车片。剩下的时间打打游戏,刷刷抖音就过了。

2019 年 5 月 18 日　　星期六　　晴

今天是元气满满的一天。我早早地就起了床,帮着妈妈做饭。妈妈跟我说今天你跟我去找猪食,妈妈一个人找的不够。我答应了妈妈,过一会儿吃完饭我跟妈妈就出发了。到达目的地,割了差不多半个小时,突然感到有一股温热的液体从手上流出。我一看,糟糕,割到手了,顿时手疼了起来。我立刻找了几株止血的药草放在手里面搓了一会,然后敷在伤口上,果然血止住了。我看妈妈也找得差不多了,就回去了。一天的好心情就这样没了。

2019 年 5 月 19 日　星期天　中雨

今天的雨下得特别猛，还是打雷闪电一起来的那种。本来是想去老家干活的，但是这种天气去了也干不了活。所以呢，今天最好做容易的事，就是当老爸的帮手做木盒子，当一天的小木匠。这个盒子是别人向老爸定的货，老爸在家里做木盒子，我也跟着帮老爸拿工具之类的。老爸今天就完成了一个盒子，因为木盒是纯手工制作的，做起来也不是特别容易，一般做一个木盒子需要两三天的时间，而老爸一天就做完了木盒子，这是因为有些制作木盒子的材料他已经在前些日子做好了。

我虽然没有去干活，但是学到了很多关于制作木盒子的技术要领，老爸也是边做边教我，我也是很认真地在那听。以前我都是看着老爸给别人做木盒子，也没有向他讨教过，今天这么一学，还真的是乐趣满满的很有收获！

2019 年 5 月 20 日　星期一

今天的天气还真的很好，今天得去地里除杂草，这段时间除土豆地里的杂草，这样能够让土豆快点成熟，熟了后就可以吃新鲜的土豆了，新鲜的土豆吃起来味道很好。

我们已经准备好了篮子、恰卡，以及能够用得到的镰刀，从家里到地里需要花费一点时间，到了目的地之后，我们就开始行动起来。在除杂草时，还要用一些土把土豆的根埋掉，这也让它快快长大。今天的太阳很大，除下的杂草就会被晒死。

我们一边聊天，一边忙活着，等到了下午，我们就停下手中的活，准备回家了。我们要背上猪草，这是劳动中收集起来的，之后就可以喂新鲜的草儿给猪吃了。到了家里休息一会儿，我又得帮忙煮饭烧菜。

2019 年 5 月 21 日　星期二　晴

今天是非常重要的日子，前几天父亲跟我说 22 号要跟他去挖草药。

今天是准备东西的日子。我听父亲说这次要去的地方要走两天才能到达，所以我不仅要准备到达后的东西，还要准备这两天要用到的东西。根据以往的经验，帐篷、油、被子、挖东西的工具一样都不能少。所以我把重要的东西先装进了篮子里，之后就把衣服、太阳能板等东西也装进了篮子。之后我去小卖铺买了些方便面等能当作干粮的东西。之后把那些零七八碎的东西都装进了篮子，就准备好了。

2019年5月22日　星期三　晴

今天是出发的日子，我们早上6点就起了床，喝了茶，吃了饭就出发了。因为正式出发的山脚离我们家还远，所以我骑着摩托车，载了我跟父亲和东西。忘了说，跟我们去的还有很多人，我们是四辆摩托车一起去的。我们三辆载东西，一辆载人就出发了。骑了差不多40分钟，就到了那个山脚。我们把摩托车安放好后，就开始爬山了。爬山的经过就不讲了，反正是很累。我们爬了差不多5个多小时才到第一个目的地，那时候差不多天黑了。我们就快速搭起帐篷，随便吃了点东西就睡了。因为实在是太累了。

2019年5月24日　星期五　晴

今天起得有点晚，因为赶了两天的路，实在是太累了。况且今天的任务也不是很重，今天的任务是好好地搭帐篷，把基地搞得好好的。因为我们还要在这里住上两个星期。起床洗漱完，他们已经煮好饭，我吃了两碗。不知道为什么，一到山上胃口就那么好。吃完饭我们先把基地周围的草好好的除了一遍，又把帐篷重新好好地搭了一遍。之后我还给自己做了一张很舒服的"床"。在山上嘛，休息最重要。今天一天就这么过去了。

2019年5月25日　星期六　雨

今天的我异常兴奋，虽然天公不作美。为什么那么兴奋呢？因为今天就是正式"挖钱"的日子！我早早地就起了床，今天换我做饭。我们吃完饭，就从各自的行李中拿出雨衣穿了起来，因为今天下雨嘛。我们整装完毕就出发了。今天我们要兵分三路，我迫不及待地上路了。但我的心情被一点一点地磨灭了，因为挖了差不多两个小时，找到的药却不尽如我意。差不多到回帐篷的时间了，于是我们就回到帐篷里。

2019年5月27日　星期一　雨

今天心情格外的差，因为从这几天挖的草药来看，这里根本就很少，我们决定回家。不过今天是休整的一天，我们都格外的懒散。因为下雨了，我们几个都带了弹弓，我们商议了一下准备去打鸟。今天的收成不错，我打了差不多6只。回到帐篷，我们烧了一大堆火，把各自打的鸟烤着吃了。差不多天黑了，我们就躺在各自的床上，讲起了以前的事。

2019年5月31日　星期五　晴

今天我要跟着爸妈去搞项目地。早早地起了床，吃了饭就去了。到了项目地发现，我们家的项目长得不错，就是杂草多了一点，所以我们今天来是来除草的。跟着爸妈差不多搞个几个小时终于搞完了，回到家第一件事情就是去洗澡，因为今天大太阳，晒得我汗流浃背，身上都是汗臭味。洗完澡吃了饭，陪爸妈看了会电视就睡了。

2019年6月2日—26日

2019年6月2日　星期天　晴

今天天气非常好，适合出行，更适合到野外干活。我9点半吃完饭就去附近的山坡上砍做种植羊肚菌地围栏用的竹子了，我们家跟村委会那里报了两亩的地来种植羊肚菌，所以竹子的需要量很大。因此今天只是吃饭的时间休息了一下，其余时间都在砍竹子。

砍到6点就回家休息了。吃完饭，想着活动下筋骨，于是约着几个朋友在家附近走走。差不多快要8点的时候就回家看电视，看完电视10点就睡觉了。今天也是努力奋斗的一天，明天更是如此，加油！

2019年6月3日　星期一　晴

今天也是早早地吃完饭，9点就去砍竹子了。今天是第二天砍竹子，中午12点左右我就顺利地砍完了全部竹子。吃完午饭后，把砍完的竹子全部用拖拉机抬到了种羊肚菌的地里，然后再进行加工，插在地里。等这些全部搞完，时间也就到了6点，我就准备回家了。回家的路上顺便捡了几根柴火背到家里。心里默默地想着，今天的任务也算圆满完成了，明天就是进一步把围栏给建起来，然后再深耕土地。

7点左右我就到家了，吃完饭后在家看了会儿电视就回床上睡觉。想想项目快要搞成了，心里很高兴。更是鼓励自己一定要把政府给我们老百姓的项目弄好，搞得有起色。就这样，我便带着美梦睡觉了！

2019年6月4日　星期二　小雨

今天是很不给力的一天，一天都是下小雨。虽然下雨了，但是我们家里的人没有闲下来，9点的时候就穿着雨衣去羊肚菌地里建围栏。在一家子的努力下，顺利地在12点左右把围栏建起来了。在羊肚菌地旁边，我们生火吃了个午饭。之后，按照培训时技术员说的那样，我们把两亩地分成了好几十个小块，给地里放了很多的肥料。

我们一家子忙到 5 点半左右就回去了，因为今天家里的人全部来搞羊肚菌地，家里也就没人做饭、干喂猪食之类的活。因此，我们一家子早早地回去了。我是捡完柴火就回去了，到家后也是像昨天一样吃完饭，看会儿电视就休息了。养足精神，明天继续弄羊肚菌项目。争取在最短的时间内把羊肚菌种植项目弄好。

2019 年 6 月 5 日　星期三　晴天

今天天气很不错嘛，到了夏天了还是有点热。早上醒来，太阳都晒到屁股后面了。嗯嗯，今天是个好日子，适合钓鱼、劈柴。哇！真是个好天气。去约约我家堂哥吧！看他去不去钓鱼。堂哥家就在我旁边，离我家很近的。很快就说好了，今天去上游钓鱼，顺便看看有没有柴火。堂哥他家没有鱼钩了，我就给了他一些钓鱼工具，吃完饭我们就出发去上游钓鱼去了。每个人带了一个钓鱼竿和很多鱼钩，还带了刀子。高高兴兴去了，我们钓了三个小时左右，钓的还是很多的。柴火就没有找到多少。

2019 年 6 月 6 日　星期四　小雨

今天醒来看窗外下着雨，产生了一点想赖床的心思。但是琢磨着自己还有事情没有做，还是坚持起床了。

起床后洗脸，吃了土豆。然后开始去建档立卡户家庭照照片了。这任务是昨晚才通知下来的，因为晚上没有光线不好拍，所以留到了今早拍。具体要求是，主要拍家里外面贴的铁片，里面写着是否是建档立卡户，家住几号，户主姓名等。这些内容必须照清楚，所以我照了好几次才成功，需要照的有 16 家，花的时间还是比较多的。

照到 12 点才完成任务，过后吃了午餐准备去自家的葛根地了。老爸老妈他们提前去了，我是后面才到的。今天葛根地的任务是施肥，我背了化肥就出发了，到了葛根地老爸他们已经施了一半肥。我加入后，又干了两个小时才完成。

2019年6月7日　星期五　阴天

今天看了一下天气还是可以的，有点阴，但不影响我们去干活的步伐。今天要去我家种黄精果的地里，看看有没有受损或者被什么吃了的情况。差不多要爬一个小时的山才到黄精果地，那边还养着牛，我担心这些草果叶子被牛吃了。所以提前去看一下，采取点措施，顺便看看护栏有没有坏的。我家草果地面积不是很大，果然我们来的时候有一头牛还在那里津津有味地吃着草，把我气得都想把那头牛给吃了。

我去把这头吃草的牛给赶走了，然后修了篱笆，搞了围栏，还在围栏旁边弄了稻草人吓唬一下牛、猴子之类动物，真是防不胜防啊！搞完就回家去了。今天算是搞得还不错，一天下来身体都累得不行了。

2019年6月10日　星期一　晴

今天的天气真是特别的好，而且温度刚好！因为今天我和爸爸要去很远的地方挖药材了，挖的是一种叫贝母的药材，在海拔很高的山里才有。

早上吃完饭8点的时候，我和爸爸就动身了。在动身之前，爸爸和妈妈一起祷告：希望我们平安、满载而归。我们的估计是两天多一点到达目的地。一路上天气都非常好，虽然背的东西很重，但是一路上听见鸟叫，看见很美的风景，就不觉得累了。就这样不知不觉离家很远了。快要到7点的时候，我们就开始搭帐篷准备休息吃饭了。吃完饭后天已经要黑了，我们也就准备开始睡觉了。因为明天也是赶一天的路程，要休息好才行！

2019年6月11日　星期二　小雨

早早地起来一睁开眼就看见下起小雨，可能是因为山上海拔高的原因，但是这些小雨不会影响我们今天的行程。吃完饭收拾好东西，8点的时候我们继续赶路了。

这也是离开家的第二天了，我问爸爸我们会不会今天就到达目的地。老爸就跟我说："今天还到不了，可能明天11点的时候才会到目的地，今天我们也要加快速度，争取明天早一点到目的地。"于是我们加快了步伐，走好久才休息一次。到了1点的时候我们都觉得饿了，就开始在路上休息吃午饭，快要到2点的时候我们又继续赶路了。吃完午饭，感觉体力也增加了好多，走起路来也不那么吃力了。今天也是像昨天一样，走到7点的时候，我们就开始搭帐篷休息吃饭了。为了明天早点到目的地，天一黑我们就快快地入睡了！

2019年6月12日　星期三　小雨

今天也是小雨天，可能在山上的日子很难遇到晴天了。还好的是雨下得不是特别大，也不是特别的冷，想想对于我和老爸来说这已经算是最幸运的了。吃完饭在快要8点的时候，收拾东西就继续赶路了。想想今天快到目的地了，心里也是特别兴奋。毕竟背着很重的东西走了两天，感觉还是特别累的。就像昨天老爸说的一样，我们今天在11点的时候就到目的地了。休息半个小时后，开始搭帐篷。今天的帐篷要搭得很牢固，还要准备烧的柴火，毕竟我们要在这里待两个星期左右。所以，今天我们在6点的时候全部都做好了，然后吃完饭，跟老爸聊聊天。聊着聊着天也渐渐黑了，我们也就很快入睡了！

2019年6月19日　星期三

昨天通知说是明天在村委会里开会，每户都要去，大概是10点在村委会集中。今早上我吃好早点后，爸妈就去干活了。我就开摩托去村委会，大家都集中到了村委会。先是陈永华书记讲话，今天开会的内容是关于独龙江近几年的变化，以及以后独龙江怎么样发展，同时需要我们努力，奋进新时代，感恩党。

听着听着内心有许多的感慨。的确，独龙江的变化是翻天覆地的，从以前不通公路到现在的村村通公路，从以前的吃不饱饭到现在的吃饱穿暖。会议解散后，我回了家，吃了些东西。之后提着篮子，去找爸妈，帮着他们干活。

之后忙到了 5 点左右，我们干完活就回家了，之后就准备做饭。

2019 年 6 月 26 日　星期三

今天白天忙于干活，刚好今天晚上有时间，我就去了活动室。看见村里的人在活动室里跳舞，大人、小孩子，年老的、年轻的围着圈在跳舞。看着大家跳得都特别开心，我也在旁边学了一会儿。

跳的主要是八套民族舞，有时候会播放藏族歌曲，小孩子跟着大人们学。差不多到了 8 点左右，人们陆陆续续回家了，我也回了家。爸妈还在看着电视，跟爸妈聊着聊着就到了 11 点，然后洗漱好就去睡觉了。

2019年7月1日—4日

2019年7月1日　星期一　晴

7月份第一天是建党节，这天正好天晴。在明媚的阳光下，我一大早上便背着包，拿着小锄头，跟着几个兄弟去拿代找天麻去了。一路上我开着摩托车，看着一路美丽的风光。如山腰之间哗啦啦的瀑布，还有连绵不断沸腾的独龙江和小雨散之前的那一层层云雾，简直是仙境一般。

言归正传，早上10点出发，12点到达目的地。到达目的地后，我开始寻找天麻。无数密密麻麻的草，挡住了我的双眼，但是我仔仔细细地找，天麻便一根根露出了亮丽的头颅。连续好几个钟头一直找天麻，直到下午4点结束。

今天的收获满满，挖到的天麻差不多有1斤左右。回家的路上我心里满满的满足感，到家我将天麻晒起，进入休息状态。这一天就这样充实而快乐。

2019年7月2日　星期二　晴

7月的第二天，天空还是那么的湛蓝，飘着千姿百态的白云。早上10点是干活的时间。我和我姐、爸爸、妈妈匆匆忙忙地去葛根地里除草，刚刚长出的葛根苗让我们格外的激动。

长久没除草的葛根地里，草已经茂盛地长成一片草海。但草再茂盛，也逃不出我们的手掌心。这天是第一次给葛根除草，我们家人一边除草一边说说笑笑。爸妈讲着他们小时候的日常和生活之中的乐趣，姐姐谈着在外地生活的点滴，而我也不时地唠叨出几句来。

除草持续了四五个钟头，在家人说说笑笑中，除草并不觉得累，反而是如此的快活而幸福。此时我感觉到就算有多大的困难，一家人在一起才是最好的。

2019年7月3日　星期三　晴

睁开双眼，打开门往外走，亮丽的阳光照在我眼前，这阳光是如此灿烂而刺眼。想想应该是巡山的最好时刻。没错，吃完饭，大部分森管员聚集在我家旁，我们谈着今天要去巡山的地方，选好地点。各自背着包，带着吃的喝的开始去巡山。

森管员年龄有大有小，大的60来岁，小的刚刚成年。在爬山过程中，团结一致，你拉我扶，就像一同上战场的英雄一样。行程间大家没有一点矛盾，更多的是说说笑笑。我认为作为森管员第一要牢记的应该是那份爱森林护家园的心，我们队伍每个人的心里都是这样的。

今天听到的不仅仅是大家的说说笑笑声，还听到了从大自然发出的万物声。看到的不仅仅是那一排排行进的队伍，还有大自然那份千姿百态、五彩缤纷的美。大千世界无奇不有，让我感慨万千。

2019年7月4日　星期四　多云

今天似乎天气有点异常，早上起来天空满满的云。看着外面这阴沉的天，让我心情突然失落起来。然而，就算这天气如此的阴，也抵挡不住我那积极向上的生活态度。

被遮挡住的太阳，让我不得不搞柴火去。因为没有太阳时去搞柴火是非常不错的选择，凉快而不会闷热。休息到12点，开始动身约起朋友几个去弄柴火。骑着摩托车，慢慢观赏着一路的风景，顿时发现平常又绿又蓝的独龙江水变浑浊了，也许是哪里塌方或发生泥石流了。30分钟后到达目的地。

接下来开始砍柴火，收集柴火。干活的时候是时间走得最快的时候了，就这样干着干着一天就过去了。虽然一天过去了，但是每天干活，积极向上的生活态度是永远不变的。

2019年8月1日—30日

2019年8月1日　星期四　晴

今天是2019年8月的第一天，也是建军节。当然不能睡得太晚，所以8点就起床了。

起床后洗脸，洗完脸喝了一杯酥油茶，然后我逛了熊当一圈，去建档立卡户调查他们的卫生情况。逛了一圈，看到老百姓对卫生还是非常认真的。

我先进了李忠华家，一进去就发现沙发整理得干干净净，摆设也非常好，看到这里我心情非常舒适。当然，后面进的几家更是不用说的好。调查完后，我准备去苞谷地除草了。

12点开始出发去苞谷地除草，和我一起去的有老妈老爸、姐姐、弟弟。弟弟主要是来帮姐姐看孩子，除草的就是我们四个了。要除草的地虽然不是很大，但是却花了4个小时才完成除草任务。

2019年8月2日　星期五　晴间阴

今天是8月的第二天，这种季节不介绍天气了。因为这里的天气随时都有变化。

今天的任务是用竹子建一个休息房。老爸负责锯竹子，他把长长的竹子锯成长一米八的一段段的。我和弟弟负责将锯好的竹子排齐，用铁丝拴起来。一根接着一根的拴，真是一件麻烦的事情，花了5个小时才休息。但是没有完成，明天还得继续。

休息后还有时间，太阳也没有落山，所以我和弟弟准备去游泳，邀上伙伴们就去游泳了。

2019 年 8 月 3 日　星期六　晴

今天要完成昨天没有完成的活,所以 7 点就起床了。起床后洗脸打扫卫生,然后吃了早点。搞这些零碎的事情,时间就过了两个多小时。

差不多 10 点多才干昨天没有完成的活。今天和昨天一样,老爸负责锯竹子,我和弟弟负责拴竹子,今天还有李立松来帮忙,我们边聊天边干活。主要今天有人来帮忙,完成的也快了些。下午 2 点半完成了昨天余下的活。

干完那个活后,我和弟弟准备去班旺钓鱼,我叫弟弟挖鱼饵去了,这个时候我就看摩托车链条好不好。等弟弟挖蚯蚓回来后,我把鱼钩都准备好了。开始出发了,从家到班旺不到 3 里,所以 4 分钟就到了。

我和弟弟各自准备好自己的鱼钩,开始钓鱼。今天运气还可以,不到半个小时就钓了两条小鱼。就这样我们钓到 5 点才回去,鱼也钓到了 10 来条,今晚准备喝鱼汤了。

2019 年 8 月 5 日　星期一　晴

今天起床后洗脸,生火做早点、打酥油茶。在我们这里每天少不了的就是酥油茶、漆油茶。吃了土豆,早上听父母说是要去山上砍竹子,因为前面围的时候发现竹子还不够。他们不让我们跟着一起去,说是让我们留下来整理葛根地。

爸爸妈妈早上喝过茶之后,准备着刀子、砍刀,并且带上一些吃的。由于路远中午就不回家里喝茶了,到了 11 点,爸爸妈妈就出发了,可能要很晚才回家来。

看到父母出发了后,我们也没有停歇,背着篮子带上刀子(主要是镰刀)就出发到葛根地里,姐姐、弟弟和我一个人一排的给葛根除草。葛根也是扶贫项目之一,而且种的时间不长,希望到了收获时能有个好收成。

中午也没有回家,带着吃的东西,便在葛根地旁边坐着喝了茶。之后忙到了 4 点,也到了回家的时间,我们就背着猪草回家了。到了家里我们还得煮饭做菜，父母到家之后就可以吃上热腾腾的饭菜。

2019 年 8 月 13 日　星期二　晴

今天天气不错。早上起来生了火，之后做了早点，喝过茶之后太阳渐渐地升上来，之后得去项目地里种黄精果。这是村里的几户一起种的，而且黄精果的种子是今年给的，也是今年种起的，种下之后不知道收成好不好？

一个一个背着篮子，篮子里面有黄精果。当爬到项目地时，已经是汗流浃背，感觉很辛苦。想着为了以后的生活更好过一些，不得不在年轻时付出汗水和努力。大家休息一会儿后，开始各自行动起来了。一部分人除草，一部分人种黄精果，大家都撸起袖子加油干。一边说笑着，一边忙碌着。

到了中午，吃着午饭，有煮好的土豆、火腿肠，并喝着茶。吃饱了喝足了之后又继续忙碌着。

不知不觉太阳落山了，我们拖着疲惫的身子回家了，又在家里忙碌一会儿，便到了晚上。

2019 年 8 月 15 日　星期四　小雨

独龙江每年的 6 月至 8 月是多雨的季节。每每到了这个季节，雨就哗哗地落个不停，这时候的独龙江常常汹涌澎湃，江水都会变黄，有时候也会冲下来一些柴火。

今天到了傍晚时，雨下得特别大，大到不可以出门。有时候会有一些担心，会不会有什么危险？躺在床上也睡不着，听着下雨的声音小了之后，才渐渐地放下心来。

2019 年 8 月 16 日　星期五　阴

今天早上起来，弟弟干着生火、烧水等家务事，姐姐在做早点和打茶，妈妈在照看孩子，我跟着爸爸去喂猪和鸡。我们喂好之后早点也可以吃了，一家人吃着东西其乐融融，很是开心。

吃好之后，爸妈和弟弟要去地里除草，准备好篮子和镰刀就出发了。而我和龙建新是加工一下菜，并且给菜地除草。在家里照看孩子的姐姐偶尔也会过来帮着我们，一会儿就忙完了。中午，父母和弟弟回来了，喝过茶，吃了土豆，下午我们就休息了一下。

到了傍晚，约着几个好朋友去球场上打篮球。浑身活动开了，打了一两个小时就回家了，看了一会电视，就洗漱睡觉啦。

2019年8月17日　星期六　阴雨

今天忙完了早上的事情后，父母喊弟弟去喂鸡。早上妈妈和一个亲戚约着一起去地里除草，爸爸说要去撒渔网。先是要准备好渔网，然后就去撒渔网，等到明天早上早早地去看能捕到几条？

8月份最多的可能就是去钓鱼。约着以前的同学、朋友一起，今天也是准备好了蚯蚓，之后是我弟弟和一些与自己同龄的人一起去江边钓鱼，大家准备好了就出发啦。

姐姐是在家里看家和看小孩，同时在父母回家时帮忙做一下打茶水、煮土豆的活。到了下午我们回家了，就得准备帮忙喂猪喂鸡的家务事。

2019年8月20日　星期二　晴

每到了暑假，村里的学生回来了，总是觉得热闹了一些。但是学生回来了也需要帮父母做些家务、干农活、背柴等，村里到处都能看见帮着父母干活的身影。

今天早上，一家人一起喝过茶、吃过早点，又得各自去忙农活，父母说是要去地里除些杂草，而我昨天收到通知得去村委会参加护林员会议。一起去的有龙贵华、龙德城，大家约着一起去村委会。村委会是在迪政当，走路下去需要十几分钟。人到齐之后便开了会，主题主要有对森林、野生动植物进行保护，不能砍伐保护树木等等。

父母说今天让弟弟休息，同时让他有时间洗洗衣服。姐姐在家里带孩子，到了中午煮一些茶水，等父母回来了就可以喝酥油茶、吃土豆，之后又去干活了。

2019年8月21日　星期三　晴

今天早上起来洗脸、做早点，姐姐照看着孩子，母亲打着酥油茶，爸爸和弟弟去喂猪了。等早点好了，爸爸和弟弟也就回来了，可以一起吃早点了。

今天是爸爸在家休息，同时弟弟帮姐姐看着孩子，因为姐姐吃过早点后就要去乡里开教师会议，和班小慧一起去了乡里开会。开完会后可能很晚才会回家。而妈妈是约了一个亲戚去地里除草。

我今天的任务是搬柴火，和龙志平一起搬的。从一处搬到家旁边的一处，等到它们干了之后就可以堆积在不漏雨的地方，这样冬天就可以烧火了。今天觉得挺费力的，最后还是做完了，还算是满的。等吃完饭还约着去打了一会儿篮球。

2019年8月22日　星期四　阴

昨天是在"熊当护林员群"中通知了今天得去山上巡山。今天早上吃了早点后，大家背上了自己的包、穿上了森管员的衣服，带上了自己的干粮，之后在球场旁边集中。人到齐了后，向山上出发了。

护林员们一边细细观察着每一处地方，生怕会遗漏什么夹子之类。同时遇到了没有见过的动植物便负责拍照，而且有时得要贴上关于保护森林方面的标语牌子，让人们意识到不能乱砍树木和捕捉野生动物。从心中意识到保护环境、关爱大自然。

到了中午，我们就选择在较为平坦的地方坐下来休息，并且吃着所带的干粮，这时候已经看不见了我们所住的村庄。等休息好了之后，再到处看看，一路上一边相互帮忙、扶持着，一边大声说着话。山路并不好走，需要注意安全。这时候总是会担心，害怕有毒蛇、毒虫之类的。

到了四五点钟，我们一路巡山没有发现什么，就相互招呼着下山回家了。回到家后家里已经做好了饭，要我自己去厨房吃，感觉今天做的饭菜很香。或许今天能量消耗太多了，吃完后就跟家人看了会电视。

2019年8月24日　星期六　阴

今天可以说是休息了一天，昨天我和我朋友们商量好要去江边钓鱼。和家人们一起喝过茶之后，我去找了蚯蚓，等准备好蚯蚓之后，就去准备一下鱼钩。

我准备好了之后，便去找李健军和李晓平。看看他们是不是准备好了？等我到了他们家时，李健军的妈妈说："来家里坐一下，喝一下茶，等一下李健军。"坐了一会儿之后差不多都准备好了，我们整装待发时，李健军的妈妈跟我们说现在江水涨得快、水大，钓鱼时你们要注意安全。我们便回应了我们会注意安全的。

我们是11点出发的，差不多半个小时后就到了目的地，之后一边选好钓鱼的地方，一边就在鱼钩上拴上蚯蚓，之后开始钓鱼。

时间过得特别快呀，马上到了四五点钟。但今天的手气不好，只钓着了4条鱼，还好晚上可以做成鱼汤。

2019年8月30日　星期五　晴

今天早上早早地起来，生了火，之后渐渐地家人们也起来了。姐姐做了早点，打了茶，我们就围着火塘，一边吃喝茶、吃土豆。这段时期家家户户的土豆都熟了，早点便是土豆了。一边说着今天打算做什么，吃好了后，我们休息一会儿便开始行动。

今天有位叔叔要去收蜂，我想着我可以学着做就跟着了。我看到的是虽然叔叔一点都不怕被蜂蛰，但是还是一不小心就会被蜂蛰，就感觉这是跟蜜蜂"博弈"一样。我学习了一些本领，但还不算是完全懂，以后我再慢慢学。

收好了之后我们就回家了，一路上也是讨教学习一二，真的感谢叔叔教我。今天突然感觉有一些小小的收获和成就感。

2019年9月3日—30日

2019年9月3日　星期二　晴

昨天去县城办点事情，今天打算回家了。顺便从县城里买了一些蔬菜、肉类、水果回家，差不多够吃几顿。先是问了一下今天是否有从县城回独龙江熊当的车子，之后说是我们村子的人要来，我可以搭着车回家。于是我便联系了。

等到下午可以回去了。一车子的人都是我们独龙江出来的，回去就感到有一种亲切感，一路上说着话。现在对于我们独龙族来说，这几年变化得特别快。回想以前在县城读书时，路上都要耽搁好几个小时，甚至路还不好走，有时候找车子都难，没有多少人会开车的。现在独龙江路通了，隧道通了，人们的生活也越来越好，各种条件都改善了许多。还听说今年国庆时，独龙江的景区向外开放了。

路上弯路特别多，如果不适应独龙江到贡山的路况，晕车是难免的。开了三个小时后就到乡里，休息了一会儿之后，我们就开往熊当。可能还得花上一个小时的时间才能到家里，一路回来感觉还挺累的。

2019年9月10日　星期二　阴

今天得早早地起来，家人们也起来了，先是烧火，在三脚架上烧了水，之后洗了脸。姐姐帮忙做家务，妈妈在打茶、煮土豆，我去喂鸡。等一会做好早点后，先吃一点，在吃东西的时候跟父母说，今天我要去南代采兰花。父母点点头同意了，让我注意安全。

吃好早点后，我开着摩托出门了，从我们村子到南代的距离挺远的，路上要耽搁一个小时。在南代这个地方有几户人家住着，这里仍然保留着独龙族的传统特色的房子——木楞房和木板房子，现在别的地方大部分都搬进了新农村的房子。

我找了三四个小时，找到了一些兰花，这时候遇到了住在南代的一位好心的老奶奶，让我留下来喝茶，吃一些东西。奶奶给我烧了土豆，让我吃了炒面，内心里很是感谢奶奶，与奶奶聊了聊家常，奶奶心里也高兴。不久到了回家的时间，我就跟奶奶道别了。我跟奶奶说有时间我常来玩，奶奶也是微笑着跟我说开慢点。

到了家后，用花盆或者是小桶栽着兰花，放在家里的院子里，这样等到兰花开的时候很好看。忙完了之后就吃晚饭，发现忙碌的时候，时间过得真快。

2019年9月13日　星期五　阴

今天晚上我们几个人约着去摘马蜂。我们得准备小背篓，带上砍刀、明子、打火机。到时候可以喝汤或者是用酒弄成"霞拉"，这个季节运气好的话一天就能看见好几窝，这是野生的食物，吃着特别美味。

摘马蜂时，还是挺危险的，还得有一些技巧。马蜂是在树干或者是在树枝上，爬到树上在点火时，要注意火落在地下时将它熄灭。今天摘马蜂挺辛苦的，我们差不多弄了几个小时，等全部摘好了，就回家了。还有被马蜂蜇时特别疼，还会肿起来的，过几天才会好。

2019年9月18日　星期三　晴

快到国庆开放旅游了，今天早上早早起来，吃过早点后，要去参加农家菜培训，这个培训还是挺有意义的。我听说培训三四天，培训的人也是请来的。这段时间每个村子都有农家菜培训，刚好我也可以学一下做菜。我们身穿清一色的厨师衣服。在厨师旁边围着，细细听着、看着、学着，对于我们来说还真的是非常有趣，原来做菜还有这么多的讲究，怎么切菜、怎么做菜等。做菜的师傅特别有耐心，也很乐意教我们，我们先是看着，之后让我们自己去实践、练习、学习，然后师傅再去点评，查找不足，每个人学得都很认真。今天真的是受益匪浅。

我想等以后有人来自己家，也可以让他们尝尝我的家乡菜。同时我又想到学得好也真的是一件不容易的事情，需要勤练加巧干。时间真的快，培训结束了就回家了，心里倒是有满满的收获感。

2019年9月22日　星期天　晴

今天的任务是清理垃圾房。前几天提前在群里通知清扫垃圾，每户人家来一个人，带上扫把、铲子等劳动工具。

今早上吃了早点后，看见村民们陆陆续续在球场集中。先是分配任务，一部分人打扫公路边并捡垃圾，一部分人清理垃圾房并负责烧垃圾。现在居民居住环境需要提升，让人们养成不乱丢垃圾和清理垃圾的习惯。

村民们也是辛苦忙碌一天，大家一边讲着话，一边劳动着，清理的垃圾工作差不多两天才完成。扫完之后，看着也是比较舒服了。我想的是如果等10月份旅游开放之后，更是要注重家里和外面的环境卫生，同时以后还得注重环保。

大概忙碌了一整天，清扫完大家也是陆陆续续回家了。

2019年9月27日　星期五　晴

今天是周五，一家人一起吃好了早点。妈妈在家里照看姐姐的孩子，弟弟已经开学一个月了，我和爸爸今天去帮文学英（文面奶奶）建木板房子。村里的很多人都过来帮忙，房子还是建在奶奶家附近，大家齐心协力，我正好也可以跟着他们学学本领。有些人帮忙烧茶、打漆油茶、煮土豆、鸡蛋，等到一二点的时候就可以填填肚子。

到了喝茶的时间，大家都坐在一起吃东西，坐不下就又找了另一处地方坐着。大家一边喝着茶，一边谈着话。吃好了，休息了一会儿，又开始行动。之后架好大的木料，而且要看是否牢固，到处都是大家忙碌的身影。

不知不觉到了下午，太阳也将要落山，总感觉到今天时间过得特别快，今天只完成了一半左右，等明天又要过来帮忙。今天大家也是辛苦了。

2019年9月28日　星期六　阴

今天有点事情要去乡里，就去不了文面奶奶那里帮忙了。等一下吃好早点后，先搭车去乡里，大概用了一个小时才到乡里，今天去乡里的人还是很多的，有些人是去办事情，有些人是去乡里买菜，还有些人是去乡里的信用社取钱。

我去乡里是去帮父母拿一下结婚证，当我去乡里时，没有人上班，有个人告诉我今天是星期六。这时我才恍然大悟，我把星期记混了，所以没有拿着，等后面有时间再过来拿吧，之后去了菜市场买了些水果、菜之类的东西，过了一会儿都买好了，就可以返程了。

到家之后，我跟父母说了今天的情况，等之后有时间再去吧，然后我煮了饭，做了菜，吃完饭后就可以休息或者去打打篮球啦。

2019年9月29日　星期天　晴

9月份接近尾声，国庆也快要到了，今天我们打算去普尔下渔网，早上是先烧水、打茶、煮土豆，之后是吃土豆、喝酥油茶。我先将渔网重新修剪一下，同时将挂在渔网上的叶子拿掉，等这些都忙完了之后再去下渔网。

我跟龙元刚约好了，今天去普尔下渔网，之后相互用电话联系，我们两个都差不多弄好了后约着一起往普尔方向出发了，其实熊当到普尔要走一段的路程，往普尔的方向现在也有桥了，以前走的都是木板桥。一边拿着鱼竿，一边用小包带着渔网，有时候会带上刀子，在路上能够用得着。

到了目的地之后，先是看看哪个位置好点，选好了就开始下网，就等着明天早上是否有收获，如果有，国庆的时候就可以吃上鱼，还有鱼汤喝。

弄了两三个小时就弄好了，一路上边交谈边开心地回家了，我们都希望明天有好的收获。

2019年9月30日　星期一　晴

今早天微微亮，起来烧火烧水，之后就去看昨天下的渔网中是否有所收获，到了普尔，渔网一个接着一个地看着。渔网收好了，差不多有一顿的收获，但不是很多。

到了家之后，父母已经起床了，喂好了猪和鸡。过了一会儿就喝茶，吃苞谷、土豆。之后跟父母商量今天要做什么。父母说今天打扫一下家里的卫生，因为明天就是国庆了，先把家里里里外外都打扫一遍，让家里看着舒服一些。

等我们吃好早饭后，就开始行动起来，拿着扫把扫地，客厅、厨房、屋里屋外都打扫了一遍，妈妈在清洗厨房里的家居用品，今天我看见村里的人也都在打扫卫生。爸爸今天去地里找猪食了。

到了一二点，我和妈妈也忙活完了家里的事情，这时候爸爸也回来了，我们煮了土豆，喝了茶，下午没有事情可做，就在家里忙活着自己的事情。发现房间打扫好了，看着都高兴。之后约着朋友一起去球场里打球去了，到了5点我就回家了，帮父母做做家务、做做饭菜之类的事，一天就这样结束了。